21 世纪高等学校物流管理与物流工程规划教材

# 物流仿真实训教程

## （基于 DOSIMIS-3 版本 6.2）

主编　白　冰

- 德国杜伊斯堡-埃森综合大学　物流仿真软件 DOSIMIS-3 版本 6.2
- 德国杜伊斯堡-埃森综合大学运输系统和物流专业　教学课程讲解
- 欧盟及德国北威州科研项目模型讲解和优化
- 浙江科技学院课题研究



北京交通大学出版社
·北京·

## 内容简介

本书通过各种实例的讲解与各个领域的应用，借助仿真软件 DOSIMIS-3 中的模块，建立一套仿真系统的理论和优化方法，从而使生产、运输和仓储等达到最优效果。主要内容包括：物流仿真软件 DOSIMIS-3 版本 6.2 的基本讲解和使用，德国杜伊斯堡-埃森综合大学运输系统和物流专业相关教学模型的介绍，欧盟和德国相关科研项目模型的优化及应用。

本书通过大量实例及工厂内部仿真模拟，对工厂外部仿真模拟进行分析研究。本书适合高校物流专业的本科生及研究生，以及对物流仿真领域感兴趣的人员学习使用，也可作为物流仿真学习的经典参考教材。

随书附带的二维码包含 DOSIMIS-3 的安装程序（试用）和所有相关模型及数据，请扫描并下载使用。读者也可以免费下载试用此软件，请登录以下官方网址：

德国总公司：https：//www. sdz. de/。

中国分公司：http：//www. sdzchina. com/。

德国杜伊斯堡-埃森综合大学运输系统和物流专业：https：//www. uni-due. de/tul/。



**图书在版编目（CIP）数据**

物流仿真实训教程：基于 DOSIMIS-3 版本 6.2 / 白冰主编. —北京：北京交通大学出版社，2017.11

ISBN 978-7-5121-3383-9

Ⅰ. ① 物… Ⅱ. ① 白… Ⅲ. ① 物流-系统仿真-应用软件-教材 Ⅳ. ① F252-39

中国版本图书馆 CIP 数据核字（2017）第 260362 号

**物流仿真实训教程（基于 DOSIMIS-3 版本 6.2）**

WULIU FANGZHEN SHIXUN JIAOCHENG（JIYU DOSIMIS-3 BANBEN 6.2）

责任编辑：吴嫦娥　许啸东

出版发行：北京交通大学出版社　　电话：010-51686414　　http：//www. bjtup. com. cn

地　　址：北京市海淀区高梁桥斜街 44 号　　邮编：100044

印 刷 者：北京时代华都印刷有限公司

经　　销：全国新华书店

开　　本：185 mm×260 mm　　印张：17　　字数：425 千字

版　　次：2017 年 11 月第 1 版　　2017 年 11 月第 1 次印刷

书　　号：ISBN 978-7-5121-3383-9/F · 1736

印　　数：1～1 000 册　　定价：59.00 元

本书如有质量问题，请向北京交通大学出版社质监组反映。对您的意见和批评，我们表示欢迎和感谢。

投诉电话：010-51686043，51686008；传真：010-62225406；E-mail：press@bjtu. edu. cn。

# 前 言

DOSIMIS-3 是一款经典的德国物流仿真软件，它正式诞生于 1989 年。经过将近 30 年的发展，DOSIMIS-3 已经拥有丰富的仿真经验，并进化为一款适合各种生产和运输的仿真模拟软件。近 3 000 个项目的成功经验，充分地证明了它的实用性及强大的仿真能力。DOSIMIS-3 的应用领域涉及一切复杂的生产、运输、仓储及统筹规划系统。无论是生产领域，还是规划领域，其项目都可以通过 DOSIMIS-3 得到最优、最有效的优化解决方案。

相比其他仿真软件，DOSIMIS-3 最大的优点在于其简单的智能控制。现在市面上流行的其他仿真软件都配有自己的仿真语言，其语言可以有效地解决其仿真模块不能实现的功能。但是，它们最大的缺点在于，使用者必须有很扎实的计算机背景知识作为基础来自己写程序（C、C++、Java、C#都是必不可少的计算机基础知识）。而对于 DOSIMIS-3 而言，使用者可以通过已经写好的语句和代码，简单地控制其智能模块，进而实现所有功能。初学者也可以通过对本书的学习，在较短时间内成为物流仿真的高手，来解决一些生活中的生产和运输问题。除此之外，DOSIMIS-3 还拥有强大的仿真结果分析功能，所有数据都可以按照其自身需要被优化的特点被放到不同的结果分析选项内，并生成不同的分析图。

本书作者毕业于德国杜伊斯堡-埃森综合大学运输系统和物流专业，有着多年的仿真教学经验，其通过课程“物流学仿真”和“计算机网络仿真”的讲授及各个科研项目的实践，最终把所有仿真经验和实践归纳为本书。不管是物流仿真的高手，还是仿真学习的初学者，都可以通过本书轻松地认识、了解这款仿真软件。

本书以 DOSIMIS-3 版本 6.2 为基础，通过对基础模块、智能模块的介绍，让读者进一步了解仿真模拟的精髓和具体的优化思路。除针对模块介绍的举例之外，作者还将已经成功完成的科研项目模型，作为读者高阶学习的范例。作者希望，在本书的基础之上，广大读者可以建立更智能、更强大、更经典的仿真模型，使我们的生活更方便、更美好！

本书由浙江科技学院白冰主编，SDZ 有限责任公司孙永欣负责校对。在本书的写作过程中，得到了德国杜伊斯堡—埃森综合大学运输系统和物流专业的资深教授 Prof. Dr. -Ing. Bernd Noche 及 DOSIMIS-3 创始人 Dipl. Math. Klaus Kryn 的悉心指导和帮助，并提出了许多宝贵意见，在此表示衷心感谢。在本书出版之际，还要特别感谢北京交通大学出版社的许啸东编辑，他为本书的出版付出了大量的时间和精力，在此真诚致谢！

由于作者的水平和经验有限，本书难免有疏漏和不当之处，恳请专家和读者批评指正，并提出宝贵意见。

# 支持机构介绍

**德国杜伊斯堡-埃森综合大学简介**

德国杜伊斯堡-埃森综合大学（Universität Duisburg-Essen）是德国著名的综合性公立高校，它位于德国西部北莱茵-威斯特法伦州（Nordrhein-Westfalen）。杜伊斯堡-埃森综合大学由杜伊斯堡大学和埃森大学在2003年合并而成。师资力量雄厚，在德国综合大学排名中相对靠前。它的两个主要校区分别设在杜伊斯堡和埃森两个城市。莱茵河畔的杜伊斯堡拥有世界最大的内河港。杜伊斯堡市坐落于莱茵河和鲁尔工业区，是德国最古老的大学城之一（杜伊斯堡大学成立于1655年）。其学历受到中国教育部、留学监管网学历学位认证。到2010年为止，在校学生已经超过三万名，这些学生分别来自130多个国家和地区。该校学科覆盖面非常广，从人文科学到社会科学、从经济学到工程及自然科学，包括医学专业在内，总共超过100个不同方向的学科。

**德国杜伊斯堡-埃森综合大学运输系统与物流专业简介**

运输系统与物流专业（Transportsystem und-logistik，TUL），隶属于德国杜伊斯堡-埃森综合大学机械制造和工艺流程学（Maschinenbau und Verfahrenstechnik）。该专业成立于2000年，经过17年的发展，培养了数以千计的物流硕士毕业生。

在科研方面，TUL已同多个国家企业和大学进行合作，不仅在物流配送中心建设和物流系统精简等方面做出突出的贡献，还在物流仿真、供应链管理等方向处于较为领先的地位。除此之外，TUL还成功地完成各项欧盟以及德国北莱茵-威斯特法伦州等科研项目。同时，TUL还与蒂森克虏伯（ThyssenKrupp）、大众（Volkswagen）、宝马（BMW）等国际跨国公司有多项合作。

在专业排名方面，TUL从2007年至今，在德国高校物流专业排名中，一直名列第一。可以说，TUL已成为德国物流专业方向的主要领头人之一。

**SDZ公司简介**

SDZ（Simulation Dienstleistung Zentrum）公司由贝恩德·诺合教授（Prof. Bernd Noche）于1986年在德国多特蒙德市创建，是一家欧洲领先的物流咨询公司。经过三十年的发展，SDZ公司已在全球多个国家创立多个子公司。其主要业务范围：供应链管理、物流规划、物流与生产系统计算机仿真模拟、生产计划与排程等。同时，SDZ公司积极致力于拥有自主知识产权的物流软件开发与设备制造。

软件产品：多思（DOSIMIS-3）物流系统模拟仿真系统；仕马（SimAL.）先进生产计划与排程系统。内部物流设备产品：思高（Stewart-Gough-Plattform）自动存储系统；帝勒（TiLO）智能物流追踪系统等。

为了更好地为中国企业提供专业的物流咨询服务，SDZ公司于2012年6月在上海成立了全资子公司——诺合物流信息科技（上海）有限公司。

# DOSIMIS-3 发展史

DOSIMIS-3 最初被命名为 SIMIS-3，是由德国弗劳恩霍夫物流研究院于 20 世纪 90 年代研发的，其首个界面是基于 VAX 和 ITW，主要被用于系统内部物流的仿真。由于之前两个内部测试程序 SIMIS 和 SIMIS-2 的关系，这款软件被命名为 SIMIS-3，之后被更名为 DOSIMIS-3，并一直沿用至今。经过多年的开发和应用，DOSIMIS-3 已经成为欧洲领先的仿真软件。

DOSIMIS-3 最初是在 Unix 系统中运行的，之后被移植到 Microsoft Windows，这也使得 DOSIMIS-3 在用户界面上得到了进一步的提升。DOSIMIS-3 面向市场是从 4.0 版本开始的。

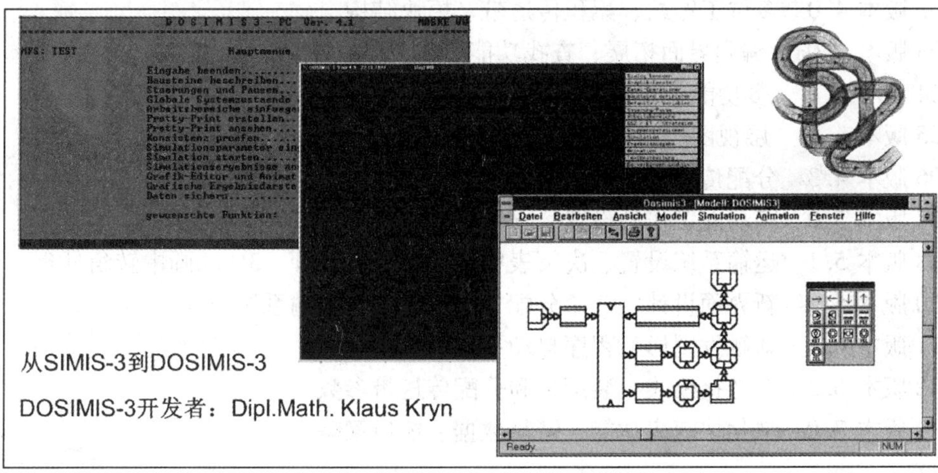


**从 SIMIS-3 到 DOSIMIS-3**

在此后的版本中，DOSIMIS-3 逐步完善了图形界面、模块化建模、统计、功能模块、外部接口和在线仿真等功能，其中包括“无需模拟演示生成仿真分析统计文件”（此功能可以极大的提高仿真速度）。时至今日，DOSIMIS-3 仍然不断被完善和提高来满足企业发展中遇到的复杂生产流程、庞大的存储设备和大数据统计。以下简单罗列了此软件的发展历程。

**Unix Version**

1987 版本 4.1　基本界面确立。

1988 版本 4.2　完善并添加新模块，总数达到 26 个；加入数据统计和数据分析（如通过量和使用率）。

1989 版本 4.3　加入“决策表”。

1991 版本 4.5　加入运输系统、仓库模块和“佩特里网”。

1992 版本 4.6　加入区域控制。

**Windows 16 Bit**

1994 版本 1.1　9 种模块类型，4 种统计类型和安装文件，加入“工作区域”“故障导入”和 7 种统计类型。

1995 版本 1.3　完善 20 个模块和 2 种图像元素。

1996 版本 1.4　完善 20 个模块和 2 种图像元素（线条和文字）。

1997 版本 1.5　加入图像注释、“决策表”、运输系统和帮助系统。

1997 版本 1.5b　最后 16 位版本的 DOSIMIS-3、34 个模块、可视化图形、窗口菜单、快捷键。

**Windows 32 Bit**

1998 版本 2.0　32 位版本 DOSIMIS-3，加入 EXCEL 表格、“决策表”编辑器、图形模拟等。

1999 版本 2.3　加入模块连接、图像剪切板、“决策表”模拟和箭头等图形。

2000 版本 3.0　统一模拟和用户界面，加入在线仿真、后退功能。

2001 版本 3.1　多文件生成、模型元素剪切板和模拟控制快进等功能。

2003 版本 4.0　多位工作站、累积传送带、模块结构。

2003 版本 4.0a　编程界面拓展、查找功能、仿真结果颜色。

2004 版本 4.1　多功能工作站、运输车辆速度。

2005 版本 4.2　层视图、测试值、决策表中的工作计划。

2006 版本 4.3　分配传送带控制、数学功能、3D 效果。

2007 版本 5.0　多功能工作站设置、仓库控制、3D 动画。

2008 版本 5.1　运输系统设置、决策表中字符型数据处理、3D 动画中转角处理。

2010 版本 6.0　新界面设计、三角分配、效率参数、运输系统统计。

2011 版本 6.1　新触发图形、程序自动更新系统。

2012 版本 6.2　新链接模式、装配站和分配传送带参数。

2013 版本 7.0　强化快速表功能、恢复数据、窗口策略。

# 目 录

# 第1章

# DOSIMIS-3 初级教程

## 1.1 初识 DOSIMIS-3

对于首次接触仿真的读者来说，本章的学习非常重要，只有打好基础，才能更好地了解中级教程和高级教程的具体内容。DOSIMIS-3 现在已有德文版、英文版、波兰文版版本，还有其他一些语种版本也正在开发中。由于主要程序的输入以德文和英文为主，所以本书以 DOSIMIS-3 英语版本为基础进行模型和程序分析。图 1-1 为 DOSIMIS-3 的主界面。

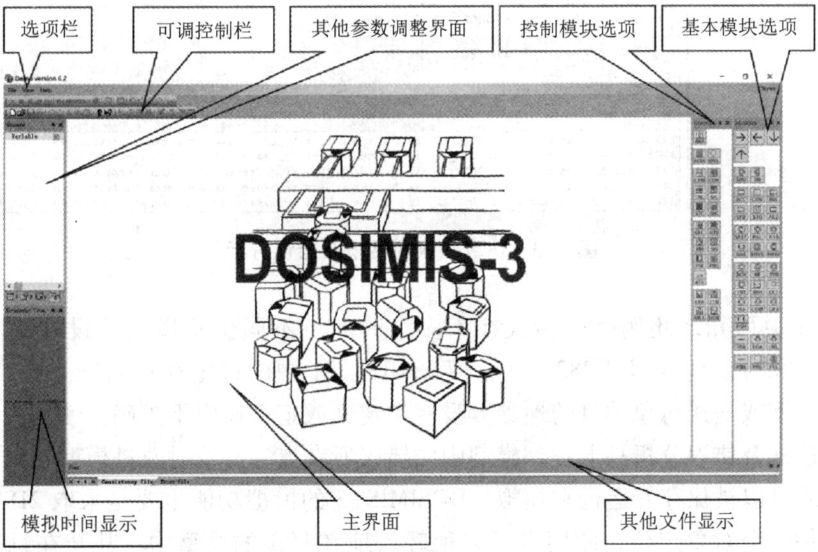


图 1-1　DOSIMIS-3 主界面

通过“选项栏”可以新建模型并生成新的选项。“可调控制栏”是根据使用者自己的使用喜好，可以随意增加或者删除可用功能的选项。根据仿真模型的需求，所有参数都会显示在“其他参数调整界面”。“控制模块选项”和“基本模块选项”是 DOSIMIS-3 中的主要模块生成部分，使用者可以根据自己的需要，从中单击选取。仿真时间可以根据使用者的需求调整，这里的“模拟时间显示”可以显示模型模拟的进度。所有模型都会在“主界面”中显示。同时根据不同的需要，不同类型的文件和参数可以在“其他文件显示”中显示。

除了仿真以外，DOSIMIS-3 还具有强大的模拟功能。仿真主要是根据实际生产、运输及仓储对象建立并分析结果，通过优化改进现实中不够完美的过程。通常只注重结果分析，通过单击 F7（Simulation→Start）来保存模型到特定的文件夹（文件夹名字必须是字母或者数字）来实现仿真。在单击 F7 之后，DOSIMIS-3 会分析仿真的合理性并出现以下进度条，如图 1-2 所示。

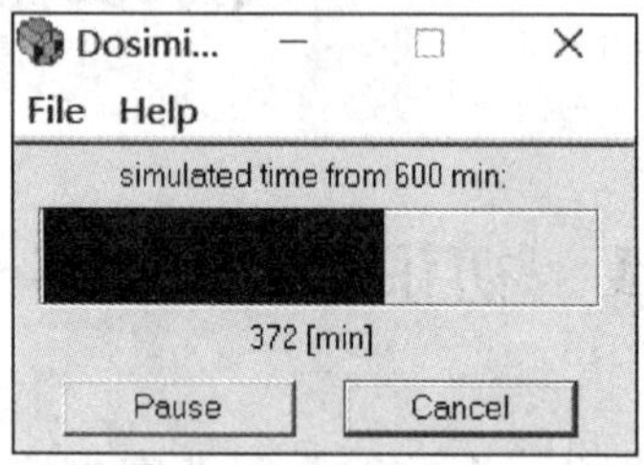


图 1-2　仿真保存以及仿真逻辑分析

在保存的过程当中，如果有仿真逻辑错误，比如不可能的仿真过程，或者与现实不相符的仿真逻辑，就会显示下面的错误对话框及错误解释，如图 1-3 所示。

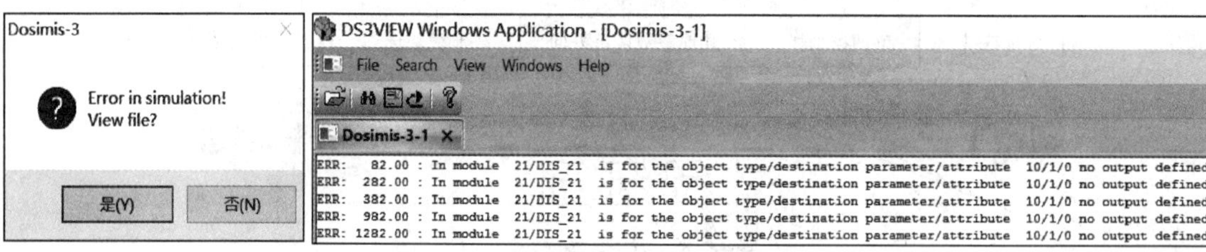


图 1-3　仿真错误对话框及错误分析

从图 1-3 中可知，此例中的错误在于多个时间点不同仿真模块的设定不合理，在第 82 s、282 s、382 s、982 s 及 1 282 s 处，模块 DIS_ 21 中的设定存在问题。其具体问题为：运送对象的类型或运送对象的目的地参数没有被定义或定义逻辑不正确。使用者可以根据这个错误的对话框及错误分析马上找到模型中的错误所在点，并及时改进模型。只有逻辑完全正确的模型才可以被保存并运行和模拟。DOSIMIS-3 的模拟功能主要是采取 2D 模拟，它可以精确地对每一个对象定位，使用者可以很轻松地在复杂的模型中、甚至在每一个时间点上，轻松找到自己想要查询的对象和模块。在 DOSIMIS-3 模型中，所有对象都被定义为数字，其模拟快捷键为 F11，控制条进度 View | Tools | Animation Toolbar，如图 1-4 所示。具体的仿真对象可以被显示为如图 1-5 的式样。

图 1-4　模拟控制条

在 DOSIMIS-3 模型中，各种颜色代表不同的模拟状态，例如，绿色代表移动，红色代表堵塞，蓝色代表处理加工，淡蓝色代表准备状态，黄色代表等待工人加工或修理状态，紫色代表等待工人准备状态等。除此之外，工人加工也有不同的颜色和状态，例如，黑色代表工人闲置，绿色代表工人移动，红色代表工人休息，蓝色代表工人加工状态，淡蓝色代表工人等待工作状态，黄色代表工人在加工位置等待状态，具体颜色请参考《DOSIMIS-3 使用手册》(*DOSIMIS-3 User Manual*)。每种颜色耗时和持续时间的状态都会显示在仿真结果分析中。

**图 1-5　仿真对象**

由于 DOSIMIS-3 的模型是由不同的文件组成，如错误日志、文件日志及各种必需的数据文件，直接保存文件夹，很容易损坏文件，或者会使数据在传输的过程中变得不完整。因此，通常情况下使用文件压缩的方法来保存文件（格式为 zip，rar，7zip 等）。其具体方法如图 1-6 所示，单击按钮 File | Export | Zip-Archiv。

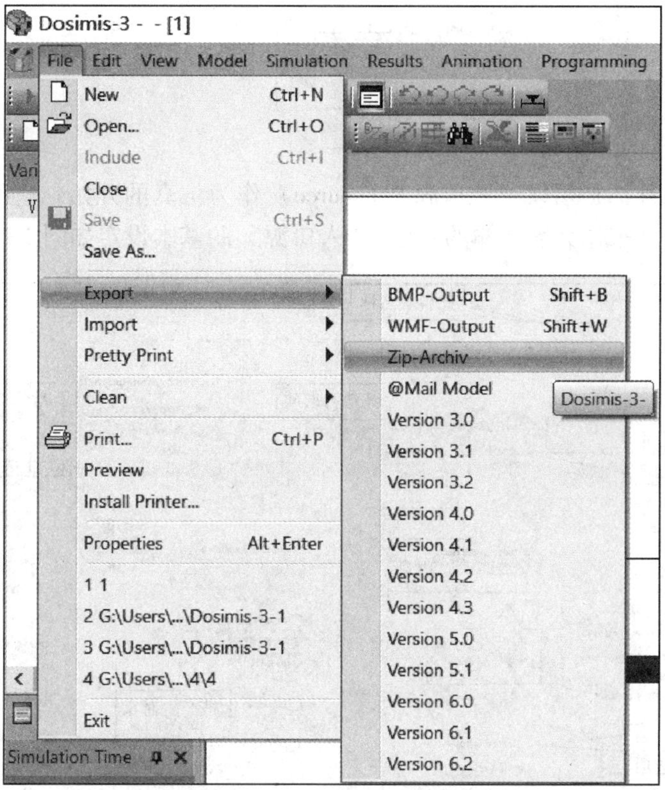


**图 1-6　模型的保存**

在单击图 1-6 中的（Zip-Archiv）选项后，模型的压缩保存文件就会自动被储存在模型的放置文件夹内，该压缩文件为完整保存文件，所有数据及日志都会被保存收入。除了压缩文件外，为了方便旧版模型的使用，还可以把模型保存为各种历史版本。请根据不同需求选择不同版本保存，单击 File | New，创建一个新窗口。

## 1.2　DOSIMIS-3 基本模块介绍

本书只介绍 DOSIMIS-3 中的常用模块及核心模块，其他特殊模块及使用，请参照《DOSIMIS-3 使用手册》（*DOSIMIS-3 User Manual*）。为了方便选取模块，可以通过简单的步骤，单击按钮 View | Modules Palette | Controls Palette，把“控制模块选项”和“基本模块选项”定位在主界面中。此外，还可以在主界面中根据自己的实际需求，改变模型创建的方向，如在鼠标左键单击模块后，可通过鼠标右键改变其建立方向。现在就来创建第一个模型吧！

### 1.2.1　入口源

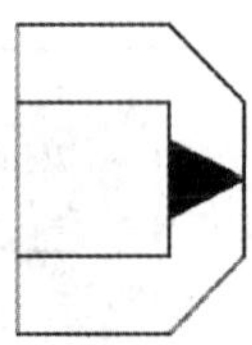

所有的仿真软件都必须以“入口源”（source）作为仿真的开始。它的具体功能是产生对象或者货物，以此来作为被运输的对象。“入口源”的基本设定如图 1-7 所示。

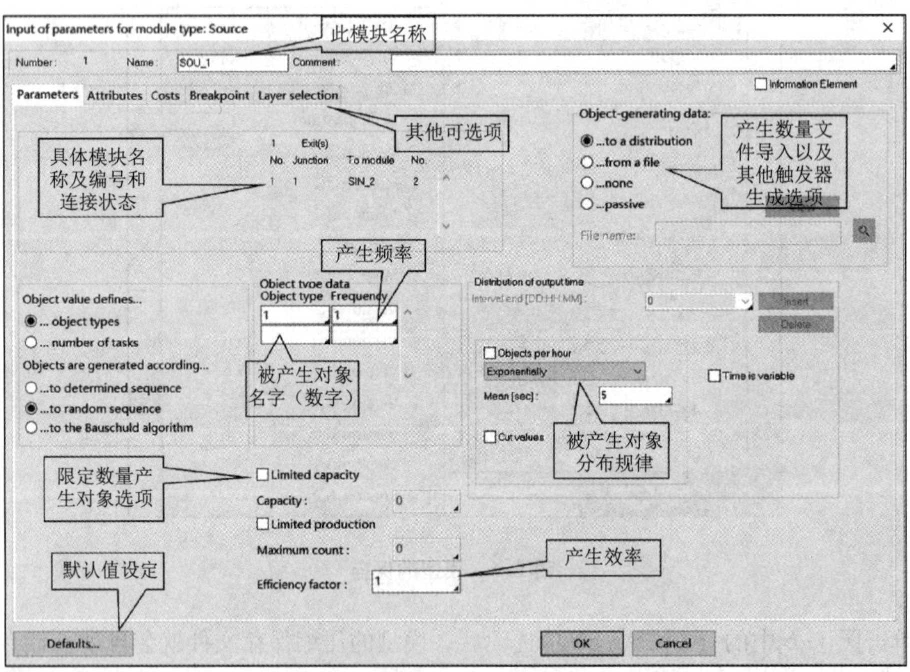


**图 1-7　“入口源”的基本设定**

根据图 1-7 中的解释，可以对“入口源”有基本的了解，“被产生对象名字”“产生频率”和“被产生对象分布规律”为必填选项，其他选项为可选项。根据不同的实际需求，可以通过后面的例子来进一步了解实际的应用。“此模块名称”和“具体模块名称及编号和连接状态”为此模块的具体 ID。为了方便使用，可以通过“默认值设定”给每个模块及对象做注释。单击“默认值设定”，得到“默认值”基本设定，如图 1-8 所示。

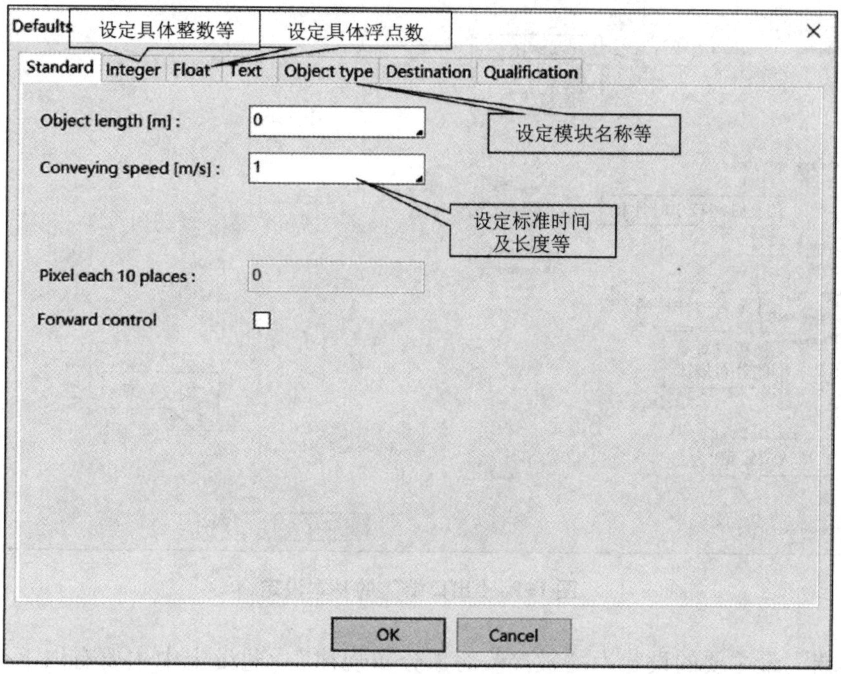


**图 1-8　“默认值”的基本设定**

由于 DOSIMIS-3 中所有对象和模块的名称必须以数字命名，如果模型太大，在仿真模拟的过程中，很难确认各个对象和模块的位置和动态。为了解决这个问题，可以通过“默认值”来确定具体对象或者模块的名字。在“设定模块名称等”中，我们可以用数字定义不同的对象，同时可以用字母在后面加入其实际名称的解释，这样一来，不同种类的对象就很容易被区分。同时，在其他的模块选项卡中，也可以通过鼠标右键来轻易选取具体对象字母的名字。所有设定的名字虽然在其他模块选项卡中显示为字母，但在软件后台还是会被读取为数字。这样就方便各个对象及模块的搜寻和修改了。除此之外，“设定标准时间及长度等”也是为了快速输入数据而设定，在适合的选项卡选项中，可以通过单击鼠标右键，轻松选取标准时间及长度。

### 1.2.2　出口端

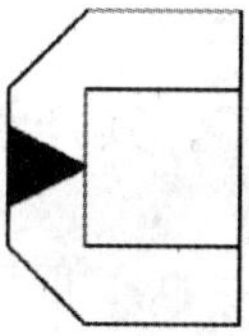

有开始必然有结束，“出口端”（sink）作为仿真的结束也极为重要，不同的设定会对仿真的结果产生巨大的影响。“出口端”的基本设定如图 1-9 所示。

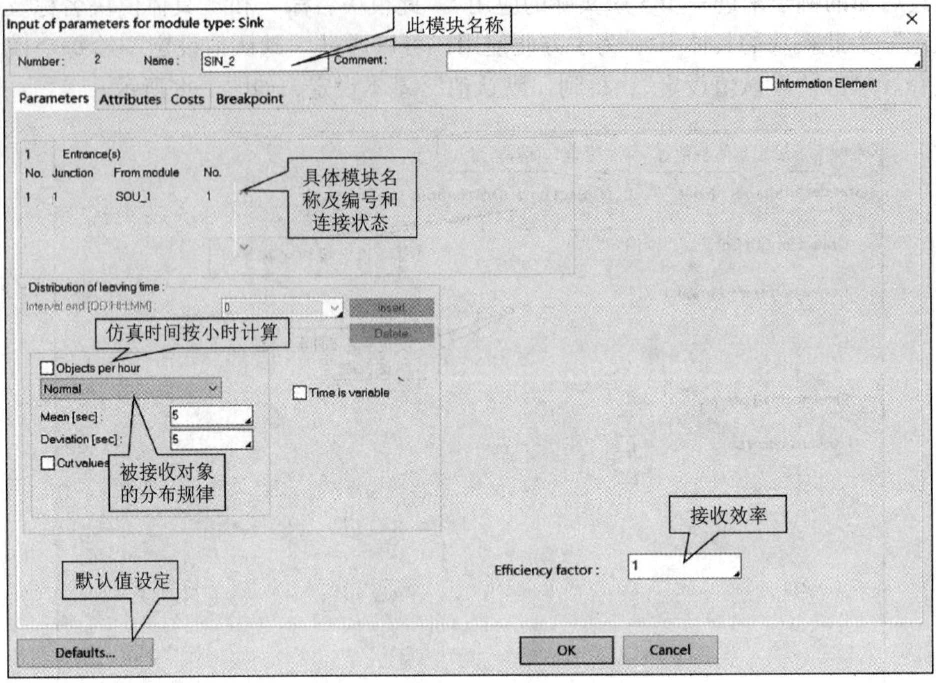


**图 1-9 “出口端”的基本设定**

“出口端”最主要的设定为“被接收对象分布规律”。此设定中主要有以下分布规律可选：固定分布、均匀分布、三角分布、正态分布、指数分布、埃尔朗分布、直方图分布等。其具体使用可根据具体仿真对象的特点进行选取。

**例 1-1 基本进出模型**①

请打开 DOSIMIS-3 软件，选择新建模型，建立一个“入口源”和一个“出口端”并使用连接线（F9）或图标“”将其连接（使用鼠标左键连接，结束连接后单击右键完成结束连接，并再次单击 F9 或图标“”结束连接状态）②。请输入以下数据观察分析结果。

**1. 仿真数据**

（1）“入口源”（source）。对象类型（object type）：1；频率（frequency）：1；分布（distribution）：指数分布（exponential）；平均值（mean）：5 s。

（2）“出口端”（sink）。分布（distribution）：正态分布（normal）；平均值（mean）：5 s；偏差（deviation）：5 s。

（3）仿真时间：1 h。

**2. 仿真过程**

“入口源”产生的对象名称为“1”，其产生频率为 100%。具体步骤（simulation parameters）如图 1-10 所示。

---

① 本书中所有举例模块，如未指定其输入值，请单击回车键，确认其为默认设定。

② 连接状态无法建立模型。

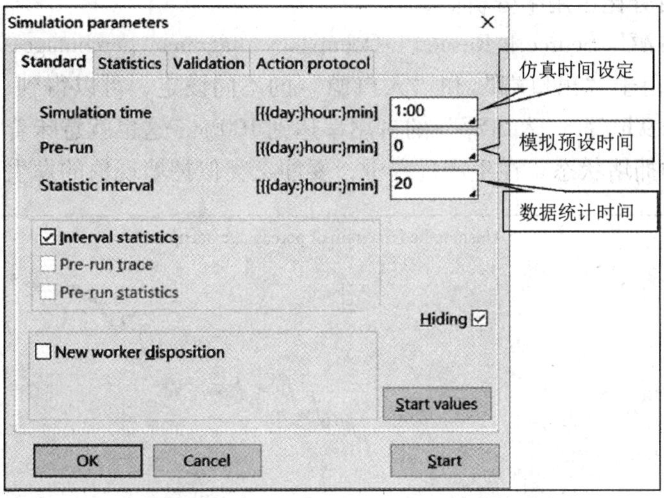


**图 1-10 仿真模拟时间基本设定**

仿真时间的基本格式为“天：时：分”，并且根据六十进制为基础设定。在主界面“模拟时间显示”中的格式则为“天：时：分：秒”，例如，1:20:30:40 的意思是 1 天 20 时 30 分 40 秒。使用者可以根据具体需求进行仿真或者模拟。如果需要每一步都手动控制，可以选择图标“⏭”（见图 1-4），并且以空格键为手动控制器进行下一步确认。此外，“模拟预设时间”是为了节省实际模拟时间而设定，例如，模拟时间为 100 d，但是实际观察模拟状态在第 20 d，这时可以设置“模拟预设时间”为 20:00:00，这样就可以节省很多模拟时间，以方便观察模拟效果。“数据统计时间”为软件写入实际统计效果的时间，即软件每次统计仿真模拟结果的时间间隔，例如，图 1-10 中的显示为 20，也就意味着软件每 20 min 就会对仿真状态做一次数据统计结果。如果模型特别巨大、仿真时间特别长，则不适合输入过小的时间间隔。当然，统计时间间隔越小，软件所画出的数据图也越精细。

如图 1-11 所示，左边模块（红色）代表堵塞状态，右边模块（绿色）代表移动状态。因为生成时间是指数分布，而接收时间为正态分布，并且它们的数值又接近，所以会造成一定的拥堵。

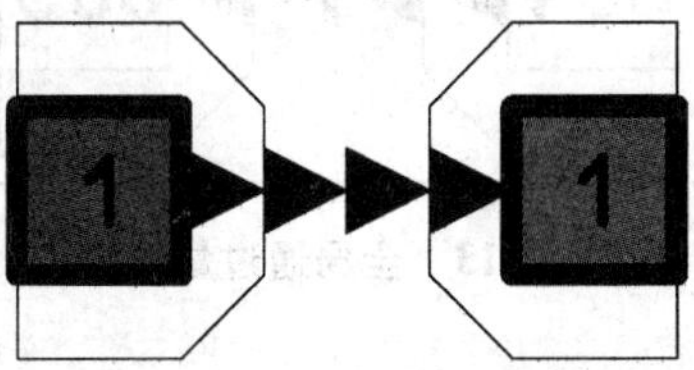


**图 1-11 基本进出模型**

**3. 仿真结果分析**

DOSIMIS-3 仿真结果分析具有一个特点，就是能针对特定模块的仿真结果做出分析。除了整体布局分析以外，其他的图像分析都必须用鼠标选定具体的模块，并单击模块的具体分析要求（results）。在初级学习阶段，这里只列举两个基本仿真结果分析实例。随着学习的深入，会逐步介绍更多的仿真结果分析方法。

（1）离散图百分比占用率分析。

请单击“入口源”Source | Results | Occupancy diagramm percentage，如图 1-12 所示，经过 1 h 的仿真，由于“出口端”和“入口源”的不同设定，可以得到“入口源”的具体使用情况。大概 0.9 h 后，“入口源”的占用率达到 100%，这也就意味着，这个时候对象的产生会出现红色的拥堵状态。在生产过程中，要注意类似拥堵现象的发生。

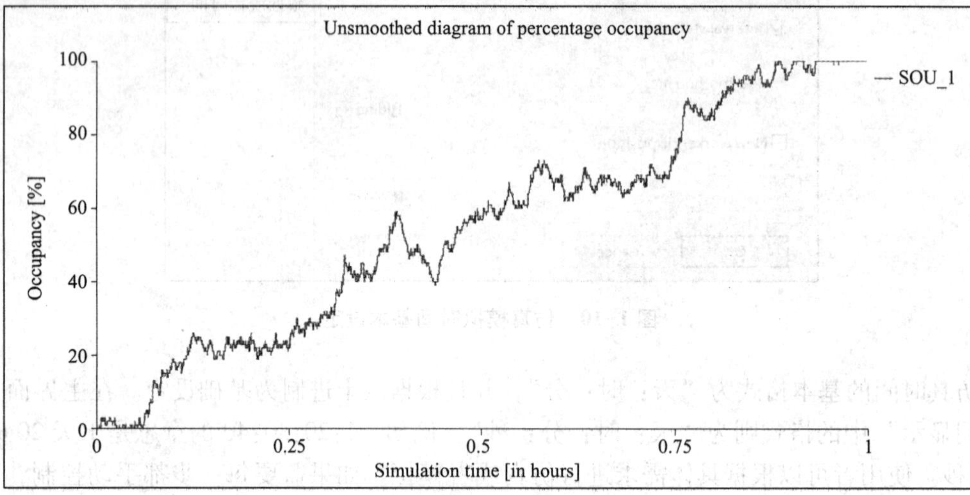


**图 1-12 “入口源”结果分析图**

（2）全局通过量显示分析。

经过仿真步骤 Results | Layout Graphics | Throughput，从图 1-13 中可知，经过 1 h 的仿真，一共有 564 个对象被产生，同时有 563 个对象被接收，也就是最后离开的模型。通过这个结果分析，可以清楚地了解每一个模块具体的对象通过量。如果模型复杂且数据变化很大，可以清楚地发现需要改进的具体位置及模块。

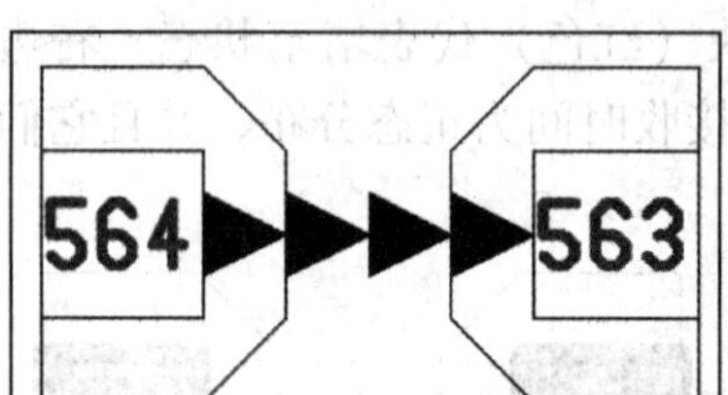


**图 1-13 全局通过量显示**

## 1.2.3 传送带

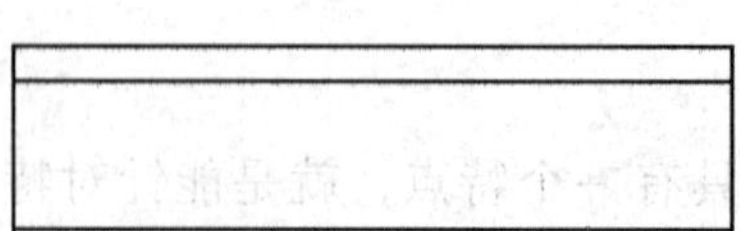

“传送带”（accumulation conveyor）作为仿真模拟的运输媒介，其最大的作用是减少拥堵和堵塞。如果“入口源”对象产生的速度过快，而“出口端”接收的速度过慢，就需要

一个适合的“传送带”来降低对象拥堵的可能性。“传送带”的基本设定如图 1-14 所示。

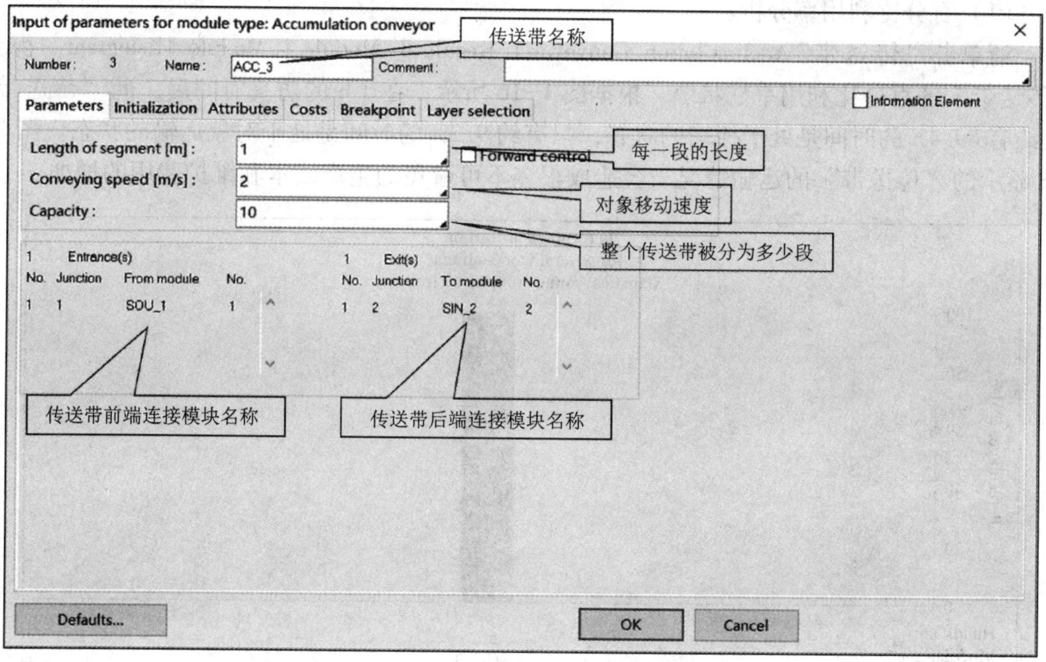


**图 1-14 “传送带”的基本设定**

从图 1-14 可知，“传送带”的基本设定为传送带被分段数、每一段的长度及对象移动速度。“传送带”被分为 10 段，每段的实际长度为 1 m，对象移动实际速度为 2 m/s。因此，根据实际仿真时间，可以看到其运行状态。

**例 1-2 “传送带”的应用**

请根据例 1-1 的设定，加入一个“传送带”，并且设定该传送带每段长度为 1 m，对象移动速度为 2 m/s，整个“传送带”被分为 10 段。仿真运行时间为 1 小时。

**1. 仿真过程**

如图 1-15 所示，“传送带”的最左边有红色“2”的字样，它代表某个仿真时刻的“传送带”占用的对象个数。“传送带”右边绿色“1”的字样为正在移动的对象，其货物名称代码为“1”。“传送带”最右边红框“1”的字样为对象即将离开“传送带”。

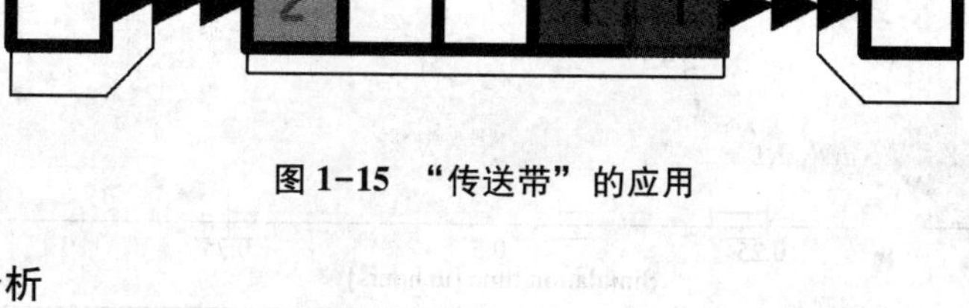


**图 1-15 “传送带”的应用**

**2. 仿真结果分析**

根据“传送带”的基本特性，将通过两个基本结果分析方法进一步认识“传送带”的作用。

（1）百分比利用率分析。

请单击“传送带”Accumulation Conveyor | Results | Module | Module Histogram，得到“传送带”的百分比利用率柱状图。根据图 1-16 所示，在 1 h 的仿真时间后，此“传送带”大约有 89.4% 的时间是处于拥堵的状态，只有约 9.3% 的时间是处于对象运输的状态。图 1-16 显示的“传送带”的运输情况，会造成很多不可避免的生产成本和维护费用的增加。

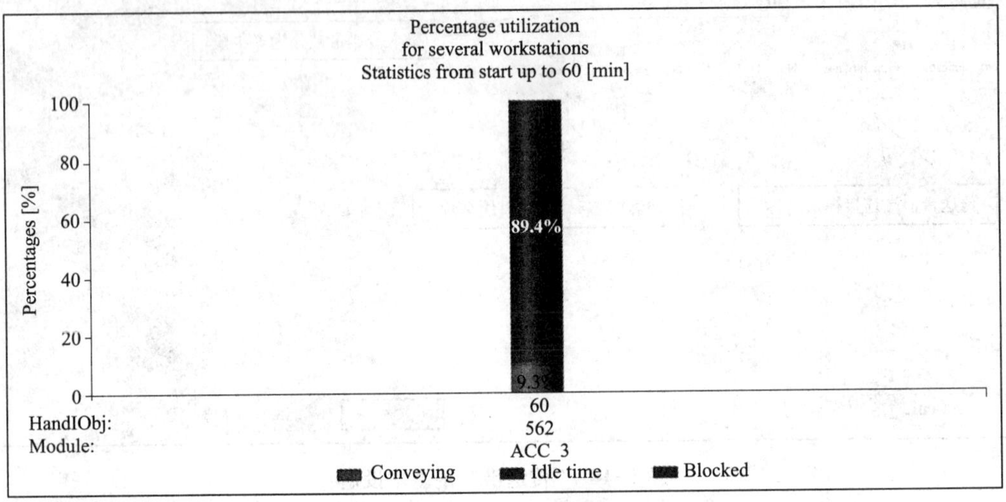


图 1-16 “传送带”的百分比利用率

（2）离散图百分比占用率分析。

请单击“入口源”Source | Results | Occupancy diagram percentage，重新查看离散图百分比占用率分析。对比图 1-12 可知，在 0.9 h 之后，由于“传送带”的加入，“入口源”的百分比占用率相对下降，即拥堵状态被推迟。简而言之，“传送带”可以使相对不平衡的对象被产生和接收，起到缓冲的作用。如图 1-17 所示。

除了这种一般的“传送带”，DOSIMIS-3 还提供不同功能的“传送带”。例如，后进先

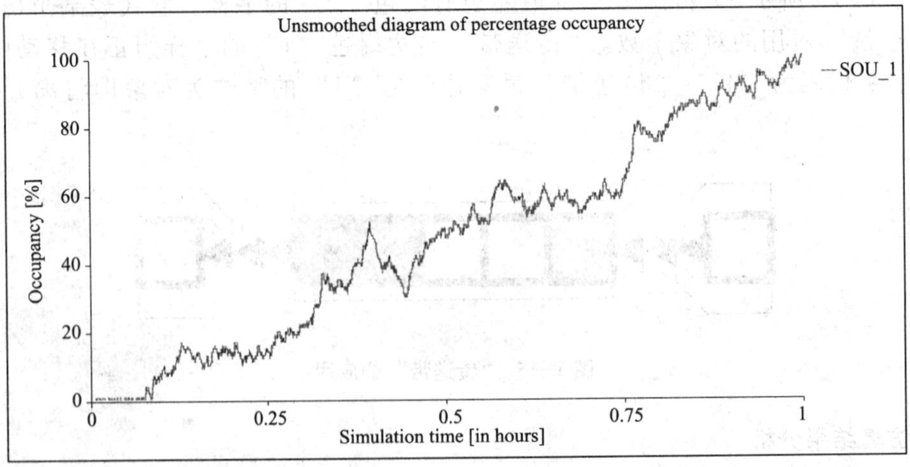


图 1-17 加入“传送带”后“入口源”的百分比占用率

出的“传送带”，专门为散货运输的“传送带”，以及供其他特殊货物使用的“传送带”。请参考《DOSIMIS-3 使用手册》，了解其他“传送带”的功能和作用。

## 1.2.4 工作站

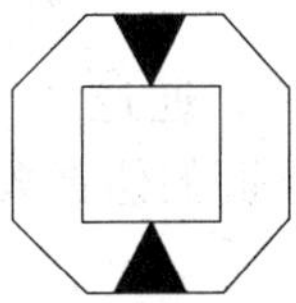

“工作站”（workstation）既可以被看作加工、组装、生产及所有需要耗时工作的简单模块，也可以被看作复杂装卸乃至仓储服务的模块。因此，可以说“工作站”是整个 DOSIMIS-3 软件中应用最广泛的模块之一。

如图 1-18 所示，“工作站”的基本设定由三部分构成。第一部分为“具体加工时间及分布等”。此处的设定根据“入口源”所产生对象而定。如果“入口源”产生的对象为“1”和“2”，则必须定义对象 1 和对象 2 的加工时间及分布。此外，这里还可以添加工人对货物进行相关的加工、修理及维护等。第二部分为“设置时间及分布”。其意思为同一个“工作站”加工两种不同的货物，其转换所需要的时间和分布等。例如，加工对象 1 时，“工作站”需要一种模式，加工对象 2 时，“工作站”需要另一种模式。这两种模式之间切换的时间就是“设置时间及分布”。第三部分为“成功加工对象后新对象命名等”和“加工概率”。当对象 1 被加工完成后，其具体名称被从 1 调为 3。这样一来，在模拟显示中被加工后的对象，可以更容易被确认，同时也为之后的运输策略提供依据。当对象 1 被调为对象 3 时，必须同时设定成功转换概率（加工概率），如加工概率为 91%，即有 9% 的概率不能

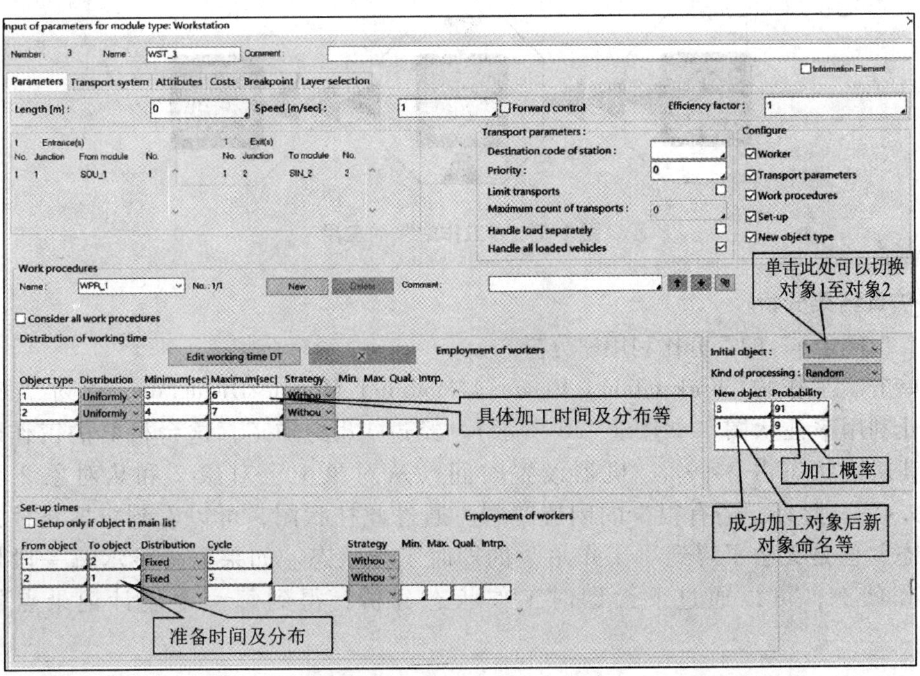


图 1-18 “工作站”的基本设定

转换为对象3，也就是加工失败。通过这个选项，无论是加工成功的对象还是加工失败的对象，在模型中都会被很好地定义。在定义完对象1后，必须对对象2进行相关定义。如果对象1经过加工后，仍想保留其名称为对象1，则需要定义失败的对象为其他参数。

**例1-3 “工作站”的应用**

假设一台机器要加工两种不同的货物，通过“工作站”加工结果分析，可以得到其具体的工作时间效率和拥堵时间。请根据下面的仿真数据建立一个新模型，图1-18为该“工作站”的设定值。

**1. 仿真数据**

（1）“入口源”（source）。对象类型（object type）：1，2；频率（frequency）：2∶3；分布（distribution）：指数分布（exponential）；平均值（mean）：5 s。

（2）“出口端”（sink）。分布（distribution）：正态分布（normal）；平均值（mean）：5 s；偏差（deviation）：5 s。

（3）“工作站”（workstation）。加工时间（distribution of working time）：对象1均匀分布（uniform）最少3 s、最多6 s，对象2均匀分布（uniform）最少4 s、最多7 s。设置时间（set-up times）：1>2，固定（fixed）5 s；2>1，固定（fixed）5 s。新货物生成概率：对象1成功被加工后变为对象3的概率为91%，对象1失败被加工后仍为对象1概率9%；对象2成功被加工后变为对象4的概率为95%，对象2失败被加工后仍为对象2的概率为5%。

（4）仿真时间：1 d。

**2. 仿真结果**

经过“工作站”的加工，对象2被成功加工为对象4，如图1-19所示。

**图1-19 “工作站”的应用**

**3. 仿真结果分析**

（1）“工作站”的百分比利用率分析。

请单击“工作站”Workstation | Results | Module | Module Histogram，得到“工作站”的百分比利用率柱状图（如图1-20所示）。经过1 d的加工，这台机器的工作时间占68%，其拥堵状态占24.9%，机器设置时间（从对象1至对象2和从对象2至对象1）占6.4%，此外，还有很少的闲置时间。通过此柱状图，可以看到机器具体的总体工作状态，但是无法了解到“工作站”的即时工作状态。如果需要显示每一段仿真时间的工作状态，可以通过下面即时工作状态分析，得到每一个统计记录点的工作状态。

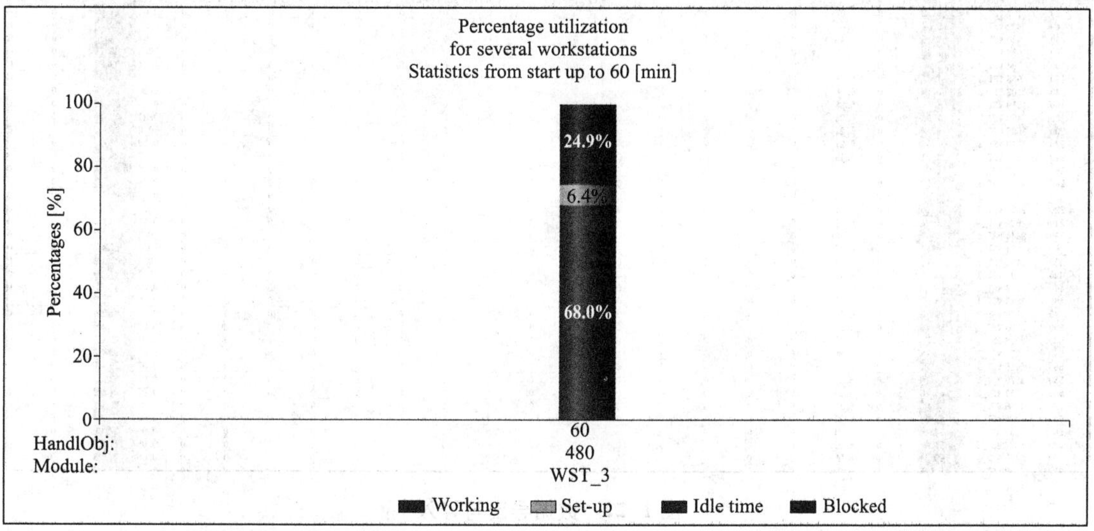


图 1-20 “工作站”的百分比利用率

（2）“工作站”的即时工作状态分析。

请单击“工作站”Workstation | Results | Time Histogram，如图 1-21 所示，通过即时工作状态的分析，可以看到所有统计记录点的机器工作状态。此外，还可以将这些数据导出至 Excel 表格进行作图等。请在模型分析中，用鼠标右键单击柱状图 1-21，然后单击复制数据，并同时建立 Excel 表格，将复制的数据进行粘贴，见图 1-22。

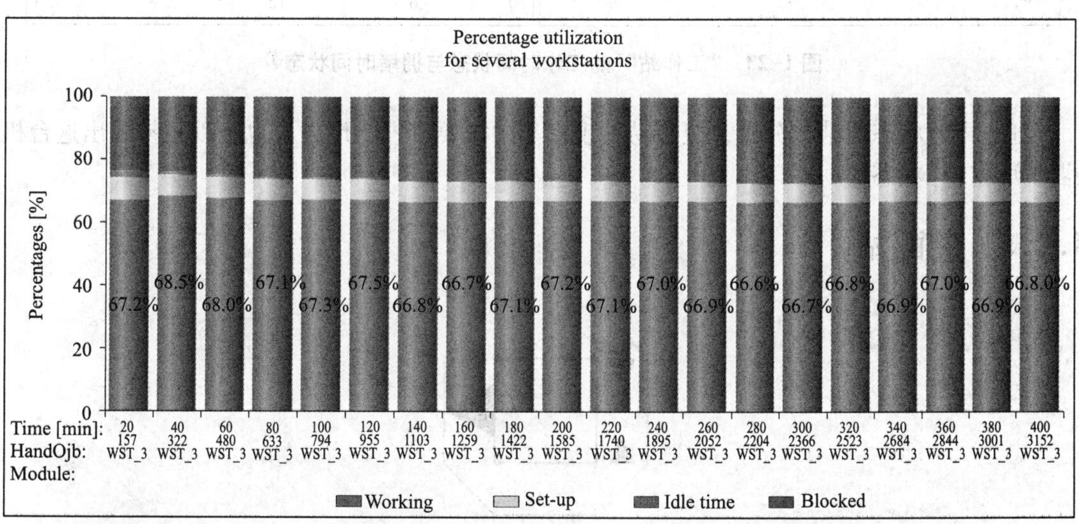


图 1-21 “工作站”的即时工作状态

此时可以根据分析的需求，选择需要的数据作图，并对结果进行分析。例如，如果想知道从仿真开始到结束时间段内“工作站”的工作时间和拥堵时间，则可以选择相应的 Excel 作图，如图 1-23 所示。

| A | B | C | D | E | F | G | H | I | J | K | L | M | N | O | P | Q | R | S | T | U | V | W | X | Y |
|---|---|---|---|---|---|---|---|---|---|---|---|---|---|---|---|---|---|---|---|---|---|---|---|---|
| Time [mi | HandlObj | Module : | Working | Manual w | Set-up | Cleaning | Conveyin | Loaded r | Double 1 | Single 1 | Empty ru | Connecti | Run to n | Time for | Loading | Unloadin | Lifting | Waiting | Waiting | Waiting | Idle tim | Blocked | Failure | Maintena |
| 20 | 157 | WST_3 | 67.2 | 0 | 7.07 | 0 | 0 | 0 | 0 | 0 | 0 | 0 | 0 | 0 | 0 | 0 | 0 | 0 | 0 | 0 | 2.01 | 23.69 | 0 | 0 |
| 40 | 322 | WST_3 | 68.54 | 0 | 6.63 | 0 | 0 | 0 | 0 | 0 | 0 | 0 | 0 | 0 | 0 | 0 | 0 | 0 | 0 | 0 | 1 | 23.82 | 0 | 0 |
| 60 | 480 | WST_3 | 67.95 | 0 | 6.44 | 0 | 0 | 0 | 0 | 0 | 0 | 0 | 0 | 0 | 0 | 0 | 0 | 0 | 0 | 0 | 0.67 | 24.92 | 0 | 0 |
| 80 | 633 | WST_3 | 67.12 | 0 | 6.65 | 0 | 0 | 0 | 0 | 0 | 0 | 0 | 0 | 0 | 0 | 0 | 0 | 0 | 0 | 0 | 0.5 | 25.72 | 0 | 0 |
| 100 | 794 | WST_3 | 67.33 | 0 | 6.42 | 0 | 0 | 0 | 0 | 0 | 0 | 0 | 0 | 0 | 0 | 0 | 0 | 0 | 0 | 0 | 0.4 | 25.82 | 0 | 0 |
| 120 | 955 | WST_3 | 67.45 | 0 | 6.34 | 0 | 0 | 0 | 0 | 0 | 0 | 0 | 0 | 0 | 0 | 0 | 0 | 0 | 0 | 0 | 0.34 | 25.96 | 0 | 0 |
| 140 | 1103 | WST_3 | 66.77 | 0 | 6.26 | 0 | 0 | 0 | 0 | 0 | 0 | 0 | 0 | 0 | 0 | 0 | 0 | 0 | 0 | 0 | 0.28 | 26.67 | 0 | 0 |
| 160 | 1259 | WST_3 | 66.69 | 0 | 6.28 | 0 | 0 | 0 | 0 | 0 | 0 | 0 | 0 | 0 | 0 | 0 | 0 | 0 | 0 | 0 | 0.25 | 26.77 | 0 | 0 |
| 180 | 1422 | WST_3 | 67.05 | 0 | 6.28 | 0 | 0 | 0 | 0 | 0 | 0 | 0 | 0 | 0 | 0 | 0 | 0 | 0 | 0 | 0 | 0.21 | 26.43 | 0 | 0 |
| 200 | 1585 | WST_3 | 67.2 | 0 | 6.21 | 0 | 0 | 0 | 0 | 0 | 0 | 0 | 0 | 0 | 0 | 0 | 0 | 0 | 0 | 0 | 0.2 | 26.36 | 0 | 0 |
| 220 | 1740 | WST_3 | 67.09 | 0 | 6.21 | 0 | 0 | 0 | 0 | 0 | 0 | 0 | 0 | 0 | 0 | 0 | 0 | 0 | 0 | 0 | 0.18 | 26.5 | 0 | 0 |
| 240 | 1895 | WST_3 | 67.01 | 0 | 6.19 | 0 | 0 | 0 | 0 | 0 | 0 | 0 | 0 | 0 | 0 | 0 | 0 | 0 | 0 | 0 | 0.17 | 26.62 | 0 | 0 |
| 260 | 2052 | WST_3 | 66.88 | 0 | 6.15 | 0 | 0 | 0 | 0 | 0 | 0 | 0 | 0 | 0 | 0 | 0 | 0 | 0 | 0 | 0 | 0.15 | 26.8 | 0 | 0 |
| 280 | 2204 | WST_3 | 66.62 | 0 | 6.07 | 0 | 0 | 0 | 0 | 0 | 0 | 0 | 0 | 0 | 0 | 0 | 0 | 0 | 0 | 0 | 0.14 | 27.13 | 0 | 0 |
| 300 | 2366 | WST_3 | 66.68 | 0 | 6.13 | 0 | 0 | 0 | 0 | 0 | 0 | 0 | 0 | 0 | 0 | 0 | 0 | 0 | 0 | 0 | 0.12 | 27.05 | 0 | 0 |
| 320 | 2523 | WST_3 | 66.76 | 0 | 6.11 | 0 | 0 | 0 | 0 | 0 | 0 | 0 | 0 | 0 | 0 | 0 | 0 | 0 | 0 | 0 | 0.12 | 27 | 0 | 0 |
| 340 | 2684 | WST_3 | 66.94 | 0 | 6.11 | 0 | 0 | 0 | 0 | 0 | 0 | 0 | 0 | 0 | 0 | 0 | 0 | 0 | 0 | 0 | 0.11 | 26.82 | 0 | 0 |
| 360 | 2844 | WST_3 | 66.97 | 0 | 6.13 | 0 | 0 | 0 | 0 | 0 | 0 | 0 | 0 | 0 | 0 | 0 | 0 | 0 | 0 | 0 | 0.1 | 26.79 | 0 | 0 |
| 380 | 3001 | WST_3 | 66.87 | 0 | 6.15 | 0 | 0 | 0 | 0 | 0 | 0 | 0 | 0 | 0 | 0 | 0 | 0 | 0 | 0 | 0 | 0.1 | 26.87 | 0 | 0 |
| 400 | 3152 | WST_3 | 66.76 | 0 | 6.11 | 0 | 0 | 0 | 0 | 0 | 0 | 0 | 0 | 0 | 0 | 0 | 0 | 0 | 0 | 0 | 0.1 | 27.02 | 0 | 0 |
| 420 | 3302 | WST_3 | 66.66 | 0 | 6.13 | 0 | 0 | 0 | 0 | 0 | 0 | 0 | 0 | 0 | 0 | 0 | 0 | 0 | 0 | 0 | 0.1 | 27.09 | 0 | 0 |
| 440 | 3457 | WST_3 | 66.58 | 0 | 6.15 | 0 | 0 | 0 | 0 | 0 | 0 | 0 | 0 | 0 | 0 | 0 | 0 | 0 | 0 | 0 | 0.09 | 27.15 | 0 | 0 |
| 460 | 3613 | WST_3 | 66.63 | 0 | 6.15 | 0 | 0 | 0 | 0 | 0 | 0 | 0 | 0 | 0 | 0 | 0 | 0 | 0 | 0 | 0 | 0.09 | 27.12 | 0 | 0 |
| 480 | 3775 | WST_3 | 66.76 | 0 | 6.19 | 0 | 0 | 0 | 0 | 0 | 0 | 0 | 0 | 0 | 0 | 0 | 0 | 0 | 0 | 0 | 0.07 | 26.96 | 0 | 0 |
| 500 | 3935 | WST_3 | 66.73 | 0 | 6.23 | 0 | 0 | 0 | 0 | 0 | 0 | 0 | 0 | 0 | 0 | 0 | 0 | 0 | 0 | 0 | 0.07 | 26.95 | 0 | 0 |
| 520 | 4096 | WST_3 | 66.79 | 0 | 6.25 | 0 | 0 | 0 | 0 | 0 | 0 | 0 | 0 | 0 | 0 | 0 | 0 | 0 | 0 | 0 | 0.07 | 26.87 | 0 | 0 |
| 540 | 4253 | WST_3 | 66.79 | 0 | 6.26 | 0 | 0 | 0 | 0 | 0 | 0 | 0 | 0 | 0 | 0 | 0 | 0 | 0 | 0 | 0 | 0.07 | 26.87 | 0 | 0 |
| 560 | 4415 | WST_3 | 66.83 | 0 | 6.26 | 0 | 0 | 0 | 0 | 0 | 0 | 0 | 0 | 0 | 0 | 0 | 0 | 0 | 0 | 0 | 0.07 | 26.81 | 0 | 0 |
| 580 | 4570 | WST_3 | 66.79 | 0 | 6.23 | 0 | 0 | 0 | 0 | 0 | 0 | 0 | 0 | 0 | 0 | 0 | 0 | 0 | 0 | 0 | 0.07 | 26.9 | 0 | 0 |
| 600 | 4711 | WST_3 | 66.58 | 0 | 6.21 | 0 | 0 | 0 | 0 | 0 | 0 | 0 | 0 | 0 | 0 | 0 | 0 | 0 | 0 | 0 | 0.07 | 27.12 | 0 | 0 |
| 620 | 4866 | WST_3 | 66.58 | 0 | 6.19 | 0 | 0 | 0 | 0 | 0 | 0 | 0 | 0 | 0 | 0 | 0 | 0 | 0 | 0 | 0 | 0.07 | 27.13 | 0 | 0 |
| 640 | 5021 | WST_3 | 66.61 | 0 | 6.21 | 0 | 0 | 0 | 0 | 0 | 0 | 0 | 0 | 0 | 0 | 0 | 0 | 0 | 0 | 0 | 0.05 | 27.12 | 0 | 0 |
| 660 | 5167 | WST_3 | 66.44 | 0 | 6.21 | 0 | 0 | 0 | 0 | 0 | 0 | 0 | 0 | 0 | 0 | 0 | 0 | 0 | 0 | 0 | 0.05 | 27.29 | 0 | 0 |
| 680 | 5327 | WST_3 | 66.47 | 0 | 6.23 | 0 | 0 | 0 | 0 | 0 | 0 | 0 | 0 | 0 | 0 | 0 | 0 | 0 | 0 | 0 | 0.05 | 27.22 | 0 | 0 |
| 700 | 5479 | WST_3 | 66.41 | 0 | 6.25 | 0 | 0 | 0 | 0 | 0 | 0 | 0 | 0 | 0 | 0 | 0 | 0 | 0 | 0 | 0 | 0.05 | 27.23 | 0 | 0 |

**图 1-22　数据导出与导入**

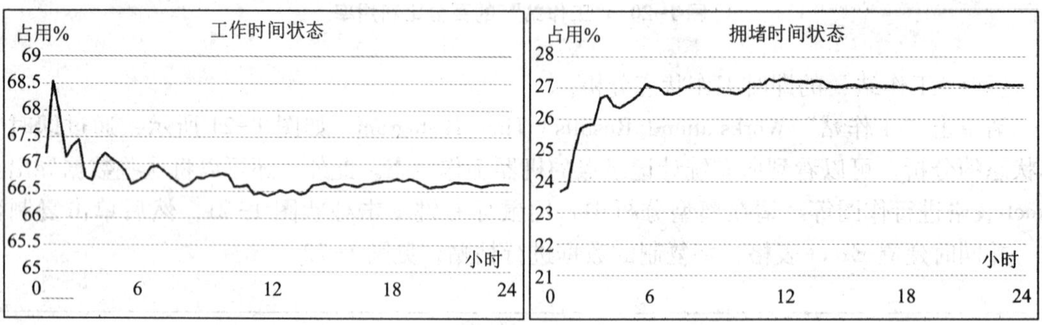


**图 1-23　"工作站"的工作时间状态与拥堵时间状态①**

通过即时状态的结果分析，很容易发现模型中需要改进的地方，也可以轻易看出这台机器的实际工作状态。

## 1.2.5　装配站

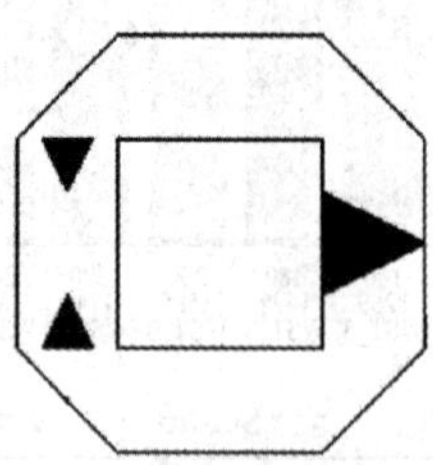

"装配站"（assembly station）是组装一个或多个不同对象的模块，其最关键的操作是确定连接顺序和对象进入的顺序，即要确定哪个对象放在哪个对象之上（之中）。如果顺序乱了，就会产生相应的保存错误，之后的仿真也无法进行。

① X 轴在 DOSIMIS-3 中一般以"秒"作为默认单位，使用者可以根据自己的需求进行调整。

“装配站”的基本设定如图 1-24 所示。“装配站”的连接必须遵守严格的连接顺序，尤其是对主对象的连接。主对象在仿真中可以被看作容器，如集装箱、盒子、货架等可以运输货物的容器。所以，首先要连接这些容器，然后再连接所装货物模块。“装配站”的连接入口可以是多个，但出口只能是一个。被装配货物的名称、连接入口和数量都要被清楚地定义，如果定义出错，在保存模型的时候就会出现错误报告，具体的错误日志则会显示为相应的逻辑错误等。最后，被装配完成的货物还要被定义新的名称，其新名称可以为原来对象的名称。

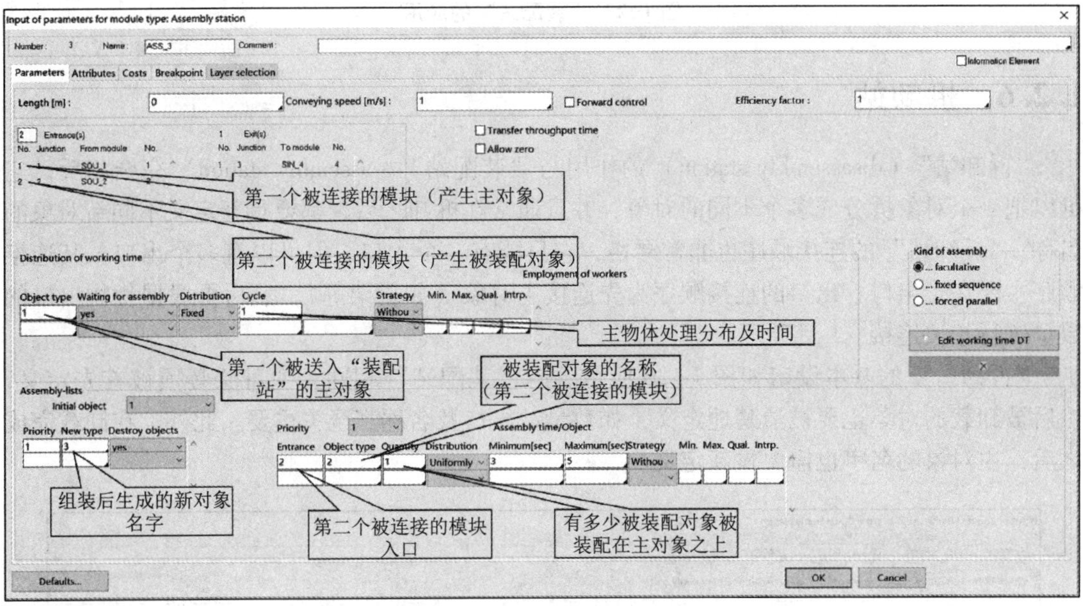


**图 1-24　“装配站”的基本设定**

**例 1-4　“装配站”的应用**

某工厂要把货物放到货架，之后再运到工厂外，请用“装配站”来实现其具体功能。图 1-24 为该“装配站”的设定值。

**1. 仿真数据**

（1）“入口源 1”（source 1）。对象类型（object type）：1（货架）；频率（frequency）：1；分布（distribution）：指数分布（exponential）；平均值（mean）：5 s。

（2）“入口源 2”（source 2）。对象类型（object type）：2（货物）；频率（frequency）：1；分布（distribution）：埃尔朗分布（erlang）；平均值（mean）：10 s。

（3）“出口端”（sink）。分布（distribution）：正态分布（normal）；平均值（mean）：5 s；偏差（deviation）：5 s。

（4）“装配站”（assembly station）。被装配货物（object type）：对象 2（货物）；装配时间（assembly time）：均匀分布（uniform）最少 3 s、最多 5 s；装配后货物名称（new type）：3。

（5）仿真时间：1 d。

**2. 仿真结果**

如图 1-25 所示，对象 1 为货架，对象 2 为货物，经过装配变成新的对象 3，然后通过“出口端”出厂完成装配。同时，新的货架（对象 1）已经在等候下一个货物（对象 2）的装配。

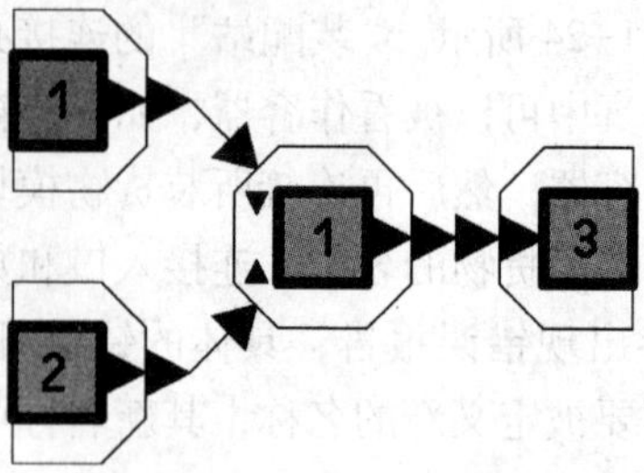

图 1-25 “装配站”的应用

## 1.2.6 拆卸站

“拆卸站”（disassembly station）的作用与“装配站”（assembly station）完全相反，它可以把一个对象拆分成多个不同的对象，并且通常在拆卸之后，都要重新定义不同新对象的名称。“拆卸站”的连接顺序也非常严格，它只能有一个入口，但可以有多个出口。其连接顺序主要在于出口，出口的连接顺序为先连接主对象（如货架等），然后再根据货物出口的数量进行相关连接。

“拆卸站”的基本设定如图 1-26 所示。与“装配站”相同，主对象必须被首先定义，然后被卸载的对象也要被清楚地定义，如数量、出口及名称都至关重要。此外，在卸载完成之后，主对象的名字也需要重新定义。

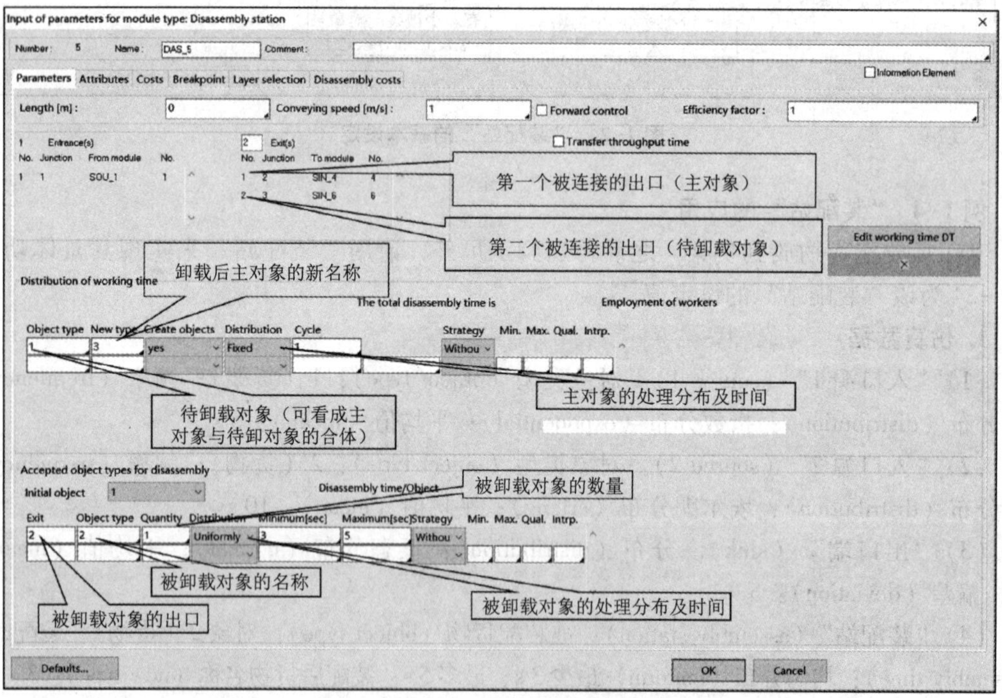


图 1-26 “拆卸站”的基本设定

**例 1-5 “拆卸站”的应用**

某工厂要卸载一批货物，卸载之后请把货架和货物分别归入不同的“出口端”。图 1-26

为该“拆卸站”的设定值。

**1. 仿真数据**

（1）“入口源 1”（source 1）。对象类型（object type）：1（货架）；频率（frequency）：1；分布（distribution）：指数分布（exponential）；平均值（mean）：5 s。

（2）“出口端 1”、对象 1、货架、sink 1。分布（distribution）：正态分布（normal）；平均值（mean）：5 s；偏差（deviation）：5 s。

（3）“出口端 2”、对象 2、货物、sink 2。分布（distribution）：指数（exponential）；平均值（mean）：3 s。

（4）“拆卸站”（disassembly station）。被拆卸货物（object type）：2（货物）；装配时间（assembly time）：均匀分布（uniform）最少 3 s、最多 5 s；拆卸后货架名称（new type）：3。

（5）仿真时间：1 d。

**2. 仿真结果**

如图 1-27 所示，对象 1 为货架和货物的合体，拆卸之后，货架变为 3，而货物变为 2。所有货架和货物都被归类区分。

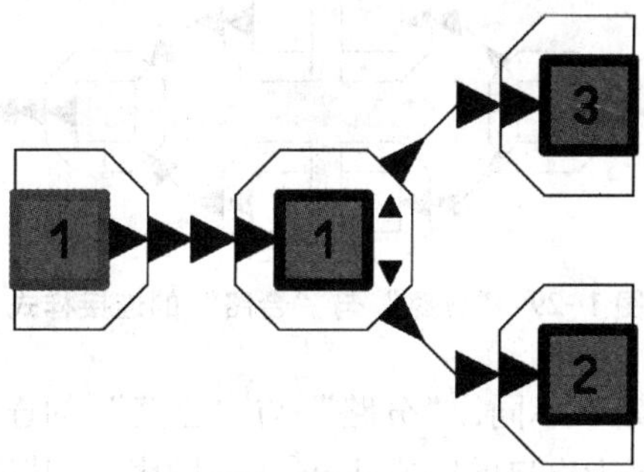


图 1-27 “拆卸站”的应用

**3. 连接顺序**

连接顺序是“装配站”和“拆卸站”的主要难点，请使用者注意多种货物装配和拆卸时的连接。更多信息请参考图 1-28。

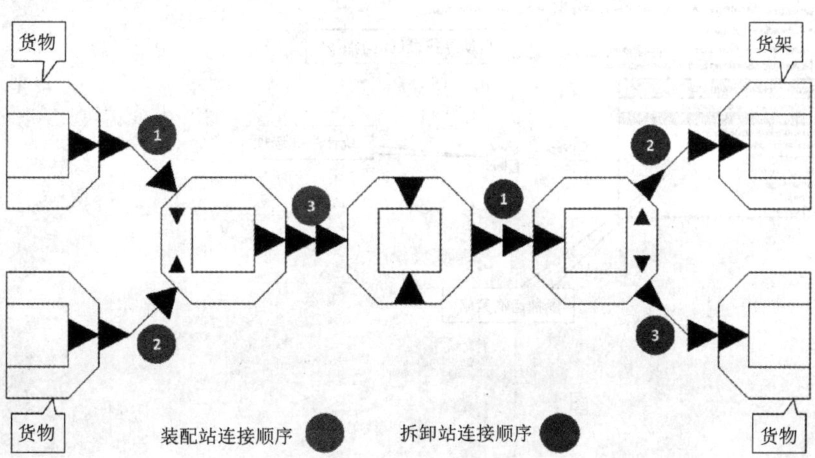


图 1-28 连接顺序

## 1.2.7 分路与合路

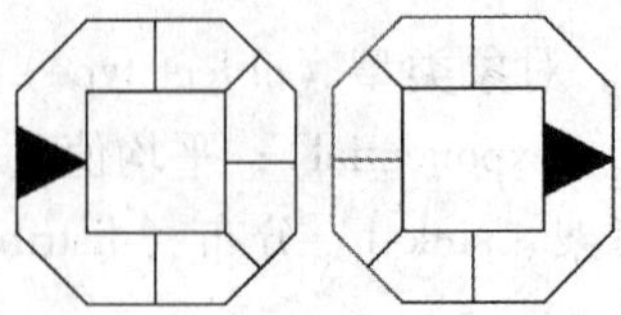

“分路”（distributor）与“合路”（combining station）是一对具有相反功能的模块，其具体作用：按照不同的分散计划或合并计划，分散或合并不同类型的对象或者货物。“分路”只能有一个入口，但是可以有多个出口，而“合路”只有一个出口，但是可以有多个入口。其作用相当于一个“接口器”连接不同的模块。DOSIMIS-3 中很多模块只能连接一个出口或一个入口，而现实情况经常需要连接不同的模块，这时“分路”与“合路”便是最好的连接选择。在实际仿真当中，“分路”和“合路”是连接模块运用中最常用的模块之一。其基本连接样式如图 1-29 所示。

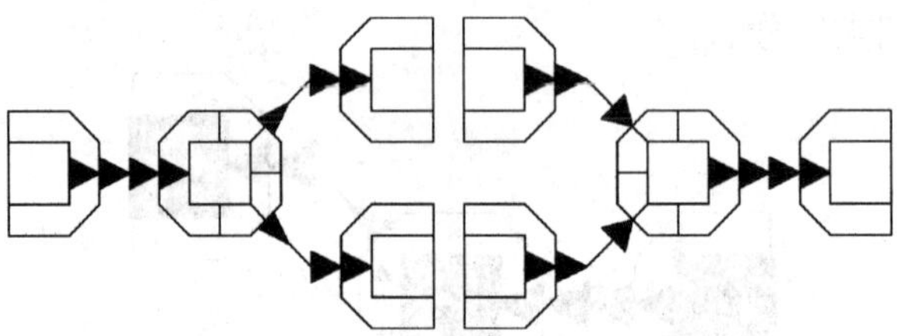

**图 1-29 “分路”与“合路”的连接样式**

与“装配站”和“拆卸站”不同，“分路”与“合路”的连接顺序没有严格的要求，只需要确认连接顺序（连接顺序为出口顺序或 destparam 顺序）。其设定难点为不同的运输策略。

### 一、分路

“分路”的基本设定如图 1-30 所示。

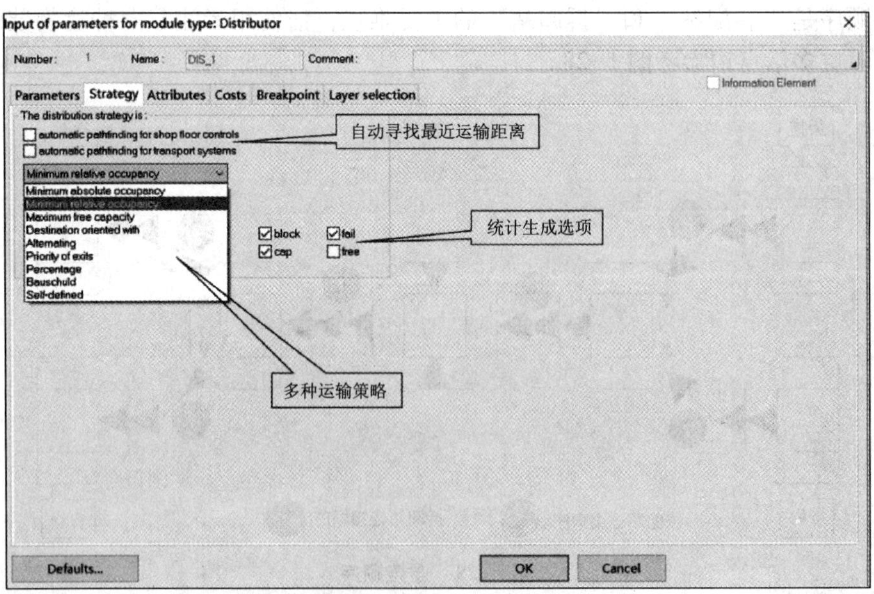


**图 1-30 “分路”的基本设定**

“分路”的运输策略如表 1-1 所示，本书主要针对这些运输策略中的两个代表性策略进行举例，即最少相对占用（minimum relative occupancy）策略和指定目的地（destination oriented with）策略。

表 1-1 “分路”运输策略

| 运输策略 | 解　释 |
|---|---|
| 最少绝对占用（minimum absolute occupancy）策略 | 按照连接顺序，永远选择占用率最少的出口 |
| 最少相对占用（minimum relative occupancy）策略 | 选择彼此相对占用空间最少的出口 |
| 最大空闲位置（maximum free capacity）策略 | 选择剩余空间最大的出口 |
| 指定目的地（destination oriented with）策略 | 指定目的地或出口 |
| 按照数量选择（alternating）策略 | 严格按照对象数量选择出口 |
| 出口优先选择（priority of exits）策略 | 给出口指定优先级 |
| 按百分比（percentage）策略 | 对象按照百分比选择出口 |
| 按比例（proportional/Bauschuld）策略 | 按照一定的比例选择出口 |
| 自定义（self-defined）策略 | 自定义（根据决策表 decision table）① |

**例 1-6　最少相对占用（minimum relative occupancy）策略的应用**

建立一个“入口源”和四个不同的“出口端”，每个“出口端”有其相应的“传送带”。

**1. 仿真数据**

（1）“入口源”（source）。对象类型（object type）：1；频率（frequency）：1；分布（distribution）：固定分布（fixed）；时间（cycle time）：5 s。

（2）“出口端 1，2，3，4”（sink 1，2，3，4）。分布（distribution）：固定分布（fixed）；时间（cycle time）：500 s。

（3）“传送带 1”（accumulation conveyor 1）。每段长度（length of segment）：1. 2 m；速度（conveying speed）：0. 3 m/s；段数（capacity）：3；连接：“出口端 1”。

（4）“传送带 2”（accumulation conveyor 2）。每段长度（length of segment）：1. 2 m；速度（conveying speed）：0. 3 m/s；段数（capacity）：6；连接：“出口端 2”。

（5）“传送带 3”（accumulation conveyor 3）。每段长度（length of segment）：1. 2 m；速度（conveying speed）：0. 3 m/s；段数（capacity）：2；连接：“出口端 3”。

（6）“传送带 4”（accumulation conveyor 4）。每段长度（length of segment）：1. 2 m；速度（conveying speed）：0. 3 m/s；段数（capacity）：5；连接：“出口端 4”。

**2. 仿真结果**

保存并运行模型，可以得到以下结果，见图 1-31。

开始模拟，如图 1-31（1）所示，四个“传送带”相对占用比例为 0：0：0：0，所以“分路”会依次选择“传送带”进行传送。但当“出口端”被占用堵塞时，如图 1-31（2）所示，这四个“传送带”此时的占用比例为 0. 33：0. 17：0. 5：0. 2。而“分路”此时

① 请参考本书中级教程中的决策表说明。

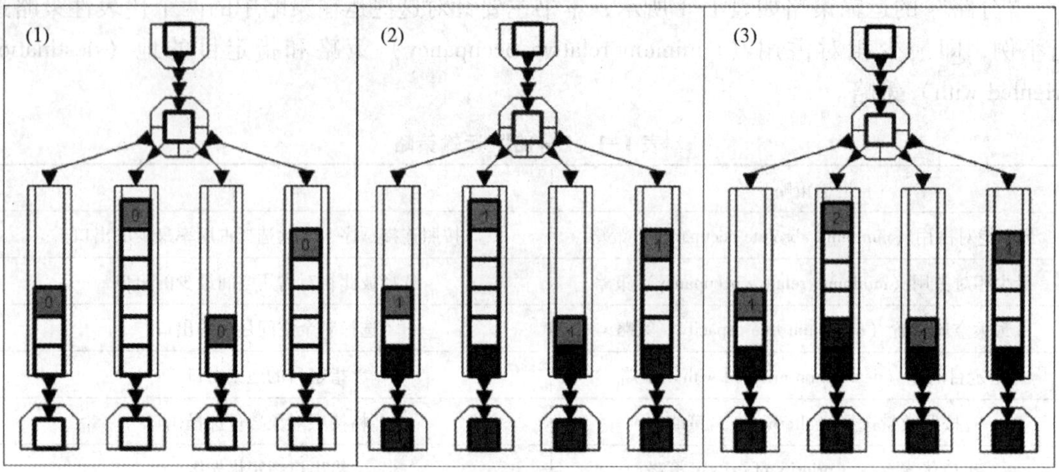


图 1-31　最少相对占用策略运行

所选择的运输策略为最少相对占用策略，即选择占用比例最少的 0.17，也就是选择第二条"传送带"，如图 1-31（3）所示。在实际生产中，这种运输策略很常见，"分路"选择空闲位置最大的出口，可以减少机器生产加工拥堵的概率。

**例 1-7　指定目的地（destination oriented with）策略的应用**

运输策略中另一种最常见的方法是指定目的地策略。这种运输策略是根据不同对象属性选择不同目的地的一种运输方法，其前提是对多种货物进行分配。选择运输策略为指定目的地策略，根据例 1-6 模型，改变其仿真数据。

**1. 仿真数据**

（1）"入口源"（source）。对象类型（object type）：1，2，3，4；频率（frequency）：1∶1∶1∶1；分布（distribution）：指数分布（exponential）；平均值（mean）：5 s。

（2）"出口端 1，2，3，4"（sink 1，2，3，4）。分布（distribution）：固定分布（fixed）；时间（cycle time）：10 s。

（3）"传送带 1，2，3，4"（accumulation conveyor 1，2，3，4）。每段长度（length of segment）：1.2 m；速度（conveying speed）：0.3 m/s；段数（capacity）：5。

**2. 仿真过程**

此时规定对象 1 必须被发送至"传送带 4"；对象 2 必须被发送至"传送带 3"；对象 4 必须被发送至"传送带 2"；对象 4 必须被发送至"传送带 1"。具体输入方法如图 1-32 所示。

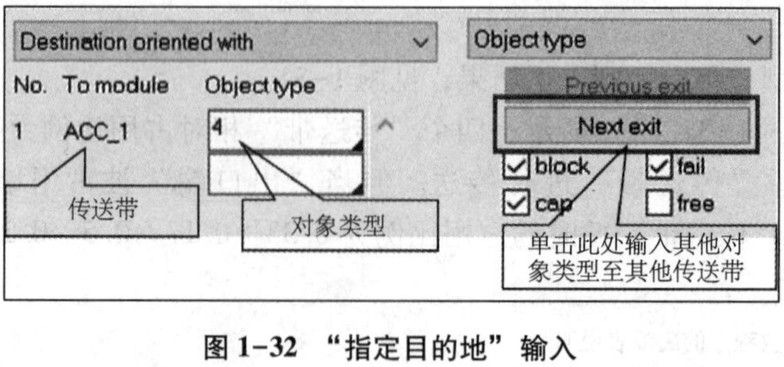


图 1-32　"指定目的地"输入

**3. 仿真结果**

保存并运行模型，可以得到以下结果，见图 1-33。

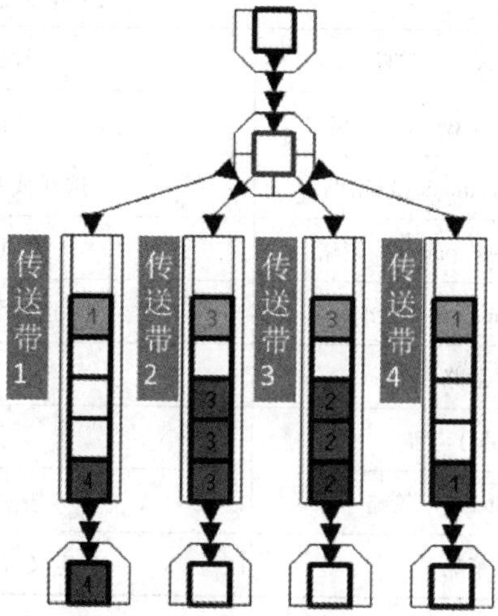


**图 1-33 指定目的地策略运行**

## 二、合路

“合路”的基本设定如图 1-34 所示。同“分路”一样，“合路”也有其相对应的运输策略，见表 1-2。

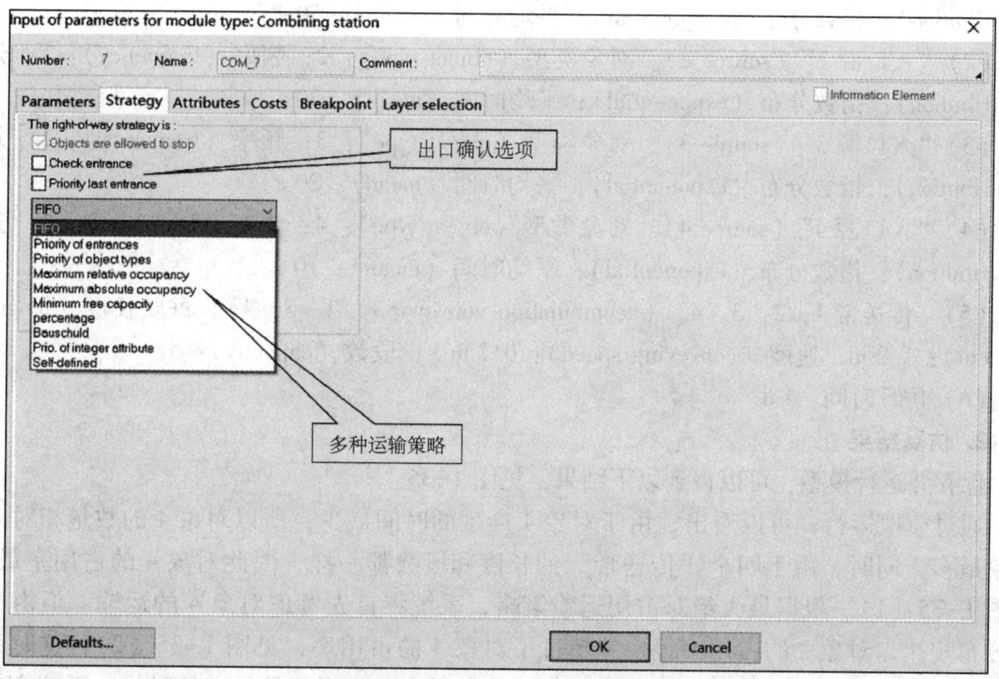


**图 1-34 “合路”的基本设定**

表 1-2 “合路”的运输策略

| 运输策略 | 解　释 |
|---|---|
| 先进先出 FIFO 策略 | 先到的对象要先被服务 |
| 入口优先选择（priority of entrances）策略 | 根据入口优先权运输 |
| 对象类型优先选择（priority of object types）策略 | 根据对象属性选择入口 |
| 最大相对占用（maximum relative occupancy）策略 | 选择彼此相对占用最大的传送带 |
| 最大绝对占用（maximum absolute occupancy）策略 | 根据对象数量最大原则① |
| 最小空闲位置（minimum free capacity）策略 | 选择剩余空间最小的传送带 |
| 按百分比（percentage）策略 | 按照百分比接收 |
| 按比例（proportimal/Bauschuld）策略 | 按照一定比例接收 |
| 按整数属性优先（priority of integer）策略 | 按照整数属性优先级接收 |
| 自定义（self-definded）策略 | 自定义（根据决策表 decision table） |

**例 1-8　最大绝对占用（maximum absolute occupancy）策略的应用**

请建立四个“入口源”、四个“传送带”、一个“合路”和一个“出口端”，并且输入下列数据观察其模拟结果。

**1. 仿真数据**

（1）“入口源 1”（source 1）。对象类型（object type）：1；频率（frequency）：1；分布（distribution）：指数分布（exponential）；平均时间（mean）：50 s。

（2）“入口源 2”（source 2）。对象类型（object type）：2；频率（frequency）：1；分布（distribution）：指数分布（exponential）；平均时间（mean）：30 s。

（3）“入口源 3”（source 3）。对象类型（object type）：3；频率（frequency）：1；分布（distribution）：指数分布（exponential）；平均时间（mean）：20 s。

（4）“入口源 4”（source 4）。对象类型（object type）：4；频率（frequency）：1；分布（distribution）：指数分布（exponential）；平均时间（mean）：10 s。

（5）“传送带 1，2，3，4”（accumulation conveyor 1，2，3，4）。每段长度（length of segment）：1. 2 m；速度（conveying speed）：0. 3 m/s；段数（capacity）：5。

（6）仿真时间：1 d。

**2. 仿真结果**

保存并运行模型，可以得到以下结果，见图 1-35。

通过模拟运行，可以看出，由于对象 4 产生的时间最少，所以对象 4 的数量相对其他对象最多。同时，由于四个“传送带”的长度和段数都一样，因此对象 4 的占用率最大，见图 1-35（1）。根据最大绝对占用运输策略，系统将首先考虑对象 4 的运输。但由于指数分布规律，对象 3 的占用率很快就超过了对象 4 的占用率，见图 1-35（2），这时系统会先考虑对象 3 的运输。当对象 3 和对象 4 的占用率变化到不是最大的时候，系统会考虑

① 系统根据每轮时间点计算其运输策略。

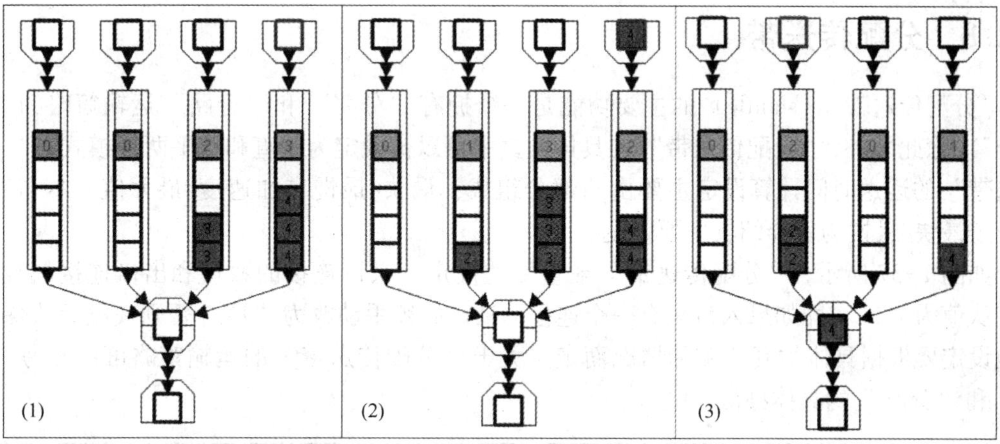


图 1-35 最大绝对占用策略运行

其他对象的绝对占用率，见图 1-35（3）。总之，系统会优先选择“传送带”的绝对占用率。

**3. 仿真结果分析**

通过结果分析，可以更清楚地查看最大绝对占用运输策略的功能。请选择第四条“传送带”查看对象 4 的运输状况，Accumulation conveyor | Results | Buffer Analysis | Occupancy Diagram。

如图 1-36 所示，通过最大绝对占用运输策略，对象 4 在达到相对最大占用率时，系统将会优先选择其通过，随着占用率的降低，系统再次选择占用率低的对象通过（请选择 Smoothed diagram with Smoothed：1 024）。

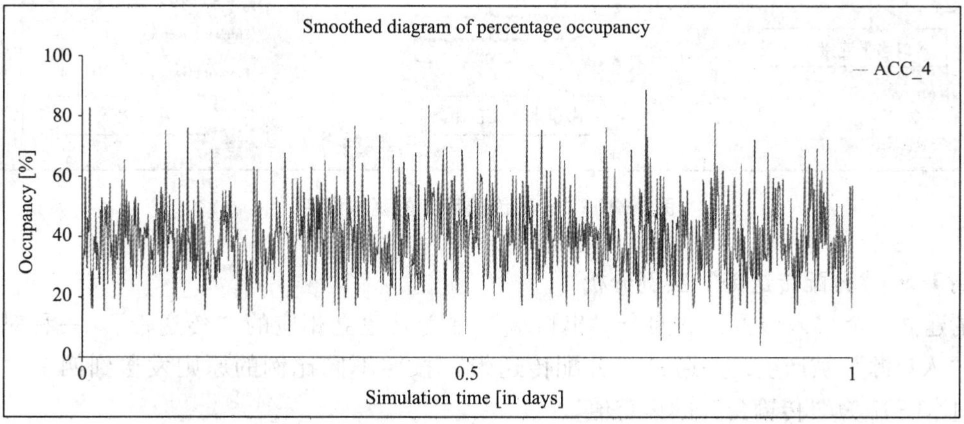


图 1-36 最大绝对占用策略结果分析（对象 4）

“分路”和“合路”有着类似的运输策略，但这些策略往往导致完全不同的仿真的结果。在生产运输中，要选择合适的运输策略。相对于不同模块设置的改进，运输策略的转换也是一个不错的优化捷径。

### 1.2.8 分配传送带

“分配传送带”（shuttle）的主要功能是一个拥有“分路”和“合路”运输策略的“传送带”。除此之外，“分配传送带”在具体仿真中可以被设定为垂直和水平两种模式。“分配传送带”的运送时间计算设定主要由两部分组成：最快/最慢与加速度/最大值。本书以基本设定最快/最慢为例介绍其主要设定。

如图1-37所示，“分配传送带”最重要的设定是入口连接的数量和出口连接的数量。其默认值为“1”，即如果入口只有一个连接的话，必须手动改为“1”，否则模型无法保存。其他设定要根据具体仿真的实际情况而定。关于“分配传送带”的运输策略可以参考“合路”和“分路”的具体办法。

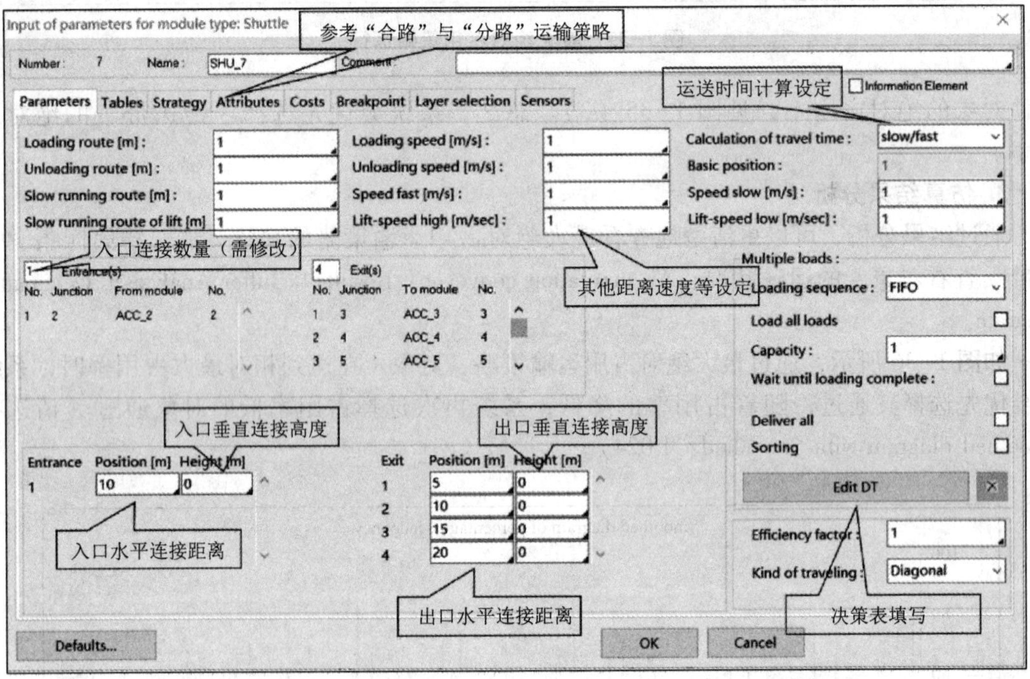


**图1-37 “分配传送带”的基本设定**

**例1-9 “分配传送带”实例分析**

请建立一个“入口源”和四个“出口端”并为其建立相应的“传送带”。一种对象将通过“入口源”被产生，并通过“分配传送带”按照不同比例的原则发送到四个“出口端”。图1-37为“传输台”的设定值。

**1. 仿真数据**

（1）“入口源”（source）。对象类型（object type）：1；频率（frequency）：1；分布（distribution）：固定分布（fixed）；时间（cycle time）：1 s。

（2）所有“传送带”（all accumulation conveyors）。每段长度（length of segment）：1 m；速度（conveying speed）：1 m/s；段数（capacity）：5。

（3）“分配传送带”运输策略（shuttle strategy）。出口1：20%；出口2：10%；出口

3：40%；出口 4：30%。

**2. 仿真结果**

通过模型的建立和以上参数的输入，可以得到以下结果，见图 1-38。

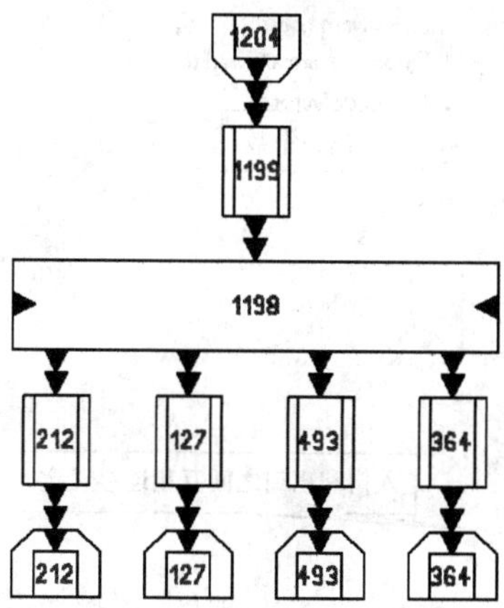


图 1-38 “分配传送带”仿真结果

**3. 仿真结果分析**

通过仿真结果分析，可以得出四个出口的对象通过比例为 2：1：4：3。除了按照不同的比例运送对象，还可以根据具体的仿真条件运用不同的运输策略来解决实际生产中的具体问题。

## 1.2.9 多功能节点

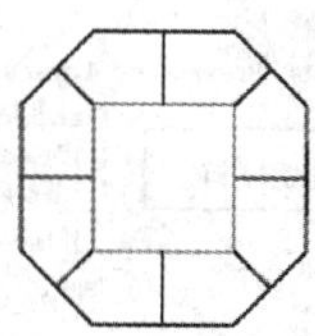

“多功能节点”（crossing）主要用于复杂模型中具体路段的选择和判定。“多功能节点”是一个极为重要的模块，在很多模型中起到至关重要的作用。距离最短、时间最少及参数指定道路等设定都离不开“多功能节点”的帮助。其基本设定如图 1-39 所示。

应该注意，“多功能节点”的入口与出口必须互相连接。其具体意义：如果模块同时连接两个入口和两个出口，第一个入口既要和第一个出口连接，又要和第二个出口连接，以此类推，出口或入口越多，彼此之间需要连接的数量也就越多。为了节省连接时间，可以通过选择“自动连接装置”自动连接所有出入口。在相对复杂的模型中，“多功能节点”可以自动选择最短路径，其基本设定如图 1-40 所示。

以上内容为 DOSIMIS-3 中最基本的模块，这些模块仅供初学者参考学习。初学者已经可以根据这些模块的设定建立简单的模型进行仿真模拟。从下一节起，本书将用具体实例对上述模型做进一步的介绍与分析，同时通过一系列具体的优化方法及结果分析方法进一步介绍 DOSIMIS-3 的功能。

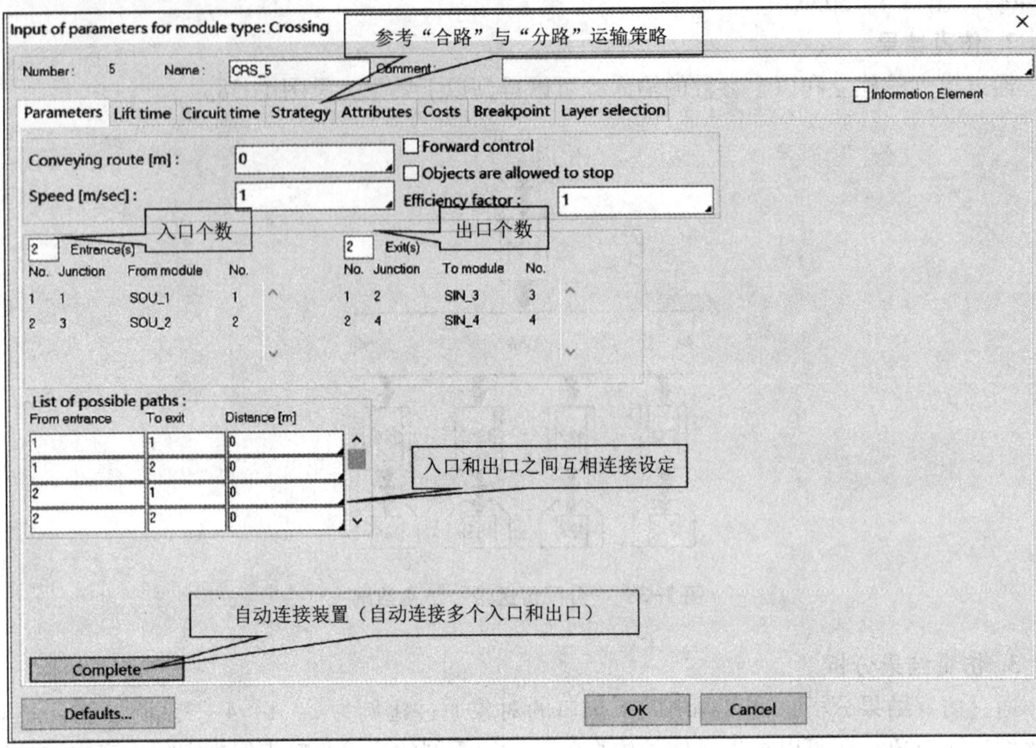


图 1-39 “多功能节点”的基本设定

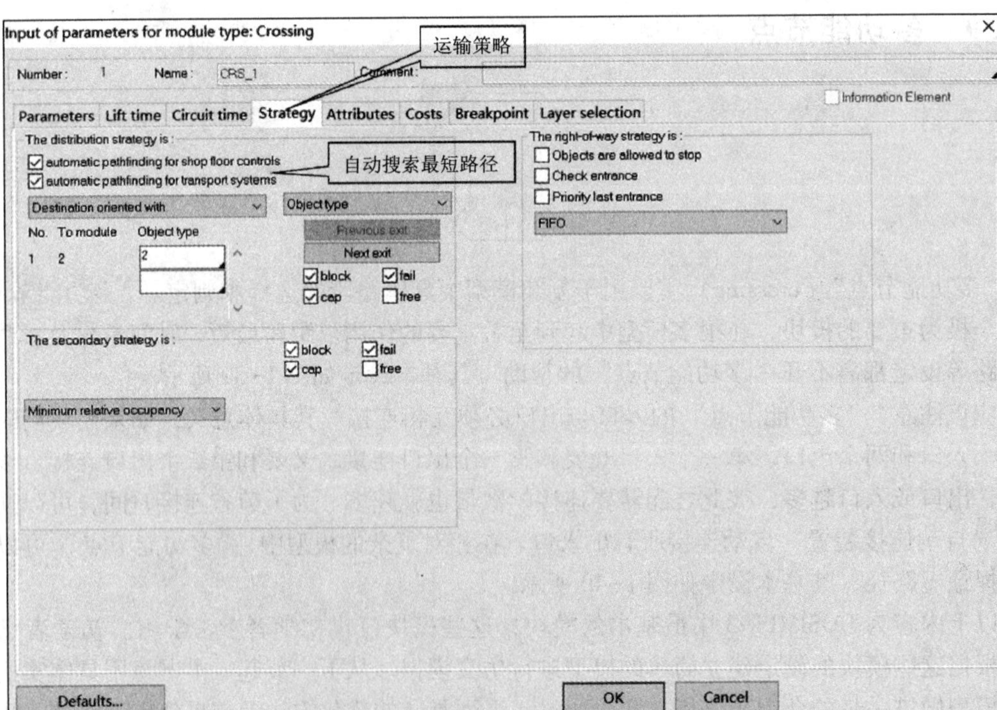


图 1-40 “多功能节点”最短路径的基本设定

# 1.3 基本模块经典实例介绍

本节将采用 DOSIMIS-3 使用说明中的经典实例介绍 DOSIMIS-3 的实际应用。此外，在仿真的同时能发现生产和运输过程中的具体问题，然后进行结果分析，最后对生产和运输中出现的问题逐步分段解决。

## 1.3.1 经典实例

一个工厂加工一批货物，该批货物由两种类型的货物构成，并且分别由不同的机器进行加工。这批货物由一个入口进入工厂，通过一个分配传送带将不同种类的货物分别发送到不同的机器。由于技术问题，有一定概率的货物加工会失败。在货物出厂时，将会有一个质检管理。所有加工失败的货物都将通过传送带，被发送回原来的分配传送带，并重新送至加工机器重新加工。所有成功被加工的货物则会被发送至工厂外部。

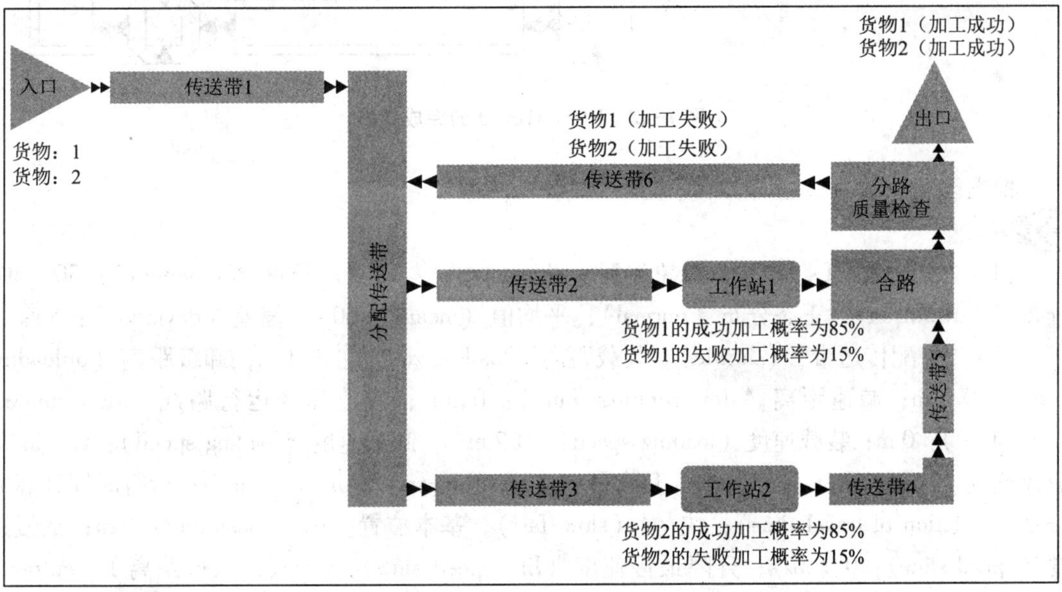


**图 1-41 经典加工实例布局图**

该工厂内部的基本设置和基本加工步骤如图 1-41 所示。入口一般选择“入口源”作为产生不同货物的模块。六个传送带则选择“传送带”模块。① “分配传送带”的功能为分配和发送货物。两个加工机器为“工作站”模块。在货物加工完成之后，集中货物可以通过“合路”完成合并运输。质量检查可以通过“分路”完成其功能。由于一定概率的货物已经在加工机器 1 和 2 中被改变属性，所以使用“分路”可以简单、快速地完成质量检查的功

① 单击鼠标左键选择“传送带”建立模块，还可以通过第二次单击左键改变建立方向，单击右键完成创建。

能。出口由“出口端”来完成。建立好的 DOSIMIS-3 模型如图 1-42 所示。此模型为数据输入的完成状态。当未输入数据时，模块为浅绿色。

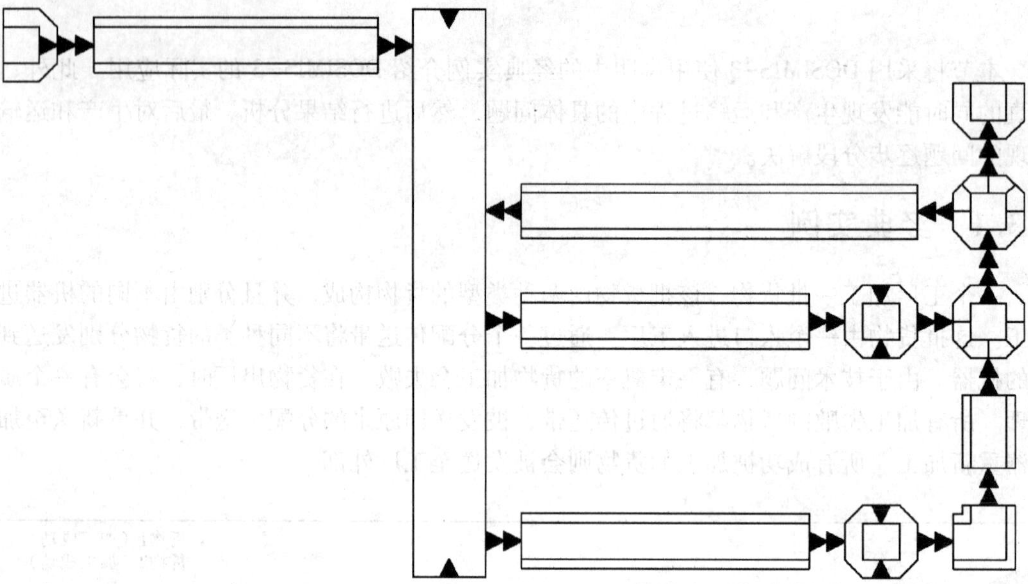

图 1-42　DOSIMIS-3 的完成状态

根据已建立的模型输入以下数据。

**数据**

（1）“入口源”（source）。对象类型（object type）：1，2；频率（frequency）：50∶50；分布（distribution）：正态分布（normal）；平均值（mean）：60 s，偏差（deviation）：5 s。

（2）“分配传送带”（shuttle）。装载距离（loading route）：1.1 m；卸载距离（unloading route）：0.1 m；减速距离（slow running route）：0.5 m；慢速升降运行路线（slow running route of lift）：0 m；装载速度（loading speed）：0.2 m/s；卸载速度（loading speed）：0.2 m/s；最快速度（speed fast）：0.1 m/s；升降最快速度（lift-speed high）：0 m/s；运行时间计算方法（calculation of travel time）：快/慢（slow/fast）；基本位置（basic position）：0 m；最慢速度（speed slow）：0.1 m/s；升降最慢速度（lift-speed slow）：0 m/s；入口距离 1（entrance position 1）：0 m；入口距离 2（entrance position 2）：15 m；出口距离 1（exit position 1）：20 m；出口距离 2（exit position 2）：25 m。运输策略：指定目的地或出口，到机器 1 方向：1 和 10（1 为货物 1，10 为加工失败的货物 1），到机器 2 方向：2 和 20（2 为货物 2，20 为加工失败的货物 2）。选择进入策略：根据入口优先策略，从入口 1 方向优先：1，从入口 2 方向优先：2。

（3）“传送带 1”（accumulation conveyor 1）。每段长度（length of segment）：1 m；速度（conveying speed）：0.2 m/s；段数（capacity）：10。

（4）“传送带 2”（accumulation conveyor 2）。每段长度（length of segment）：1 m；速度（conveying speed）：0.2 m/s；段数（capacity）：2。

（5）“传送带 3”（accumulation conveyor 3）。每段长度（length of segment）：1 m；速度

(conveying speed)：0.2 m/s；段数（capacity）：2。

（6）“传送带 4”（accumulation conveyor 4）。每段长度（length of segment）：1 m；速度(conveying speed)：0.2 m/s；段数（capacity）：1。

（7）“传送带 5”（accumulation conveyor 5）。每段长度（length of segment）：1 m；速度(conveying speed)：0.2 m/s；段数（capacity）：2。

（8）“传送带 6”（accumulation conveyor 6）。每段长度（length of segment）：1 m；速度(conveying speed)：1 m/s；段数（capacity）：3。

（9）“工作站 1，2”（workstation 1，2）。加工货物：对象 1：正态分布，平均值 80 s，偏差 5 s；对象 2：正态分布，平均值 80 s，偏差 5 s。设置时间：1 转换为 10 和 10 转换为 1 的固定时间为 60 s，2 转换为 20 和 20 转换为 2 的固定时间为 60 s；新货物生成概率：对象 1 成功被加工后仍为对象 1 的概率为 85%，对象 1 失败被加工后仍为对象 1 的概率为 15%，对象 2 成功被加工后仍为对象 2 的概率为 85%，对象 2 失败被加工后仍为对象 2 的概率为 15%。

（10）“分路”（distributor）。运输策略：指定目的地或者出口，到出口的货物为 1 和 2(加工成功货物)，到传送带 6 的货物为 10 和 20（加工失败货物）。

（11）“出口端”（sink）。分布（distribution）：指数分布（exponential），平均值(mean)：55 s。

（12）仿真时间：5 h。

请将以上数据输入并运行模型。具体模拟图像如图 1-43 所示。

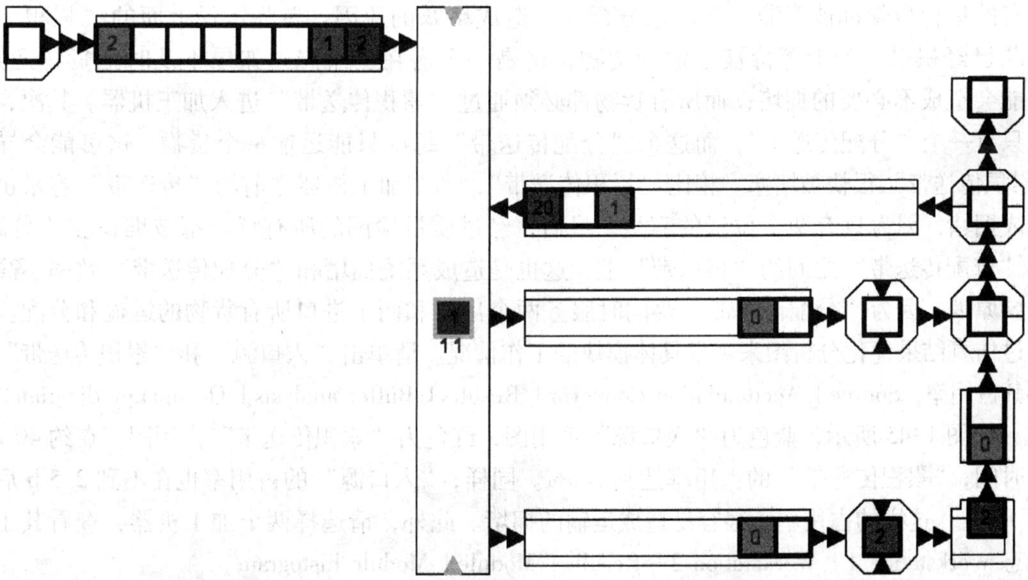

图 1-43 DOSIMIS-3 模拟运输状态（模拟过程中）

图 1-43 为模拟运输开始状态图。图中货物 1 和货物 2 通过“分配传送带”被运到机器 1 和机器 2 加工。所有被加工的货物都被集中在“合路”。成功被加工的货物通过质量检测

将被运输出厂，有问题的货物要被重新加工。随着模拟时间的增加，会得到如图 1-44 的运输状态。

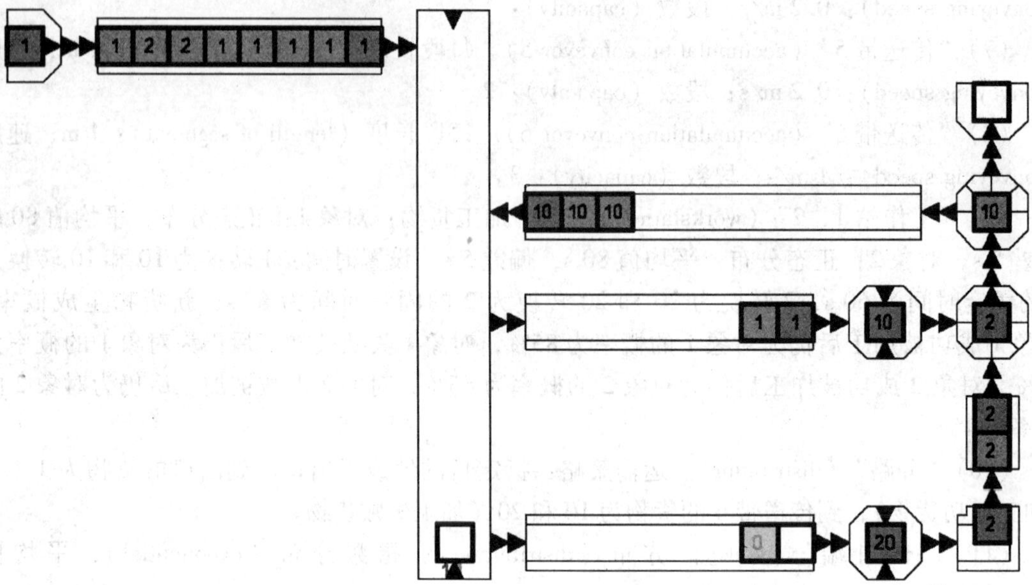

图 1-44　DOSIMIS-3 模拟运输状态（模拟堵塞至生产系统停滞）

现在请观察模拟中的对象流动状态。在模拟时间到达约 40 min 的时候，系统已经瘫痪，所有的运行步骤都被停滞。下面来分析一下造成堵塞的原因。首先，最上面的“累积传送带”已经积累了若干等待被运输的货物，这是一个潜在的隐患。如果不及时把货物运走，可能会造成不必要的拥堵，而所有货物都必须通过“累积传送带”进入加工机器。其次，这里只有一个“分配传送带”，而这个“分配传送带”每次只能运输一个货物，这可能会导致“累积传送带”很快被堵塞。相比“累积传送带”，两个加工机器之前的“传送带”容量也会造成拥堵，因为只有两个位置的容量。最后，经过质量检测的所有货物都被堆积在“分路”和“分配传送带”之间的“传送带”上，这也是造成系统拥堵和“分配传送带”效率不高的主要原因。因为“分配传送带”要同时服务两个出口和两个进口所有货物的运输和分配。请通过仿真结果优化分析图来观察具体模块的工作情况。请单击“入口源”和“累积传送带”观察其占用率，Source | Accumulation Conveyor | Results | Buffer analysis | Occupancy diagram。①

如图 1-45 所示，蓝色为“入口源”占用图，红色为“累积传送带”占用图。在约 40 min 的时间，“累积传送带”的占用率达到 100%。同样，“入口源”的占用率也在不到 2.5 h 后达到 100%。这样的占用率，很容易造成运输的拥堵。此外，请选择两个加工机器，查看其工作状态 Workstation 1 | Workstation 2 | Results | Module | Module histogram。

其中，蓝色为机器加工状态，红色为机器拥堵状态，绿色为机器空闲状态。在机器使用中，蓝色越多代表机器的利用率越高，绿色越多代表机器闲置时间越多，而红色越多代表机器可能停滞的概率会越高。由图 1-46 可知，这两台加工机器的状态也很糟糕。其大部分时

① 同时选择两个模块可以通过按键盘 Ctrl 键+单击鼠标左键实现。

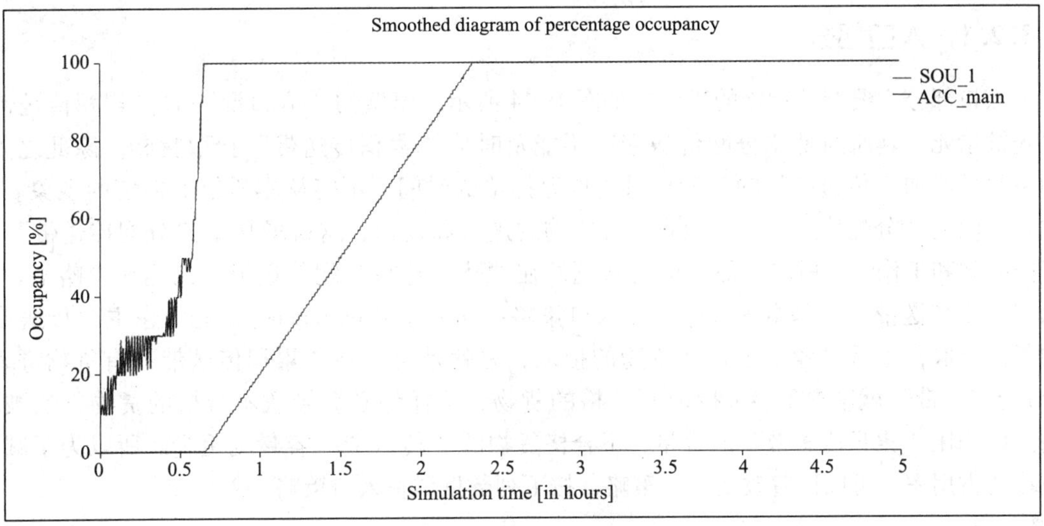


图 1-45 模拟占用显示

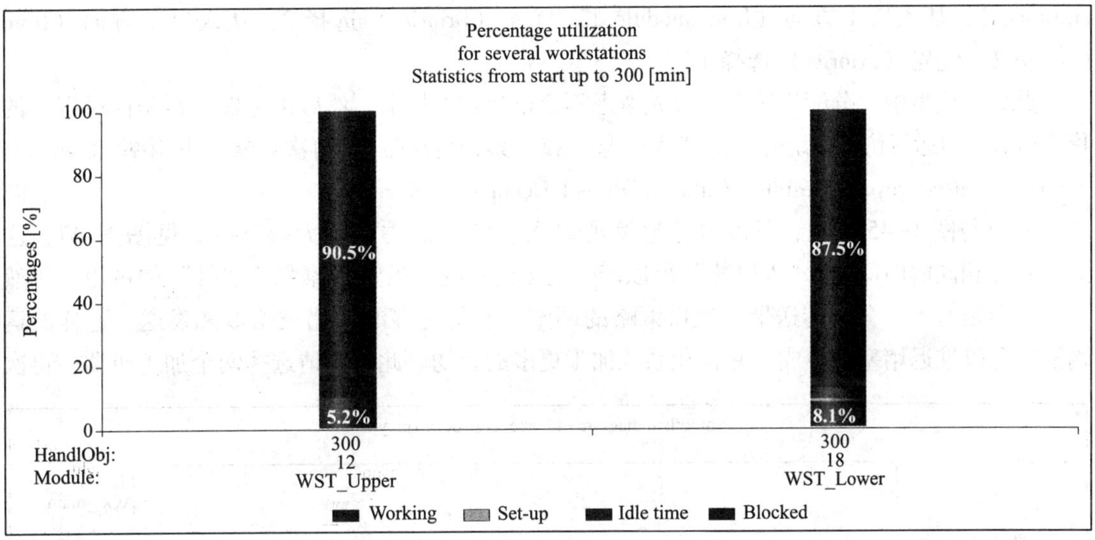


图 1-46 机器运行状态

间处于拥堵状态，只有很少的时间是正常加工状态。

下面将通过一系列优化方法，对图 1-44 模型中存在的问题进行优化。优化的基本原则为：不改变现有加工机器的生产效率，也不改变“入口源”货物的产生频率和时间，只通过修改运输策略及“传送带”容量，来优化模型模拟结果。

## 1.3.2 优化步骤

为了让使用者更容易了解优化的步骤，可以从五个步骤对模型进行优化，每次优化的结果会用图像显示、对比。这五个优化部分分别为：入口部分、容量和速度部分、不合格货物退回部分、出口缓冲部分及出口分布调整。

#### 1.3.2.1 入口部分

入口部分主要调整货物的进入。如图 1-44 所示，模型的“入口源”和“累积传送带”最先被堵死，其原因是“分配传送带”不能及时从“累积传送带”拾取货物。除此之外，如果只是增加“传送带”的容量，只会推迟拥堵的时间，不能从本质解决拥堵的现象。其主要原因是“分配传送带”要负责两种货物的进入和发送，这就增加了“分配传送带”的工作时间和工作量。所以，最关键的问题处在“优先选择分配传送带”的运输策略上。根据“分配传送带”的基本进入策略（入口策略：priority of entrances），先考虑主“传送带”的货物拾取，然后再考虑不合格货物的拾取，也就是说只要“累积传送带”有货物进入，“分配传送带”就基本不会去拾取不合格的货物，这样势必会导致不合格的货物很快被堵塞。而相比“累积传送带”的容量，不合格货物的“传送带”容量则更少。所以为了减少模块的占用率，可以试着改变入口策略，按下列数据调整入口策略。

**数据**

“分配传送带”运输策略。选择进入策略：根据入口优先选择策略（priority of entrances），从入口 1 方向（from module 1）优先（priority）选择 2；从入口 2 方向（from module 2）优先（priority）选择 1。

此时，模型中“分配传送带”会先考虑不合格货物的拾取，然后再考虑“累积传送带”的货物拾取。请运行仿真系统并单击“入口源”和“累积传送带”，再次观察其占用率，Source | Accumulation conveyor | Results | Buffer analysis | Occupancy diagram。

通过与图 1-45 对比，可以清楚地发现“入口源”的占用率大幅下降，见图 1-47，这意味着在相同的时间内，“入口源”可以产生更多的货物。虽然“累积传送带”的占用率仍然很高，但是由于“分配传送带”出口策略的调整，使得更多的货物被拾取和发送，这样的运输策略可以推迟堵塞的生成，并且让系统加工更多的货物。此外，请选择两个加工机器，再次

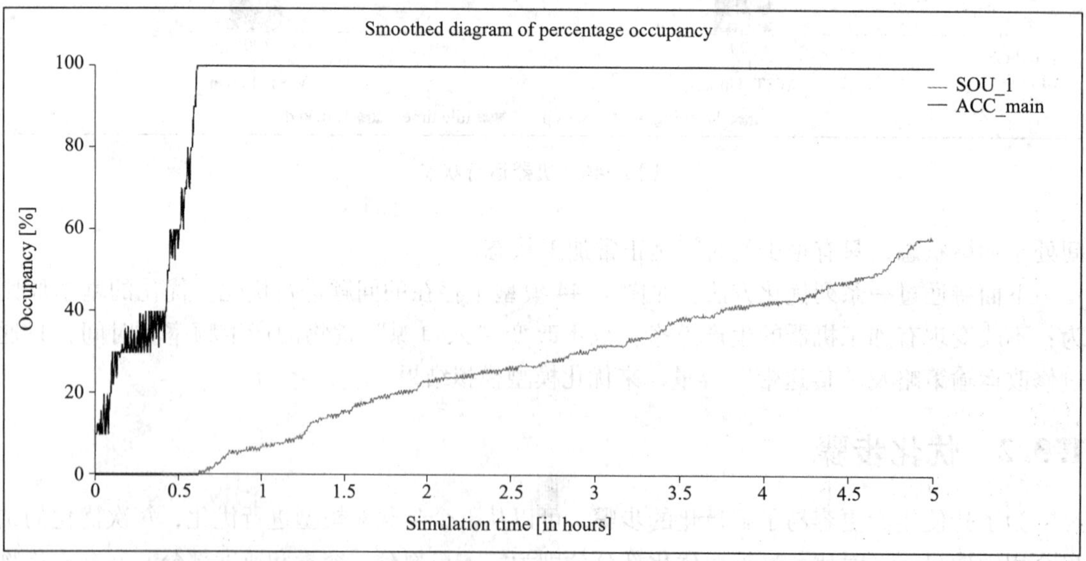


图 1-47　优化入口策略后的占用显示

查看其工作状态，单击 Workstation 1 | Workstation 2 | Results | Module | Module histogram。

通过与图 1-46 对比，可以清楚地发现，两台机器的运行状况，由于“分配传送带”出口策略的调整，得到大幅提高，见图 1-48。其工作状态大幅增加，工作设置时间增加到总体状态的 10%。这种状况的出现是由于“分配传送带”出口策略的调整所引起的，具体原因为“分配传送带”优先考虑不合格货物的拾取，导致机器要不停地在加工失败的货物和待加工货物之间转换，而这个转换所需要的时间，就是这里的工作设置时间。

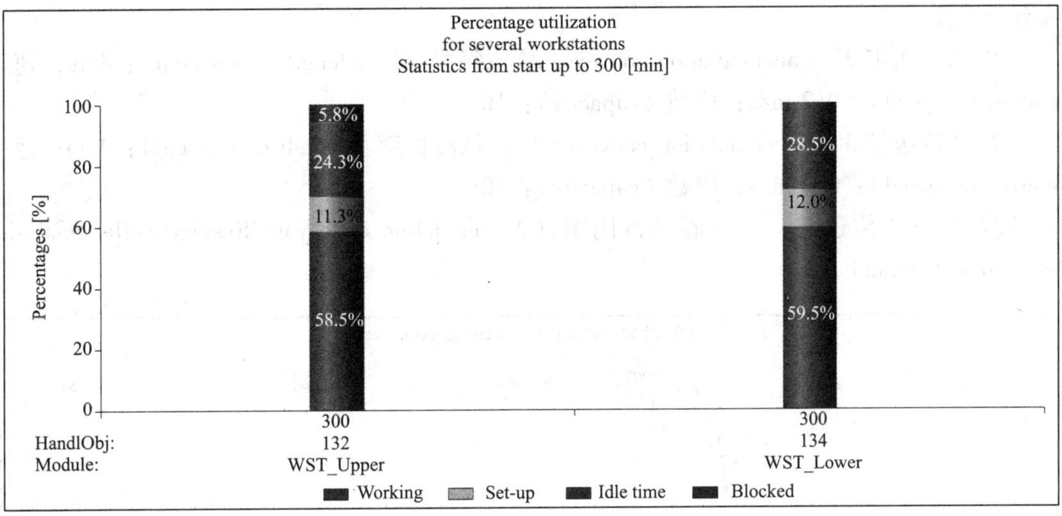


图 1-48 优化入口策略后的机器运行状态

通过观察可以发现，两台加工机器的“传送带”只有两个位置的容量，这样势必会导致拥堵的发生，而且机器的加工也会或多或少地产生堵塞现象。如果适量增加其容量，是可以很大程度增加两台机器和“入口源”的效率。图 1-49 为调整之前“传送带”的占用率。单击“传送带 2”和“传送带 3”，查看其占用率，Accumulation Conveyors | Results | Buffer analysis | Occupancy diagram。

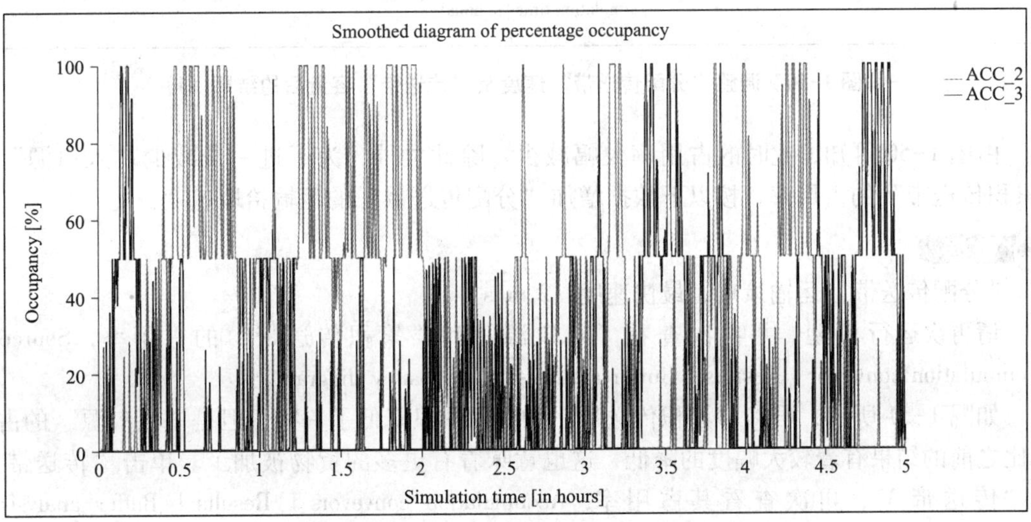


图 1-49 优化前的“传送带”占用率

优化前的两条“传送带”占用率几乎在不同的时间段都非常高。因此，这样的结果很不理想。通常，可以通过增加一定实际范围“传送带”的容量减少其占用率。

#### 1.3.2.2 容量和速度部分

为了进一步减少“入口源”的占用率，可以在增加“分配传送带”速度的同时，增加“传送带”的容量。请根据以下数据，改变“分配传送带”的速度及“传送带”的容量。

**数据**

（1）“传送带2”（accumulation conveyor 2）。每段长度（length of segment）：1 m；速度（conveying speed）：0.2 m/s；段数（capacity）：10。

（2）“传送带3”（accumulation conveyor 3）。每段长度（length of segment）：1 m；速度（conveying speed）：0.2 m/s；段数（capacity）：10。

选择两条“传送带”并查看其占用率（Accumulation conveyors/Results/Buffer analysis/Occupancy diagram）。

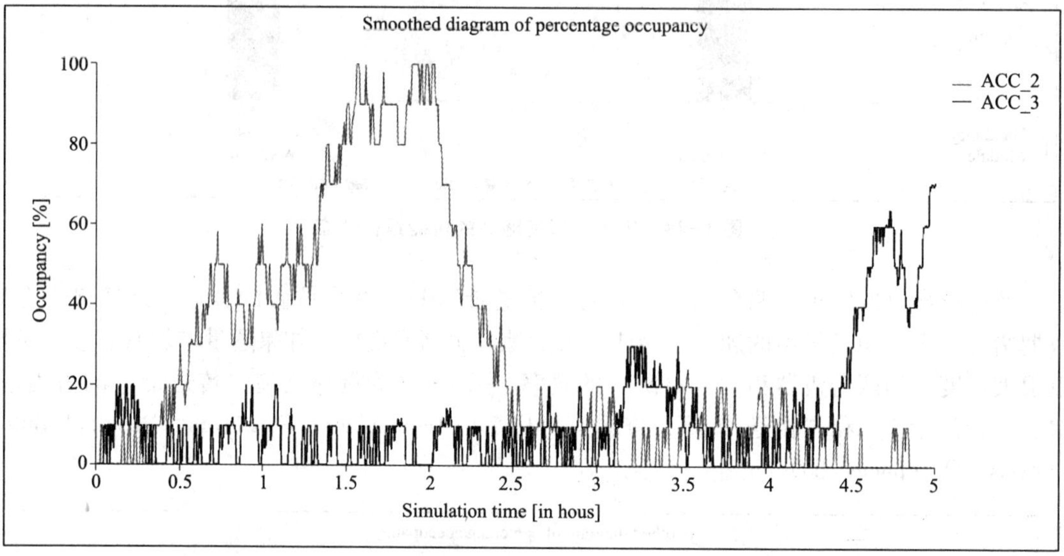


图1-50 调整“分配传送带”速度及“传送带”容量后的结果（1）

由图1-50可知，此时的占用率大幅减少。除此之外，为了进一步减少“入口源”和“累积传送带”的占用率，按以下数据增加“分配传送带”的运输拾取速度。

**数据**

“分配传送带”运输策略，最快速度：2 m/s。

请再次运行模型，并再次查看“入口源”和“累积传送带”的占用率，Source | Accumulation conveyor | Results | Buffer analysis | Occupancy diagram。

如图1-51所示，虽然“累积传送带”的占用率只降低了一些，但是“入口源”的占用率比之前的结果有着较大幅度的降低，这也意味着有更多的货物被加工。单击“传送带2”和“传送带3”，再次查看其占用率，Accumulation conveyors | Results | Buffer analysis | Occupancy diagram。

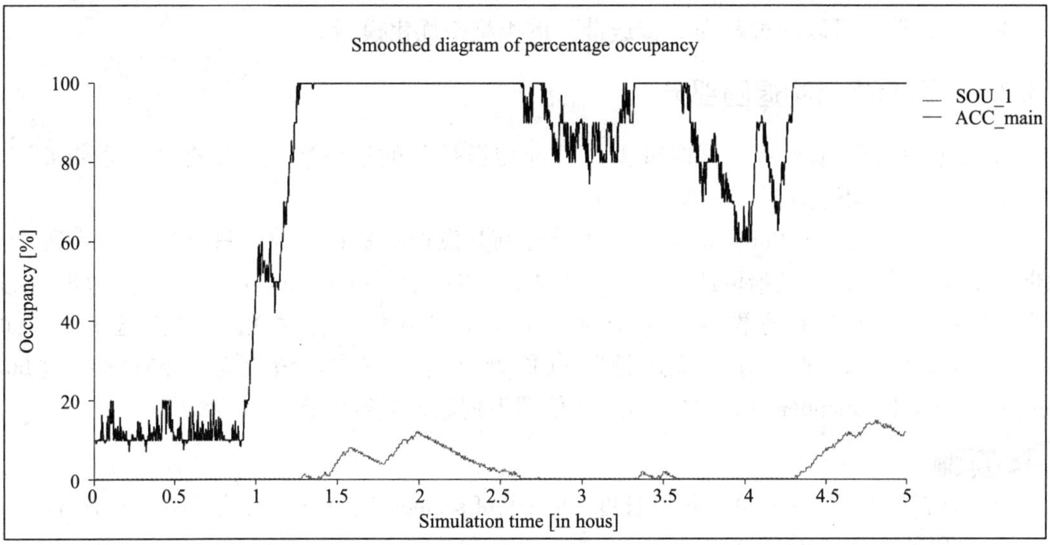


图 1-51 调整“分配传送带”速度及“传送带”容量后的结果（2）

随着“分配传送带”运送速度的增加，理论上机器的工作效率会增加，请单击两个工作站，再次查看其工作状态，单击 Workstation 1 | Workstation 2 | Results | Module | Module histogram。

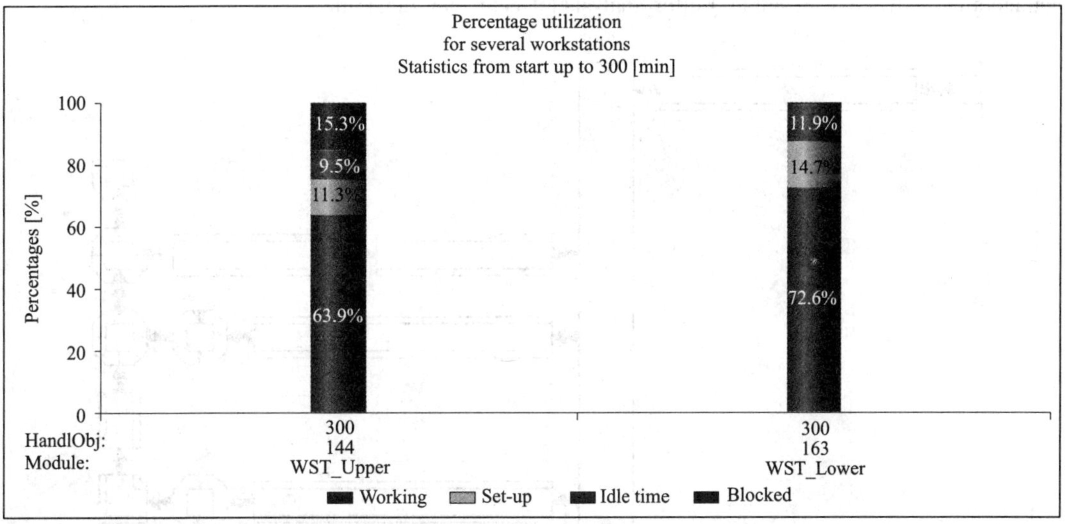


图 1-52 调整“分配传送带”速度及“传送带”容量后的工作站

如图 1-52 所示，两台机器的工作效率都有所增加。对比图 1-48 可知，其空闲时间有所减少。但通过模拟观察很容易发现，“分配传送带”的使用效率仍然很低，原因在于其运输策略还是没能达到理想状态，因为“分配传送带”首先要考虑对不合格货物的拾取，这样必然会大大减少运输效率，使得“分配传送带”一直在不合格货物的运送过程当中，这样必然会增加“入口源”和“累积传送带”的占用率，同时增加两个机器的设置时间。要想解决这个问题，可以通过改变“传送带”的类型来优化模型。

### 1.3.2.3 不合格货物退回部分

为了减少机器设置时间，同时减少“分配传送带”的运输次数，请在“传送带 6”之后建立一个新的“传送带”（bulk section）。

“传送带”（bulk section）的主要作用是控制其发送的货物个数。只有当货物达到“传送带”的容量后，才会被拾取或者发送。例如，“传送带”（bulk section）的容量为 8，则只有当货物在此传送带中的数量为 8 个时，才可能被拾取或者发送。“传送带”（bulk section）可以大大增加“分配传送带”对货物运送的效率。请设定“传送带”（bulk section）的容量（number of places）为 8。依照下列数据进行仿真。

**数据**

“传送带”（bulk section）。每段长度（length of segment）：1 m；速度（conveying speed）：0.2 m/s；段数（capacity）：8。

如图 1-53 所示，所有不合格货物都将被集中在新增加的模块中，直到 8 个不合格货物被集中，“分配传送带”才会首先考虑拾取这一组不合格的货物。这样一来，“入口源”和“累积传送带”的占用率就会降低，因为“分配传送带”可以有更多的时间拾取“累积传送带”的货物。此外，机器可以同时加工所有不合格的货物，而不需要在待加工货物和不合格货物之间转换，这样设置时间就会大幅减少。请选择“入口源”和“累积传送带”占用率，Source | Accumulation conveyor | Results | Buffer analysis | Occupancy diagram。

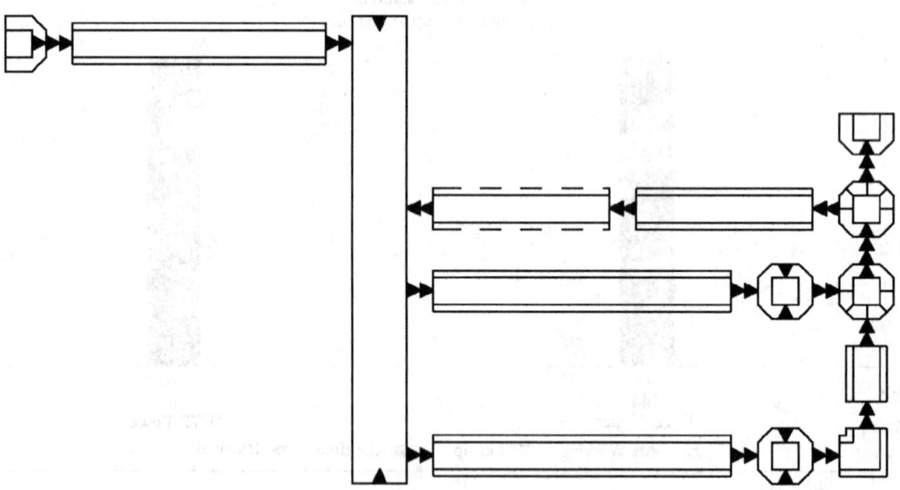

图 1-53 不合格货物退回部分调整

经过这次优化，“入口源”和“累积传送带”的占用率有了明显变化，如图 1-54 所示。“入口源”的占用率已经非常低。“累积传送带”的占用率也有了较大的变化，第 1.5 h 之后到第 2.5 h 之前的占用率，是由于不合格货物数量到达 8 个所引起的，因为在这个时间点，“运输台”不得不负责不合格货物的运输，所以这个时间段的“累积传送带”占用率会

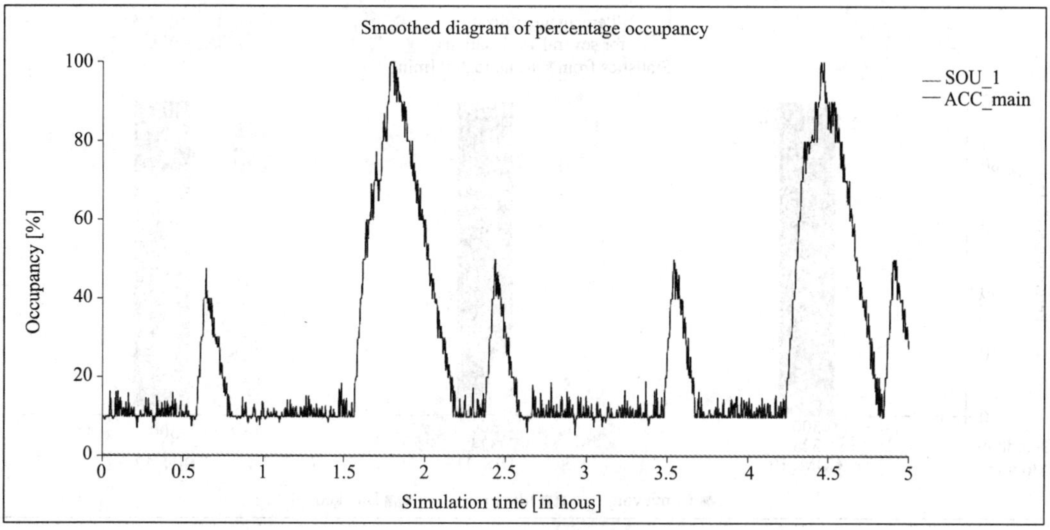


**图 1-54　再次调整后的“入口源”和“累积传送带”**

增加，之后过程同理。请同时单击两台机器查看其设置时间，Workstation 1丨Workstation 2丨Results丨Module丨Module histogram。

正如预测，其设置时间（set-up）大幅减少，同时工作时间有所增加。

通过观察图 1-55 发现，“累积传送带”占用率仍很高。此外，“合路”“分路”和“出口端”都有不同程度的堵塞。请单击“合路”“分路”（质量检测）和“出口端”（出口），查看其工作状态，Combining station丨Distributor丨Sink丨Results丨Module丨Module histogram。

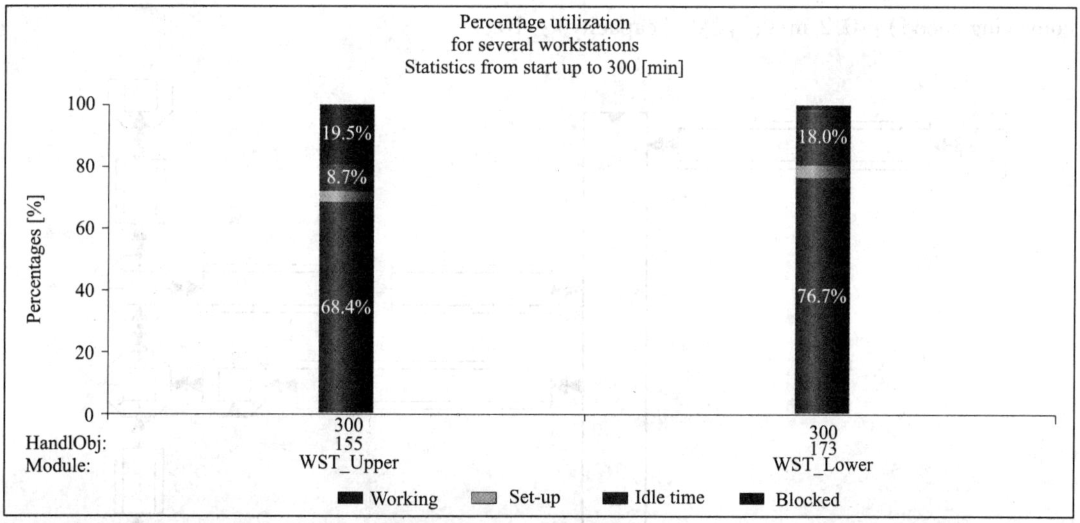


**图 1-55　再次调整后的“工作站”**

从图 1-56 中可以清楚地看出，由于货物数量的增加，“合路”和“分路”存在相对较大的拥堵，这是直接导致两台加工机器之前“传送带”占用率较高的直接原因。具体可以

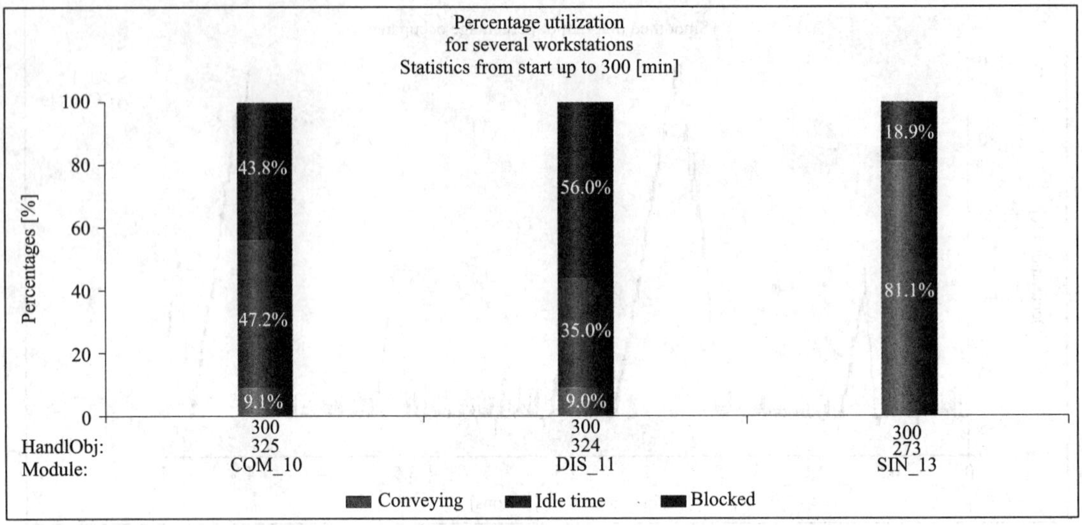


图 1-56 “合路”“分路”和“出口端”优化前工作状态

通过下面的方法解决此问题。

### 1.3.2.4 出口缓冲部分

为了解决此问题，请在“分路”（质量检测）和“出口端”（出口）之间加一条“传送带”作为缓冲。并且设置其容量为 10，如图 1-57 所示。

**数据**

新“传送带”（accumulation conveyor）。每段长度（length of segment）：8 m；速度（conveying speed）：0.2 m/s；段数（capacity）：10。

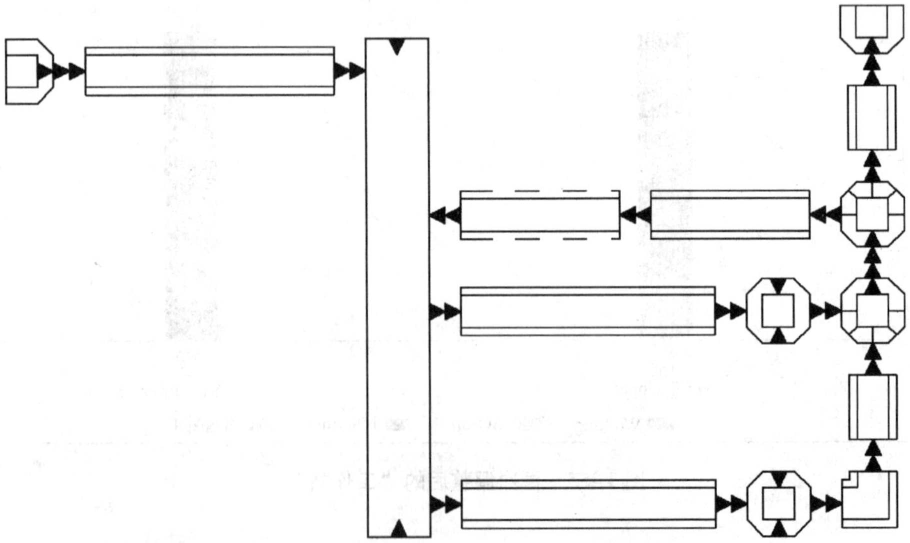

图 1-57 出口缓冲部分优化示意图

在增加“传送带”后，请再次单击“合路”“分路”（质量检测）和“出口端”（出口），查看其工作状态，Combining station | Distributor | Sink | Results | Module | Module histogram。

如图 1-58 所示，可以清楚地发现“合路”和“分路”的拥堵情况完全消失。同时请再次查看“入口源”和“累积传送带”占用率，Source | Accumulation conveyor | Results | Buffer analysis | Occupancy diagram。

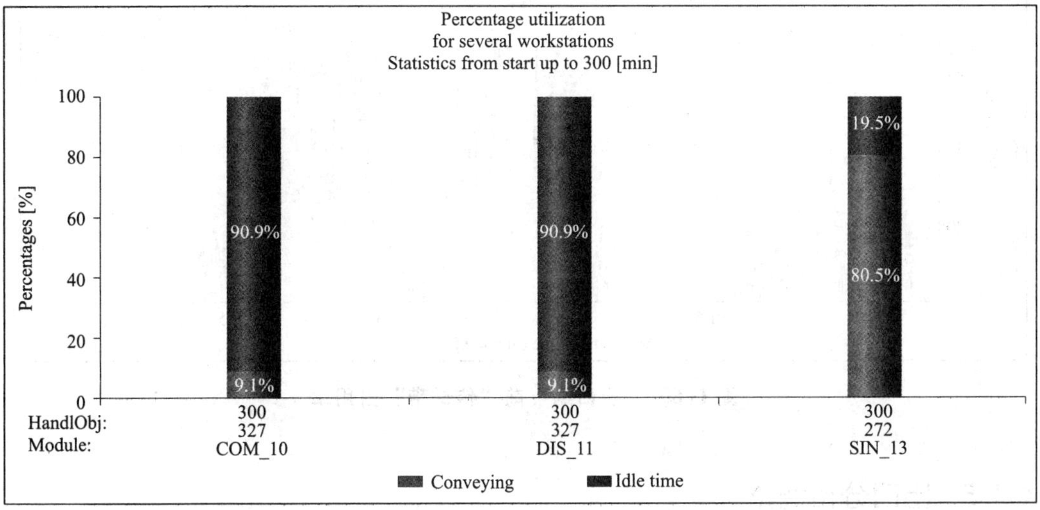


图 1-58　出口缓冲部分优化结果

如图 1-59 所示，“入口源”和“累积传送带”占用率基本被减少到理想范围。但是在 4.5 h 时，“累积传送带”的占用率又增加到 60% 以上。通过分布模拟测试发现，导致高占用率的主要原因是新加入的“传送带”。请查看新加入的“传送带”的占用率，New Accumulation conveyor | Results | Buffer analysis | Occupancy diagram。

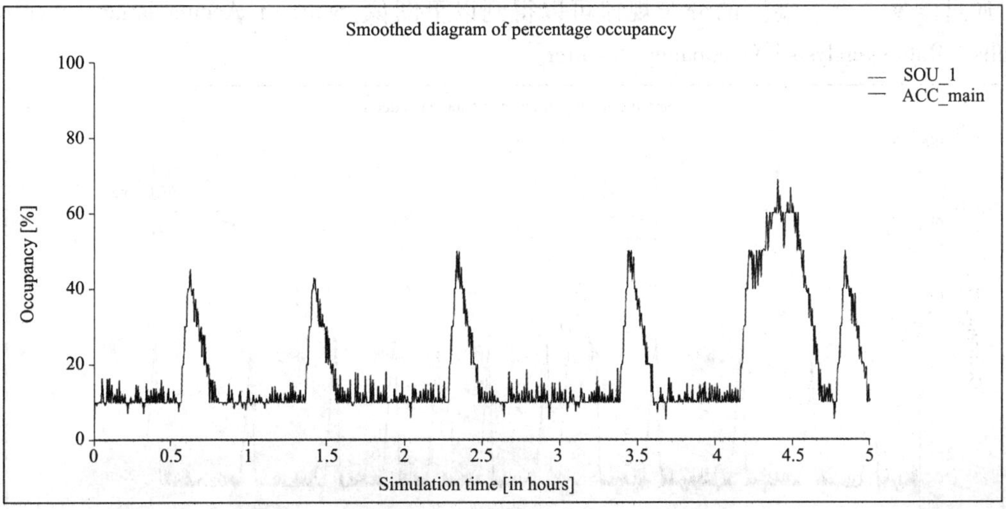


图 1-59　“入口源”和“累积传送带”占用率更新结果

如图1-60所示，因为减少了“合路”和“分路”的堵塞，而“出口端”又不能很快使货物被运出，所以必须通过修改“出口端”的分布规律来减少“入口源”的占用率。

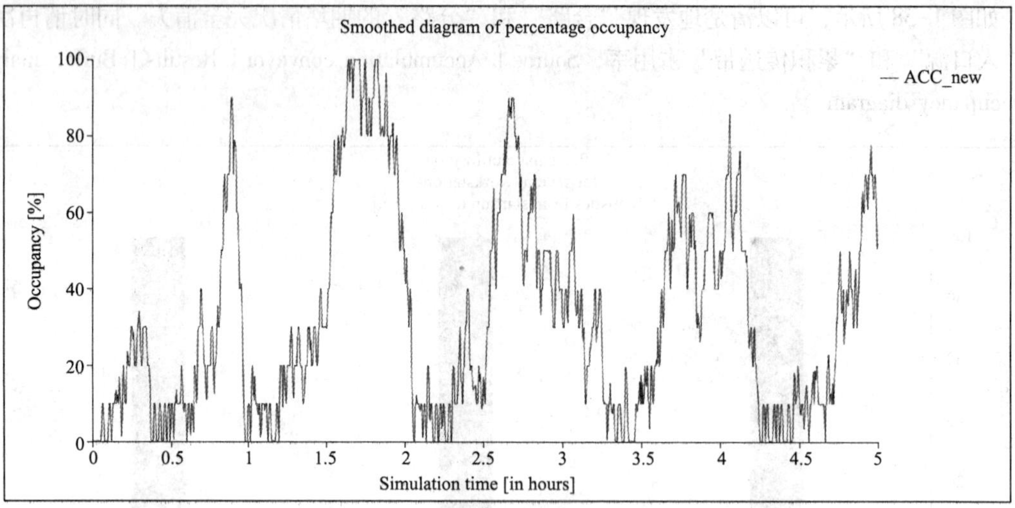


图1-60 “出口端”前“传送带”占用率

### 1.3.2.5 出口分布调整

为了解决入口4.5 h之后的拥堵问题，修改“出口端”分布规律并调整仿真时间，按以下数据进行仿真。

**数据**

“出口端”(sink)。分布：正态分布 (normal)；数值：平均值 (mean)：55 s；偏差 (deviation) 5 s。

仿真时间：10 h。

通过修改“出口端”的分布规律可以得到以下图像，Source | Accumulation conveyor | Results | Buffer analysis | Occupancy diagram。

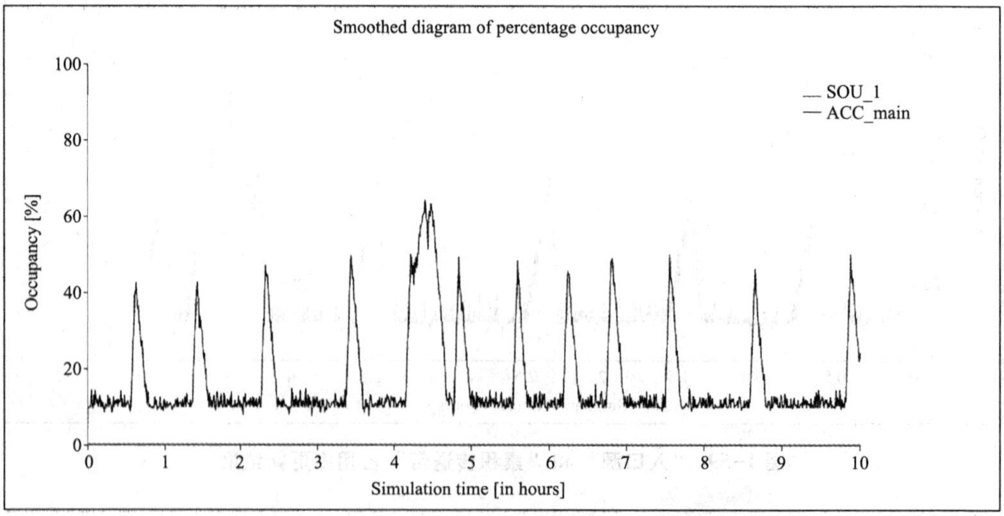


图1-61 “入口源”和“累积传送带”10 h仿真结果

如图 1-61 所示，当仿真时间增加到 10 h 之后，“累积传送带”的占用率没有再增加。由于概率的关系，在第 4 h 到第 5 h 的仿真时间内，所有产生的货物正好都为 2 个，在“累积传送带”中产生的货物恰巧也为 2 个，而这个时候不合格的货物又达到了 8 个，“分配传送带”不得不去拾取不合格货物，因为这里的优先权是不合格货物，所以造成“传送带 3”短时间内占用率就超过 60%。具体模拟状态请参照图 1-62。

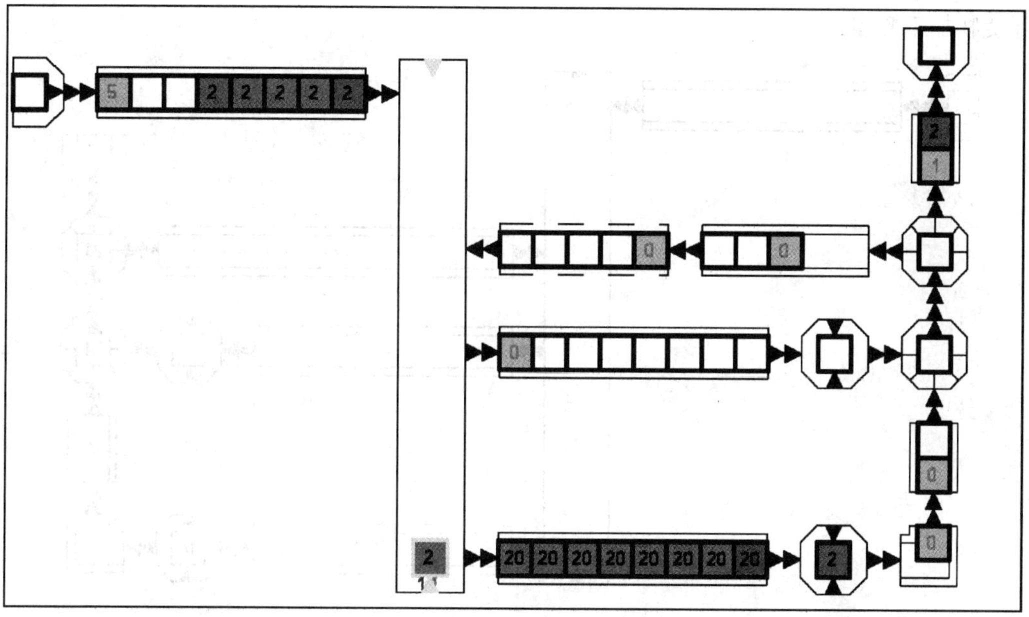

图 1-62 造成 4.5 h 高占用率的原因

另外，请对比图 1-60，观察图 1-63。单击 New Accumulation conveyor | Results | Buffer analysis | Occupancy diagram。

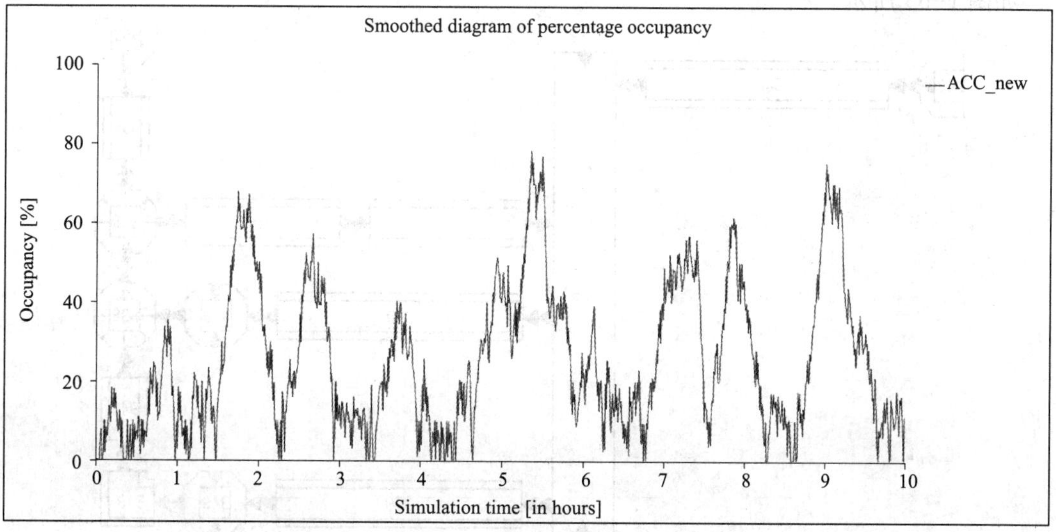


图 1-63 “出口端”前“传送带”10 h 仿真结果

通过对“出口端”分布概率的修改，“出口端”之前“传送带”的最高占用率直接降至 60% 至 80%。

## 1.3.3 模型通过量

请分别打开优化前后的经典模型，并单击 Results | Layout Graphics | Throughput，分析其实际货物加工数量。

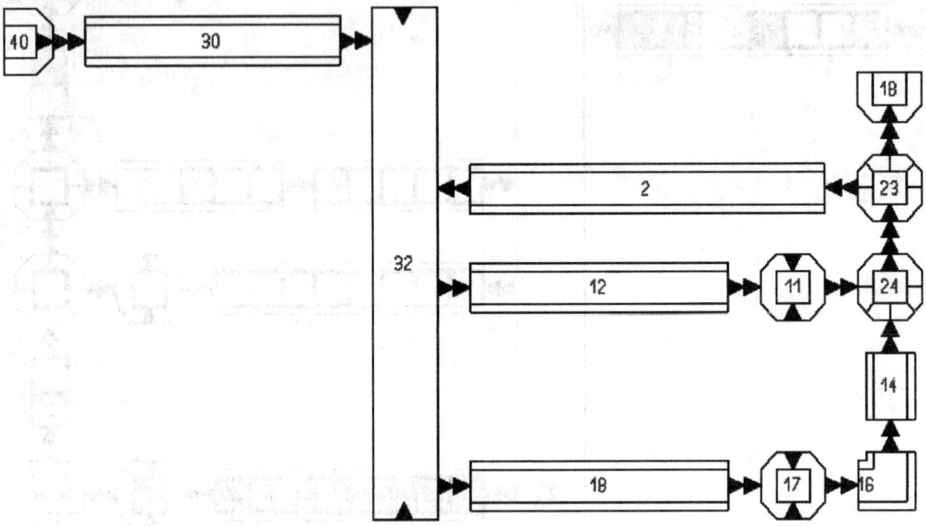


图 1-64 优化前模型通过量

如图 1-64 所示，由于错误的运输策略，只有 18 个货物成功被加工，并运出工厂。因为在加工不到 1 h 的时间里，所有运输就已经完全堵塞并完全停滞。下面是优化后的模型通过量，如图 1-65 所示。

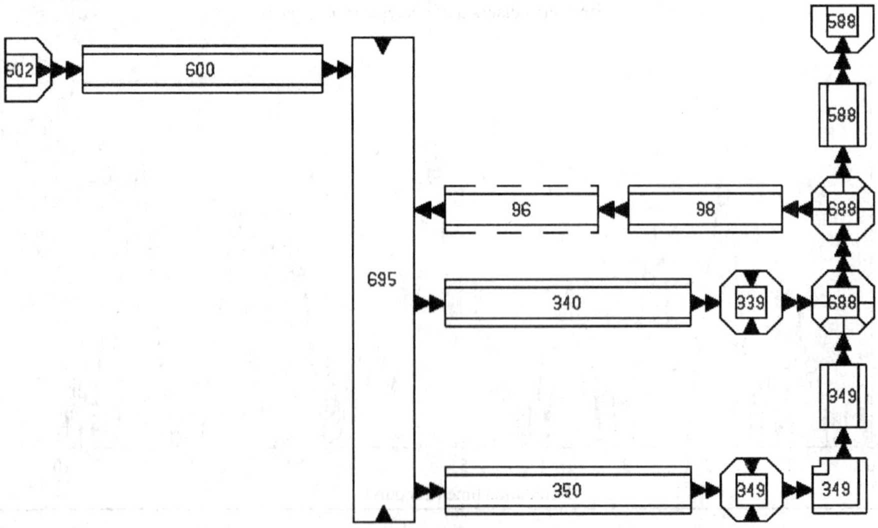


图 1-65 优化后模型通过量

通过对比，优化后的模型一共有 588 个货物被加工，并运出工厂。在不改变货物进入和机器加工效率的前提下，如何配置运输策略和相应的“传送带”容量是此实例的基本优化原则。此外，为了更好地显示工作区域的分工，DOSIMIS-3 可以通过文字输入，进一步明确其负责领域。

### 1.3.4 文字输入

请单击 DOSIMIS-3 界面“画图板”（Graphic），调出绘画输入选项。选择“矩形图案”（Rectangle），并选择颜色，然后选择“输入文本”（Text），即可输入文字。

模型注释输入详情见图 1-66。

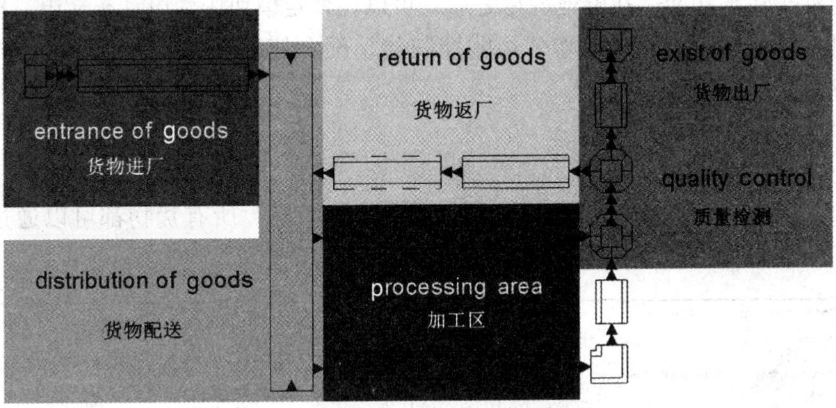


**图 1-66 模型注释输入**

### 1.3.5 小结

至此，模型的优化已经结束，更多优化请参考《DOSIMIS-3 使用手册》。使用者可以通过增加或减少“传送带”的容量来观察和分析每个模块的实际变化。在可接受的范围内，增加或减少其容量是可以允许的，当一个“传送带”的容量被增加到一定范围内，整个模型的优化程度将不再增加。总之，“传送带”的容量增加要符合实际的情况。此外，在改变各个模块分布规律的同时，相关的数值都要根据可靠数据或实际经验进行输入。不相符的分布和不实际的数据输入，都会影响仿真的实际优化结果。

## 1.4 运输系统的应用

除了以上介绍的模块，“运输模块”也是 DOSIMIS-3 中很最重要的基本模块。

“运输模块”主要由“装载站”（loading station）、“道路”（track）、“卸载站”（unloading station）组成，其主要负责工厂外部的运输。当然，根据具体仿真需要，也可以用“装配站”（assembly station）、“传送带”（accumulation conveyor）和“拆卸站”（disassembly station）分别代替。在不同的模型中，可以选择自己实际需要或更熟练的模块作为运输的终端。此外，每一个运输系统都至少需要一个“运输控制器”。在“运输控制器”中，使用者可以选择不同的运输策略控制实际的运输模式。

## 1.4.1 装载站、道路、卸载站

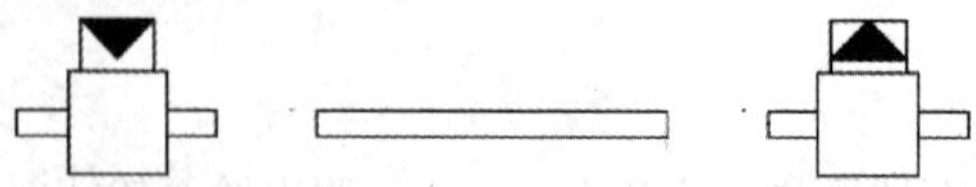

在生产过程中，“装载站”（loading station）、“道路”（track）及“卸载站”（unloading station）是非常重要的运输模块。模型可以通过这些模块运输、装载及卸载货物。此外，该模块还有电动车运输功能，在电池耗尽之后，可以在特定模块中为电动车充电。此模块被用在工厂内部运输较多，一般必须和“运输控制器”配合使用。本节将通过三部分内容对此模块进行介绍。

### 1.4.1.1 装载站

“装载站”（loading station）一般主要负责货物的装载。所有货物都可以通过数字赋值的形式输入“装载站”。“装载站”的基本设定如图 1-67 所示。

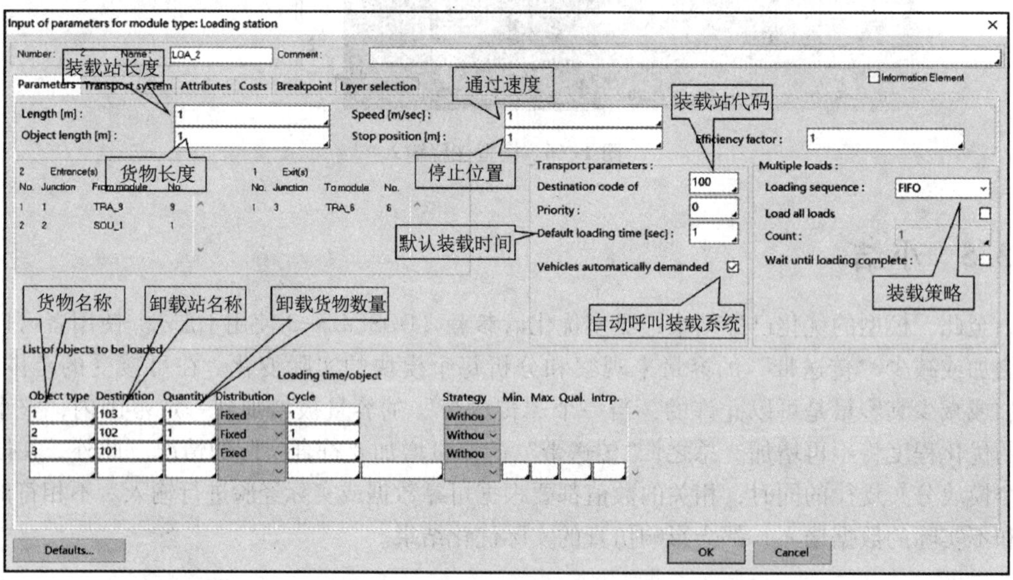


**图 1-67 “装载站”的基本设定**

“装载站”中很多数据是必须输入的，例如，“装载站代码”“默认装载时间”“货物名称”“卸载站名称”“卸载货物数量”和“自动呼叫装载系统”等，如果遗漏这些数据，系统会提醒检查这些重要数据。“装载站代码”是这个装载模块的实际名称代码，因为 DOSIMIS-3 中只可以读取数字和字母，而这里只可以输入数字，所以，可以在“默认值”（defaults）中定义所有数字为不同的字母作为名字。如图 1-67 所示，这个“装载站”的代码是“100”，也就是说在整个模型中，“100”就是指这个“装载站”。而图 1-67 的“卸载站名称”则是不同货物需要卸载的实际位置，这里“卸载站”的名字也是必须被确定的。此外，图中的“自动呼叫装载系统”也是一个必不可少的选项。如果这个“装载站”有货物被发出，而搬运货物的车辆又不在这个“装载站”，则此“装载站”可以自己呼叫车辆来装载。①如果不选此项，车辆则不会自动被呼叫。如图 1-67 所示，这个“装载站”可以装载三种不同的货物，分别为“1”“2”和“3”。而这三种货物将被运送到三个不同的“卸载站”，这三个“卸载站”，分别叫“101”“102”和“103”。这里的卸载策略为：货物 1 将被卸载到“卸载站 103”；货物 2 将被卸载到“卸载站 102”；货物 3 将被卸载到“卸载站 101”。

### 1.4.1.2 道路

所有的“装载站”和“卸载站”都必须由“道路”（track）相连接。上面提到的车辆也是通过“道路”中的设定而输入完成的。“道路”的基本设定如图 1-68 所示。

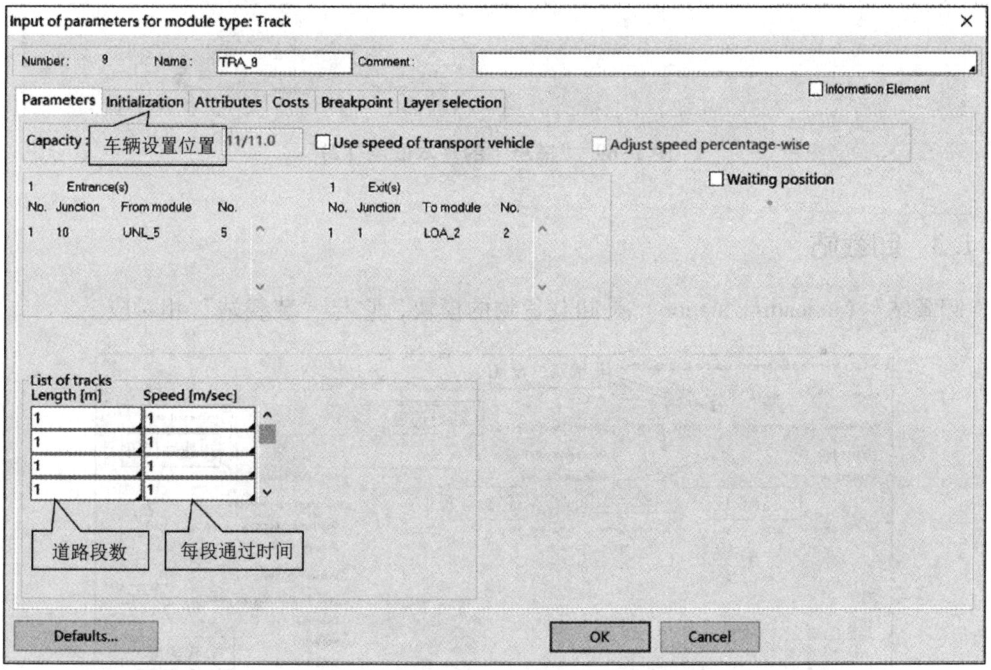


**图 1-68 “道路”的基本设定（1）**

这里的“道路段数”有两层含义，第一层含义是这段路实际的长度。如图 1-68 所示，这个道路的长度应该为 4 m，通过每个道路的速度都是 1 m/s。第二层含义是车辆的实际停靠段数，也就是说如果车辆的数量大于这里的道路段数，模型将不能运行，简而言之就是，道路的段数必须大于或等于车辆的数量。请单击“车辆设置位置”进行仿真，见图 1-69。

首先，选择“车辆生成”选项生成车辆设置。这里的“99”是汽车在这个模型中的名称代码。它的数量是 1 个，速度是 1 m/s，加速度为 1 $m/s^2$，装货的容量为 1 个。每一个道路系统中，至少要有一个“道路”设置车辆的生成。

① 根据不同的仿真模型，车辆可以被定义成不同的运输工具，如叉车、货车、卡车、货车和船等。

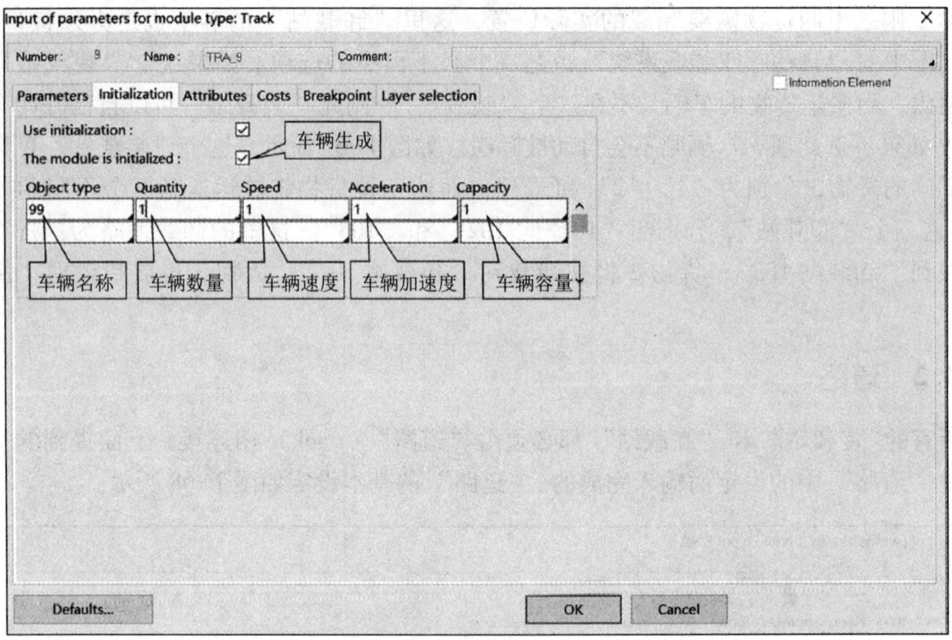


**图 1-69 “道路”的基本设定（2）**

### 1.4.1.3 卸载站

“卸载站”（unloading station）是卸载货物的模块，它与“装载站”相对应。

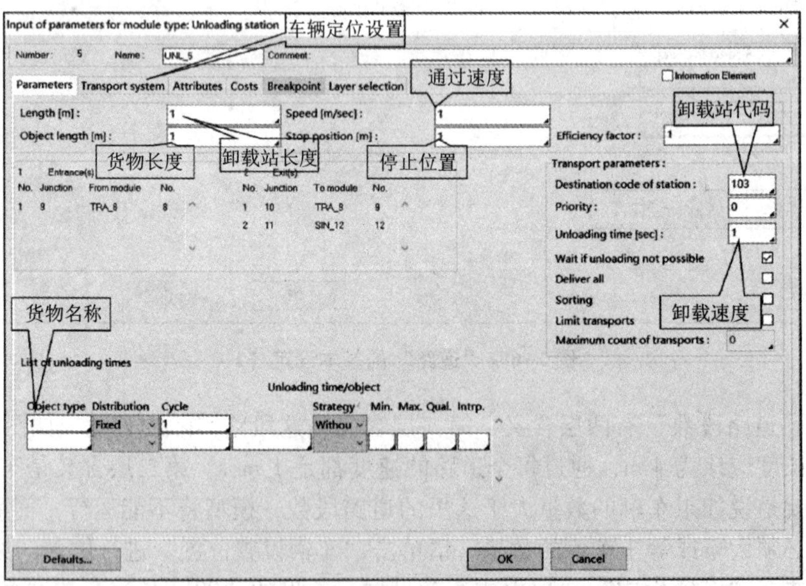


**图 1-70 “卸载站”的基本设定（1）**

如图 1-70 所示，此站的名字为“103”，在模型中“103”就代表这个“卸载站”，货物 3 将被卸载到此站。如果没有写货物名称，或者通过决策表定义货物名称，此站就不会卸载任何货物。除此之外，使用者还需要确定车辆的停靠位置。

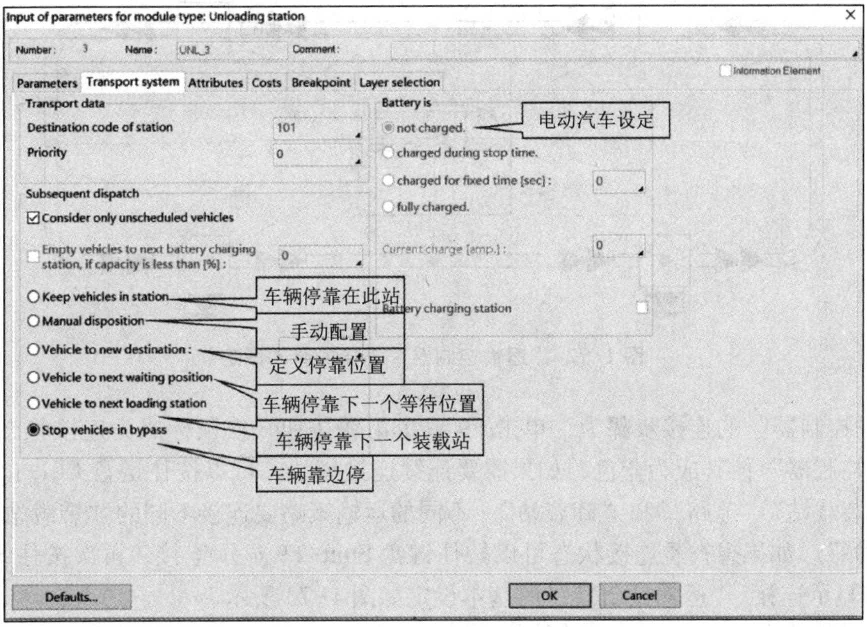


**图 1-71 “卸载站”的基本设定（2）**

根据不同的模拟需要，可以参照图 1-71 设置不同的车辆停靠位置。不同的车辆停靠位置，可以改变仿真的结果。这里只介绍了“装载站”“道路”和“卸载站”的基本设定，但只输入这些数据是无法运行模型的，所有的“装载站”“道路”和“卸载站”模型必须通过至少一个“运输控制器”并选择不同的运输策略，来实现整个模型的保存和模拟。

## 1.4.2 运输控制器

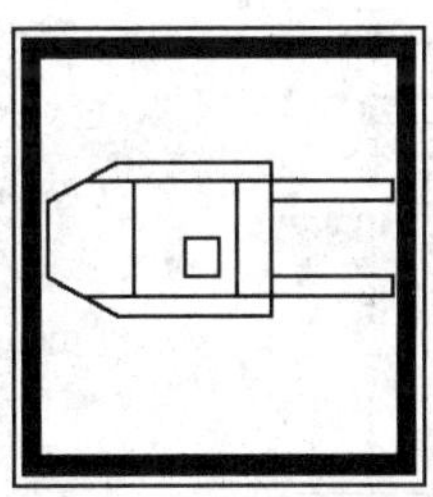

“运输控制器”（transport parameters）的主要作用是按照不同的运输策略控制“装载站”“道路”和“卸载站”。如果模型很小，所有的“装载站”“道路”和“卸载站”只有一个运输策略，则直接添加“运输控制器”到模型中，就可以使所有模块变为黑色，进行保存模拟。如果没有“运输控制器”，即使所有的数据都输入完毕，很多模块仍为浅绿色。除了这种情况以外，如果在一个大模型中，有着不同的运输策略，就需要添加多个“运输控制器”并单击 F9 或单击按钮连接所有由单个“运输控制器”支配的“装载站”“道路”和“卸载站”，如图 1-72 所示。

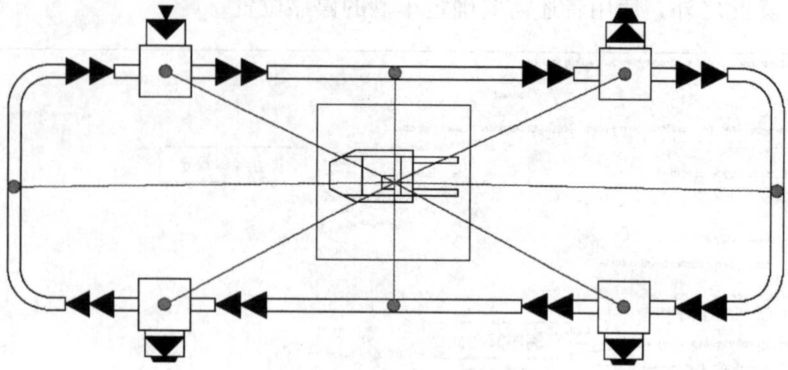

图 1-72 “运输控制器”连接的基本设定

“运输控制器”的连接步骤为，单击 F9 或单击按钮，使鼠标成为连接状态，然后单击“运输控制器”使其成为蓝色，如果需要连续连接模块，可以按住键盘 Ctrl+鼠标左键连接所有“装载站”“道路”和“卸载站”。不同的运输策略要连接不同的“装载站”“道路”和“卸载站”。如果想查看连接状态可以按住键盘 Shift+F9 显示连接，再次按住键盘 Shift+F9 可取消显示连接。“运输控制器”的基本设定如图 1-73 所示。

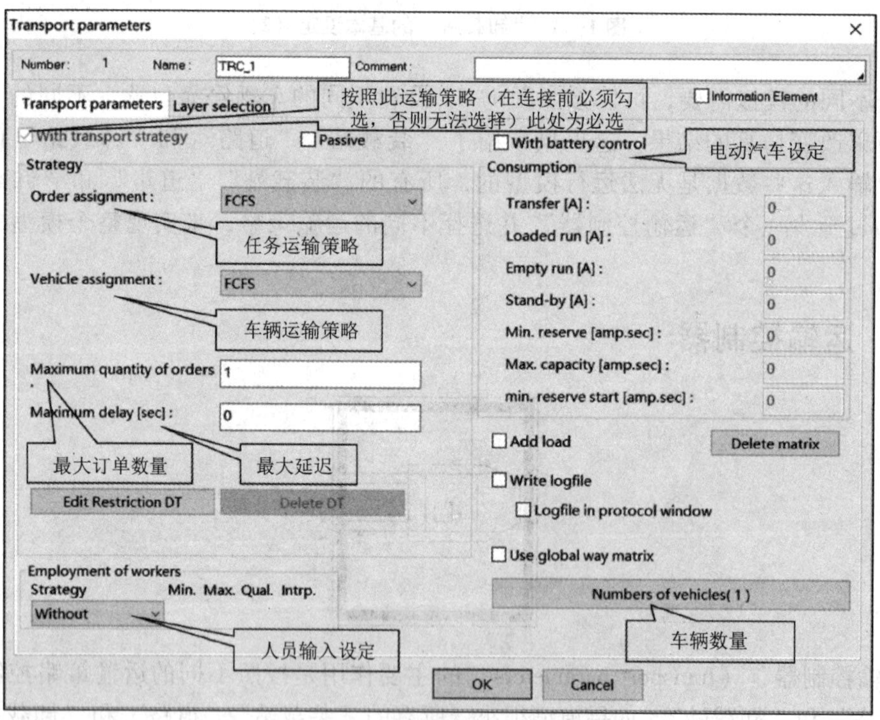


图 1-73 “运输控制器”的基本设定

“运输控制器”的基本设定主要是关于运输策略的设定。运输策略可以参考之前“合路”和“分路”的基本运输策略设定。图 1-73 中最重要的一项选择为“按照此运输策略”，请在连线“装载站”“道路”“卸载站”之前选择此项，如果没有选择此项，则整个运输系统就不能运行。此外，“车辆数量”的显示是根据图 1-69 的设定而自动生成，此处无法修改。如果选择“电动汽车设定”，则“电动汽车设定”将被激活，图 1-71 中的“电动汽车设定”也被同时激活，使用者可以根据实际需要，输入自己的实际数据。

**例 1-10 “装载站”“道路”“卸载站”和“运输控制器”实例介绍**

一个工厂要把三种不同类型的货物从“装载站”用叉车分别运送到三个不同的“卸载站”卸载。货物 1，2，3 分别要被运送到“卸载站 3”“卸载站 2”“卸载站 1”，叉车每次只能运送一个货物。请用“装载站”“道路”“卸载站”和“运输控制器”建立模型，并且分别输入叉车数量为 1～10。比较货物在 10 个小时内的运输量，通过结果分析并找到工厂内最优叉车服务数量。请输入下列数据，图 1-67～图 1-69 为“装载站”“道路”“卸载站”和“运输控制器”的设定值。

**1. 仿真数据**

(1)“入口源”(source)。对象类型(object type)：1，2，3；频率(frequency)：1∶1∶1；分布(distribution)：指数分布(exponential)；平均值(mean)：5 s。

(2)所有“装载站”和“卸载站”。长度(length)：1 m；货物长度(object length)：1 m；停止位置(stop position)：1 m；默认装载时间(default loading time)：1 s；运输系统(transport system)车辆定位设置：车辆靠边停(stop vehicle in bypass)。

(3)“道路”(track)在“装载站”之前。数量(quantity)：1～10；速度(speed)：1 m/s；加速度(acceleration)：1 $m/s^2$；容量(capacity)：1。

(4)“运输控制器”(transport parameters)。按照运输策略(with transport strategy)：选择默认运输策略。

(5)仿真时间：10 h。

**2. 仿真过程**

输入以上数据后请运行保存模型，完成后的模型如图 1-74 所示。

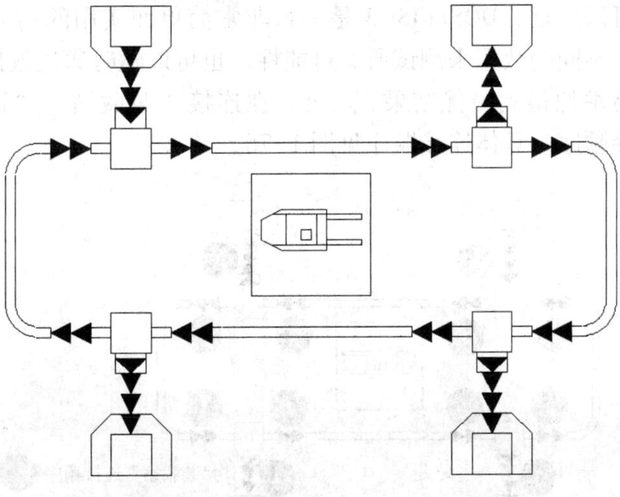

图 1-74 “装载站”“道路”“卸载站”和“运输控制器”完成后的模型

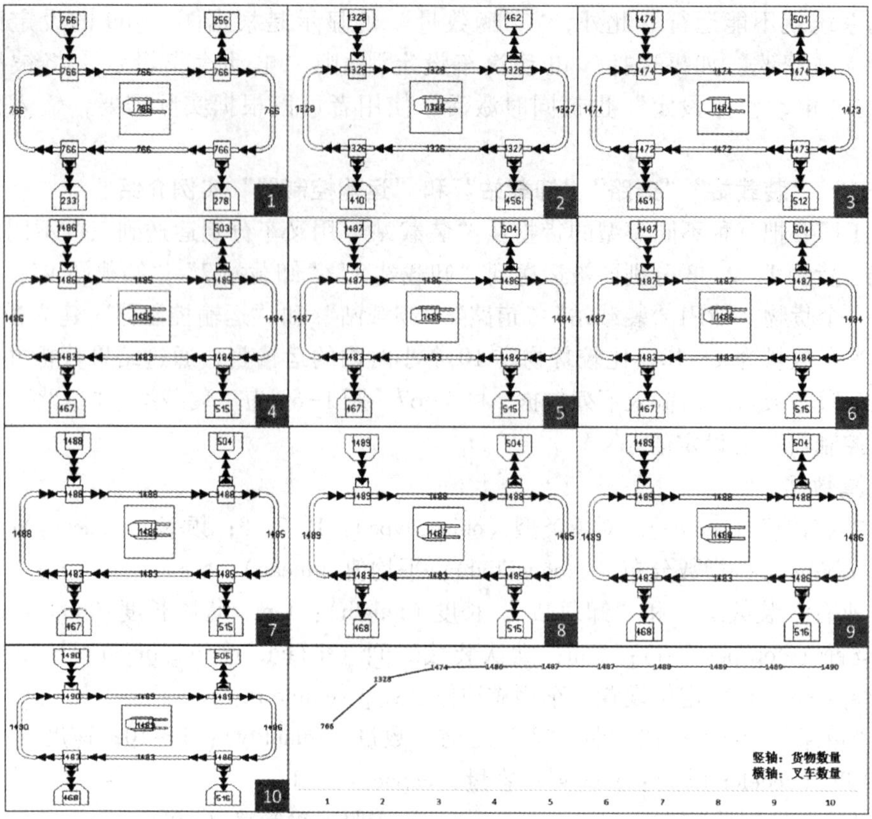


图 1-75　例 1-10 结果分析

### 3. 仿真结果分析

如图 1-75 所示，通过仿真可知，输入叉车数量 1～10 个，并且经过模型通过量分析结果可以发现，3 辆叉车时为最优状态，大于 3 辆叉车之后，被运输的货物几乎不再增加。通过这个简单的例子可以发现，DOSIMIS-3 是一款非常简单而实用的物流优化分析软件。在模型中，既可以输入不同的数据来测试所有可能性，也可以随时通过数据结果，做出显而易见的走势图，轻而易举地得到最优结果。此外，在连接“装载站”“道路”和“卸载站”的同时要注意其连接顺序，具体连接顺序见图 1-76。

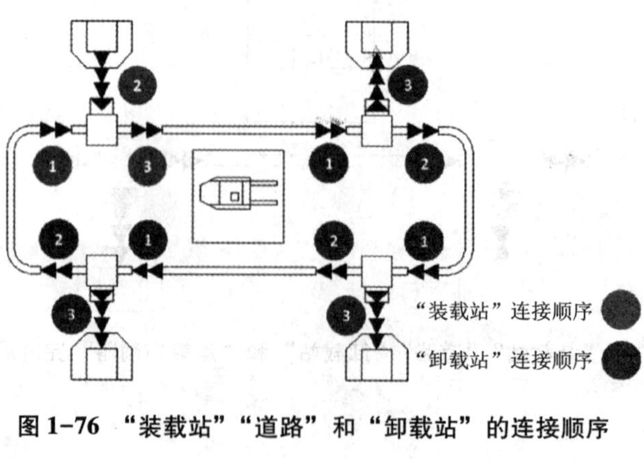


图 1-76　“装载站”“道路”和“卸载站”的连接顺序

# 1.5 工 人 设 置

在 DOSIMIS-3 仿真模拟中，工人的设定也是工厂内部运输的一个重要环节。在模型中，所有的“工作区域”和“工作位置”都要被设定。与此同时，各种故障等停顿都必须通过“故障导入”被定义，所有被维修或被维护的机器模块都必须与其相连。可以说，在所有仿真模型中，工人设置是一个必不可少的设定，其设置的准确性直接决定仿真结果的优化程度。

## 1.5.1 工作区域与工作位置

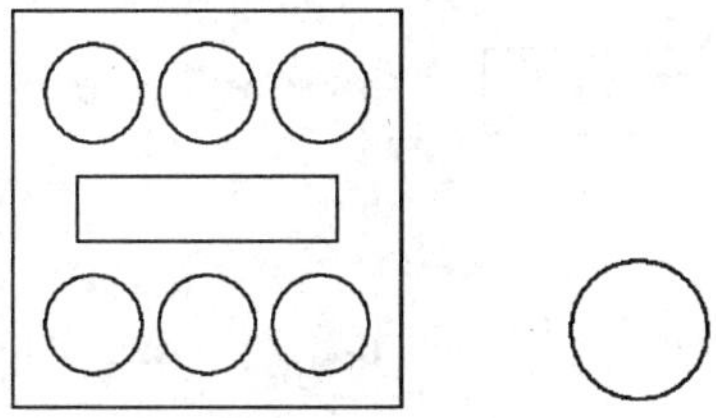

“工作区域”（work area）的主要任务是设置工人工作计划和工人停留位置等。而工人想加工货物、维修机器或从事其他工作的时候，都需要“工作位置”作为工人在“工作区域”以外停留的必须位置。在工作完成之后，工人既可以停留在这个“工作区域”之外，也可以返回“工作区域”进行休息。

**1. 工作区域**

当工人回到“工作区域”时，会呈现不同的颜色，黑色代表工人处于空闲中；绿色代表工人正在去执行任务的路上；浅绿色为工人在休息中；蓝色代表工人在工作中；浅蓝色为工人在等待工作中；黄色为工人处在“工作位置”中正等待下一个工作任务。“工作位置”中的工人颜色可以参考上述工作状态颜色来解释。

如图 1-77 所示，所有的工人服务模块都要被定义。“不同工人的资质等级”主要表示不同工人的工作偏好，如有的工人总会迟到，有的工人总可以走最短的距离到达要工作的区域等。不同资质等级的工人可以同时被设置为多个，数字是代替不同资质工人的符号。右边为任务区域，所有工作都要被清楚地定义，例如，“工作种类”：“Process object”为加工货物；“Set-up”为准备加工或生产；“Failure”为维修；“Maintainance”为维护；“Other”为其他；“Supervise”为监督管理；“Cleaning”为打扫；“Transport”为搬运。此外，“其他备注信息”是出现在同一个模型中的不同模块确认信息备注，如一个模型中有多个“故障导入”，这里必须明确哪一个“故障导入”负责哪一个机器模块，因为不同的模块都有自己特定的编号。

**2. 工作位置**

“工作位置”（working place）的设定要伴随“工作区域”而存在，只在模型中设定“工作位置”是没有意义的。

“工作位置”的基本设置很简单，基本不需要填写任何数据，如图 1-78 所示。选择

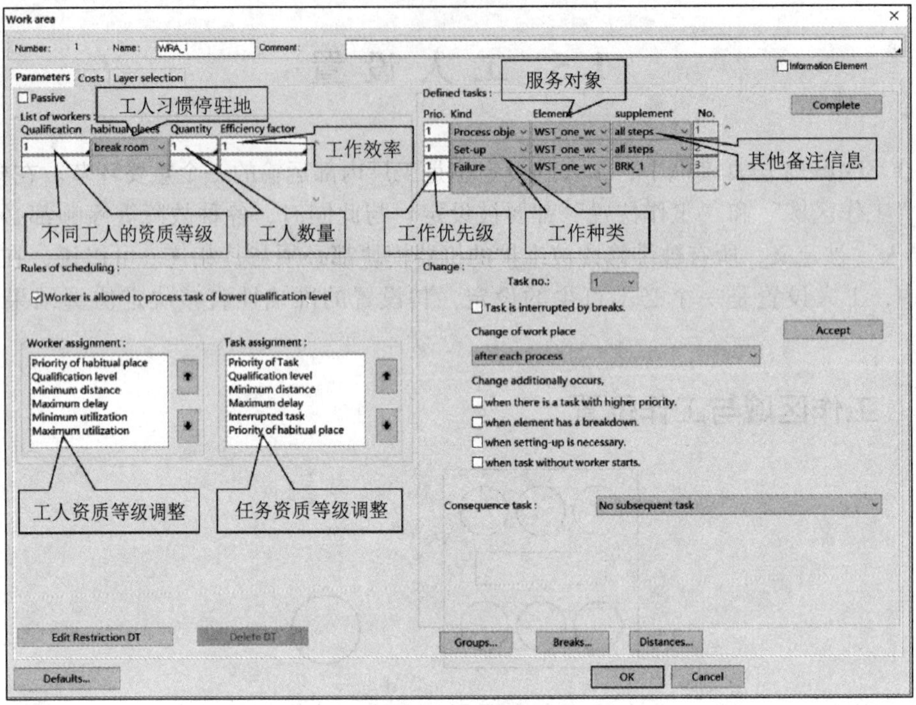


图 1-77 “工作区域”的基本设置

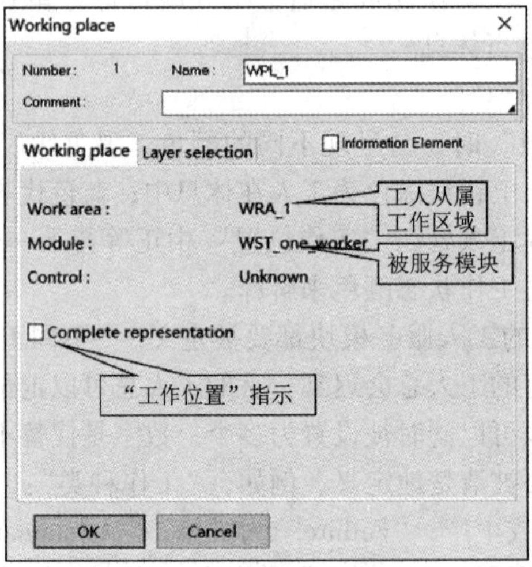


图 1-78 “工作位置”的基本设置

“工作位置”指示后，“工作位置”就会伸出两个胳膊一样的指示符代替原来的圆圈，充当指示意思，表示特定为某个模块服务。

**例 1-11 “工作区域”与“工作位置”的应用**

一个工人使用一台机器加工一种货物，请查看该工人工作 8 h 后，一共加工了多少货物。

**1. 仿真数据**

(1)“入口源”(source)。对象类型(object type)：1；频率(frequency)：1；分布

（distribution）：固定分布（fixed）；时间（cycle time）：5 s。

（2）“工作站”（workstation）。分布（distribution）：正态分布（normal）；平均值（mean）：60 s；偏差（deviation）：5 s；策略（strategy）：1 个工人。

（3）“工作区域”（work area）。资质等级（qualification）：1；工人习惯停驻地（habitual place）：休息室（break room）；工人数量（quantity）：1；效率（efficiency factor）：1；优先权（priority）：1；工作类型（kind）：加工货物（process object）；工作对象（element）：工作站（working station）；补充（supplement）：所有步骤（all steps）。

（4）仿真时间：8 h。

**2. 仿真过程**

具体“工作站”添加工人设置如图 1-79 所示。

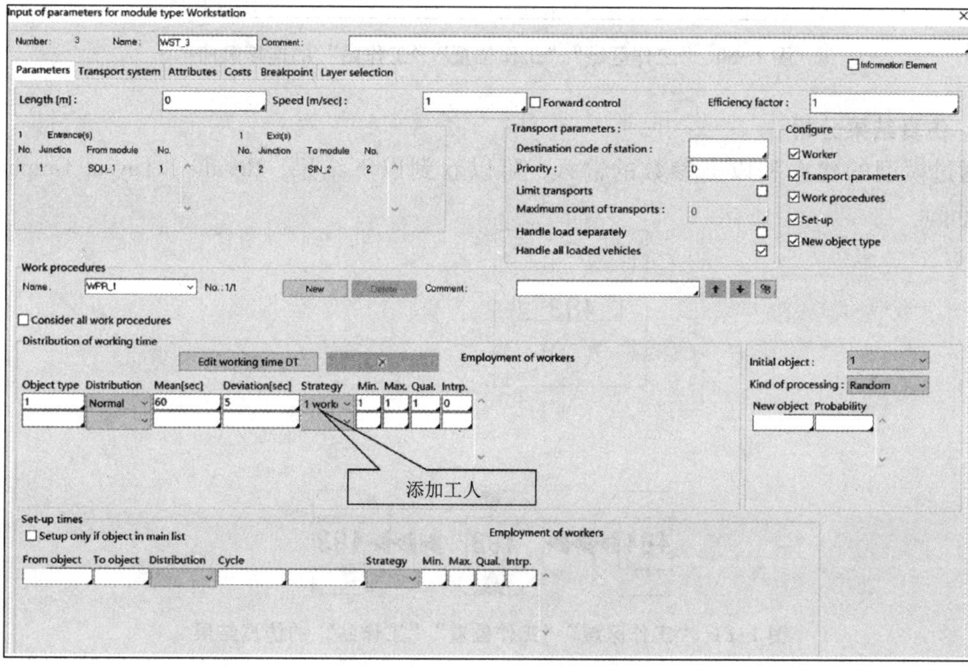


**图 1-79 添加工人设置**

设置完毕后请连接“工作区域”“工作位置”和“工作站”。请注意，这里的连接顺序必须按照以下步骤进行连接。

如图 1-80 所示，“工作区域”“工作位置”和“工作站”的连接需要三步。第一步连接“工作区域”和“工作站”，首先通过 F9 激活连接设置，并用鼠标左键单击“工作区域”，使其成为蓝色，然后左键单击“工作站”（如无线条，请按住键盘 Shift+F9 显示连接），最后必须单击空白处，完成连接。第二步连接“工作位置”和“工作站”，用鼠标左键单击“工作位置”，使其成为蓝色，然后左键单击“工作站”，之后必须单击空白处，完成连接。第三部连接“工作区域”和“工作位置”，用鼠标左键单击“工作位置”，使其成为蓝色，然后左键单击“工作区域”，同样必须单击空白处，完成连接。同理，如果想取消连接，必须通过 F9 用相同的步骤取消连接。

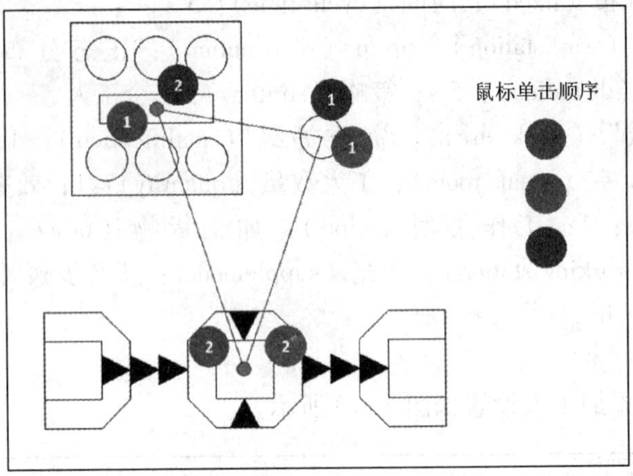


图 1-80 “工作区域”“工作位置”“工作站”的连接顺序

**3. 仿真结果分析**

通过模型的建立和以上参数的输入，可以看到以下结果，Results | Layout Graphics | Throughput。

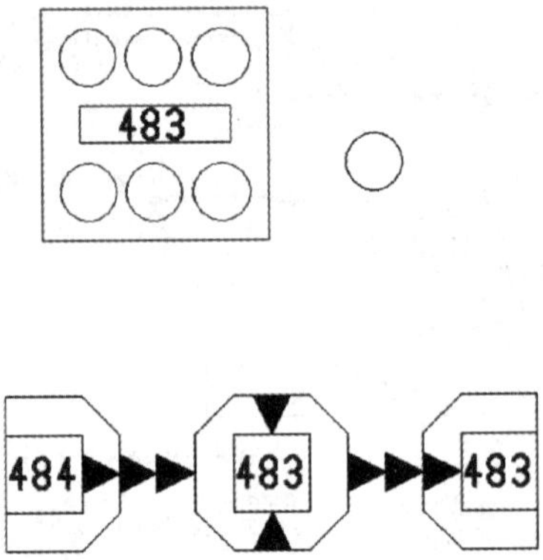


图 1-81 “工作区域”“工作位置”“工作站”的仿真结果

如图 1-81 所示，在 8 h 工作时间内，这个工人一共加工了 483 个货物。由于“工人习惯停驻地”的设置，每次工作完工人都要回到“工作区域”休息，所以“工作区域”显示工人一共出动 483 次。当然，这在现实中是不可能的，因为货物的产生要比加工时间短，所以工人不可能、也没有时间回到“工作区域”。但是，如果两个加工时间间隔较长时，“工人习惯停驻地”的设置就可以监控工人的实际停留位置。

## 1.5.2 故障导入

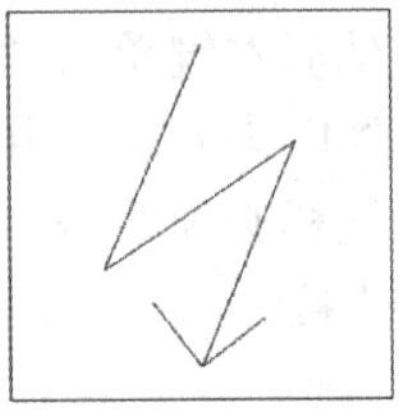

“故障导入”（failure/break）主要用来设置停顿和故障。在仿真中，其具体意义已经不只表示产生故障和错误，所有的停顿都可以用“故障导入”来模拟。机器维护、机器故障、数量管理、轮班替换等生产中需要停顿的任务，也都可以用“故障导入”来控制。“故障导入”的基本设定如图 1-82 所示。

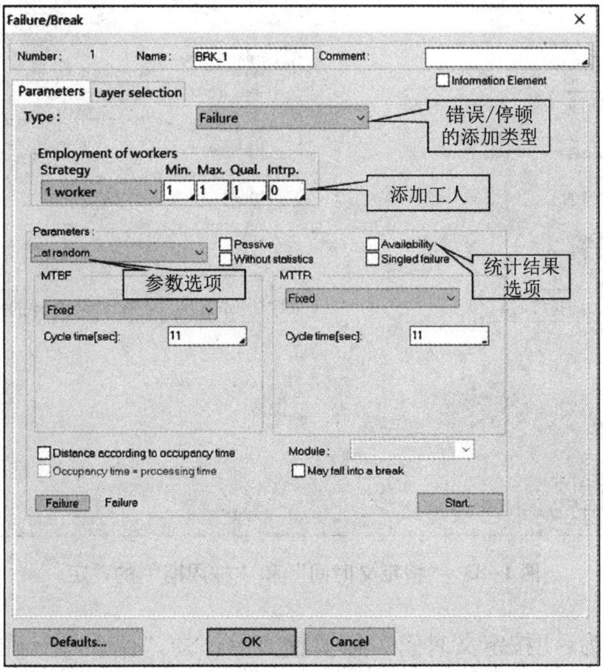


**图 1-82 “故障导入”的基本设定**

首先，“错误/停顿的添加类型”要被确定，此选项中有三种不同的错误和停顿类型：错误、维护和暂停。在仿真中，可以根据不同的需要，选择适合的错误或者停顿类型。其次，根据实际生产和运输的情况，可以在“添加工人”一项中添加工人人数，这里的工人选项可以选择为某一项任务同时工作工人的最大数量和最小数量。除此之外，还有资质等级和被打断次数等可以选择。需要注意的是，如果这里没有选择工人人数，即使已经在模型中加入“工作区域”和“工作位置”，模型仍为绿色，并且不能保存和仿真。最后，“参数选项”为此模块中最重要的选项之一，这里一共有五种不同的“参数选项”供使用者使用，见表 1-3。

**表 1-3 “故障导入”中的“参数选项”**

| 参数选项 | 解　　释 |
|---|---|
| 按定义时间（at defined times） | 按照使用者定义的时间运行 |
| 按随机（at random） | 按照使用者定义的分布规律运行 |
| 按周期（periodically） | 按照被定义的周期运行 |
| 按对象通过量（dependent on throughput） | 按照参照模块对象通过量运行 |
| 按错误参数（parameter of a reference failure） | 按照其他模块错误参数运行 |

在仿真中，需要根据实际仿真的模型添加自己需要的“参数选项”。其中“按定义时间”和“按周期”两个概念比较容易混淆，具体含义可以参照图 1-83 理解。

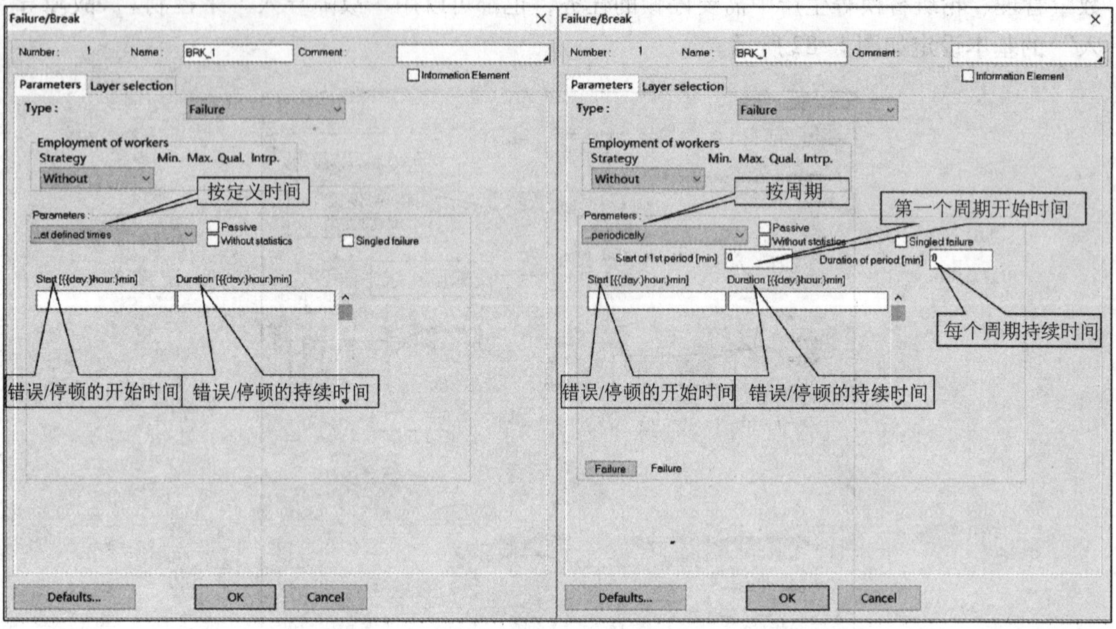


**图 1-83 “按定义时间”和“按周期”的设定**

两者的具体区别为：“按定义时间”需要输入具体的“错误/停顿的开始时间”和“错误/停顿的持续时间”，并且可以通过回车键，同时输入多个不同的错误/停顿。而“按周期”则要定义周期持续时间，错误/停顿将会在每个周期固定的时间被执行。例如，工人的工作时间为 8:00 到 18:00，休息时间为 18:00 到次日 8:00，就可以用“按周期”定义工人休息时间，此时周期为 24 h，如果从早上 8:00 开始计算仿真时间，则错误/停顿的开始时间就应该填写 10:00，而错误/停顿的持续时间为 14:00。这样一算，每天工人的实际工作时间为 8 h，停顿时间是 14 h。这样在仿真中就可以轻易使用“故障导入”来实现不同功能的错误与停顿。“按对象通过量”则需要通过 F9 连接另外的模块作为参照物来控制模块的错误和停顿时间，例如，在模拟停车场时，如果停车场有 100 个停车位，可以用“故障导入”分别连接这 100 个停车位和进口模块，如果进口模块的通过数为 100 个，这时停车位就不再工作。这样一来，就很好地完成相互之间的制约与限制。同时，停车场还可以设置最长停车时间为“故障导入”的停顿时间，如每辆车最长停车时间不能超过 24 h，则“故障导入”的停止工作状态为 24 h。当然，在多种多样的仿真需求下，还可以通过其他更加智能的办法实现此功能，对于“按对象通过量”等设置，在具体模拟中，还有更多、更广的用处。

**例 1-12 “故障导入”的应用**

一台机器加工两种不同类型的货物，加工过程中必须有工人在场，工人的具体任务为：（1）使用机器加工货物；（2）操纵机器加工不同的货物（设置时间）；（3）维修机器。请分别安插三个“工作位置”，并且分别输入 1 到 3 个工人进行仿真模拟。请问：几个工人一起工作为最优方案？具体参数请参照以下数据，图 1-82 为本例的设定值。

**1. 仿真数据**

（1）“入口源”（source）。对象类型（object type）：1∶2；频率（frequency）：1∶1；分布（distribution）：指数分布（exponential）；平均值（mean）：5 s。

（2）“工作站”（workstation）。分布（distribution）：正态分布（normal）；平均值（mean）：3 s；偏差（deviation）：1 s；策略（strategy）：1 个工人。

（3）“工作区域”（work area）。资质等级（qualification）：1；工人习惯停驻地（habitual place）：休息室（break room）；工人数量（quantity）：1～3；效率（efficiency factor）：1；优先权（priority）：a. 1，b. 1∶1，c. 1：1∶1；工作类型（kind）：① 加工货物（process object），② 准备加工（set-up），③ 维修机器（failure）；工作对象（element）：工作站（working station）；补充（supplement）：① 所有步骤（all steps），② 所有步骤（all steps），③ 故障导入 BRK。

（4）“故障导入”（failure/break）。参数选项（parameter）：按周期（periodically）；错误持续时间（duration）：30 min 30 s；每个周期持续时间（start）：4 h 30 min；第一次错误开始时间（start of 1st period）：第 4 h（4:00）。

（5）“出口端”（sink）。分布（distribution）：均匀分布（normal）；最快（maximum）：4 s；最慢（minimum）：6 s。

（6）仿真时间：10 h。

**2. 仿真过程**

在模型设定时，三个“工作位置”分别插入最大数量、最小数量都为 1，即一个任务每次最多只能由一个工人进行服务，这样更有利于提高工人的实际工作效率。具体设定请参考图 1-84 和图 1-85。

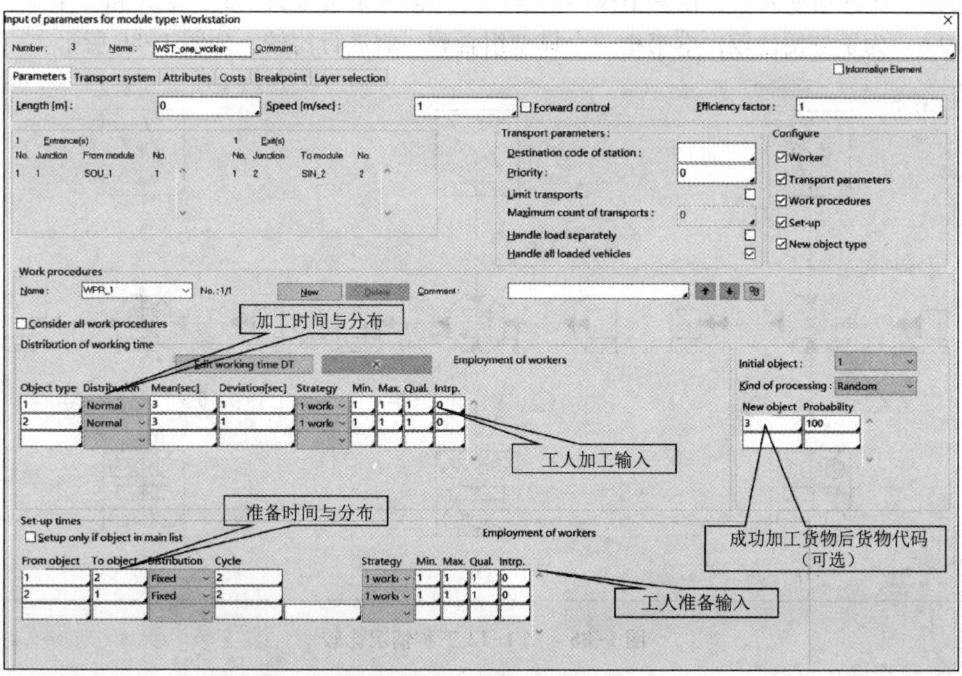


**图 1-84 例 1-12“工作站”的输入选项**

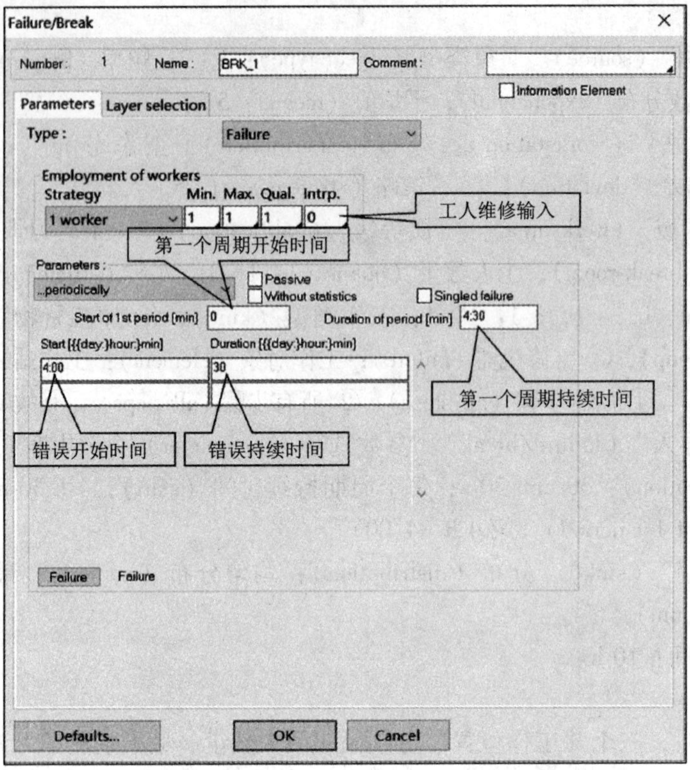


图 1-85 例 1-12“故障导入”输入选项

按照上述选项输入后，在三个模型仿真中分别输入 1 个工人、2 个工人和 3 个工人，并仿真 10 h。为了方便比较，本书把三个模型组合到一起进行比较，如图 1-86 所示。

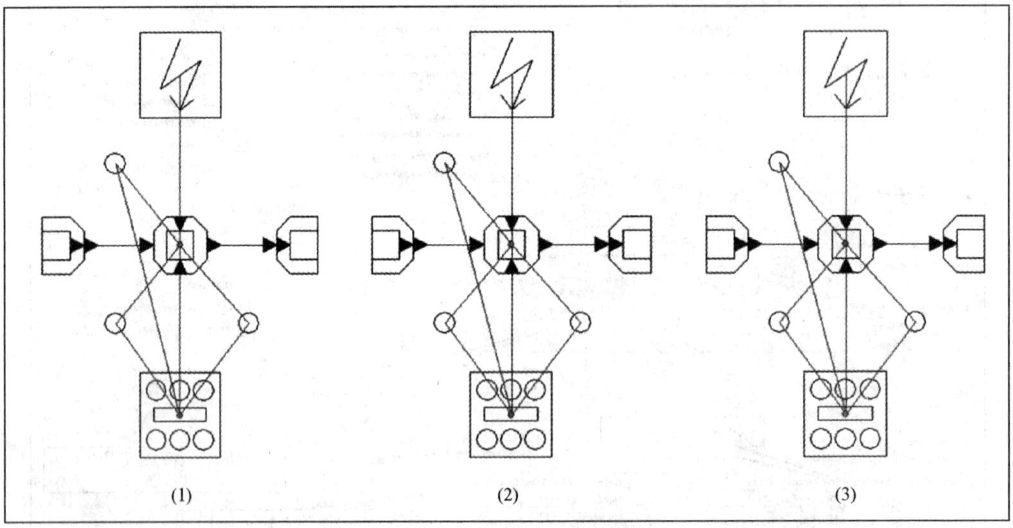


图 1-86 例 1-12 三种情况比较

一般来说，在合理的范围内，工人越多，工作效率就越高。相同资质的工作效率和工人的数量理论上是成正比。但是，由于在实际应用中，各种分布规律和处理时间的不同，工人

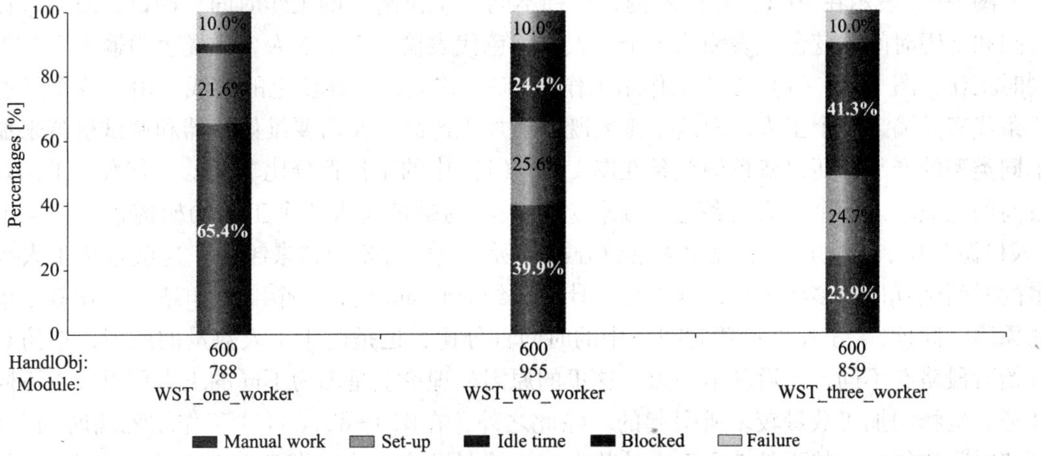


图 1-87 三个“工作站”不同工人人数的比较结果

的数量在一定的工作时间内，未必可以和工作效率成正比。为了更清楚地比较三种情况的优劣，本书将从机器（“工作站”）的使用情况来比较不同数量工人的加工、准备及维修效率，并用数据论证不同工人数量实际的工作效率状态。“工作站”的工作时间、设置时间、维修时间和拥堵时间将被作为不同的比较标准。分别选择三个工作站并单击 Results | Time histogram，然后把数据复制到 Excel 表中作图比较。

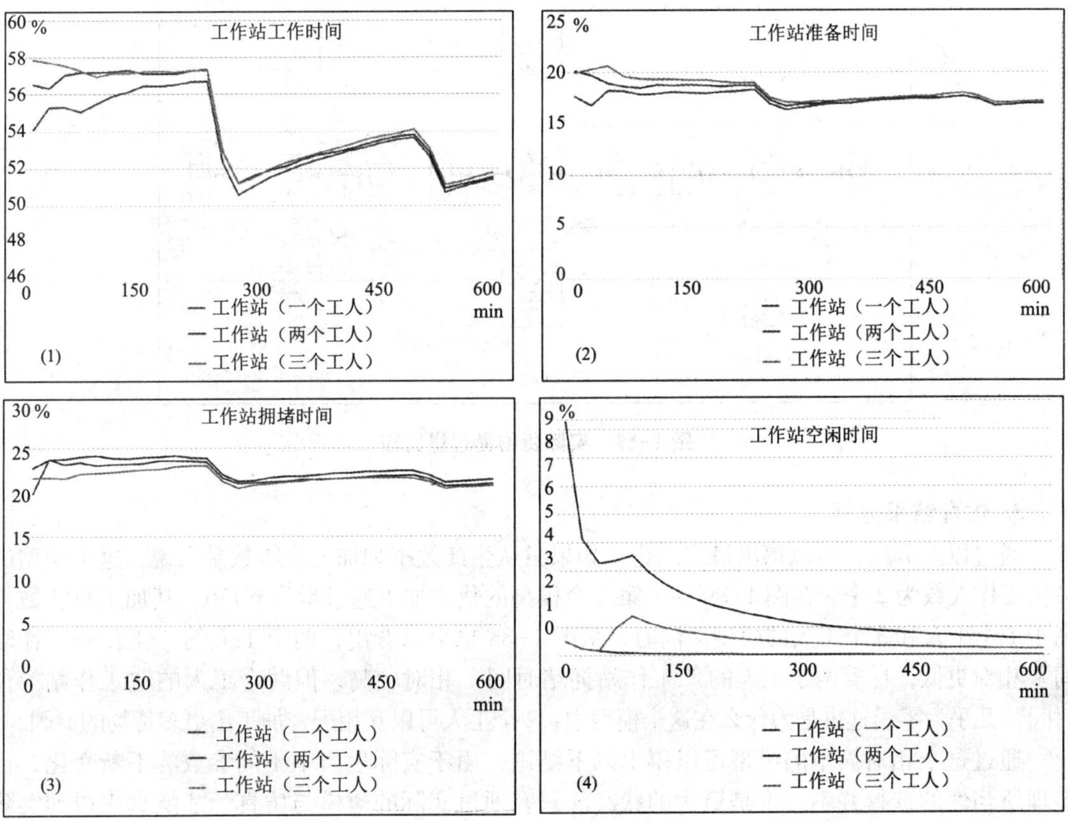


图 1-88 四种比较标准结果

图 1-88 表示在 10 h 工作时间内，三种不同“工作站”的工作时间，即设置时间、拥堵时间和空闲时间。蓝色代表输入 1 个工人，红色代表输入 2 个工人，橄榄色为输入 3 个工人同时工作。图 1-88（1）为“工作站工作时间”，首先，观察蓝色的曲线，由于这个颜色的线条代表只输入 1 个工人，而这个工人既需要加工产品，又需要维修机器和调试机器来加工不同类型的产品，所以蓝色的线条在图 1-88（1）中的工作百分比非常低。其次，工作效率较高的是被输入两个工人的红色，工作效率最高的是被输入 3 个工人的橄榄色。但是由于“入口源”中，货物产生的规律为指数分布，所产生的对象会越来越慢，这就意味工人有更多的时间做其他更多的工作，这也是为什么大约 200 min 后，三个“工作站”工作效率接近的原因。同理，“工作站设置时间”中的时间百分比，也是由于工人数量的原因，在仿真的开始阶段略有不同，之后基本一致。这里的原因，理论上是因为不同的工人可以负责不同的任务，货物的加工数量较多所引起的。除此之外，在图 1-88（3）“工作站拥堵时间”中，拥堵时间比例最大的不是 1 个工人的状态，恰恰是两个工人一起工作的状态。与此相对应，在图 1-88（4）中“工作站空闲时间”中，只输入 1 个工人时空闲时间最大，其原因为这个工人不得不在加工货物的同时去维修机器和调试机器去加工不同类型的产品。因此，从图 1-88 中可得知，1 个工人的效率是最低的，2～3 个工人的效率不相上下。那么到底是 2 个工人效率更高，还是 3 个工人效率更高，可以从货物的实际通过量来分析。如果两个工人可以加工更多的产品，那么两个工人就更适合这个模型，反之亦然。请分别再次单击三个“工作站”Results | Layout graphic | Throughput，实际货物的通过量如图 1-89 所示。

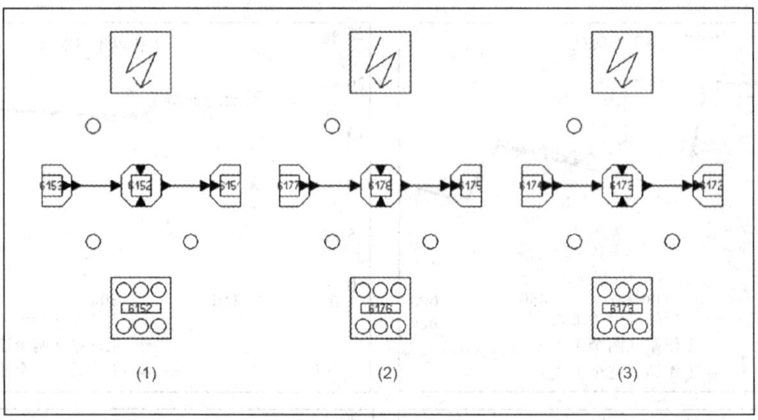


**图 1-89　实际货物通过量比较**

### 3. 仿真结果分析

通过以上分析，可以得出最终结论：如果只从生产效率和加工货物数量来说，这个模型的最优工作人数为 2 个。在图 1-89 中，第二个模型的货物加工通过量为 6 176，其加工货物数量高于 1 个工人和 3 个工人的模型。同时，从图 1-88 也可以看出，两个工人的“工作站工作时间”相对更低，尽管两个工人的“工作站拥堵时间”相对较高，但两个工人的“工作站等待时间”几乎为零。这也是为什么在这个模型中，2 个工人可以互相配合加工出更多货物的原因。

通过这个相对简单的模型可以得出以下结论，由于实际生产中不同参数的不断变化，很多理所当然的选择并不一定是最优的状态。只有通过实际的建模与仿真，才能真正得到实际过程中最优的配比和运输生产中最优的组合。“故障导入”作为本节的重点，其实际用途远大于此。“故障导入”的其他用途也将出现在后面的内容介绍中。

# 1.6 仓　　库

“仓库”（storage）的基本作用是货物的储存和停放，一般用于工厂内部运输的储存，或者工厂外部运输的暂时停放。“仓库”的基本设定如图 1-90 所示。

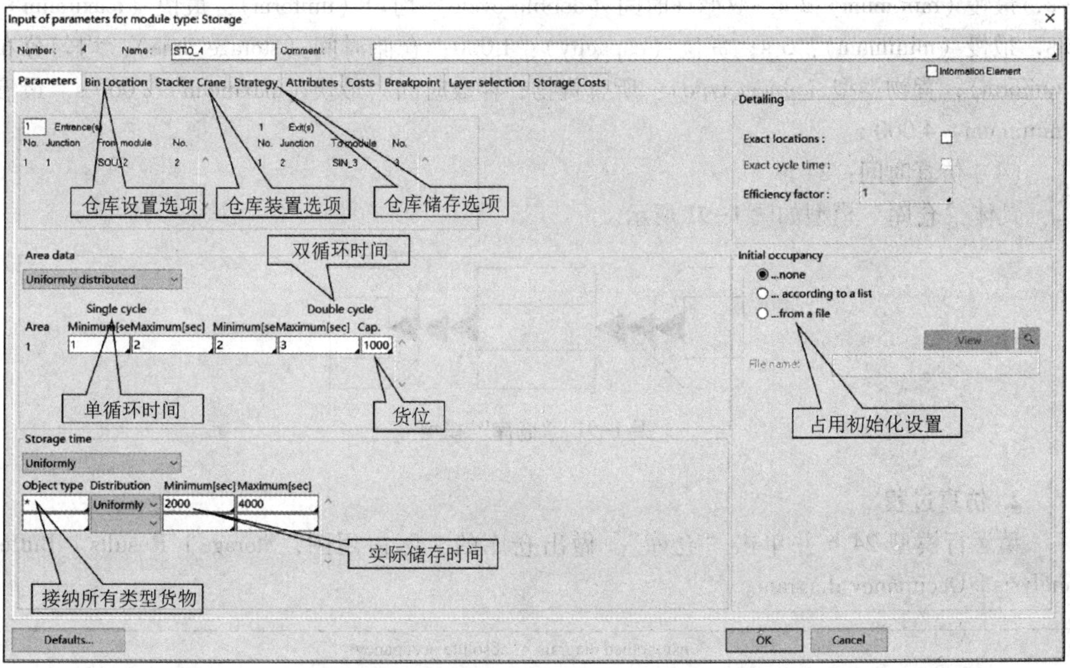


**图 1-90 “仓库”的基本设定**

“仓库”中最重要的仓储设定为“循环时间”和“储存时间”。“单循环时间”包括四部分：车辆要从仓储位置开到仓库入口并接到货物；车辆要从仓库入口开到仓储位置，放下货物进行储存；在经过储存时间后（货物储存时间不算在内），车辆再次拾取货物并送货物到仓库出口；车辆从仓库出口开回仓储位置。这四个部分所用的时间为“单循环时间”。而“双循环时间”为“单循环时间”之外的其他运输时间。两者相加，就是总共的运输时间。“＊”在 DOSIMIS-3 中为接收所有类型的货物，“实际储存时间”为货物实际被储存时间，以上为“仓库”所必须输入的设定。除此之外，“仓库设置选项”“仓库装置选项”和“仓库储存选项”作为进一步的仓库细节设定。在仿真中，可以根据实际需要进行输入。值得一提的是，如果同时连接多个入口和出口，则必须严格按照入口和出口顺序进行连接。例如，入口 1 的货物必须经过储存从出口 1 运出，则需要首先连接入口 1 和“仓库”，然后连接出口 1 和“仓库”，再连接入口 2 和“仓库”等。每个入口和出口都要相对应，否则，模型将打乱入口和出口的所有运输顺序，仿真结果将不真实。

**例 1-13 “仓库”的应用**

四种货物将被运送到仓库进行仓储。经过一段时间的存放，所有货物将被运出。请画出仓库的实际占用图。请根据以下数据进行仿真，图 1-90 为本例的设定值。

**1. 仿真数据**

（1）“入口源”（source）。对象类型（object type）：1∶2∶3∶4；频率（frequency）：1∶1∶1∶1；分布（distribution）：指数分布（exponential）；平均值（mean）：5 s。

（2）“出口端”（sink）。分布（distribution）：均匀分布（normal）；最快（maximum）：1 s；最慢（minimum）：2 s。

（3）“仓库”（storage）。单循环时间（single cycle）均匀（uniform）：最快（maximum）：1 s，最慢（minimum）2 s；双循环时间（double cycle）均匀（uniform）：最快（maximum）：2 s，最慢（minimum）：3 s；货位（capacity）：1 000；仓储时间（storage time）：均匀分布（uniform）；货物类型（object type）：所有货物；存放时间：最快（maximum）2 000 s，最慢（minimum）4 000 s。

（4）仿真时间：24 h。

具体“仓库”模型如图 1-91 所示。

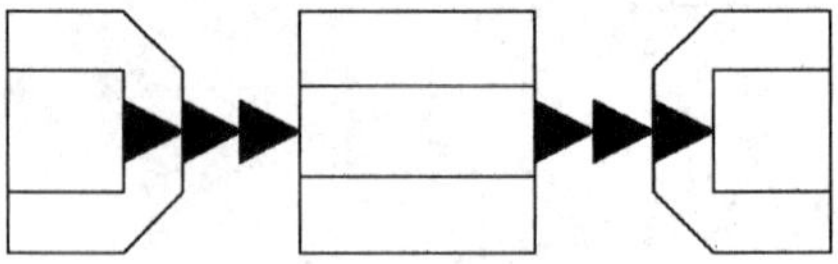

图 1-91 “仓库”模型

**2. 仿真过程**

请运行模型 24 h 并单击“仓库”，做出仓库的实际占用图，Storage | Results | Buffer analysis | Occupancy diagram。

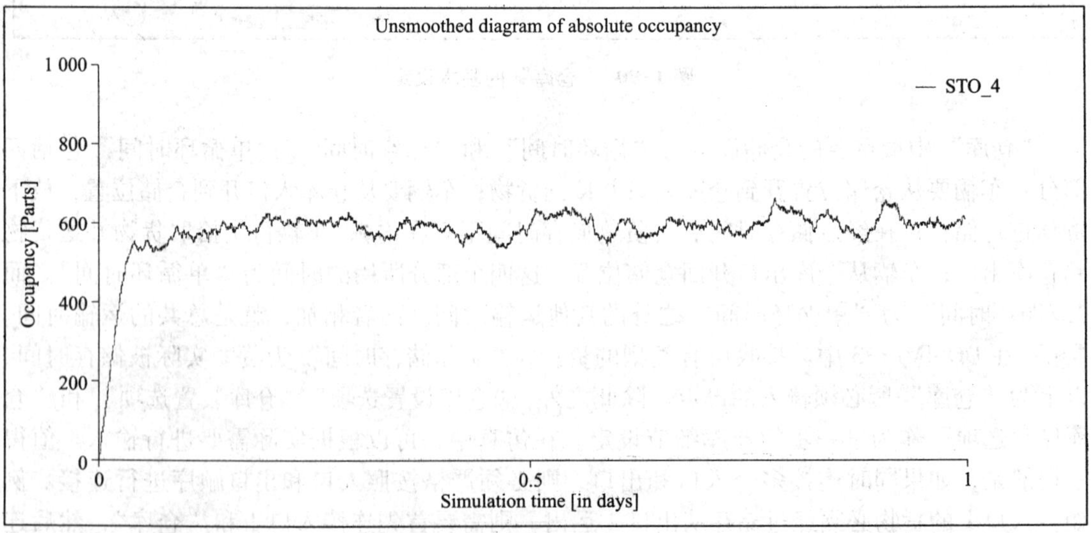


图 1-92 “仓库”实际占用图

**3. 仿真结果分析**

如图 1-92 所示，通过“仓库”实际占用图，就可以非常清楚地了解仓库的实际运行状态。仓库的实际容量为 1 000，仓库的基本存货量在大部分时段为 600 左右，仓库的存货状态相对稳定。当然，这只是一个仓库的简单实例来证明一个相对稳定的仓库存货量。这里的 Y 轴是货物的存放量，根据不同需求，可以单击鼠标右键，转换 Y 轴定义值为百分比等数值。通过仓库的存量或百分比等图像，可以清楚而简单地发现仓储中需要注意的问题，例如，容量不足、存货不够、存货紧缺等实际仓储问题，并通过进一步的优化，解决各种仓储中遇到的问题。

## 1.7 基本模块工厂内部的应用

根据以上基本模块的介绍，本节将通过具体工厂内部组装和运输的实例，讲解基本模块的应用。

本例是关于汽车组装线的组装与工厂内部的运输。汽车的组装是一个相对复杂的组装过程。本节通过对汽车某个部位的组装，介绍 DOSIMIS-3 在组装和运输方面的应用。

有 3 个零件需要在进入工厂后被加工处理，经过短暂加工后，3 个零件都将被组装在汽车的整体结构中。同时，还有一些其他的附属零件需要通过它们之间的相互组装，并在第 2 个零件组装处一同被组装入汽车的整体结构中。汽车的整体结构是通过一条主要的组装线进行装配的，所有附件都需要根据汽车的整体结构进行组装。汽车组装布局图如图 1-93 所示。

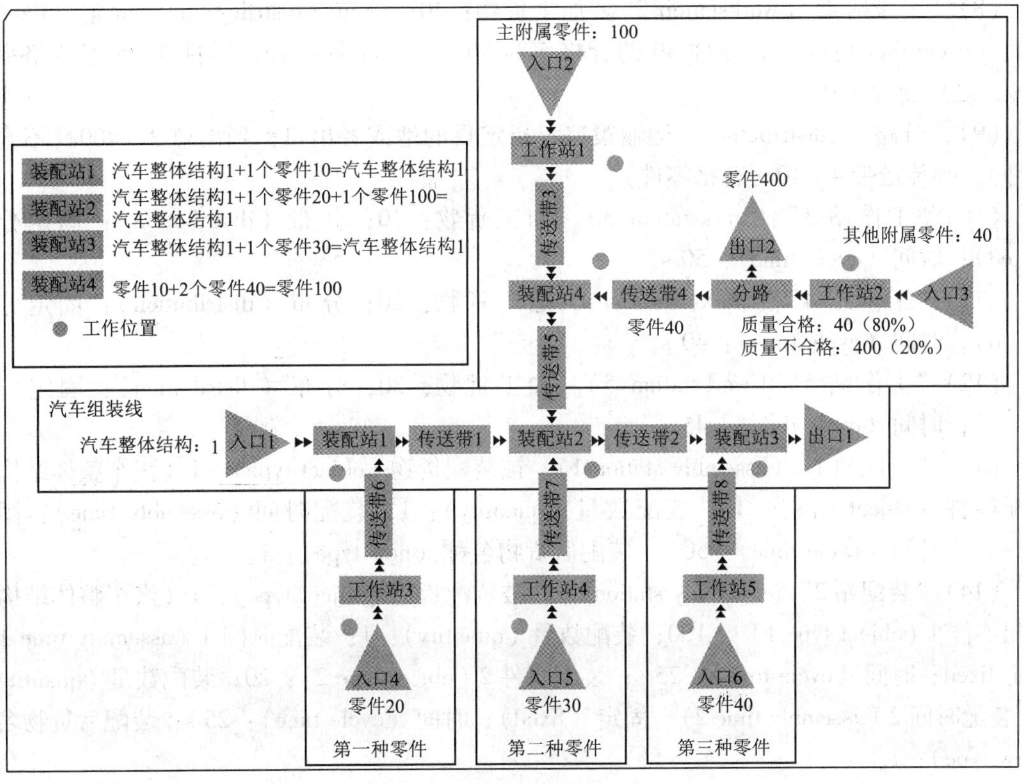


图 1-93 汽车组装布局图

## 问题分析

（1）查看规定时间内的组装效率，是否达到预期效果。

（2）根据建立模型，通过切合实际的办法增加工作效率。

（3）查看其他优化的可能性。

## 数据

（1）“入口源 1”（source 1）。对象类型（object type）：1（汽车整体结构）；频率（frequency）：1；分布（distribution）：固定分布（fixed）；时间（cycle time）：60 s。

（2）“入口源 2”（source 2）。对象类型（object type）：100（主附属零件）；频率（frequency）：1；分布（distribution）：固定分布（fixed）；时间（cycle time）：60 s。

（3）“入口源 3”（source 3）。对象类型（object type）：25（其他附属零件）；频率（frequency）：1；分布（distribution）：固定分布（fixed）；时间（cycle time）：40 s。

（4）“入口源 4”（source 4）。对象类型（object type）：20（零件 10）；频率（frequency）：1；分布（distribution）：固定分布（fixed）；时间（cycle time）：60 s。

（5）“入口源 5”（source 5）。对象类型（object type）：30（零件 20）；频率（frequency）：1；分布（distribution）：固定分布（fixed）；时间（cycle time）：60 s。

（6）“入口源 6”（source 6）。对象类型（object type）：40（零件 30）；频率（frequency）：1；分布（distribution）：固定分布（fixed）；时间（cycle time）：60 s。

（7）“工作站 1”（workstation 1）。加工货物：100；分布（distribution）：固定分布（fixed）；时间（cycle time）：50 s。

（8）“工作站 2”（workstation 2）。加工货物：40；分布（distribution）：固定（fixed）；时间（cycle time）：15 s；零件 40 的合格率为 80%，之后仍为 40；零件 40 的不合格率为 20%，之后变为 400。

（9）“分路”（distributor）。运输策略：指定目的地或者出口；到出口 2：400（不合格零件），到传送带 4：40（合格零件）。

（10）“工作站 3”（workstation 3）。加工货物：10；分布（distribution）：固定分布（fixed）；时间（cycle time）：50 s。

（11）“工作站 4”（workstation 4）。加工货物：20；分布（distribution）：固定分布（fixed）；时间（cycle time）：40 s。

（12）“工作站 5”（workstation 5）。加工货物：30；分布（distribution）：固定分布（fixed）；时间（cycle time）：45 s。

（13）“装配站 1”（assembly station 1）。被装配货物（object type）：1（汽车整体结构）；装配零件（object type）：10；装配数量（quantity）：1；装配时间（assembly time）：固定（fixed）；时间（cycle time）：50 s；装配后货物名称（new type）：1。

（14）“装配站 2”（assembly station 2）。被装配货物（object type）：1（汽车整体结构）；装配零件 1（object type 1）：100；装配数量（quantity）：1；装配时间 1（assembly time 1）：固定 fixed；时间（cycle time）：25 s；装配零件 2（object type 2）：20；装配数量（quantity）：1；装配时间 2（assembly time 2）：固定（fixed）；时间（cycle time）：25 s；装配后货物名称（new type）：1。

（15）“装配站 3”（assembly station 3）。被装配货物（object type）：1（汽车整体结构）；

装配零件（object type）：30；装配数量（quantity）：1；装配时间（assembly time）：固定（fixed）；时间（cycle time）：50 s；装配后货物名称（new type）：1。

（16）“装配站 4”（assembly station 4）。被装配货物（object type）：1（汽车整体结构）；装配零件（object type）：40；装配数量（quantity）：2；装配时间（assembly time）：固定（fixed）；时间（cycle time）：20 s；装配后货物名称（new type）：1。

（17）所有“传送带”（all accumulation conveyors）。每段长度（length of segment）：2 m；速度（conveying speed）：0.4 m/s；段数（capacity）：1。

（18）所有“出口端”（all sinks）。分布（distribution）：固定分布（fixed）；时间（cycle time）：1 s。

（19）“工作区域”（work area）。资质等级（qualification）：1；工人习惯停驻地（habitual place）：休息室（break room）；工人数量（quantity）：1；效率（efficiency factor）：1；优先权（priority）：1～10；工作类型（kind）：维修机器（failure）；工作对象（element）：①“工作站 1”（BRK 1），②“装配站 4”（BRK 2），③“装配站 1”（BRK 4），④“装配站 2 ”（BRK 5），⑤“装配站 3”（BRK 6），⑥“工作站 3”（BRK 7），⑦“工作站 4”（BRK 8），⑧“工作站 5”（BRK 9），⑨“工作站 2”（BRK 3）。

（20）“故障导入 1”（failure/break 1）。参数选项（parameter）：随机（at random）；MTBF：埃尔朗分布（erlang）；平均值（mean）：1 710 s；MTTR：埃尔朗分布（erlang）；平均值（mean）：90 s；工人设置（employment of workers）：1 个工人（1 worker）。

（21）“故障导入 2”（failure/break 2）。参数选项（parameter）：随机（at random）；MTBF：埃尔朗分布（erlang）；平均值（mean）：3 420 s；MTTR：埃尔朗分布（erlang）；平均值（mean）：180 s；工人设置（employment of workers）：1 个工人（1 worker）。

（22）“故障导入 3”（failure/break 3）。参数选项（parameter）：随机（at random）；MTBF：埃尔朗分布（erlang）；平均值（mean）：1 710 s；MTTR：埃尔朗分布（erlang）；平均值（mean）：90 s；工人设置（employment of workers）：1 个工人（1 worker）。

（23）“故障导入 4”（failure/break 4）。参数选项（parameter）：随机（at random）；MTBF：埃尔朗分布（erlang）；平均值（mean）：3 420 s；MTTR：埃尔朗分布（erlang）；平均值（mean）：180 s；工人设置（employment of workers）：1 个工人（1 worker）。

（24）“故障导入 5”（failure/break 5）。参数选项（parameter）：随机（at random）；MTBF：埃尔朗分布（erlang）；平均值（mean）：3 420 s；MTTR：埃尔朗分布（erlang）；平均值（mean）：180 s；工人设置（employment of workers）：1 个工人（1 worker）。

（25）“故障导入 6”（failure/break 6）。参数选项（parameter）：随机（at random）；MTBF：埃尔朗分布（erlang）；平均值（mean）：3 420 s；MTTR：埃尔朗分布（erlang）；平均值（mean）：180 s；工人设置（employment of workers）：1 个工人（1 worker）。

（26）“故障导入 7”（failure/break 7）。参数选项（parameter）：随机（at random）；MTBF：埃尔朗分布（erlang）；平均值（mean）：1 710 s；MTTR：埃尔朗分布（erlang）；平均值（mean）：90 s；工人设置（employment of workers）：1 个工人（1 worker）。

（27）“故障导入 8”（failure/break 8）。参数选项（parameter）：随机（at random）；MTBF：埃尔朗分布（erlang）；平均值（mean）：1 710 s；MTTR：埃尔朗分布（erlang）；平均值（mean）：90 s；工人设置（employment of workers）：1 个工人（1 worker）。

（28）“故障导入 9”（failure/break 9）。参数选项（parameter）：随机（at random）；MTBF：埃尔朗分布（erlang）；平均值（mean）：1 710 s；MTTR：埃尔朗分布（erlang）；平均值（mean）：90 s；工人设置（employment of workers）：1 个工人（1 worker）。

（29）仿真时间：5 h。

汽车组装模型布局图见图 1-94。

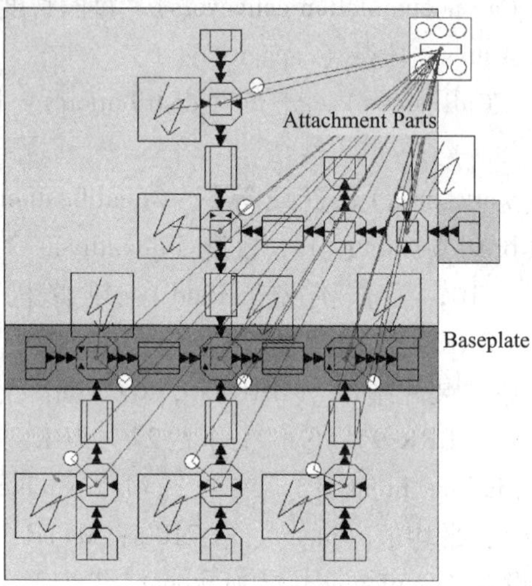


图 1-94　汽车组装模型布局图

## 结果分析

（1）仿真 5 h 后，查看模型中各个“工作站”和“装配站”的使用情况，Workstations and Assembly stations | Results | Module | Module histogram。

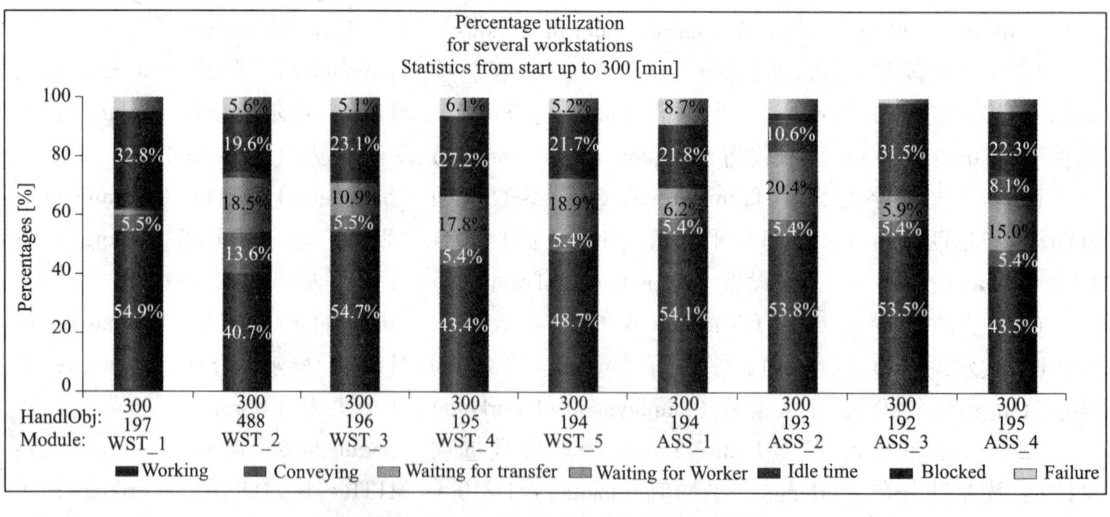


图 1-95　“工作站”和“装配站”的工作效率

如图 1-95 所示，所有“工作站”和“装配站”的工作效率并不理想，其工作效率总体在 40%～55%之间。其中，有超过三分之二的时间是因为等待工人、运输拥堵和机器故障造成的时间延误。

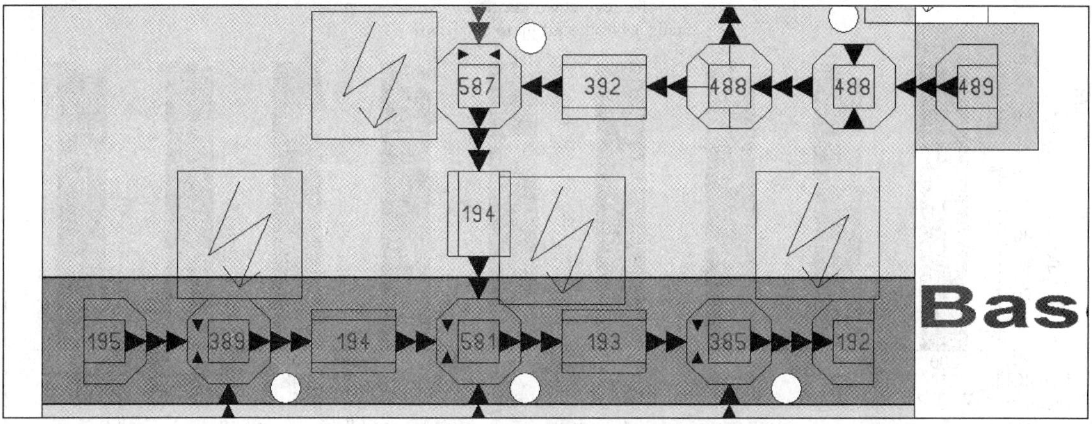


图 1-96 汽车整体结构通过量

如图 1-96 所示的汽车，汽车的整体结构在现有的条件下，一共可以被组装完成 192 辆。最后得出结论，“工作站”和“装配站”的工作效率相对较低，有提高的可能性。

（2）通过多次模拟运行，可以根据提到的问题逐步优化工作效率。首先，解决运输拥堵问题，减少各种零件在模型中的拥堵状态，可增加“传送带”容量至相对较为现实的段数 2。

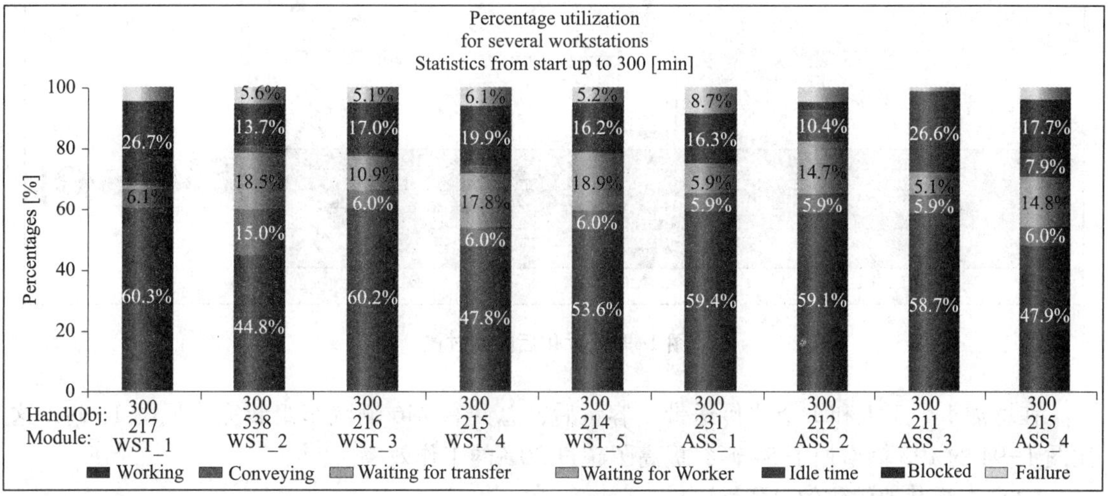


图 1-97 增加容量后的工作效率

如图 1-97 所示，在增加 1 个位置后，“工作站”和“装配站”的工作效率有所上升，通过多次仿真试算，发现随着“传送带”长度的增加，零件的拥堵情况会减少，但在实际生产和运输中，一般工厂的大小都是限定的，需要根据实际情况增加“传送带”的长度。此外，造成拥堵的其他可能性是工人数量的不足，因为工作的工人只有 1 个，为了提高生产效率，可以添加工人数量。经过多次仿真比较发现，当 2 个工人同时工作时，“工作站”和“装配站”的工作效率达到最优。

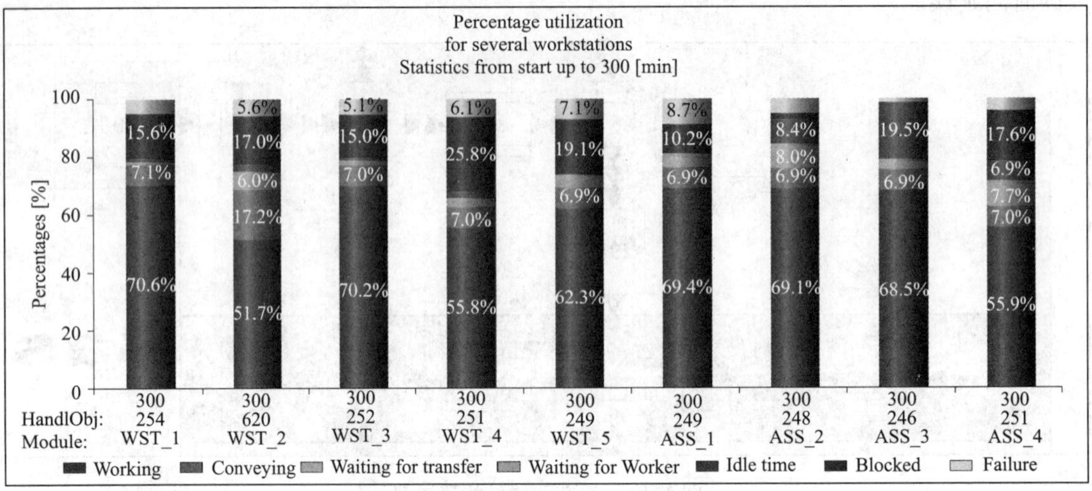


图 1-98　增加工人数量后的工作效率

如图 1-98 所示，在增加 1 个工人后，所有零件的运输拥堵又有了明显减少，除此之外，所有机器的工作效率也有所增加。

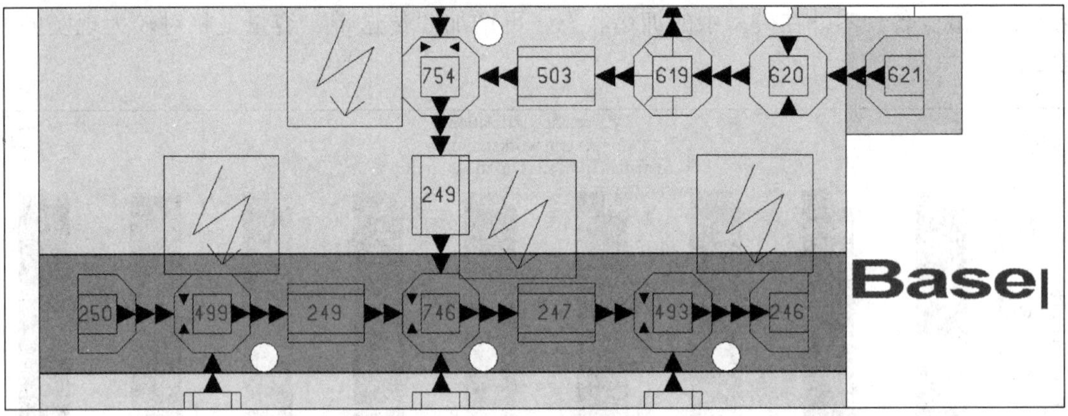


图 1-99　优化后的通过量

在增加 1 个工人和 1 个“传送带”容量后，总共有 246 辆汽车组装完毕见图 1-99，这比图 1-94 的 192 辆增加了 54 辆，提高了超过 20% 的工作效率。

（3）查看其他优化的可能性。

通过以上优化，已经基本在可能条件下达到了相对最优。但在不断增加“传送带”容量的前提下，零件的拥堵情况还会继续减少，还会有更多的汽车被组装完成。除了增加“传送带”的容量，还可以适当通过技术的更新来减少机器的组装和加工时间。另外，增加各个零件的进入数量和汽车整体结构的数量，都可以在不同程度上增加工作的效率。最后，不管是增加“传送带”的容量还是提高机器的效率，都需要根据工厂的实际情况改变。

## 1.8 本章小结

通过基本模型的介绍、经典模型的讲解与其他实例的优化，DOSIMIS-3 初级教程的内容已经介绍完毕。除了上述实例的结果分析以外，根据仿真的需要，还可以选择其他结果分析与设置，对模型的结果做进行进一步的分析和改变。同时，DOSIMIS-3 还支持各种格式数据的导入和导出，有兴趣的使用者可以尝试使用 txt 和 Excel 等数据表进行导入和导出。此外，各种格式的图片也可以被输入，这些图片可以作为背景图片配合模型的使用。各种不同的颜色和文字也可以根据不同模型的需要被写入。总之，通过以上模块的应用，使用者已经可以基本仿真和模拟现实中大部分的生产、运输和仓储过程。关于 DOSIMIS-3 中更加智能的功能和大数据处理的操作，请继续阅读并学习第 2 章的内容，更多的实例和应用将在第 2 章被介绍和分析。

除了本章所介绍的基本模型，DOSIMIS-3 还有一些不常用的模块。在实际学习中，可以打开模块按 F1 键查看帮助解释，同时根据自己的实际需要，研究和学习这些不常用模块。

第2章

# DOSIMIS-3 中级教程

通过第 1 章的介绍，使用者已经可以基本使用 DOSIMIS-3 中大部分模块进行仿真模拟。如果需要仿真的对象不是很复杂，第 1 章的内容已经覆盖大部分仿真范围，这也是 DOSIMIS-3 的一大优点：相对容易上手，而且结果分析的内容相对直接且容易作图。但如果仿真的对象相对复杂，而且同时需要有大量数据被输入，则第 1 章的内容相对有所欠缺。一个专业的仿真模型需要通过一些智能的手段，进一步简化相对较复杂的仿真建模过程，这也是第 2 章的基本理念。DOSIMIS-3 中级教程的内容包括两个基本智能化控制模块的介绍和一系列实例的讲解。这两个智能化控制模块是“决策表”和“数据快速输入表”。本章将对这两种智能化控制模块进行分析和解释。可以说，智能化控制模块的灵活运用是使用 DOSIMIS-3 的关键，也是 DOSIMIS-3 仿真模拟的灵魂。

## 2.1 决 策 表

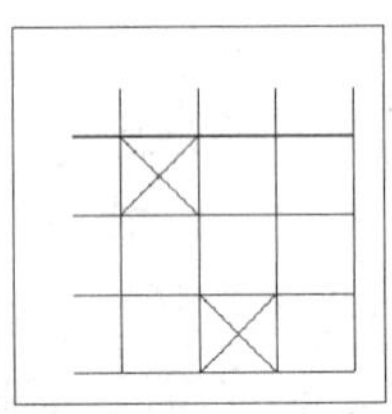

“决策表”（decision table）的主要用途是满足基本模块所不能满足的所有功能。从其名字可知，“决策表”是一个由表格组成的模块。

### 2.1.1 “决策表”的基本介绍

“决策表”的使用方法是通过表格做判定的，其基本判定条件有“是”(“Y”）“否”(“N”）和“不相关”(“-”）三种。在判定之前，要输入相关的判定条件和执行动作。通过操作者的判定，模型将在仿真模拟过程中自动执行。“决策表”的基本运行原理如图 2-1 所示。

“决策表”的基本用法由“条件表”“判定表”“行为表”“抉择表”四个表组合而成。在仿真中，只需要输入程序员预先写好的语句到“条件表”，根据“判定表”决定彼此之间

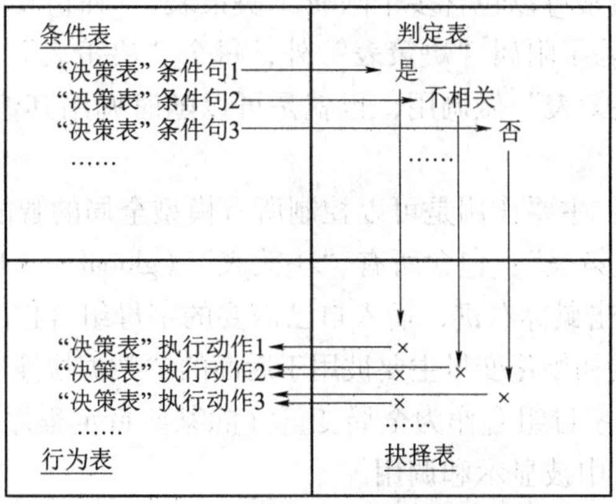


图 2-1 “决策表”基本运行原理

的相关性，然后在“抉择表”表中根据需要的执行动作打“X”，进行动作选择。一个基本的“决策表”的动作输入和选择过程就这么简单。如图 2-1 所示，这里有三个基本条件，当条件句 1 被满足的时候，需要分别执行动作 1，2 和 3。当条件句 2 被满足或者不被满足时，执行动作 2，因为这里的“判定表”显示是“不相关”，所以条件句 2 的满足情况为无所谓。同理，当条件句 3 不被满足时，执行动作 3，即如果这里的条件句 3 被满足的话，执行动作 3 是不会被执行的。最后要注意的是，所有“决策表”中的条件句都是按照从上到下的顺序被读取、执行的，也就是说，所有条件之间是有相互逻辑关系的，如果彼此之间的逻辑关系不清楚，需要被仿真的模型是不能保存并且运行的。因此，在输入“决策表”时，必须把所有逻辑关系和执行可能性分析清楚。一个错误的“决策表”会导致整个模型的崩溃，而一个有效的“决策表”会让模型的运行更有效、更智能。图 2-2 为“决策表”的基本视图与功能解释。

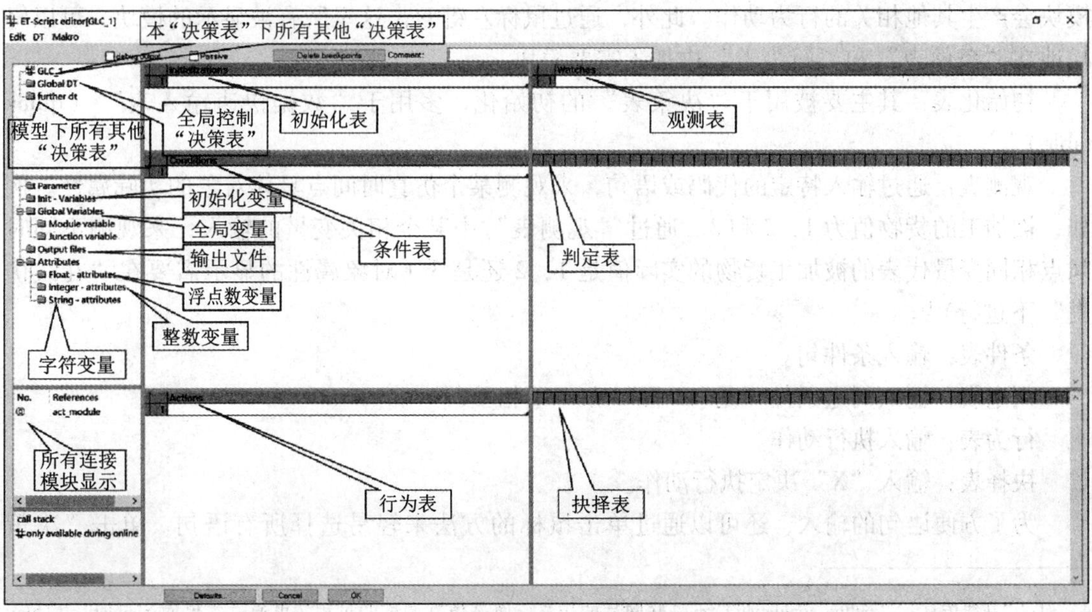


图 2-2 “决策表”的基本视图与功能解释

一个“决策表”下通常可以包含多个附属“决策表”。在仿真中，需要写入条件和行为来执行附属“决策表”。除了附属“决策表”外，每个“决策表”还可以选择本“决策表”外所有其他不相关的“决策表”做调用，也就是可以随时调用其他“决策表”作为本“决策表”的行为。

全局控制“决策表”：主要作用是可以控制所有模型全局的智能模块。

模型下所有其他“决策表”：包含所有“决策表”（global and local）的分类。

初始化变量：通过单击鼠标右键，输入自己需要的字母组合作为初始化变量（除某些特定程序代码以外）。这里的初始化变量主要被用于后面的“数据快速输入表”（quick table）。

全局变量：输入任意字母组合作为全局变量（除某些特定程序代码以外）。这里的全局变量可在其他“决策表”中被显示和调用。

输出文件：通过代码输出所有仿真数据。一般使用 DOSIMIS－3 自带仿真结果分析（results）代替。

浮点数变量：输入任意字母组合作为浮点数变量（除某些特定程序代码外）。浮点数变量可以作为特定的浮点数变量被写入行为语句中，通常被用在工作时间等需要浮点数表示的时间选项中。

整数变量：输入任意字母组合作为整数变量（除某些特定程序代码外）。整数变量可以作为一个特定的整数变量被写入行为语句中，通常被用在货物个数等需要整数表示的选项中。

字符变量：字符变量可以作为一个特定的字符变量被写入行为语句中，通常被用在区别货物或者模块等需要字符表示的选项中。

所有连接模块显示：在模块连接之后会有两种颜色的模块及名称显示，红色线条代表施动模块连接，蓝色线条代表被动模块连接。红色线条和蓝色线条同时可以有多个，其具体含义为，当某个动作或者某个时间点对施动模块产生影响时，通过“决策表”的控制，被动模块会产生其他相关的行为动作。此外，通过鼠标左键双击这里所有被显示的模块，可以轻松地在“条件表”和“行为表”中加入需要模块。

初始化表：其主要被用于“决策表”的初始化，多用于“数据快速输入表”（quick table）。

观测表：通过输入特定的代码或语句，来观测某个仿真时间点具体对象的实际属性。例如，被加工的货物值为1，2和3。通过“观测表”中某个相关变量的输入，来观测不同时间点相同变量代表的被加工货物的实际值是1，2还是3（对象属性的显示需要在“在线仿真”下进行）①。

条件表：输入条件句。

判定表：输入判定条件“是”“否”和“不相关”。

行为表：输入执行动作。

抉择表：输入“X”决定执行动作。

为了方便语句的输入，还可以通过单击鼠标的方法来轻易选择所有语句。单击“决策

① “在线仿真”（online simulation）不是联网后的仿真，而是仿真调试的过程，可通过主界面 Simulation］| Start online 执行。

表”中“编辑”（Edit）键，并单击下拉菜单中的“语法编辑器”（syntax editor）。当激活这个选项后，只要在“条件表”和“行为表”下单击光标，就可以通过单击的办法输入语句。“语法编辑器”的操作流程如图 2-3 所示。

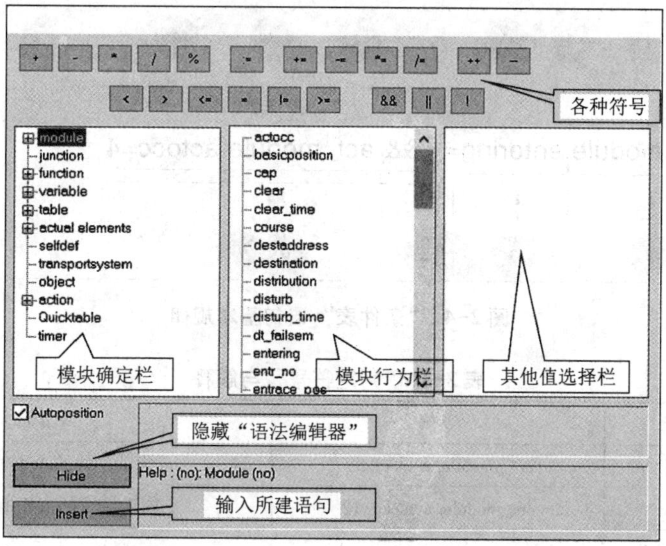


图 2-3 语法编辑器操作流程

在“决策表”中，每个语句都是由类似的语句组合而成的。使用者不需要自己编写代码，为了简化使用，程序员已经把所有代码编写为不同的语句，这里所需要输入的只是各种语句的组合，但语句的组合也是有语法规定的。在语句输入中，必须严格按照 DOSIMIS-3 的语法来组合语句，否则，模型是不能被保存和运行的。只要牢记其组合规律，就可以轻松完成“决策表”中的语句组合。“决策表”中语句的基本规律可以分为“条件表”语句规律和“行为表”语句规律。

## 2.1.2 “条件表”语句规律

“条件表”的基本语句由五个部分组成，分别为“施动/被动模块”“.”“对象行为/状态”“判定符号”和“条件”。“施动/被动模块”为被连接模块，红色连接线为施动模块，蓝色连接线为被动模块。施动模块的写法为“act_module”，被动模块的写法为“module”。在“条件表”中为了确定模块，一般在语句后面加上模块相应的数字作为条件的名称。当然，为了简便实用，把光标放到“条件表”中，用鼠标双击“所有连接模块显示”中的模块，系统会自动写入定位模块。在“施动/被动模块”之后要加一个“.”，作为模块输入完成的标志。如果激活“语法编辑器”，在输入“.”后会自动弹出“对象行为/状态”的所有选项。“对象行为/状态”是为了规定“施动/被动模块”的具体状态或行为，例如，当这个被链接模块的容量达到某个特定数字时，就会执行某个特定的动作等。具体选项请查看图 2-4 中“模块行为栏”，所有对象移动或改变的状态都被列入此栏中。在确定连接模块名称和连接模块行为、状态之后，就要添加至少一个“判定符号”作为“判定条件”执行后面的语句。“判定符号”一般为数学符号，如“>”“<”“=”等。具体的“判定符号”与解

释请参照表2-1。

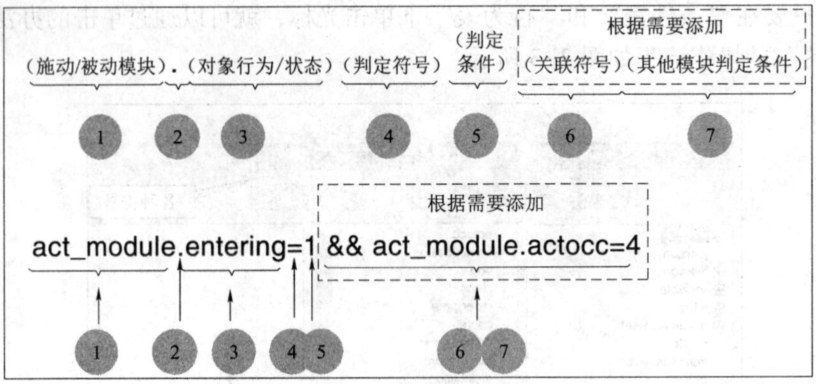


**图2-4 “条件表”语句基本规律**

**表2-1 “判定符号”与解释**

| 判定符号 | 解释 | 举例 | 举例解释 |
|---|---|---|---|
| < | 小于 | act_module. actocc < 5 | 施动模块的占用值小于5个 |
| > | 大于 | act_module. actocc> 12 | 施动模块的占用值小于12个 |
| <= | 小于等于 | initvar（a）<=initvar（b） | 变量a小于等于变量b |
| >= | 大于等于 | initvar（a）>=initvar（b） | 变量a大于等于变量b |
| = | 等于 | act_module. entering=1 | 当对象进入施动模块 |
| = | 字符等于 | “abc”=“ABC”（false） | 小写acb等于大写ABC，判定为假 |
| ～= | 字符比较 | “abc”～=“ABC”（true） | 字符小写acb等于大写ABC，判定为真 |
| ！= | 不等于 | act_module. integer. a！=1 | 施动模块的整数变量a不为1 |
| ?? | 逻辑比较 | A?? b | 判定A和b的逻辑关系 |
| && | 和 | A<5 && b>12 | 同时满足条件A小于5和b大于12 |
| ｜｜ | 或 | A<5 ｜｜ b<12 | 只要满足A小于5或b大于12 |
| ！ | 逻辑否 | ！a<5 | 逻辑判定a小于5 |
| ：= | 定义为 | var：=15 | 变量被定义为15 |
| ：=，+=，-=，*=， | 自动加减乘除求余 | var+=15（var：=var+15） | 变量自动加15 |
| ++，-- | 递增递减 | var++（var：=var+1） | 变量自动递加 |
| + | 加 | X：=5+27+act_module. actocc | X被定义为5加27加施动模块的占用值 |
| - | 减 | act_module. integer. a：=19-act_module. cap | 施动模块中整数a被定义为19减去施动模块中的容量值 |
| % | 求余 | X：=a % b | X被定义为a除以b的余 |
| * | 乘 | X：=a * b | X被定义为a和b的商 |
| / | 除 | X：=act_module. cap/act_module. actocc | X被定义为施动模块的容量值除以施动模块的占用值 |

表2-1的很多符号既可以被用在“条件表”中，同时又可以被用在“初始化表”和

“行为表”中。关于“条件表”中的语句，主要是为了制造一个前提来作为执行语句的判断条件。如果满足/不满足/不相关这些条件时，就会执行/不执行具体的行为。图 2-4 中的例子“act_module. entering = 1 && act_module. actocc = 4”表示当有 1 个对象进入施动模块，且施动模块的占用容量为 4 时，这里的 1 不是数量上的 1 个对象，而是如果有 1 个对象通过，这里的 1 只能被写作 1，如果使用者输入 2 或者其他数字，则模型无法运行。只有同时满足这两个条件时，才能执行或不执行行为。

## 2.1.3 “行为表”语句规律

相对“条件表”的基本用法，“行为表”的语句规律相对复杂，在具体的仿真条件下，可以任意调换和调整语句的使用，而逻辑顺序是使用者需要考虑的基本前提。本节只对“行为表”中的基本语法规律做定义，如图 2-5 所示。

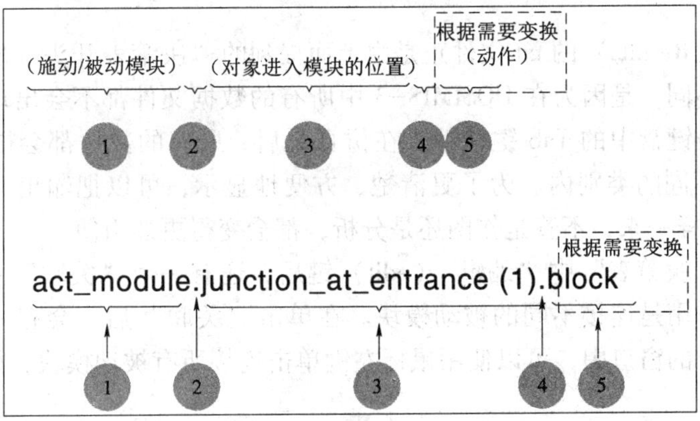


图 2-5 “行为表”语句基本规律

首先，需要确定模块为施动模块或被动模块，然后用“.”作为结束符号。然后，紧接着需要输入这个模块的具体确认位置，如模块的入口或出口等，再用“.”作为结束符号。最后，还需要输入动作语句，这里的动作语句是可以被替换的。图 2-5 中的例子“act_module. junction_at_entrance (1). block”表示根据给定的条件语句，施动模块的第一个入口将被封锁。通过后面的学习，更多的语法结构将被介绍。

此外，在单击“决策表”中“编辑”(edit) 键后，还有两个选项“决策表开头”(initial decision table) 和“决策表结尾”(final decision table)。这两个选项的基本作用是在仿真数据输出文件的第一行和最后一行分别输入相应的字符。在文件的打印输出中，这两个选项很重要。语句中需要打印出的字符要加双引号。如图 2-6 所示。

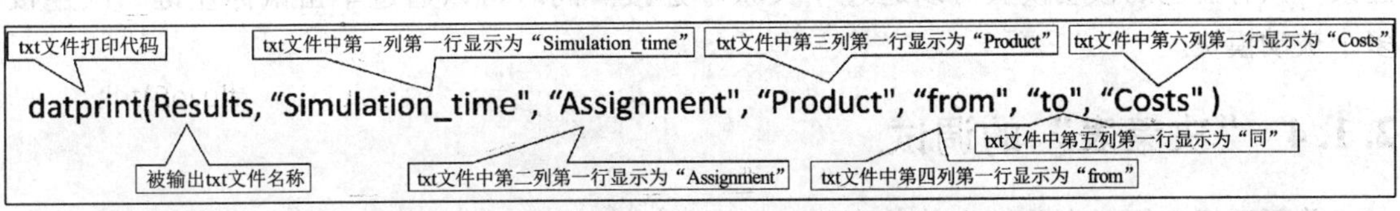


图 2-6 txt 文件第一行和最后一行的设定

和“决策表开头”一样，只需要在“决策表”的“编辑”(edit) 中单击“决策表结尾”（final decision table），并输入相应的字符，就可以在数据最后加入自己需要的文字。需要注意的是，“被输出 txt 文件名称”是不需要加引号的，在保存运行模型后，被保存模型的主文件夹下面会自动生成一个 txt 的数据文件，这个 txt 的名字就是这个没有引号的字符。如果想在输出数据文件中加上自己需要的目录名称，只需要在这个“被输出 txt 文件名称”后，用引号括起来输入字母字符就可以了。“决策表结尾”（final decision table）同理，其具体显示的式样如图 2-7 所示。

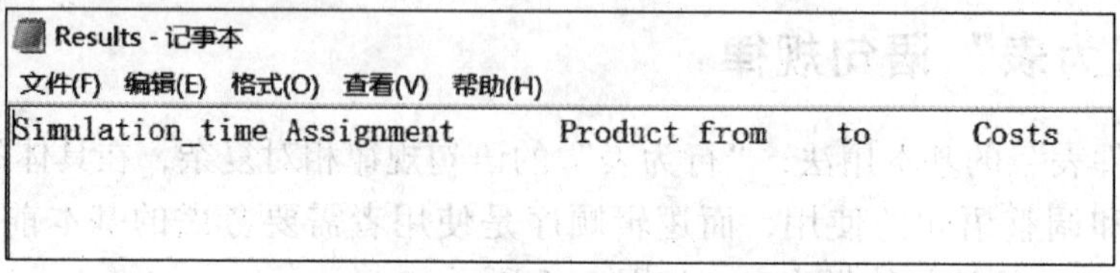


图 2-7 输出文件显示样式

这个名字为（Results）的 txt 文件正是由上面提到的“决策表开头”所生成的。每个字符组之间的距离不同，是因为在 DOSIMIS-3 中所有的数据文件都不会出现空格，所有需要空格的地方都会被键盘中的 Tab 键代替。在仿真之后，所有的数据都会被分别列入“决策表开头”并写入不同的类别内。为了更清楚、方便地显示，可以把输出文件中的数据复制到 Excel 表下，这样一来，不管是作图还是分析，都会变得更加简便。

最后在单击“决策表”中“编辑”（edit）键后，还有一个“关联”（reference）选项，这个选项的基本作用是连接不同的被动模块。在单击“关联”后，会有一个新的窗口被打开，在这个新打开的窗口中，可以使用鼠标左键单击连接所有被动模块，如图 2-8 所示。

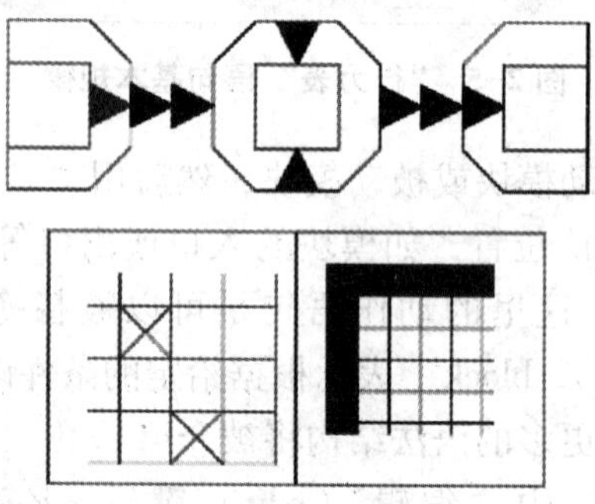

图 2-8 “关联”选项

此时，施动模块的连接为红色，而红色的施动模块只能在模型中通过 F9 或者连接符号连接，只有蓝色的被动模块可以通过“关联”连接。同时可以通过单击鼠标左键一次连接多个被动模块。

## 2.1.4 “决策表”的调试

前面已经介绍过有关“在线仿真”（online simulation）的基本概念，“在线仿真”不是联网后的仿真，而是仿真调试的过程，可通过主界面 Simulation|Start online 执行。

关于“决策表”的调试和使用，需要通过练习慢慢熟悉，这里只做基本介绍，如图 2-9 所示。首先，左上角的“调试输出”（debug output）为“错误日志输出”，所有被调试后的内容，DOSIMIS-3 会生成一个 txt 文件，并在模型主文件下自动生成。同时，如图 2-10 所示，“决策表”图标右上角会产生一个小方框。其次，请参照图 2-9 中的“停顿标志”，可以在“在线仿真”之前通过鼠标左键，单击生成一个红色的小圆点，这个红色小圆点的具体作用是，在模型“在线仿真”的时候，如果有语句被执行，则自动跳出“被执行语句”窗口。所有“被执行语句”（包括条件句和行为句）都会被标出，在出现这个红色的小圆点之后，“决策表”的右上角将出现另一个小方框。同时，请参照“此语句不执行”和“未被执行语句”，如果在“行为表”最前面单击“X”，则这个语句将不被执行。此外，请注意“观测表”的使用，调试的重要依据就来自“观测表”。所有在“在线仿真”中被调试的对象和模块数值都将出现在这里（需要事先输入需要观察的语句或代码）。如图 2-9 所示，这里的“观测表”被输入的语句为“act_module. f_obj. typ”和“act_module. f_obj. floatatt. Time”，根据“实时数据”显示，前者的意思为，一个对象进入施动模块的前部，这个对象的值为“3”，后者的意思为，施动模块前部模块的时间为浮点数变量“time”，而“time”的值为“0. 00”。通过断点停顿和数值显示，就可以轻易找到错误的所在。此外，还可以通过小红圆点任意定义可能出错的位置，通过对象的数值查找错误的所在。最后，如果不小心单击了多余的选项，使用者要用鼠标单击图 2-9 中“多余选项”这一列，然后单击鼠标右键进行删除，如果鼠标无法单击这一列，请先用鼠标左键单击空白处并再次单击“多余选项”。不必要的多余选项会导致模型无法保存和运行。

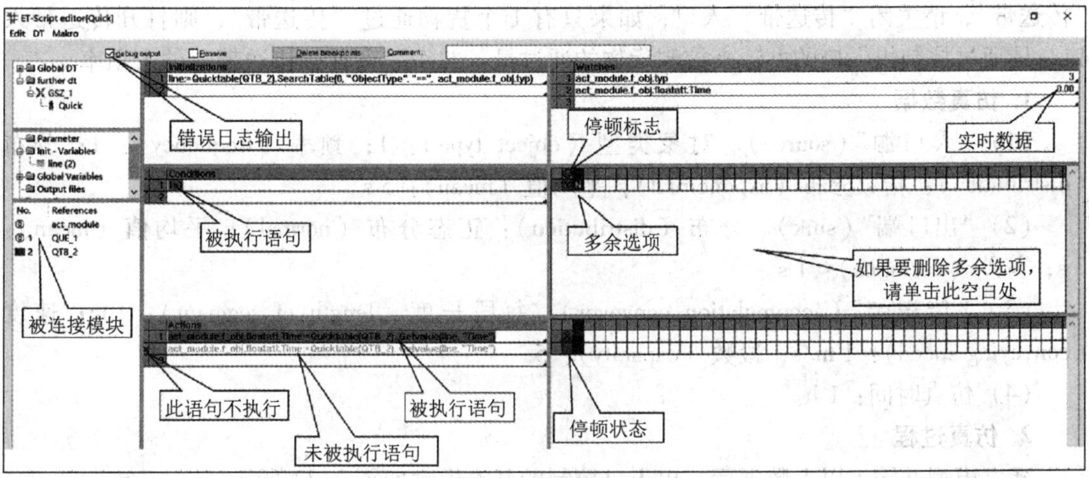


图 2-9 “决策表”调试选项

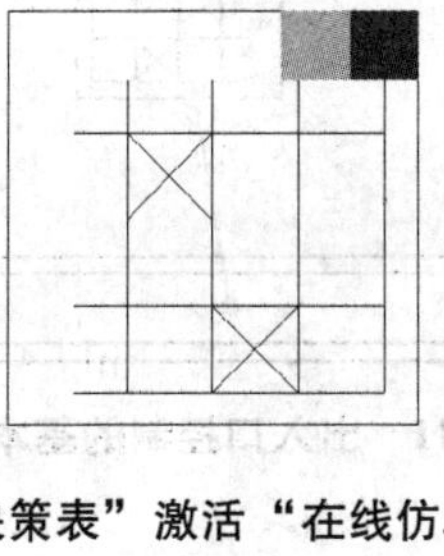

图 2-10 “决策表”激活“在线仿真”后的状态

## 2.2 “决策表”实例介绍与分析

初次使用“决策表”做模型时，程序错误是难免的，而且在建立模型过程中，没有程序错误出现也是不可能的。只要耐心通过 DOSIMIS-3 的调试功能，一遍又一遍地尝试，最终所有错误都会被修正。所有复杂的“决策表”都是由基本语句组成的，只要弄清楚其中的逻辑，“决策表”的使用就会变得越来越简单、实用。

### 2.2.1 入口和出口的控制

在仿真模型中，最基础的“决策表”控制为所有连接的控制，也就是入口和出口的关闭与开放。所有的对象通过连接都可以用这个办法来控制，这个功能也是基本模块不可能实现的。有了这个功能，模型就可以根据预先设定的值来控制模型的基本运行。过多或过少的通过量或容量都会引起不必要的拥堵或停滞。

**例 2-1 入口和出口的控制**

一种货物需要通过一个自动“传送带”，由于“传送带”容量的限制，如果太多货物通过时，该“传送带”就会堵塞。该“传送带”一共只有 5 个货物的位置，请控制这个“传送带”的占用率，使其不会被堵塞。具体运输策略为：如果同时有 4 个以上货物通过该“传送带”，请关闭“传送带”入口；如果只有 1 个货物通过“传送带”，则打开传送带入口。请通过控制出入口的办法来控制货物的通过量，并作图查看“传送带”的占用率。

**1. 仿真数据**

(1)“入口源”(source)。对象类型（object type）：1；频率（frequency）：1；分布(distribution)：指数分布（exponential）；平均值（mean）：5 s。

(2)“出口端”(sink)。分布（distribution）：正态分布（normal）；平均值（mean）：3 s；偏差（deviation）：1 s。

(3)“传送带”(accumulation conveyor)。每段长度（length of segment）：1 m；速度(conveying speed)：1 m/s；段数（capacity）：5。

(4) 仿真时间：1 h。

**2. 仿真过程**

建立模型并输入以上数据后，出入口控制的基本模型如图 2-11 所示。

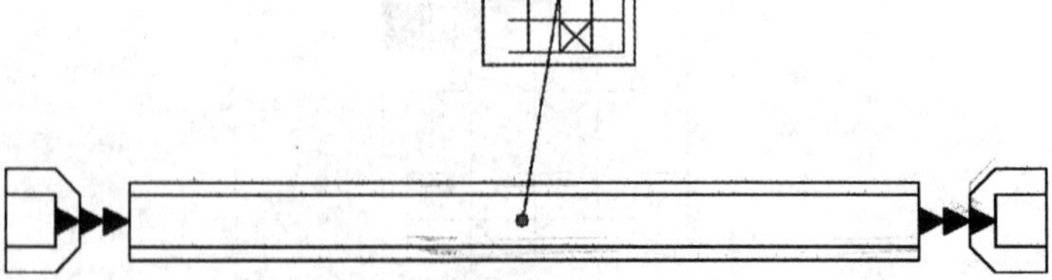

图 2-11 出入口控制的基本模型

为了更好地控制“传送带”的流量，请加入“决策表”，并通过F9连接“决策表”和“传送带”。请按Shift+F9显示连接状态。这样一来，“决策表”就可以通过不同的语句来控制“传送带”的出入口状态。

| | Conditions | | |
|---|---|---|---|
| 1 | act_module.entering=1 && act_module.actocc=4 | Y | N |
| 2 | act_module.exiting=1 && act_module.actocc=2 | N | Y |
| 3 | | | |

| | Actions | | |
|---|---|---|---|
| 1 | act_module.junction_at_entrance( 1 ).block | X | |
| 2 | act_module.junction_at_entrance( 1 ).deblock | | X |
| 3 | | | |

图2-12 出入口控制语句

如图2-12所示，在“条件表”中分别输入需要的条件。传送带的运输条件为：如果同时有4个以上货物通过该“传送带”，请关闭传送带入口。因此，在“条件表”中的第一行需要输入“act_module. entering=1 && act_module. actocc=4”，这里的“act_module”就是图2-11中的“传送带”。因为连接线为红色，所以在语句中为“act_module”（act意思是activiting，代表施动模块，由于这个模型中没有被动模块，所以“act_module”可被称为被控制模块）。“act_module. entering=1”的意思为：当有1个货物进入“传送带”时（注意，这里不能写成当有2个货物进入“传送带”时，即“act_module. entering=2”是错误的写法。因为这里的1个货物进入“传送带”只是为了表达模拟的状态，不是具体通过货物的数量控制其他相关条件或语句）。除此之外，“&&”代表并列条件的意思，也就是说，这个条件除了要满足“act_module. entering=1”，还要同时满足“act_module. actocc=4”，相对应的行为语句才会被执行。“actocc”的意思是“传送带”的实际占用率（occ是occupancy占用率的缩写）。在写完这一个语句后，请考虑如何写入执行语句，这个条件句的本意是当有1个货物进入“传送带”，且在这个时候“传送带”的占用量为4个时，就要关闭“传送带”的入口，执行语句要关闭“传送带”的连接。所以根据图2-12中的“行为表”写入行为语句：“act_module. junction_at_entrance（1）. block”。这里的“junction_at_entrance（1）”的意思是连接“传送带”的第一个入口，即要确定连接的具体位置，在DOSIMIS-3中每一个模块的位置都必须被非常准确地确定，这样才能使仿真结果更准确。“block”的意思是锁定和关闭，这两个语句加起来就是关闭“传送带”入口的语句。这个时候请把“条件表”和“行为表”的语句连起来考虑，也就是当有1个货物进入“传送带”，且在这个时候“传送带”的占用量为4个时，通过“判定表”和“抉择表”使“传送带”的入口被关闭。这样一来，“传送带”的容量就不可能大于4个。根据这个例题的条件可知，如果“传送带”的货物占用量为1个时，“传送带”的入口需要自动被打开。所以这时需要在“条件表”的第二行输入行条件“act_module. exiting=1 && act_module. actocc=2”，即当有1个货物被送出“传送带”，且“传送带”的占用量为2个时，才执行下一个行为语句。

本题规定条件为，“传送带”的占用量不能少于1个，所以请在“行为表”中输入“act_module. junction_at_entrance（1）. deblock”。尽管“传送带”的出口只有一个，这里还是要确定出口的具体个数。“deblock”意为打开或解开。因此，当满足有1个货物被送出“传送带”，且“传送带”的占用量只有2个时，这个“传送带”的入口需要被打开，这样一来，新的货物就会被运进“传送带”，直到“传送带”的占用量为4个时，“传送带”才会重新关闭入口。如图2-13所示。

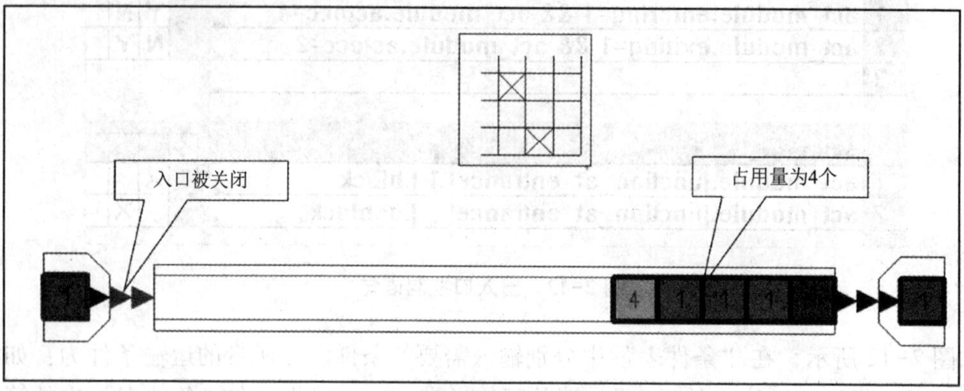


图2-13　入口被关闭状态

**3. 仿真结果分析**

当“传送带”占用量为4个时，“传送带”入口的连接箭头就变为红色，并关闭“传送带”的入口。图2-14为“传送带”的具体占用量，单击Accumulation conveyor | Results | Buffer Analysis | Occupancy Diagram。

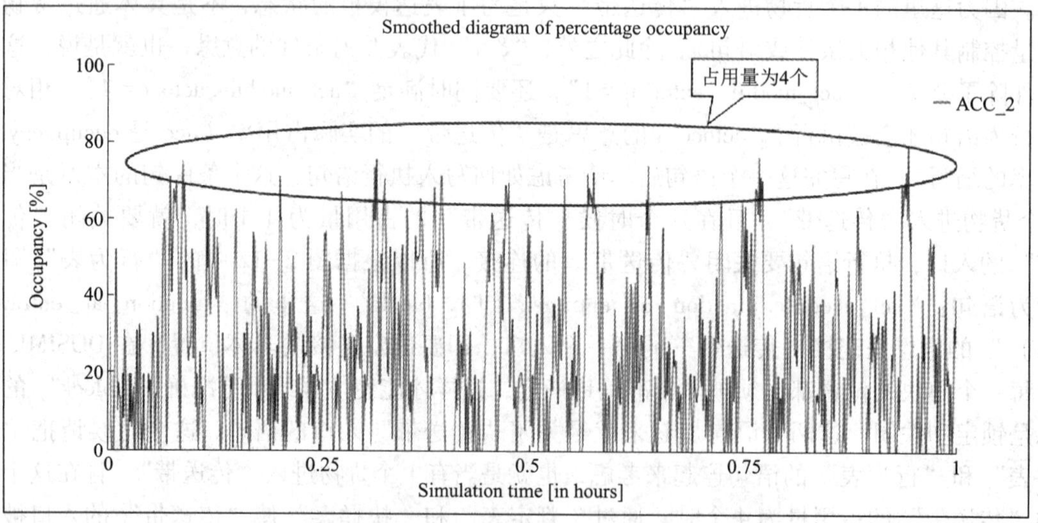


图2-14　传送带的实际占用率

从图2-14可知，此“传送带”的占用率没有超过80%，即占用量从来没有超过4个。这样“传送带”的通过量就很好地被“决策表”所控制，模型就不会有任何拥堵、停滞。其实，出入口控制的应用在现实仿真中非常广泛，在仿真中，可以根据实际需要同时设定多个条件和多种关闭或开放状态。因此，出入口控制既是最基本的“决策表”用法，也是最重要的“决策表”用法。

### 2.2.2 多个出口之间的自动调节

通过“决策表”对不同“传送带”之间通过量的控制，可以避免货物运输时因分配不均造成的堵塞。此功能为“分路”模块运输策略的升级，请参考表 1-2 中关于“合路”运输策略（最大相对占用 maximum relative occupancy）的具体解释。在此例中，“决策表”将通过语句的形式，来控制两个“传送带”之间的货物通过量。

**例 2-2 多个出口之间的自动调节**

一个工厂需要在工厂内部加工一批相同的货物。由于货物较多，同时有两台机器加工这批货物。如果所有货物都被堆积到一条传送带上，这个加工系统就会瘫痪。请设置传送带的货物通过量，不能让彼此的占用率大于对方。这样一来，两条传送带的利用率基本相同，也可以使工厂的加工效率最大化。最后请作图比较两条传送带的占用率。

**1. 仿真数据**

（1）“入口源”（source）。对象类型（object type）：1；频率（frequency）：1；分布（distribution）：正态分布（normal），平均值（mean）：5 s；偏差（deviation）：1 s。

（2）“分路”（distributor）。自定义（self-defined），编辑“决策表”。

（3）上方“传送带”（accumulation conveyor_Upper）。每段长度（length of segment）：1 m；速度（conveying speed）：1 m/s；段数（capacity）：5。

（4）下方“传送带”（accumulation conveyor_Lower）。每段长度（length of segment）：1 m；速度（conveying speed）：1 m/s；段数（capacity）：5。

（5）上方“工作站”（workstation_Upper）。被加工货物（object type）：1；加工时间（distribution of working time）：正态分布（normal）；平均值（mean）：8 s。偏差（deviation）：2 s。

（6）下方“工作站”（workstation_Lower）。被加工货物（object type）：1；加工时间（distribution of working time）：指数分布（exponential）；平均值（mean）：6 s。

（7）上方“出口端”（sink_Upper）。分布（distribution）：埃尔朗分布（erlang）；平均值（mean）：6 s；K 值（K-parameter）：2。

（8）下方“出口端”（sink_Lower）。分布（distribution）：埃尔朗分布（erlang）；平均值（mean）：5 s；K 值（K-parameter）：2。

（9）仿真时间：1 h。

**2. 仿真过程**

请注意“分路”中的“传送带”自定义选项，这里的“传送带”自定义和模型中另外建立的“传送带”不一样，除了“分路”和“合路”有类似自定义的功能外，“工作站”也自带受限的“决策表”功能，例如，只可以输入加工时间的“决策表”等。关于“工作站”中自带的“决策表”，后面的例题将作相应的介绍，在此例中，不需要建立单独的“决策表”。请根据表 1-1 中，“分路”的运输策略选择自定义“决策表”（self-defined），并编辑“决策表”（edit distribution DT）。建立模型后输入以上数据后，其基本模型如图 2-15 所示。

请输入以下语句，作为“分路”运输策略下的自定义“决策表”的判定条件，见图 2-16。

图 2-15　多个出口间的自动调节模型

| | Conditions | | | |
|---|---|---|---|---|
| 1 | module[ 3 ].actocc<=module[ 4 ].actocc | | Y | N |
| 2 | | | | |

| | Actions | | | |
|---|---|---|---|---|
| 1 | return(1) | | X | |
| 2 | return(2) | | | X |

图 2-16　多个出口间的自动调节语句

**3. 仿真结果分析**

想实现两个“传送带”之间的平衡，其实非常简单，只要厘清其中的逻辑关系，使用简短的语句实现其功能。如图 2-16 所示，由于这两条“传送带”不是第一个被创建的，所以“传送带”的模块编号分别为“module（3）”和“module（4）”，即在所有被建模块中，第一条“传送带”的名字是“module（3）”，而第二条“传送带”的名字是“module（4）”。“条件表”中的语句为“module（3）. actocc<=module（4）. actocc”，其含义是，当第一条“传送带”的占用率小于或等于第二条“传送带”的占用率时，如果发生这种情况为真（Y），那么货物将被送到“分路”的第一个出口，也就是第一条“传送带”；反之，如果发生这种情况为假（N），也就是第一条“传送带”的占用率大于第二条“传送带”的占用率，那么货物将被送到“分路”的第二个出口，也就是第二条“传送带”。这样一来，两条传送带的使用率永远会相等。图 2-16 中的“return”代表选择出口，数字（1）和（2）代表出口 1 和出口 2。需要注意的是出口的连接顺序，如果先连接的是第二个出口，那么这里的“return（1）”和“return（2）”也要修改。总之，“决策表”中语句的编写需要有很清楚的逻辑思维，逻辑思维越清楚，所编写的语句就越简单。

如图 2-17 所示，下一个货物将被发送到第一个出口，因为此时第一条“传送带”的占用量为 2 个，而第二条“传送带”的占用量为 3 个。经过 1 h 的仿真，作图查看结果分析，Accumulation conveyor | Results | Buffer Analysis | Occupancy Diagram。

从图 2-18 可知，货物的产生基本服从正态分布，两个“传送带”的使用率也基本相同，并贯穿整个仿真时间，当第一条“传送带”的占用率大于第二条时，货物就会被发送

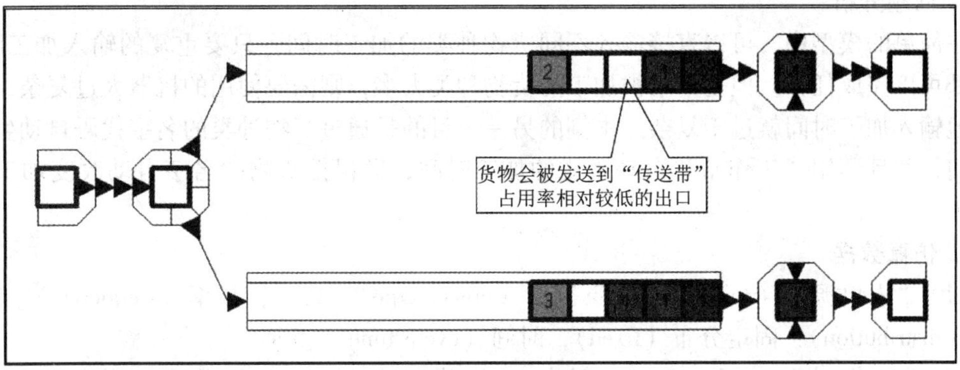


图 2-17 多个出口间的自动调节模型运行状态

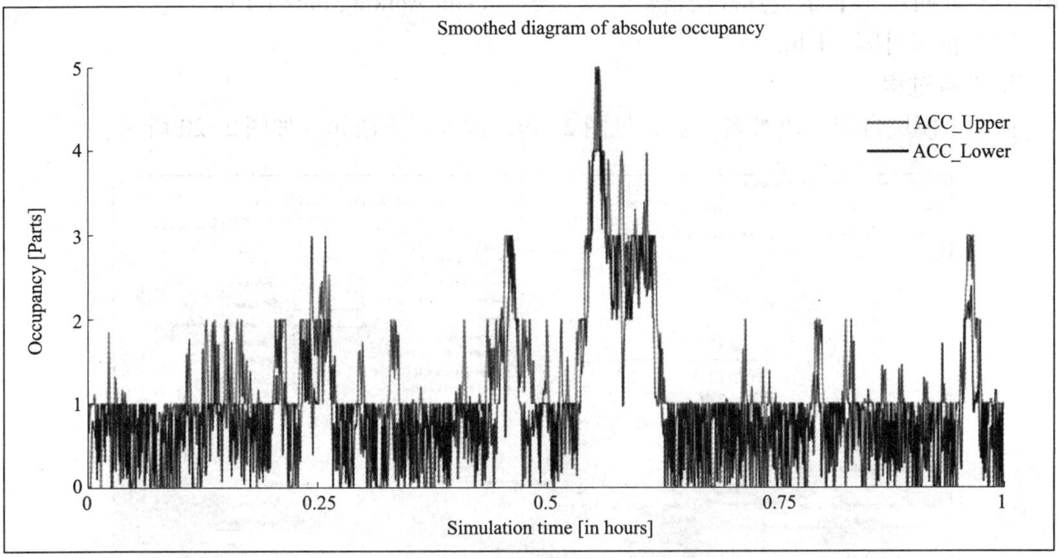


图 2-18 多个出口间自动调节模型的结果分析

到第二条“传送带”，反之亦然。按照这种办法，利用多个出口间自动调节的功能，所有“传送带”的使用率会被平均分配，不必要的拥堵和堵塞就可以很好地被避免。

## 2.2.3 模块自带“决策表”

很多模块中有自带的“决策表”，这一类“决策表”通常只有部分受限制功能，如只能计算或者改变加工时间等。其他改变货物属性的语句一般不会写到这类受限制的“决策表”中。

**例 2-3 模块自带“决策表”的应用**

一个工厂使用一台机器加工两种不同类型的货物，这两种货物分别为“1”和“2”，这两种货物的加工时间分别为 10 s 和 20 s。请使用“工作站”中受限制的“决策表”自动生成加工时间。

**1. 问题分析**

在简单的模型中，可以直接输入不同货物种类的加工时间，只要重复的输入加工时间，一般都可以完成任务。但是如果被加工的货物种类太多，则需要使用的机器太过复杂，一项一项地输入加工时间就过于复杂。本例的另一个目的是通过货物种类的名字代码自动生成加工时间，并且调用"工作站"自动生成的加工时间，即根据货物的名字自动改变加工时间的调用。

**2. 仿真数据**

（1）"入口源"（source）。对象类型（object type）：1，2；频率（frequency）：1：1；分布（distribution）：固定分布（fixed），时间（cycle time）：5 s。

（2）"工作站"（workstation）。被加工货物（object type）：所有货物；加工时间（distribution of working time）：货物 1 为 10 s，货物 2 为 20 s；分布（distribution）：固定分布（fixed）；时间：1 s；请选择模块自带"决策表"（edit working time DT）。

（3）仿真时间：1 h。

**3. 仿真过程**

在单击模块自带"决策表"后，见图 2-19，输入以下语句，如图 2-20 所示。

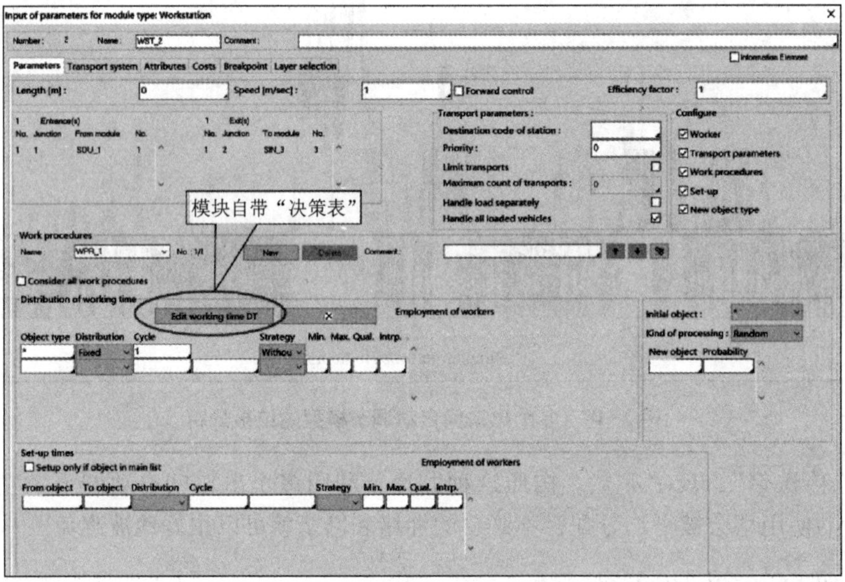


图 2-19　模块自带"决策表"位置

需要注意的是，要打开"决策表"中的"Init-Variables"并手动输入"time"作为初始变量，这里的"time"作为一个值，根据货物的种类随时改变。当货物进入"工作站"的时候，每次"time"都会被更新。这也是为什么初始变量要被定义的主要原因。请注意"初始化表"中"time：=act_module. f_obj. type * 10"的意思为变量"time"的值是根据进入施动模块货物的值乘以 10 来定义的，即如果货物的名字（值）为"1"，则"time"就为"10"，而如果货物的名字（值）为"2"，则"time"就为"20"，以此类推。这里要强调的是语句"f_obj"，有时还会被写成"l_obj"，其具体含义如图 2-21 所示。

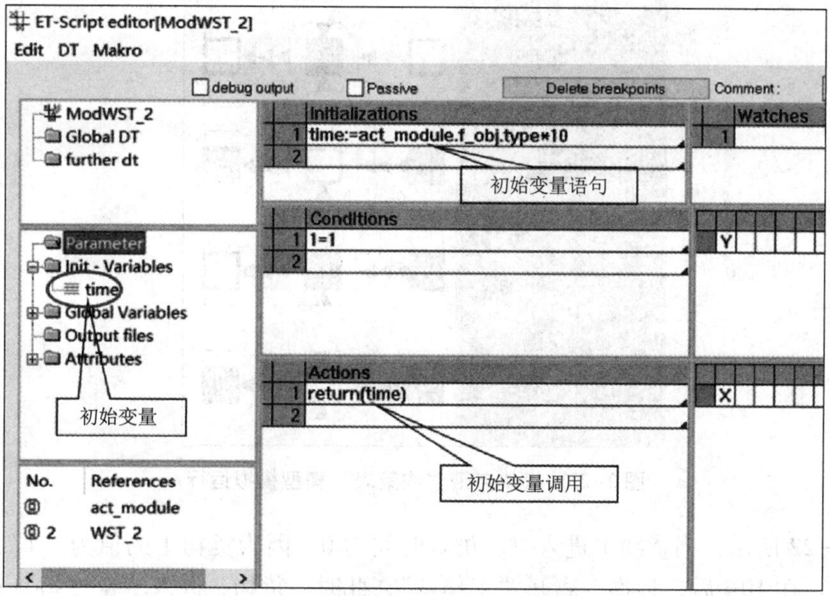


图 2-20 模块自带“决策表”的语句输入

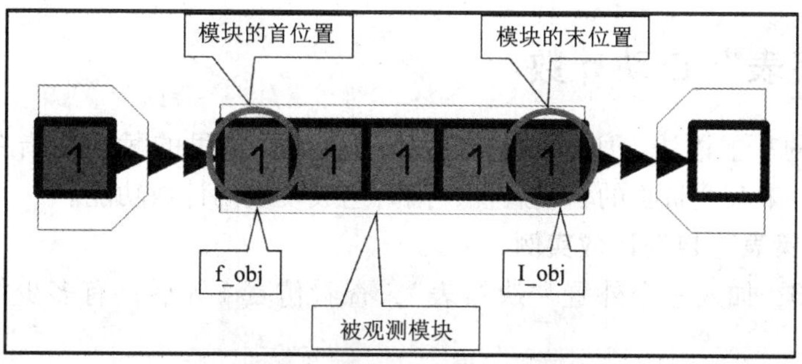


图 2-21 模块中货物的位置确认

**4. 仿真结果分析**

由于 DOSIMIS-3“决策表”中很多货物的改变都要根据其具体的位置，所以这里规定模块首部的货物为“f_obj”，而模块末尾的货物为“l_obj”，这样就可以简便地确认货物且改变货物的属性。值得注意的是，如果被观测的模块是“入口源”，则在“决策表”中只可以被写成“f_obj”。

请回到图 2-20，图中的“条件表”规定“1=1”，这里的意思是在任何情况下都执行“行为表”中相对应的行为。当然也可以被写为“2=2”，只要逻辑合理就可以被运行。而在“行为表”中只有“return (time)”，这里的“return”为执行之意，“(time)”则是“Init-Variables”和“初始化表”中定义的“time”，这时的“time”可以为“10”或“20”，因为“初始化表”中规定（time：=act_module. f_obj. type * 10）变量“time”的值是根据进入施动模块货物的值乘以 10 而变化的。因此，通过“工作台”自带的“决策表”，货物的加工时间就可以根据货物的值自动改变。在生产中这样的使用很常见，熟练地使用可以减少很多复杂的时间设定。

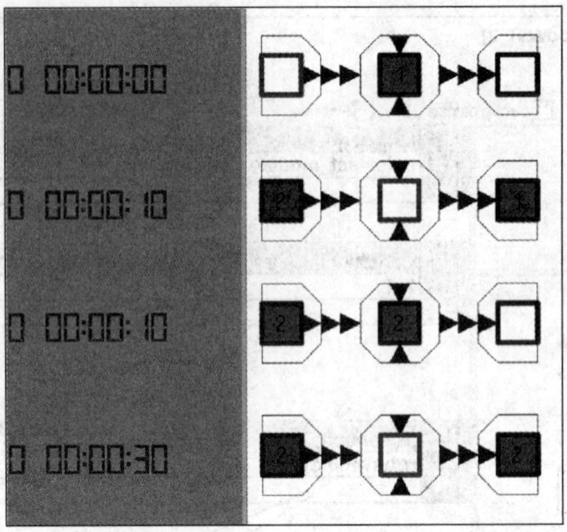


图 2-22 模块自带“决策表”模型模拟运行

如图 2-22 所示，当货物 1 进入时，仿真时间为 0。因为货物 1 的值为“1”，所以加工时间为 10 s。在 10 s 后，货物 1 离开“工作站”，此时，货物 2 进入“工作站”被加工。因为货物 2 的值为“2”，所以加工时间为 20 s，在 20 s 后，货物 2 离开“工作站”。此时仿真时间为 30 s。

## 2.2.4 “决策表”自动计数

根据 C 语言的基本语法，所有语句都可以被赋值，这里的赋值是指在原值的基础上，加上相应的个数，来改变货物的名字属性，同时达成模块的计数功能。

**例 2-4 “决策表”自动计数实例**

请根据例 2-3，加入一个外置“决策表”，查看仿真 1 h 后，有多少货物可以被加工。如图 2-23 所示。

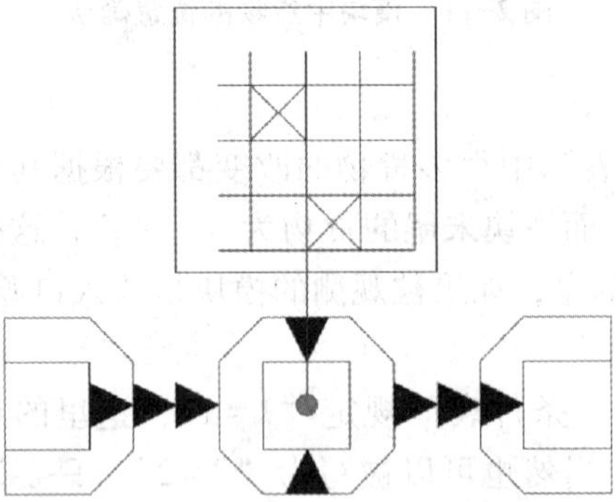

图 2-23 “决策表”自动计数模型

**1. 仿真过程**

请将外置“决策表”与“工作站”相连。

连接后的“工作站”将由外置“决策表”操作。外置“决策表”的语句如图 2-24 所示。

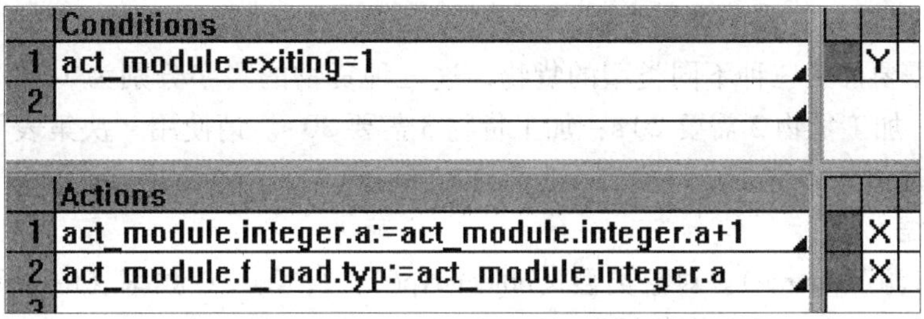


图 2-24 “决策表”自动计数语句

当施动模块去除一个货物的时候，施动模块就会自动计数，计数用“integer. a”表示。这里的“a”不需要自己定义，系统会自动定义字母作为变量。紧接着，当第二个货物通过“工作站”时，系统会在这个“a”后面自动加 1，而“act_module. l_load. typ”则代表每次“a”被增加后的数字。这样一来，在“出口端”就可以显示总共通过的货物数量。

**2. 仿真结果分析**

货物 1 的加工时间为 10 s，货物 2 的加工时间为 20 s，经过 1 h 的仿真时间，大约有 237 个货物被加工并推出“工作站”，如图 2-25 所示。关于“决策表”自动计数的应用，可以说是非常常见的，例如，自动计数通常被用在仓库的管理当中，如果仓库的容量为某个具体数字，当货物堆积超过这个数字的时候，就不能再有货物进入，并且可以通过呼叫车辆等运输工具转运货物等，所有的这些都是基于“决策表”的自动计数而生成的。当然，一个完全自动化的仓库还需要多个“决策表”一同来控制仓库系统。

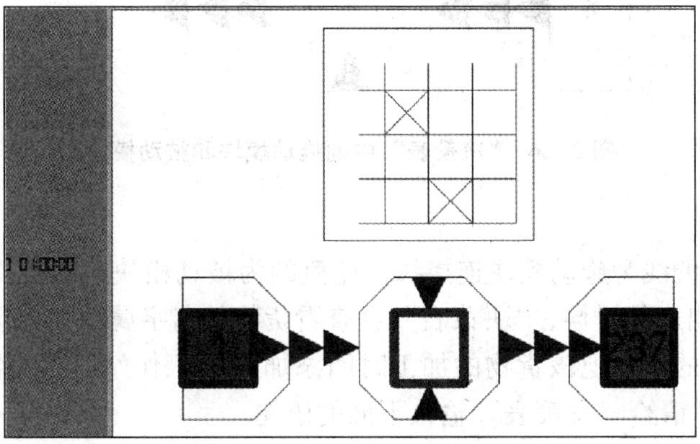


图 2-25 “决策表”自动计数结果

## 2.2.5 “决策表”中的变量

以上四节都是介绍“决策表”直接控制模块的，所有模块都为施动模块。而本节主要介绍“决策表”中变量的应用和被动模块的使用。如果被仿真模型非常简单，则不需要使用“决策表”中的变量，可以直接输入数值建立仿真。但如果仿真模型非常复杂，被输入的数据非常多，而且又没有规律，则“决策表”中的变量是一个最好的代替办法。在定义变量后，需要使用符号“ $ ”作为数值引用的代码。

**例 2-5 “决策表”中的变量实例**

一个工厂需要加工三种不同类型的货物，这三种货物的名字分别为 1，2 和 3。加工货物 1 需要 10 s；加工货物 2 需要 20 s；加工货物 3 需要 30 s。请使用“决策表”控制“工作站”中的加工时间。

**1. 仿真数据**

（1）“入口源”(source)。对象类型（object type）：1，2，3；频率（frequency）：1∶1∶1；分布（distribution）：固定分布（fixed）；时间（cycle time）：5 s。

（2）“工作站”(workstation)。被加工货物（object type）：所有货物；加工时间(distribution of working time)：货物 1 加工时间为 10 s，货物 2 加工时间为 20 s，货物 3 加工时间为 30 s。请连接“入口源”为施动模块，“工作站”为被动模块，通过“入口源”的出货控制“工作站”的加工时间。

（3）仿真时间：1 h。

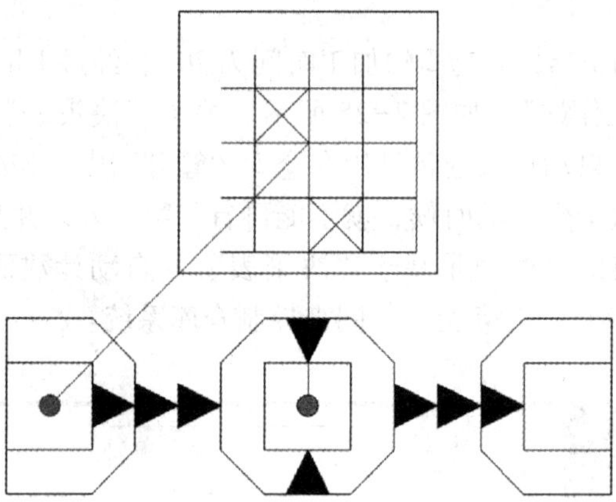

**图 2-26 “决策表”中的施动模块和被动模块**

**2. 仿真过程**

图 2-26 中红色的线为施动模块连接线，蓝色的为被动模块连接线。其基本原理是，当货物从“入口源”出来的时候，“决策表”会查看货物的名字属性，并且把信息传给“工作站”，通过赋值变量的形式把该货物的加工时间添加到“工作站”。以此类推，不同的货物有不同的加工时间。请给“决策表”输入下面的语句。

如图 2-27 所示，首先要手动输入初始化变量“worktime”作为后面的赋值量。然后要定义一个浮点数变量值“Processing Time”。初始化变量值会在“行为表”中被引用，而浮点数变量将会被初始化变量值赋值，并同时被引用在相应的模块中。由于“工作站”不是施动模块，所以只需要在“行为表”中写入“module（2）”，这个“module（2）”就是图 2-27 左下角的“WST 2”，代表“工作站”的意思。最后，“决策表”可以自动读取语句：每次读取前都要初始化，当货物从“入口源”出来的时候，初始化变量的值会从“行为表”赋值给浮点数变量到“工作站”进行加工，而初始化变量的值是根据货物名字属性乘以 10 自动生成的。在完成以上工作后，一定不能忘掉在“Processing Time”之前加

“$”，写成“$Processing Time”的形式，附在工作站中需要加工的地方，如图 2-28 所示。

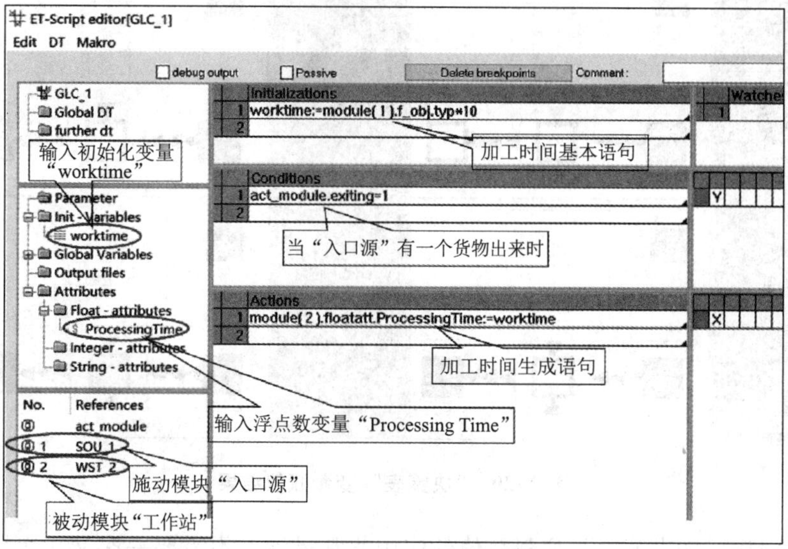


**图 2-27 “决策表”变量设置语句**

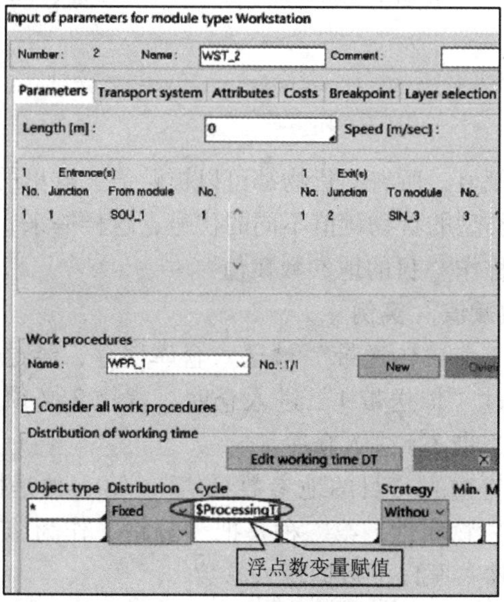


**图 2-28 “决策表”变量赋值位置**

### 3. 仿真结果分析

每次“工作站”中不同货物的加工时间都会被“决策表”中的变量赋值，通过图 2-29 来查看，是否不同的货物按照不同的加工时间被赋值。

在 0 s 的时候货物 1 被生成，并进入“工作站”被加工，经过 10 s 后，货物 1 推出“工作站”，此时货物 2 被生成，并进入“工作站”被加工，货物 2 的加工时间为 20 s，所以当货物 2 推出“工作站”的时候，仿真时间为 30 s，此时，货物 3 也被生成，而货物 3 的加工时间为 30 s，因此，在货物 3 退出的时候，仿真时间为整 60 s。

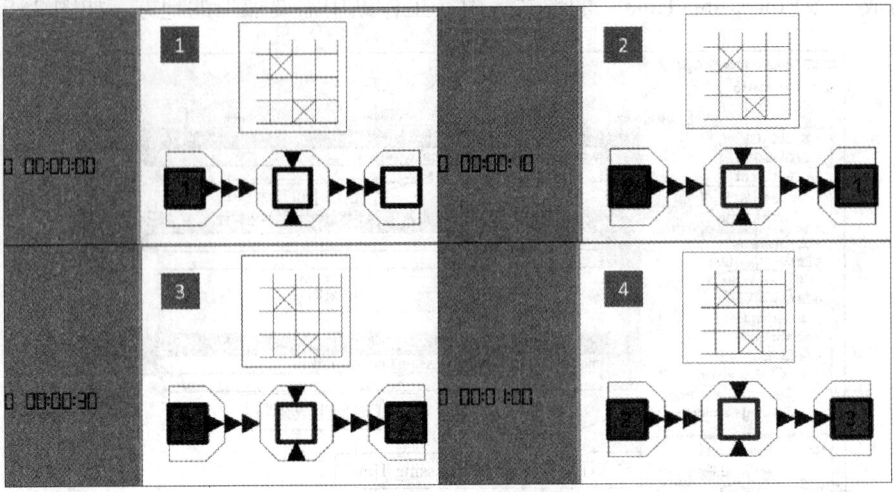


图 2-29 “决策表”变量赋值结果

在仿真模型中，“决策表”变量赋值的应用非常灵活，不需要一次又一次地输入所有加工时间等具体数值。相反，只要定义好不同的变量，让其自动调用货物数值，就可以解决反复输入的问题。此外，根据货物的名称属性，还可以通过各种运算方法得到仿真需要的数值，并进一步引用赋值。

### 2.2.6 货物的赋值

除了加工时间可以被赋值，所有的货物都可以被赋值，这里的赋值不是计数赋值，而是根据仿真的需要，为相同类型的货物赋值不同的代号，这样一来，所有货物的流动就都可以被控制了。这里的赋值被称作“目的地参数赋值”。

**例 2-6 “目的地参数赋值”实例**

三种不同的货物经过三个“传送带”被送入仓库储存，经过一定时间储存，三种货物退出模型。货物 1 必须通过“传送带 1”进入仓库；货物 2 必须通过“传送带 2”进入仓库；货物 3 必须通过“传送带 3”进入仓库。

这里有两种方法设定货物的“目的地参数赋值”。第一种是把“入口源”作为施动模块，通过“行为表”改变货物属性。第二种是把“分路”作为施动模块，用“条件表”限定条件，使货物被划分。请参照以下数据输入参数。

**1. 仿真数据**

（1）“入口源”（source）。对象类型（object type）：10，20，30；频率（frequency）：30：40：30；分布（distribution）：固定分布（fixed）；数值：50 s。

（2）“分路”（distributor）。运输策略：指定目的地（destination oriented with），货物 1 通过上面的传送带；货物 2 通过中间的传送带；货物 3 通过下面的传送带。

（3）“仓库”（warehouse）。区域 1，2，3（area 1，2，3）：单循环时间固定 10 s；双循环时间固定 25 s；货位（capacity）：20；仓储时间（storage time）：指数分布（exponential）；货物类型（object type）：所有货物；存放时间：10 s。

（4）所有“传送带”（all accumulation conveyor）。每段长度（length of segment）：1 m；

速度（conveying speed）：1 m/s；段数（capacity）：10。

（5）仿真时间：1 h。

**2. 仿真过程**

在输入以上数值后，请注意一定要改变“分路”中的“目的地参数赋值”选项，如果想要不同的货物通过不同的传送带，就需要改变其目的地参数，这里的赋值并不是货物的名称属性。这里的目的地参数只有通过在线仿真（online simulation）中的“观测表”进行显示，普通模拟中，货物仍然显示其本身名字属性。改变货物的目的地参数可以通过很多方法。这里只介绍通过“入口源”和“分路”的方法，如图 2-30 所示。

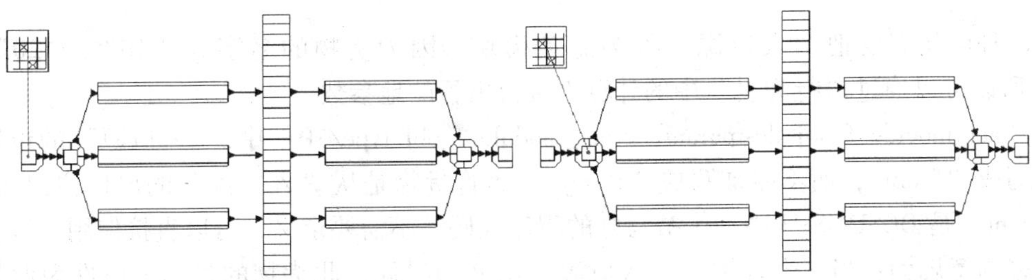

图 2-30　两种改变目的地参数的方法

请双击“分路”改变其运输策略属性中的“目的地参数赋值”，如图 2-31 所示。

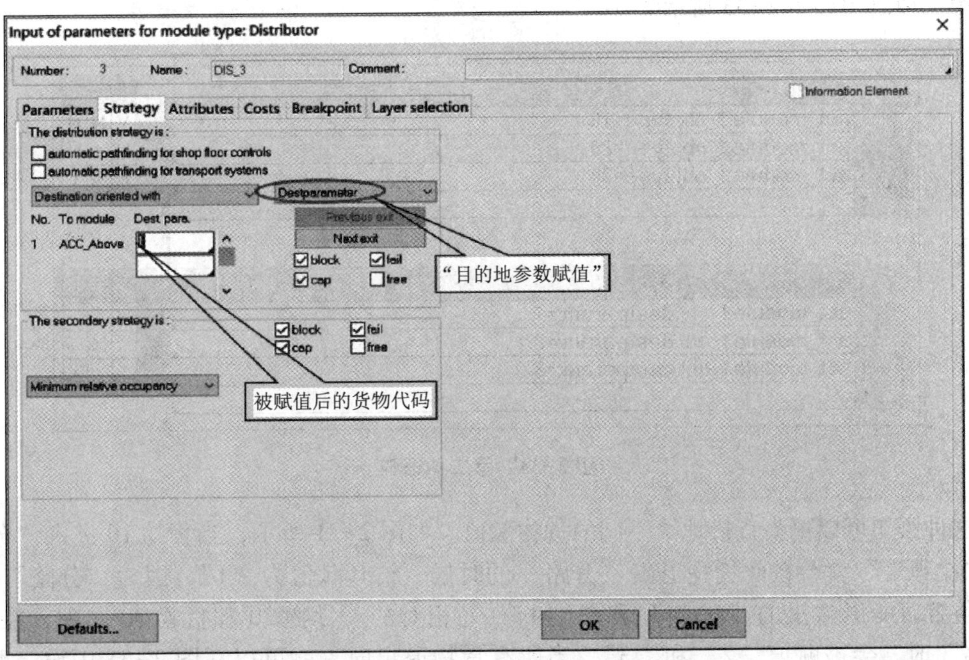


图 2-31　“分路”中的“目的地参数赋值”选项

请把原本的“Object type”改为“Destparameter”。图 2-31 中的“1”为目的地参数，而不是货物的名字属性。在修改完“目的地参数赋值”后，请输入下列语句。

第一种语句如图 2-32 所示。

| | Conditions | |
|---|---|---|
| 1 | act_module.exiting=1 | Y |
| 2 | | |

| | Actions | |
|---|---|---|
| 1 | act_module.f_obj.destparam:=act_module.f_obj.type/10 | X |
| 2 | | |

**图 2-32　第一种语句**

第一种语句需要把“入口源”作为施动模块。因为货物的名字为“10”“20”和“30”，所以可以通过“行为表”中的计算直接得出目的地参数。

在“act_module. f_obj. destparam：=act_module. f_obj. type/10”中，“入口源”的位置只可以被写成“f_obj”，而不能被写成“l_obj”，尽管货物是从“入口源”的出口往出运送。“destparam”是 DOSIMIS-3 中一个被写好的程序代码，不需要定义，可以直接使用。以上语句合起来的意思为：当一个货物从“入口源”出来的时候，此货物的目的地属性为此货物的名字属性除以 10，货物 10 的目的地属性为“1”，货物 20 的目的地属性为“2”，货物 30 的目的地属性为“3”。当完成这一步后，所有货物就可以在图 2-31 中设定配合，去选择不同的“传送带”方向。

第二种语句如图 2-33 所示。

| | Conditions | | | |
|---|---|---|---|---|
| 1 | act_module.f_obj.type=10 | Y | N | N |
| 2 | act_module.f_obj.type=20 | N | Y | N |
| 3 | act_module.f_obj.type=30 | N | N | Y |
| 4 | | | | |

| | Actions | | | |
|---|---|---|---|---|
| 1 | act_module.l_obj.destparam:=1 | X | | |
| 2 | act_module.l_obj.destparam:=2 | | X | |
| 3 | act_module.l_obj.destparam:=3 | | | X |
| 4 | | | | |

**图 2-33　第二种语句**

这种语句可以更为直接地给不同的货物赋值。如图 2-31 所示，当货物 10 进入“分路”时，“决策表”就会在此货物退出“分路”的时候，给其赋值为“1”，因为“分路”只有一个位置，所以这里的“f_obj”和“l_obj”是相对的。货物 20 和货物 30 同理，在推出“分路”时，会被赋值“2”和“3”。当所有货物退出时，就可以在图 2-31 中设定配合，去选择不同的“传送带”方向。

不管是工厂内部的仿真还是工厂外部的仿真，“目的地参数赋值”的应用都很关键，它是决定不同货物及车辆等时间自动化运输的绝对关键。除了“分路”以外，其一般多与“多功能节点”（crossing）配合使用。特别是在运输配送中，“目的地参数赋值”绝对是需要熟练掌握的关键设置。

到此为止，“决策表”的基本应用已经介绍完毕。从下一节开始，将针对数据的输入和“决策表”的配合应用，进行进一步的介绍和分析。

# 2.3 数据快速输入表

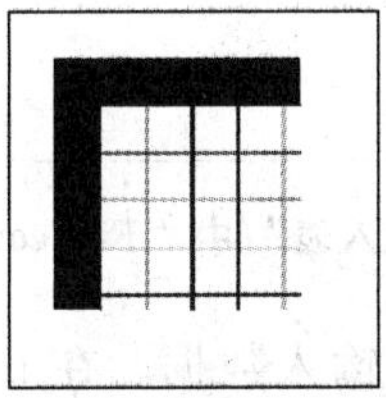

“数据快速输入表”（quick table）主要用于大量数据的快速导入。在 DOSIMIS-3 中“数据快速输入表”必须和“决策表”一起使用，“数据快速输入表”的应用必须通过“决策表”的语句被执行和调用。

## 2.3.1 “数据快速输入表”的基本介绍

“数据快速输入表”有两种打开方式：双击“数据快速输入表”；按住 Shift 双击“数据快速输入表”。第一种打开方式是数据输入模式，可以在里面选择需要的数据输入方式，并且选择不同数据导入 txt 文件等，如图 2-34 所示。

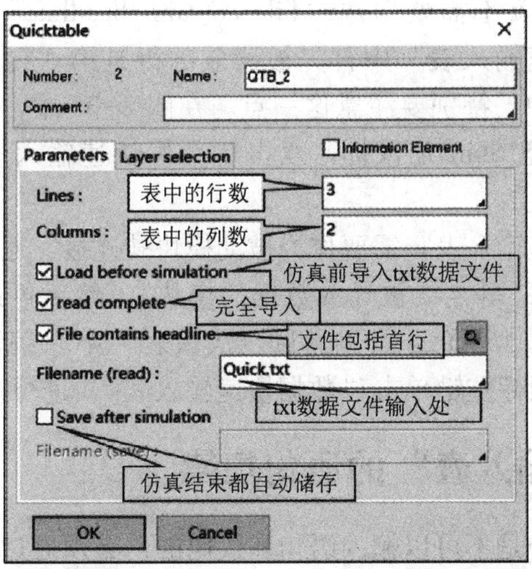


**图 2-34 “数据快速输入表”的第一种打开方式**

图 2-34 中打钩的选项一般为必选，其他选项可根据仿真模型的需要进行勾选。这里要注意的是选项“File contains headline”，如不选此项，则“数据快速输入表”中实际的第一行数据为 txt 数据文件的第一行，具体可以通过图 2-35 区分。

通常如果需要通过“数据快速输入表”输入大量数据，并在模型中被处理，则需要在

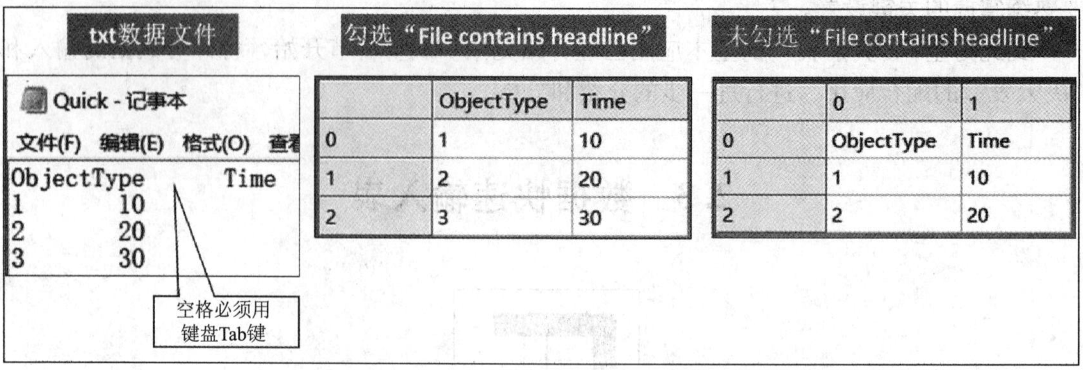


**图 2-35 “数据快速输入表”中“File contains headline”选项**

模型主文件下手动创建 txt 文件，并且输入数据。在 txt 文件中，所有的空格都必须用键盘 Tab 键代替，这是为了和 Excel 文件相兼容。如果在 txt 文件中使用了空格，数据在模型的导入中就会出现错误，txt 中的数据也无法准确地被复制到 Excel 文件中，这会导致数据无法被正确读取。如图 2-35 所示，首先建立“记事本”txt 文件，并且给这个 txt 文件取一个名字，这个名字必须是唯一的，因为这个名字之后还会被导入到“数据快速输入表”中，“. txt”为这个数据文件的后缀，此后缀不能被改动。这个名字为“Quick”的 txt 文件是一个四行两列的数据文件。第一行为数据的类别，从第二行开始才是真正的数据。模型中的“数据快速输入表”理论上是从第二行开始读取数据的，如果勾选了“File contains headline”，则会出现图 2-35 中中间的数据格式式样。相反，如果未勾选“File contains headline”，则会出现图 2-35 中右面数据格式的式样，如果出现右面的数据格式式样，保存仿真就会报错。如果数据文件没有数据类别，就不需要勾选“File contains headline”。另外，还需要注意，如图 2-35 所示，“数据快速输入表”中首先被读取的行是第 0 行，而不是第 1 行。在后面“决策表”中语句的输入中，特别要注意这一点。在图 2-35 中，中间和右面的数据图正是第二种打开方式，请按键盘 Shift 加鼠标，双击“数据快速输入表”得到第二种打开方式式样。

除此之外，“数据快速输入表”需要作为被动模块被连接，通常“决策表”需要连接一个施动模块（如“加工站”等需要被导入数据的模块），然后再连接“决策表”和“数据快速输入表”，连接线必须为蓝色。可以通过“决策表”中“编辑”（Edit）中的“关联”（Reference）选项，使用鼠标左键单击“数据快速输入表”，进行被动模块的连接。

## 2. 3. 2 “数据快速输入表”的语句规律

“数据快速输入表”中是不可以输入语句和代码的，必须通过“决策表”来控制“数据快速输入表”的数据导入和调用，即需要在单独的“决策表”中输入相应的语句来控制“数据快速输入表”。“数据快速输入表”的语句规律一般有以下几种。

**1. “数据快速输入表”在“决策表”中的“初始化表”**

在“决策表”的“初始化表”中，每次模型的运行都要被初始化，也只有这样“数据快速输入表”才能被导入。如图 2-36 所示，首先，需要手动设置一个初始化变量，这个初始化变量为“line”，然后，初始化变量“line”会被初始化定义，之后输入定义符号

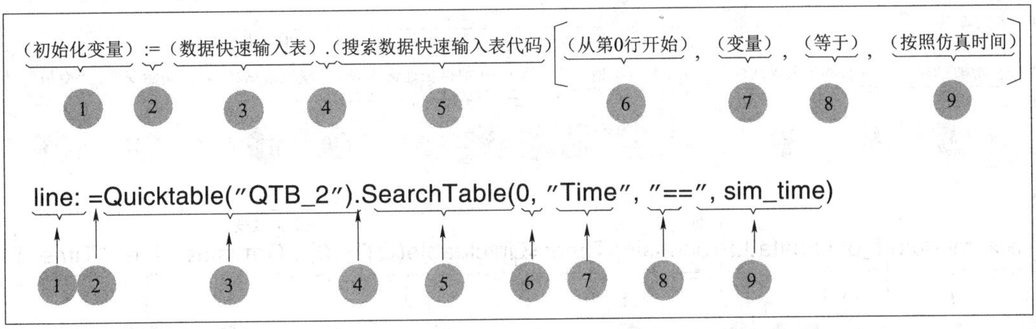


图 2-36 “数据快速输入表”的语句规律（“初始化表”）

“：=”。由于变量数据的调用有可能是从不同的“数据快速输入表”被执行，所以“数据快速输入表”的名字很重要，这个被执行调用的“数据快速输入表”的名称代码为“Quicktable("QTB_2")”，代码“Search Table”表示寻找“数据快速输入表”中的数据，这个代码后面有一个括号，这个括号的具体作用是确定数据的实际位置，或者被导入数据的行列位置。括号内的内容是由四部分组成，“0”代表从第 0 行开始搜索，“Time”代表数据类别的列名称，“==”为等于（根据需要也可以输入不同的符号表示不同的调用关系），最后的“sim_time”意思是根据仿真时间（sim_time 为软件已写入程序，不需要定义），因此，括号内的内容加起来的意思就是：模型要导入的“数据快速输入表”文件位置是从 txt 文件的第 0 行、第“Time”列开始搜索，具体数据要根据仿真时间而被确定。例如，仿真时间为 1 h，模型在模拟时的最小仿真时间为秒，所以仿真时间会被写为第 1 s，第 2 s，第 3 s，…，第 3 600 s，而这个时候的数据导入，是根据每一秒从第 0 行、第“Time”列的每一个数据。这就是“数据快速输入表”在“初始化表”的语句规律。此外，被导入数据的位置也很重要，当初始化变量为“line”被赋值后，这个被赋值的初始化变量需要被再次调用到实际的施动模块或被动模块中作为加工时间或装载数量等具体数值。因此，“行为表”中的语句也是必不可少的。

**2. “数据快速输入表”在“决策表”中的“行为表”**

这里的语句相对较复杂，但其组合还是有规律的。首先，必须输入施动或被动模块的模块名称代码，并且确定被赋值货物的位置，一般被赋值位置为模块的入口或出口。其次，还需要定义不同的赋值变量（如整数变量、浮现数变量或字符变量等，设置位置请参考图 2-2），图 2-37 的变量为浮点数变量，变量为“Processing Time”。在实际运用中，这个“Processing Time”可被添加到所有需要的模块当中，作为一个变量被赋值，即根据 txt 数据文件中的数据，“Time”可以作为任意数值被赋值。至此，数据的赋值变量已经被定义完毕，之后需要输入“：=”，作为被定义符号，数据值变量的被定义数值是从“Quicktable”（QTB_2）中被调用，所以要输入“数据快速输入表”和其名称代码。紧接着，这个“数据快速输入表”需要通过代码“Getvalue”得到数据。括号中的“line”为图 2-36 中被定义的初始化变量值，而“Time”为浮点数变量“Processing Time”，这个要被引用的数据是从 txt 数据文件中被调用的，被调用数据的具体位置是从第 0 行、第“Time”列开始被搜索，需要按照仿真时间“sim_time”被调用。这样一来，“初始化表”和“行为表”中的代码相互配合，复杂的数据就可以很好地被控制和调用。

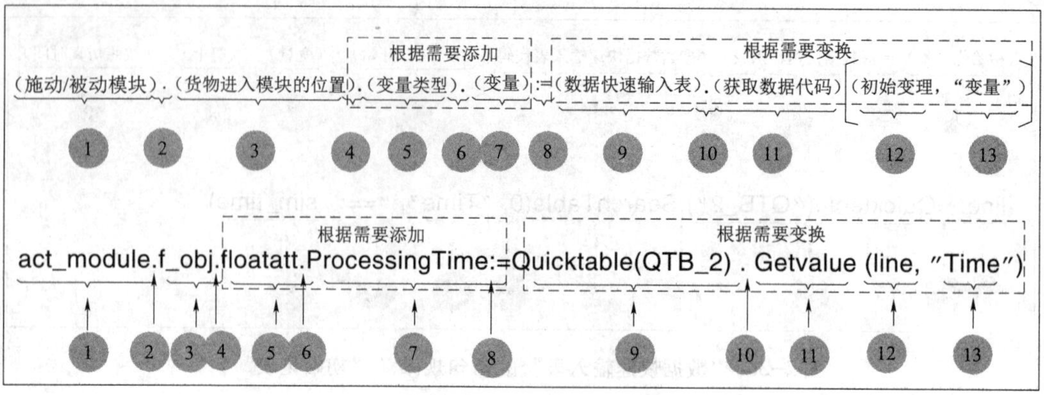


**图 2-37 “数据快速输入表”的语句规律（“行为表”）**

到此为止，“数据快速输入表”语句的基本规律就介绍完毕，具体的用法还需要通过实例慢慢熟悉。根据不同的使用，还会有很多相关的语句被引用。在熟悉了“数据快速输入表”语句的基本使用规律后，就可以根据自己的需要改变语句和代码，把数据的调用和导入变得更加简单、快捷。

## 2.4 “数据快速输入表”的实例应用

本节将通过三个基本的实例介绍“数据快速输入表”的基本应用。这三个实例应用的对象分别是：“工作站”；“装配站”和“拆卸站”；“装载站”和“卸载站”。

### 2.4.1 “数据快速输入表”在“工作站”中的应用

为了更好地使用“数据快速输入表”，本例只选择较为简单的数据导入作为入门应用介绍。根据实际仿真模型的需要，在仿真时，可以自行添加较为复杂的数据进行导入。

**例 2-7 “工作站”加工时间的导入实例**

一台机器加工三种不同类型的货物，货物 1 的代码为“1”，货物 2 的代码为“2”，货物 3 的代码为“3”。货物 1 加工时间为 30 s，货物 2 加工时间为 20 s，货物 3 加工时间为 10 s。请使用“决策表”和“数据快速输入表”控制不同货物的加工时间。

**1. 仿真数据**

（1）“入口源”（source）。对象类型（object type）：1，2，3；频率（frequency）：1∶1∶1；分布（distribution）：指数分布（exponential），平均值（mean）：2 s。

（2）“工作站”（workstation）。被加工货物（object type）：所有货物；加工时间（distribution of working time）：$，货物 1 加工时间：30 s，货物 2 加工时间：20 s，货物 3 加工时间：10 s。请连接“入口源”为施动模块，“工作站”为被动模块，通过“入口源”的出货控制“工作站”的加工时间。

（3）仿真时间：1 h。

**2. 仿真过程**

建好的模型请参照图 2-38 并连接施动模块和被动模块到“决策表”。

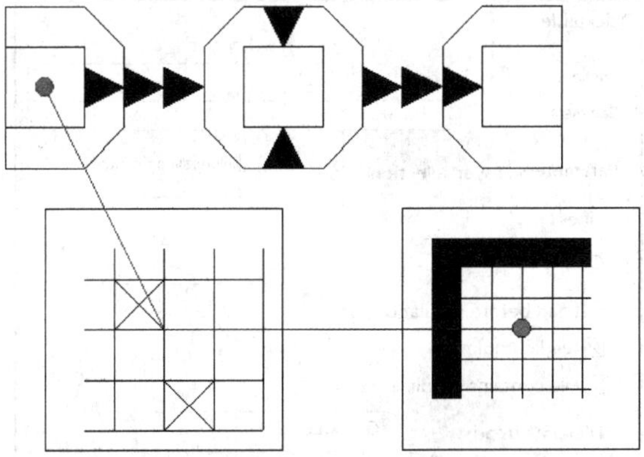

图 2-38 “数据快速输入表”在“工作站”中应用的模型

请打开模型被保存的文件夹目录，并建立 txt 文件，如图 2-39 所示。

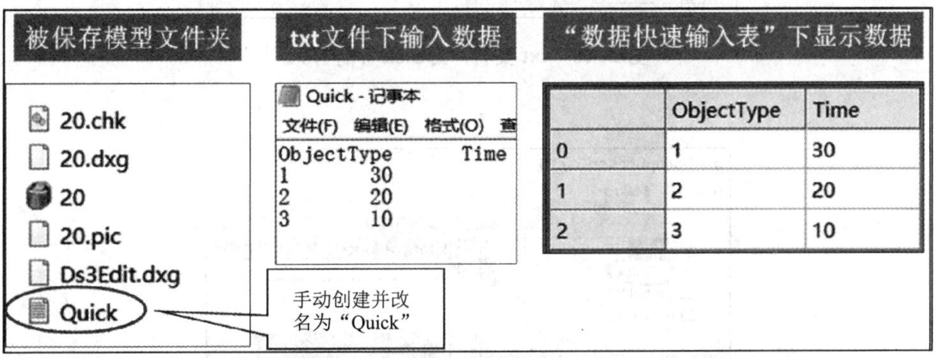


图 2-39 txt 数据文件的输入

在输入完毕后，打开“数据快速输入表”并按照图 2-40 选择 txt 文件“Quick”，写入 2 行 3 列。

在完成输入 txt 文件之后，打开“决策表”输入相关语句。这里的语句并不是真正的数据导入语句，为了更好地应用“决策表”，可以把多个“决策表”放到一个主要的“决策表”中，为了介绍此功能，在输入数据导入语句前，进一步介绍如何使用分“决策表”。首先，右键单击图 2-41 中的“GSZ_1”，建立分“决策表”，这个分“决策表”为实际控制数据导入的“决策表”。通过图 2-41 中的调用语句，可以随意调用不同功能的分“决策表”，来实现不同的功能。为了方便介绍，本书只在此例中介绍主“决策表”和分“决策表”的调用，之后所有实例都将使用单独的“决策表”举例。

如图 2-41 所示，当施动模块进入一个货物时，将执行语句“subtabelle（Quick）. execute”。这里的“subtabelle（Quick）”指的是分“决策表”，“（Quick）”为分“决策表”的名称。请在分“决策表”中输入以下语句。

首先，为了“数据快速输入表”的数据调用，需要建立初始化变量“line”和浮点数变量“Processing Time”。根据图 2-36 和图 2-37 的介绍，输入相应语句到“初始化表”“条件表”“行为表”。和上面介绍所不同的是，这里的数据调用参考条件不是之前介绍的仿真

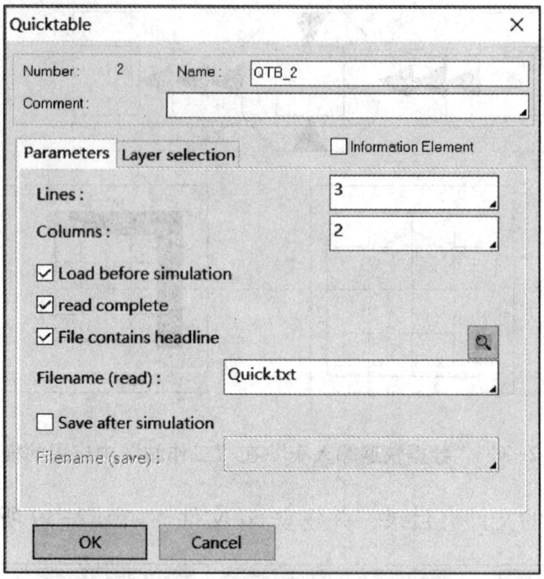


图 2-40 txt 文件“Quick”的导入

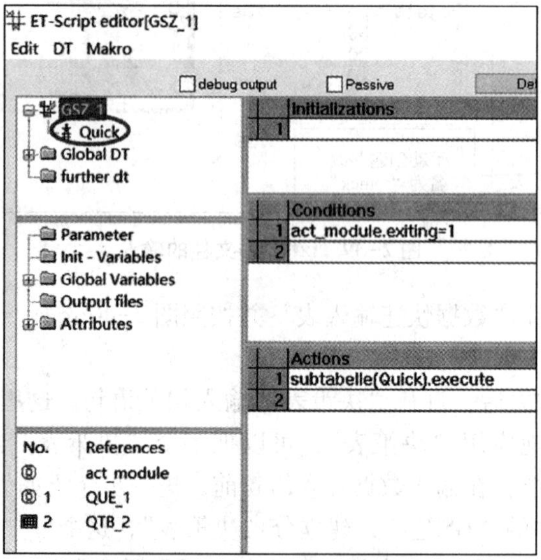


图 2-41 不同“决策表”的导入

时间（sim_time），而是实际货物的名称属性（act_module. f_obj. typ），所以根据这里的变化，可以随时灵活使用自己需要的数据，进行赋值和调用。如图 2-40 所示，首先，初始化变量被赋值，被赋值的“数据快速输入表”名称为“Quicktable（QTB_2）”，其次，不同的数据就会被搜索，搜索的规则为：从第 0 行、第“Object Type”列开始，所需要的数据值要根据货物的名称属性而改变。具体变化请参考图 2-39 中的数据，即货物 1 的加工时间为 30 s，货物 2 的加工时间为 20 s，货物 3 的加工时间为 10 s。

需要注意，这时的数据导入与图 2-36 和图 2-37 的数据导入不同，图 2-36 和图 2-37

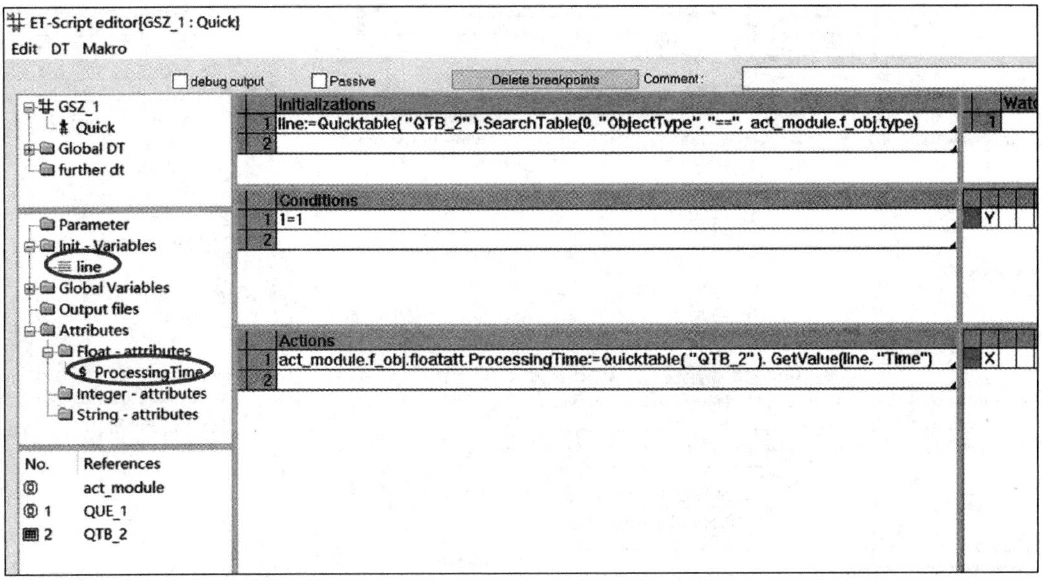


图 2-42 分“决策表”的语句输入

的数据导入是根据系统仿真时间导入到时间（Processing Time）中，而本例题中的数据导入是根据货物名称的属性（Object Type），选定其他列的数值进行导入。具体解释请参考图 2-43。

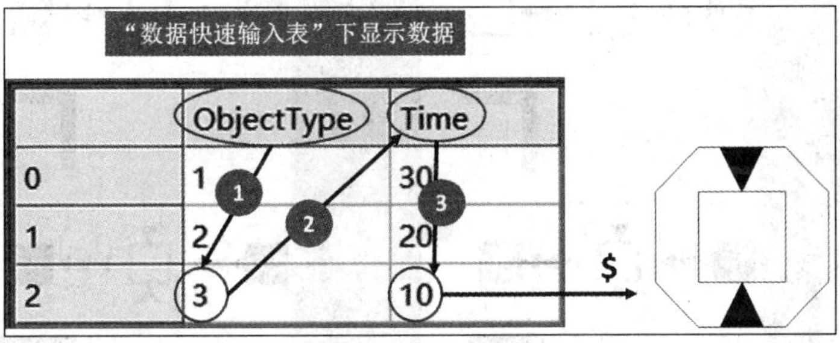


图 2-43 “数据快速输入表”工作原理

图 2-43 中的运行步骤为图 2-42 中语句的工作原理。首先，“决策表”通过相应语句查询“数据快速输入表”中的“Object Type”，如果进入的货物为“3”，系统会自动查看“3”相对应“Time”的列数，因为“行为表”中的语句为“Getvalue”（line，Time）。其次，系统会选择相应的 10 s 并找到需要调用的位置，通过符号“ $ ”被赋值到“工作站”的相应位置。这样一来，如果是货物 1，那么 30 s 将被赋值；如果是货物 2，则 20 秒将被赋值；如果仿真的对象有多种不同的货物，不同的加工时间就可以在很短的时间内被找到并赋值。最后，在输入以上数据后，最后一步一定要把浮点数变量“Processing Time”用“ $ ”代入到“工作站”的加工时间内。如图 2-44 所示。

**3. 仿真结果分析**

运行模型，查看货物的加工时间是否按照“数据快速输入表”运行。

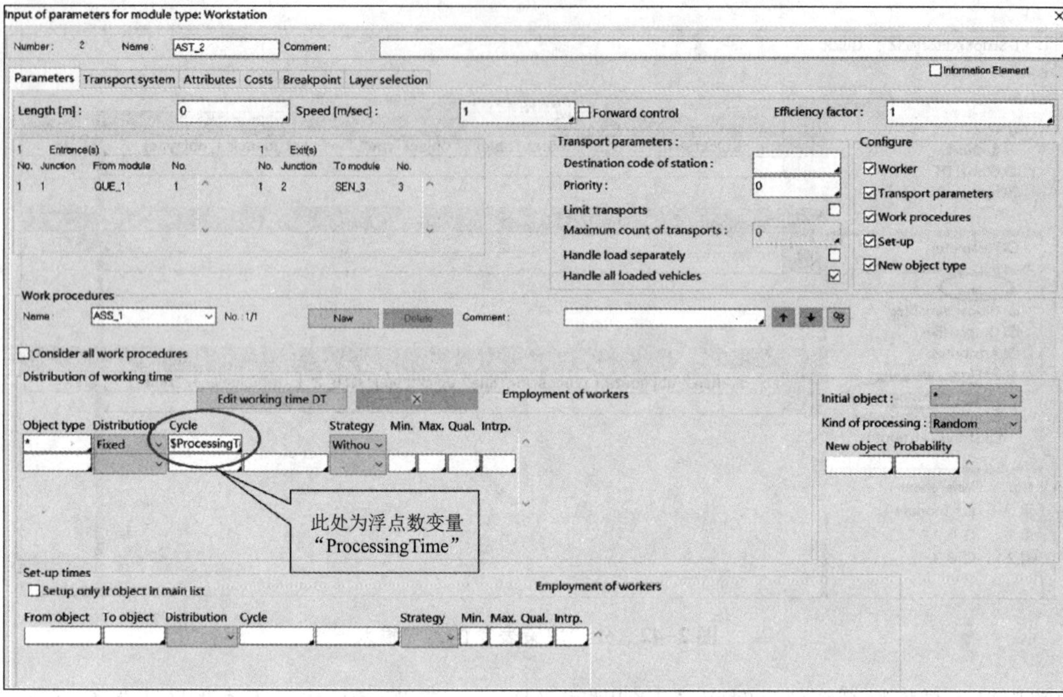


图 2-44　“工作站”中浮点数变量的导入

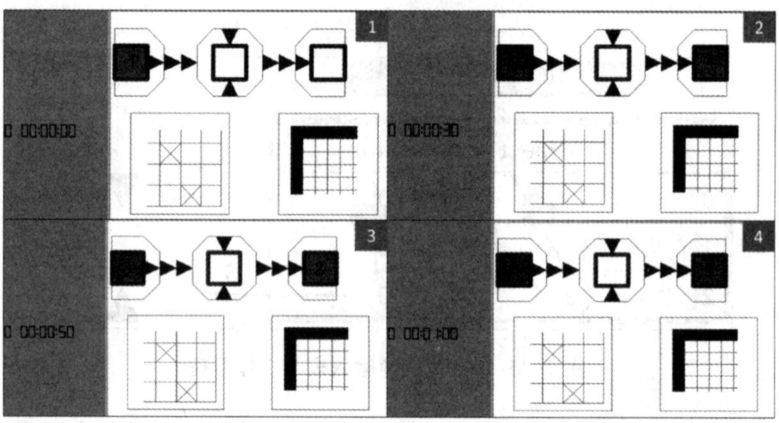

图 2-45　“工作站”加工时间导入模型结果分析

如图 2-45 所示，当货物 1 进入模型时，仿真时间为 0 s，当货物 1 退出模型时，加工时间为 30 s，此时，货物 2 进入模型被加工，经过 20 s 后，货物 2 退出模型，此时的仿真时间为 50 s。当货物 3 经过加工、退出模型时，此时的仿真时间为 60 s。结果证明，通过“决策表”和“数据快速输入表”的控制，不同种类货物的加工时间可以很好地被赋值和调用。通过这个简单的模型，大量的数据就可以被智能地调用和赋值，在实际仿真应用中，此类应用会很大程度地提高仿真的效率和准确性。

## 2.4.2 “数据快速输入表”在“装配站”和“拆卸站”中的应用

除了“工作站”中加工时间的导入，“数据快速输入表”还可以被应用在所有需要输入数值的模块，本节将介绍“数据快速输入表”在“装配站”和“拆卸站”中的应用。

**例 2-8 “装配站”和“拆卸站”数量的导入实例**

一种货物需要被装配在两种不同的货架上，根据不同的货物种类，被装配的货物数量也不同。在装配完毕后，所有货架和货物都被运到一处“拆卸站”进行卸载。数量不同的货物将从不同类型的货架被卸载。

**1. 仿真数据**

（1）“入口源”货架（source pallet）。对象类型（object type）：1，2；频率（frequency）：1∶1；分布（distribution）：固定分布（fixed）；时间（cycle time）：10 s。

（2）“入口源”货物（source cargo）。对象类型（object type）：3；频率（frequency）：1；分布（distribution）：固定分布（fixed）；时间（cycle time）：1 s。

（3）“装配站”（assembly station）。被装配货物（object type）：3；装配时间（assembly time）：固定分布（fixed）：1 s；装配后货物名称（new type）：货架 1 装配货物后为 4，货架 2 装配货物后为 5；装配策略：2 个货物被装于货架 1，3 个货物被装于货架 2。

（4）“拆卸站”（disassembly station）。被装配货物（object type）：3；装配时间（assembly time）：固定分布（fixed）：1 s；装配后货物名称（new type）：货架 1 拆卸货物后为 6，货架 2 拆卸货物后为 7；装配策略：3 个货物从货架 4 拆卸，4 个货物从货架 5 拆卸。

（5）仿真时间：1 h。

**2. 仿真过程**

输入参数后连接“决策表”，之后“数据快速输入表”在“装配站”和“拆卸站”中的应用模型如图 2-46 所示。

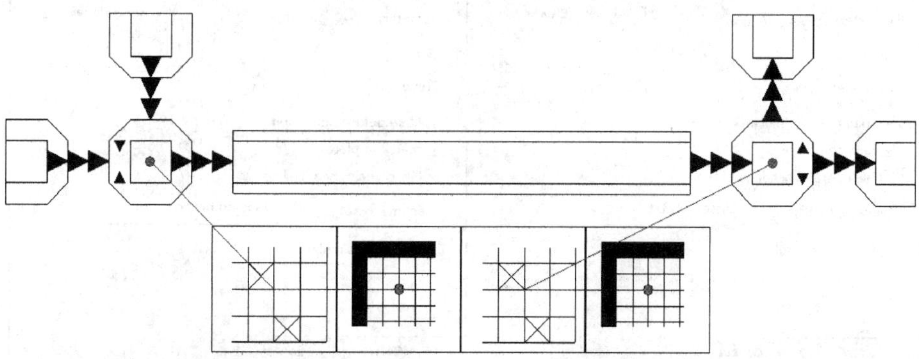

图 2-46 “数据快速输入表”在“装配站”和“拆卸站”中应用的模型

如图 2-46 所示，两个“决策表”分别控制“装配站”和“拆卸站”，“决策表”将直接从“数据快速输入表”调用数据并赋值给相应的“装配站”和“拆卸站”。为了更清楚地演示模拟效果，本模型把所有“决策表”和“数据快速输入表”都分设置。一般情况下，如果可以熟练运用 DOSIMIS-3 软件，所有的“决策表”和“数据快速输入表”可以被写在一起，这样可以使模型更美观，数据调用起来也更方便。接下来请在模型保存文件夹下分别创建两个 txt 文件，一个命名为“Assembly”，另一个命名为“Disassembly”，里面分别输入需要装配和拆卸的货物个数，如图 2-47 所示。

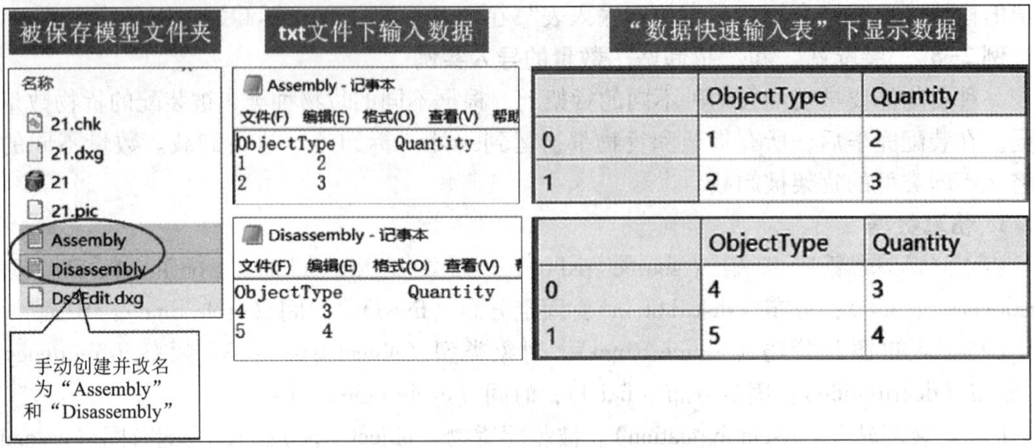


图 2-47　装配和拆卸数量数据文件的输入

在输入以上数据后，请同时打开两个“数据快速输入表”输入 txt 数据文件的名字和相应的行列数量。

如图 2-48 所示，分别导入两个 txt 数据文件至两个“数据快速输入表”，由于只有两种货架，所以这里需要填写 2 行和 2 列。在完成上面所有的步骤后，请分别打开两个“决策表”，并写入以下语句，如图 2-49 和图 2-50 所示。

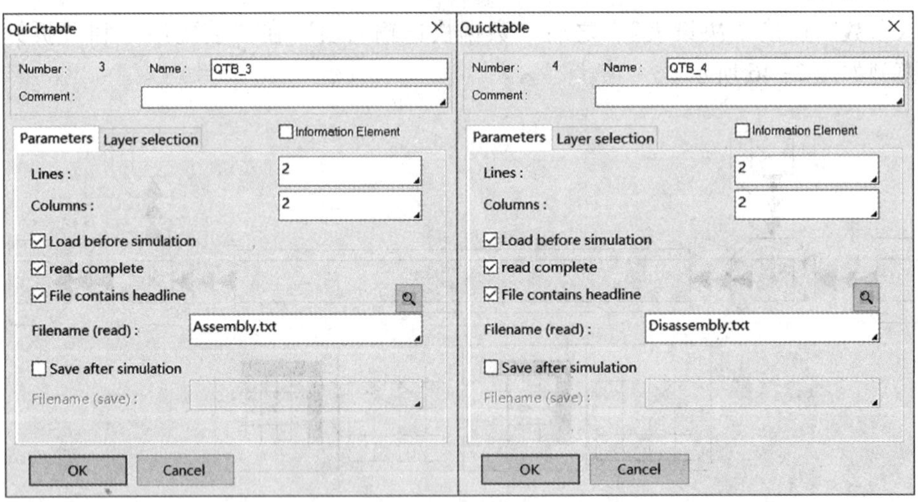


图 2-48　两个“数据快速输入表”装配和拆卸数量的数据导入

由于输入的语句类似，“装配站”“拆卸站”中“决策表”语句的输入可以放在一起解释。首先，需要手动添加一个初始化变量“line”，并且写入语句至“初始化表”：“line：= Quicktable（"QTB_3"）. SearchTable（0,"Object Type","= =", act_module. f_obj. type）”。这段语句的具体含义和上一个模型类似，都是从“数据快速输入表”中调用不同的数据，

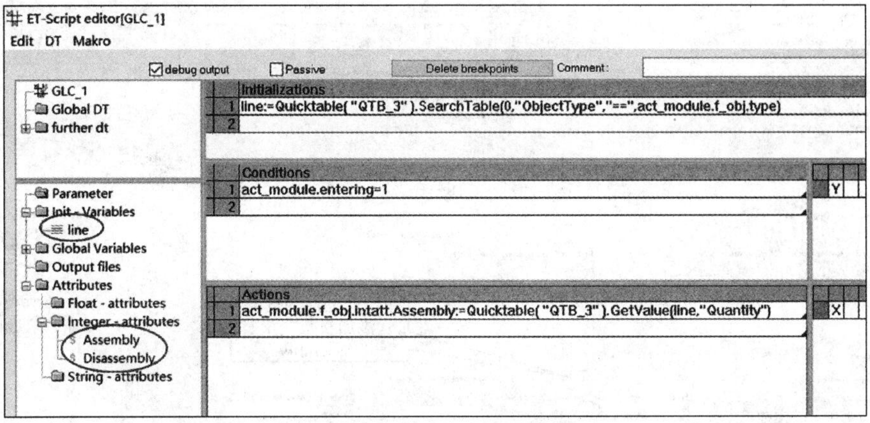


图 2-49 “装配站”中“决策表”输入语句

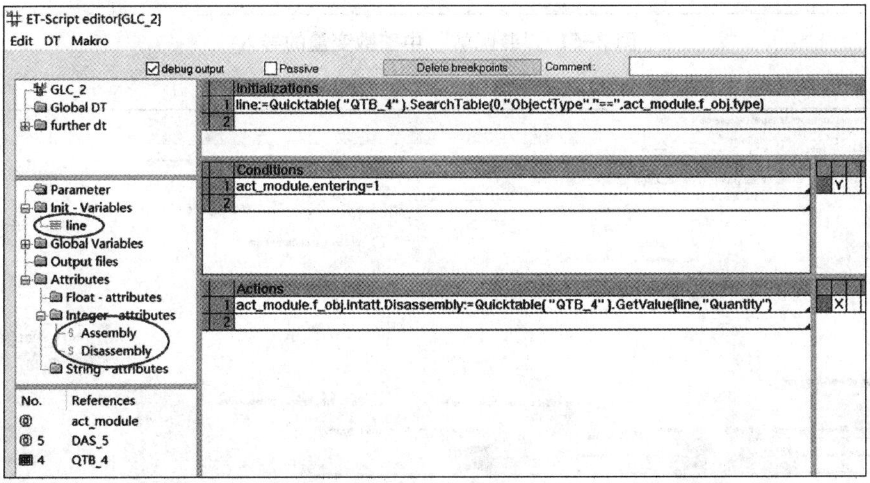


图 2-50 “拆卸站”中“决策表”输入语句

不同的是，例 2-7 调用的是加工时间，而本例调用的是装配数量。其次，在完成“初始化表”的输入后，需要在“条件表”中输入一个条件“act_module. entering=1”，也就意味着，当货架进入的时候，“装配站”就会检查货架的类型，并为其导入相关的装配数量。这时候需要输入一个整数变量，作为“装配站”的调用变量，如图 2-51 所示，这里设置的整数变量为“Assembly”。最后，还需要在“行为表”中输入执行语句：“act_module. f_obj. intatt. Assembly:=Quicktable("QTB_3").GetValue(line,"Quantity")”，此句的意思为：施动模块进入货架时，将调用“数据快速输入表”中的数据，这个数据从表“Quicktable("QTB_3")”中调出，并且根据列“Quicktable("Quantity")”进行选择。这里的“intatt”代表整数变量（integer attribute）。之后，相关的数据将被赋值到变量“Assembly”中，同时，数据会被调用至施动模块“装配站”中。“拆卸站”中“决策表”的语句输入和“装配站”中“决策表”语句的输入相同，关于图 2-50 中的语句结构请参考图 2-49 的解释。最后还需要用“$”导入整数变量到“装配站”和“拆卸站”中，如图 2-52 所示。

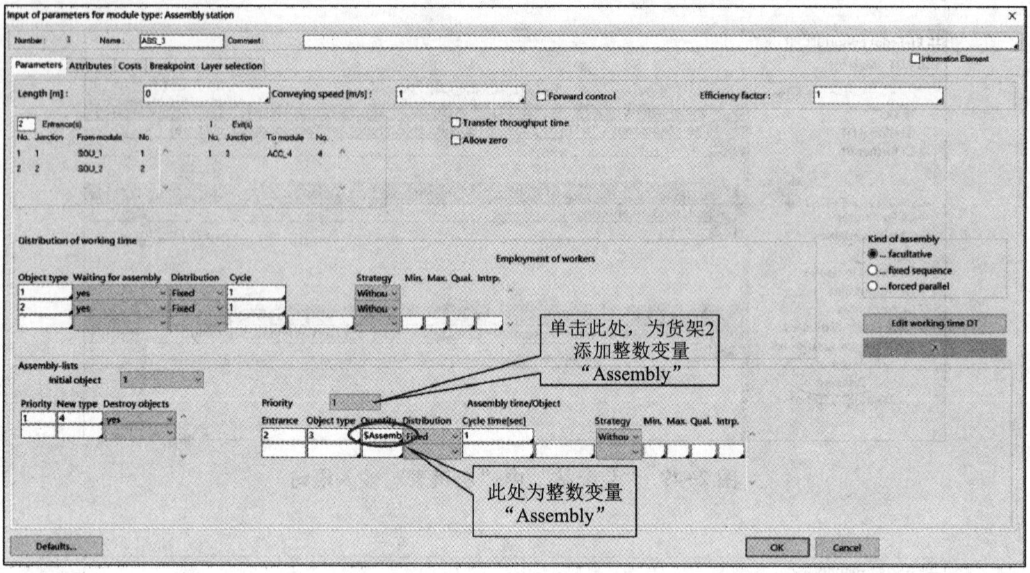


图 2-51 “装配站”中整数变量的导入

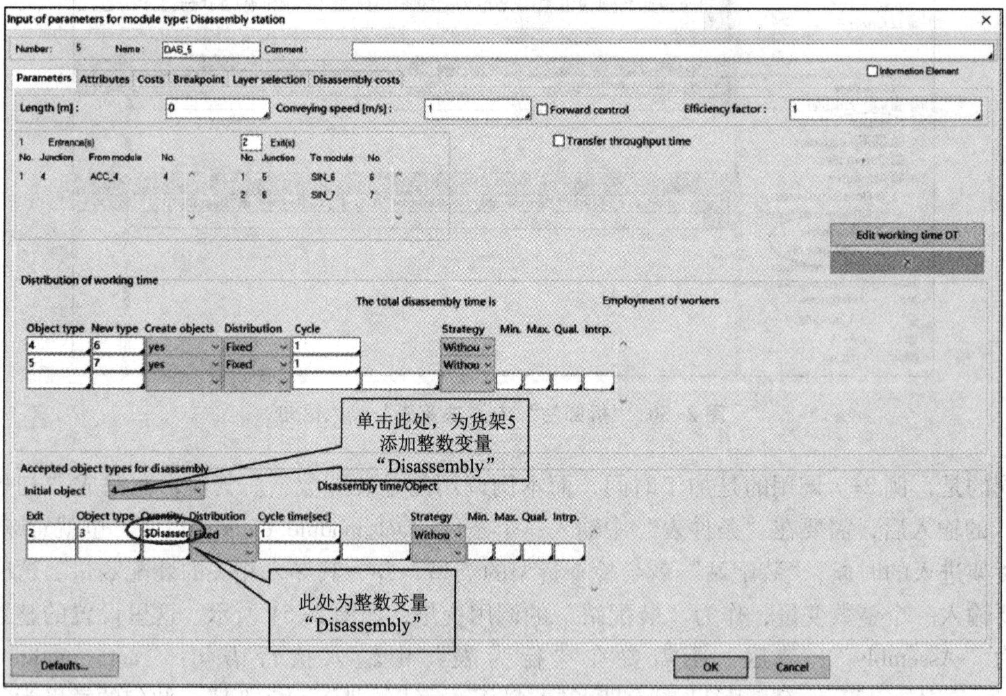


图 2-52 “拆卸站”中整数变量的导入

输入完毕后，请运行模型。通过上述设置，不同的货架会根据“数据快速输入表”中的装卸数量装配和拆卸不同的货物，尽管装配数量和拆卸数量在不断变化，模型也能随意调用货物的数量进行装卸。但一旦装卸种类过多，在模拟的过程中，是无法一个一个查询每个货架装卸具体数量的，所以这里可以通过在线仿真（online simulation）的办法，使用“观测表”来查看具体装配和拆卸的数量。请再次打开两个“决策表”并在“观测表”中输入

图 2-53 中的语句，来查看模拟当中具体的装配和拆卸个数。

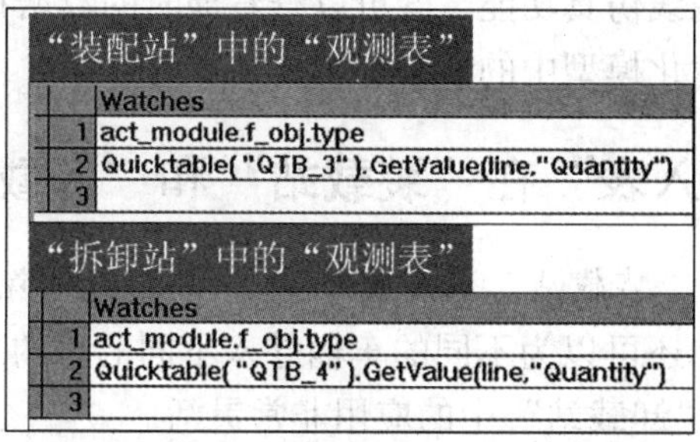


**图 2-53 “装配站”和“拆卸站”中的“观测表”语句**

如图 2-53 所示，在“装配站”和“拆卸站”中的“观测表”中分别输入货架的种类和装配或拆卸时的调用数量语句，就可以在模拟的过程中显示到底有多少数量的货物被装配和拆卸。请同时单击“判定表”中的短点停顿功能（红色圆点），以便当语句被执行的时候停顿并跳出“决策表”查看模拟数据。

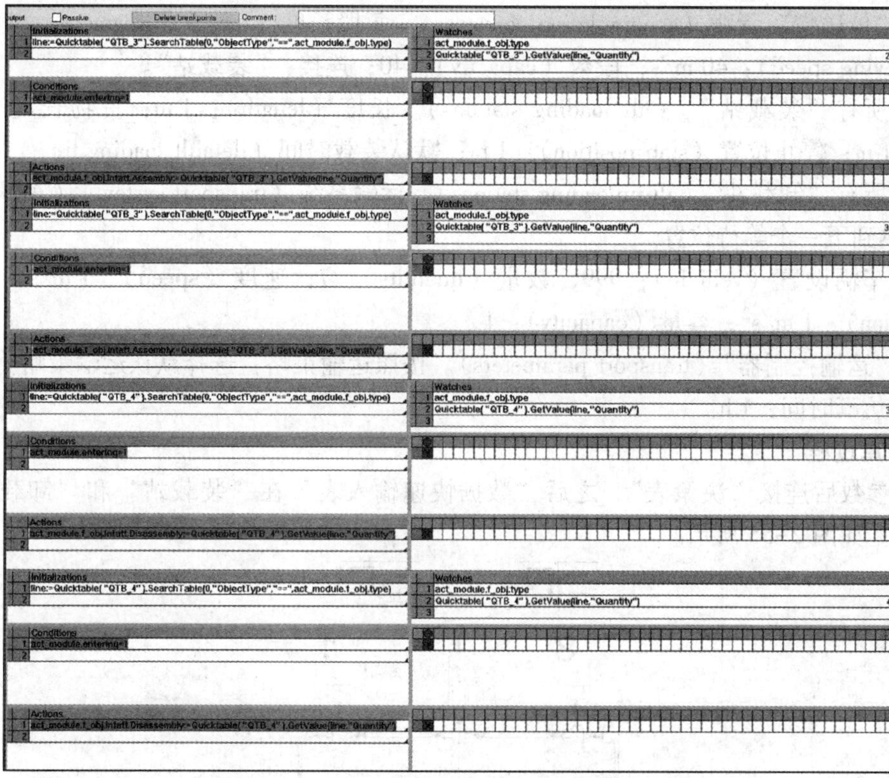


**图 2-54 “观测表”在线仿真结果**

**3. 仿真结果分析**

如图 2-54 所示，在模拟过程中，每当“决策表”中语句被执行时，“决策表”就会自动跳出，并在“观测表”中显示实际调用的数值。当货架 1 进入“装配站”的时候，被装配的货物为“2”；当货架 2 进入“装配站”的时候，被装配的货物为“3”；当货架 4 进入拆卸站”的时候，被拆卸的货物为“3”；当货架5进入拆卸站”的时候，被拆卸的货物为“4”。通过DOSIMIS-3的在线仿真功能，既可以查看即时的数据状态，又可以很快地发现语句中的错误，从而进一步优化模型中的语句和逻辑。

### 2.4.3 “数据快速输入表”在“装载站”和“卸载站”中的应用

“数据快速输入表”在“装载站”和“卸载站”中的应用除了给不同的车辆导入不同的装载和卸载的货物数量，还可以为不同的车辆导入不同的目的地数据。因此，“数据快速输入表”在“装载站”和“卸载站”中的应用非常灵活。

**例2-9 “装载站”和“卸载站”中目的地数据的导入实例**

一辆货车将根据一个固定的货物运输单，把一种货物分别运至八个不同的目的地进行卸载。货物运输单已经给定，请使用“决策表”和“数据快速输入表”实现此运输计划。

**1. 仿真数据**

（1）“入口源”货架（source pallet）。对象类型（object type）：1；频率（frequency）：1；分布（distribution）：固定分布（fixed）；时间：40 s。

（2）“传送带”货物（accumulation conveyor）。每段长度（length of segment）：1 m；速度（conveying speed）：40 m/s；段数（capacity）：40；连接：“装载站”。

（3）所有“装载站”（all loading stations）。长度（length）：1 m；货物长度（object length）：1 m；停止位置（stop position）：1 m；默认装载时间（default loading time）：1 s。

（4）所有“卸载站”（all unloading stations）。运输系统（transport system）（车辆定位设置）：车辆到下一个等待位置。

（5）车辆设置（vehicle）：999，数量（quantity）：1；速度（speed）：1 m/s；加速度（acceleration）：1 m/s$^2$；容量（capacity）：1。

（6）“运输控制器”（transport parameters）。按照运输策略：选择默认运输策略。

（7）仿真时间：1 h。

**2. 仿真过程**

输入参数后连接“决策表”，之后“数据快速输入表”在“装载站”和“卸载站”中应用的模型如图2-55所示。

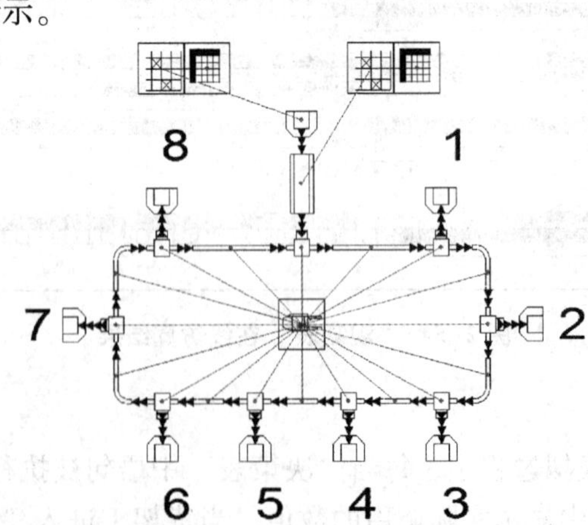


图2-55 “数据快速输入表”在“装载站”和“卸载站”中应用的模型

此时，8个“卸载站”的位置都被确定，“卸载站”的编号可以手动设定，8个“卸载站”的代码设为101-108。固定的货物运输单如表2-2所示。

**表2-2 固定货物运输单** （时间：s）

| time | attribute | destination | time | attribute | destination |
|---|---|---|---|---|---|
| 0 | 1 | 101 | 20 | 5 | 105 |
| 1 | 2 | 102 | 21 | 6 | 106 |
| 2 | 3 | 103 | 22 | 7 | 107 |
| 3 | 4 | 104 | 23 | 8 | 108 |
| 4 | 5 | 105 | 24 | 1 | 101 |
| 5 | 6 | 106 | 25 | 2 | 102 |
| 6 | 7 | 107 | 26 | 3 | 103 |
| 7 | 8 | 108 | 27 | 4 | 104 |
| 8 | 1 | 101 | 28 | 5 | 105 |
| 9 | 2 | 102 | 29 | 6 | 106 |
| 10 | 3 | 103 | 30 | 7 | 107 |
| 11 | 4 | 104 | 31 | 8 | 108 |
| 12 | 5 | 105 | 32 | 1 | 101 |
| 13 | 6 | 106 | 33 | 2 | 102 |
| 14 | 7 | 107 | 34 | 3 | 103 |
| 15 | 8 | 108 | 35 | 4 | 104 |
| 16 | 1 | 101 | 36 | 5 | 105 |
| 17 | 2 | 102 | 37 | 6 | 106 |
| 18 | 3 | 103 | 38 | 7 | 107 |
| 19 | 4 | 104 | 39 | 8 | 108 |

根据固定的货物运输单，分别建立两个txt文件（命名为“x”和“y”），x为表2-2中的固定货物运输单，y为目的地编号。见图2-56。

表2-2中的“time”为仿真时间，单位为秒。“attribute”为整数变量，之后需要在“决策表”中被创建。“destination”为各个“卸载站”的名称代码。在完成以上输入后请打开两个“数据快速输入表”进行设置，如图2-57所示。

这里需要介绍的是“0”行，DOSIMIS-3中既可以输入和数据相匹配的行的数量，也可以通过输入“0”行来表示数据很多，系统会自动读取所有行数，并且不会报错。实际仿真中经常有超过上万行的数据，所以这里的“0”行在实际的仿真中非常实用，也非常简便。在结束以上的输入后，请分别打开两个“决策表”并输入以下语句。

如图2-58所示，此时需要解释的语句只有新增的“Quicktable（"QTB_3"）. DeleteRows（line，1）”，这个语句的意思为：当“数据快速输入表”中第0行被执行完毕之后，这个被执行后的数据就会被“决策表”中的这个命令删除，具体执行过程只可以通过在线仿真的办法显示。因为这里的“数据快速输入表”永远只读取txt数据文件中的第0行（0,"

图 2-56　目的地数据文件的输入

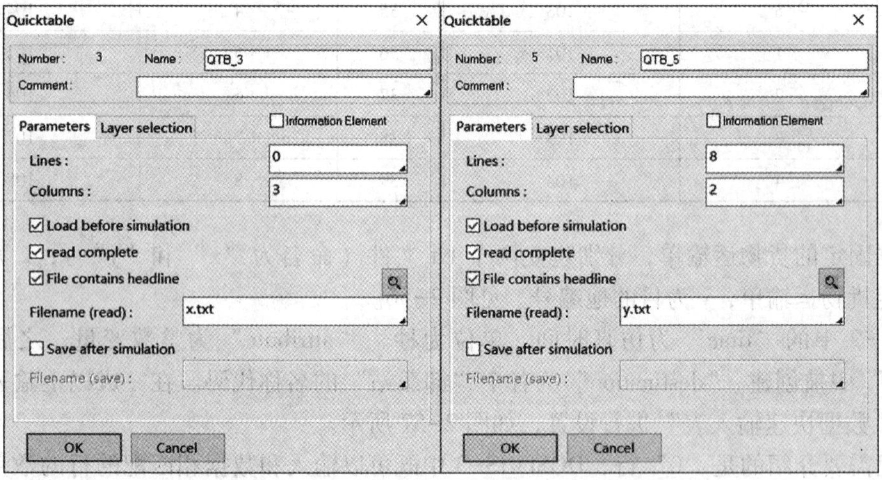


图 2-57　两个“数据快速输入表”目的地数据导入

Time"，"＝＝"，sim_ time）。通过在线仿真可以得到以下结果。

由图 2-60 可知，由于设定的搜索行为第 0 行，所以“数据快速输入表”永远从第 0 行读取数值，并且赋值到相应的变量。如果想读取下一行的值，就需要通过语句“Quicktable（"QTB_3"）. DeleteRows（line，1）”删除原先的第 0 行的值，这样初始化的行数就是之前的第 1 行，以此类推，“数据快速输入表”就会一直往下读取数据，直到全部数据被读取完毕，这样就实现了按照固定运输单运输的计划。为了给不同的货物赋值不同的目的地代码，

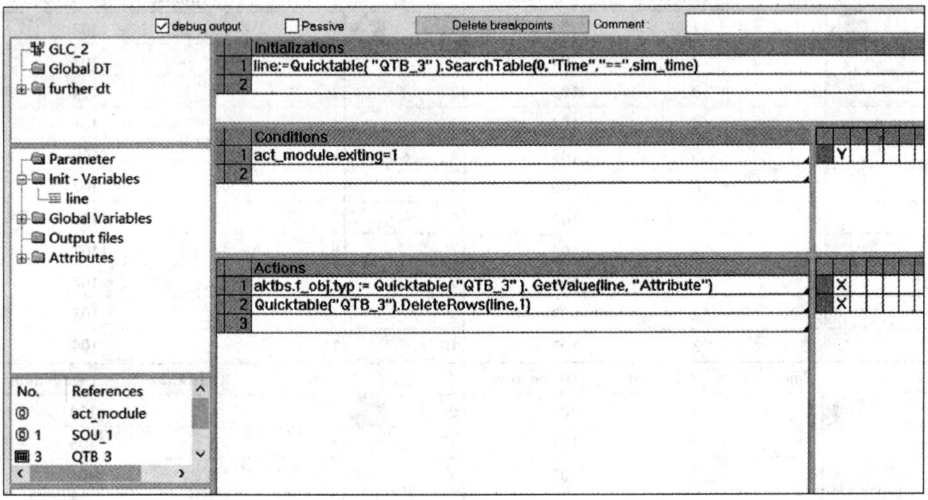


图 2-58　连接“入口源”的“决策表”语句

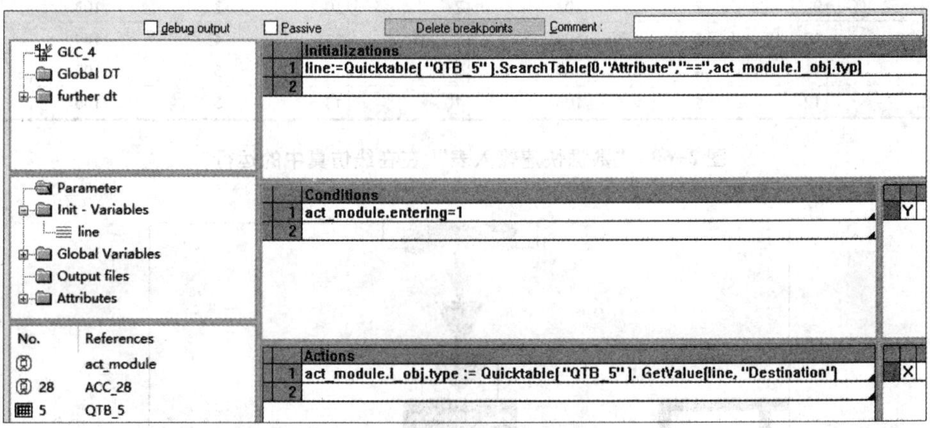


图 2-59　连接“传送带”的“决策表”语句

当不同的货物被赋值后，车辆装载的货物就会在模块中显示不同的目的地代码，如图 2-61 所示。

当第一个货物被赋值后，并且在它被装车后，就会在“装载站”显示“101”的字样，即这一车货物都将被运送到“卸载站 101”（第一个卸载站）。所以图 2-59 中的语句主要是根据不同货物的属性添加不同的目的地代码，这样进行赋值，所有的货物都不会出错，并且会准确无误地被发送至各个的“卸载站”。此外，这里的语句将直接赋值给货物，不需要在使用“ $ ”进行赋值，所有的“装载站”和“卸载站”中也不需要被填写任何的货物名称和目的地名称。最后，通过在线仿真的方法再次检测模型是否能正确运行。请在“观测表”中输入以下语句，如图 2-62 所示。

“sim_time”为仿真时间显示，“Quicktable ( " QTB_3" ). GetValue ( line, " Attribute" ) ”

| | Time | Attribute | Destination |
|---|---|---|---|
| 0 | 0 | 1 | 101 |
| 1 | 1 | 2 | 102 |
| 2 | 2 | 3 | 103 |
| 3 | 3 | 4 | 104 |
| 4 | 4 | 5 | 105 |
| 5 | 5 | 6 | 106 |
| 6 | 6 | 7 | 107 |
| 7 | 7 | 8 | 108 |
| 8 | 8 | 1 | 101 |
| 9 | 9 | 2 | 102 |
| 10 | 10 | 3 | 103 |

| | Time | Attribute | Destination |
|---|---|---|---|
| 0 | 1 | 2 | 102 |
| 1 | 2 | 3 | 103 |
| 2 | 3 | 4 | 104 |
| 3 | 4 | 5 | 105 |
| 4 | 5 | 6 | 106 |
| 5 | 6 | 7 | 107 |
| 6 | 7 | 8 | 108 |
| 7 | 8 | 1 | 101 |
| 8 | 9 | 2 | 102 |
| 9 | 10 | 3 | 103 |
| 10 | 11 | 4 | 104 |

| | Time | Attribute | Destination |
|---|---|---|---|
| 0 | 2 | 3 | 103 |
| 1 | 3 | 4 | 104 |
| 2 | 4 | 5 | 105 |
| 3 | 5 | 6 | 106 |
| 4 | 6 | 7 | 107 |
| 5 | 7 | 8 | 108 |
| 6 | 8 | 1 | 101 |
| 7 | 9 | 2 | 102 |
| 8 | 10 | 3 | 103 |
| 9 | 11 | 4 | 104 |
| 10 | 12 | 5 | 105 |

| | Time | Attribute | Destination |
|---|---|---|---|
| 0 | 3 | 4 | 104 |
| 1 | 4 | 5 | 105 |
| 2 | 5 | 6 | 106 |
| 3 | 6 | 7 | 107 |
| 4 | 7 | 8 | 108 |
| 5 | 8 | 1 | 101 |
| 6 | 9 | 2 | 102 |
| 7 | 10 | 3 | 103 |
| 8 | 11 | 4 | 104 |
| 9 | 12 | 5 | 105 |
| 10 | 13 | 6 | 106 |

**图 2-60 “数据快速输入表”在在线仿真中的运行**

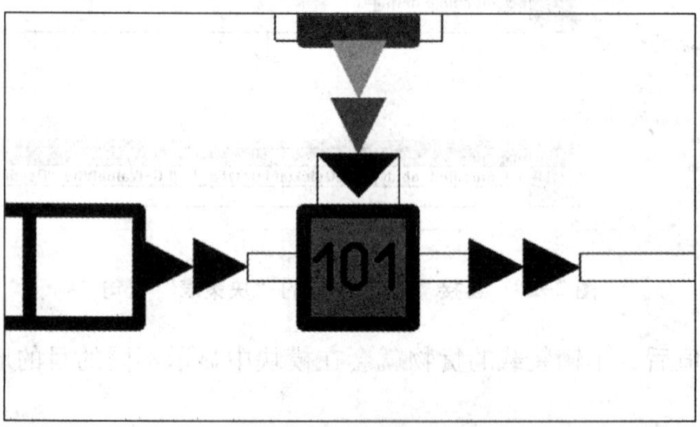


**图 2-61 目的地代码显示**

则会显示根据仿真时间出货的名称，“act_module. l_obj. typ”为 txt 文件“y”中实际货物的名称，“Quicktable（"QTB_5"）. GetValue（line,"Destination"）”为实际目的地代码。

**3. 仿真结果分析**

通过图 2-63 中“观测表”在线仿真的结果可知，所有货物的名称和所有目的地都会被显示在“决策表”表的右上角，这样就可以发现语句中的问题和车辆实际行驶的位置。在实际应用中，目的地的赋值不只可以被用在“装载站”和“卸载站”当中，还可以被应用在所有的“传送带”当中，也就是说，工厂外部的运输，通通可以用“传送带”来仿真模拟。

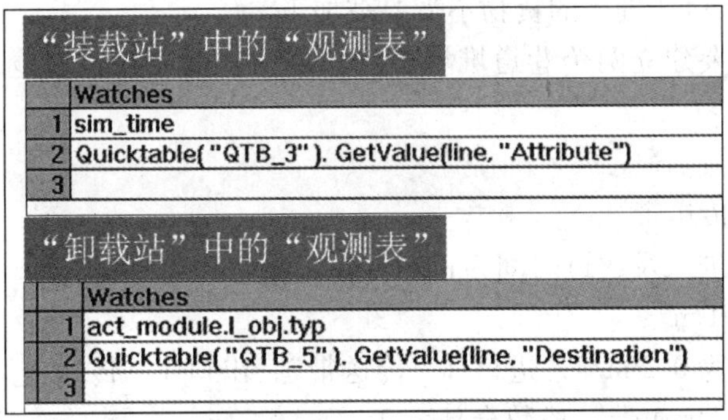


图 2-62 "装载站"和"卸载站"中的"观测表"语句

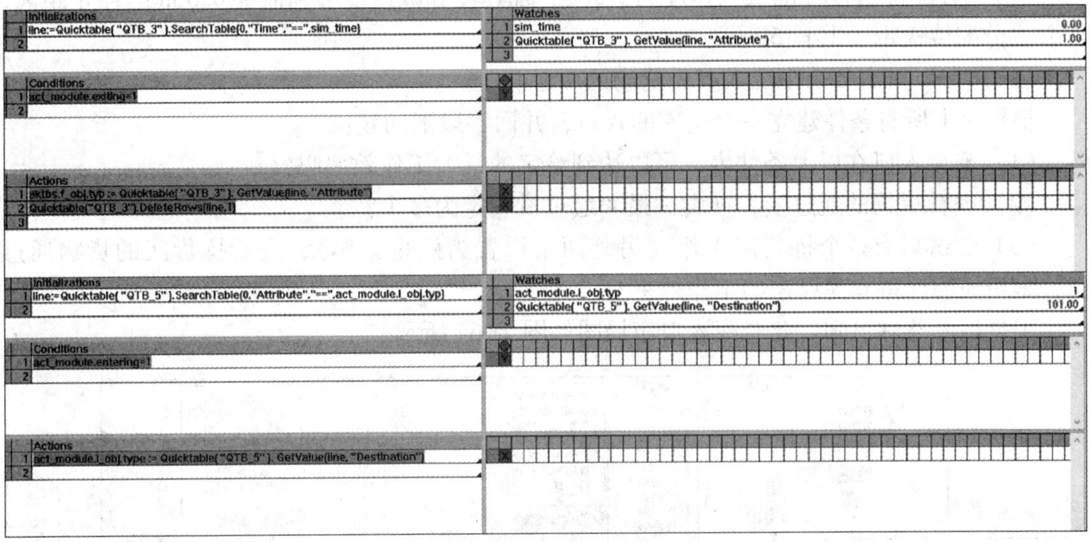


图 2-63 "观测表"在线仿真结果

## 2.5 仓库内部的运输应用

根据以上基本模块的介绍，本节将通过一个仓库内部运输的实例来介绍 DOSIMIS-3 基本模块的具体应用。

### 2.5.1 模型介绍

本模型具体仿真的位置在一个大型仓库的入口部位，由于仓库的储存量相对较大，入口的设置较为关键，试通过仿真的办法建立仓库的入口，并尝试不同的运输情况。通过仿真的办法确定一种最合适的方法后，比较不同的方案，并作结果分析和优化。关于这个仓库入口的设立有以下条件。

(1) 入口 1 进入的货物需要被加工，因此，在入口 1 处，需要建立加工点（10% 的货物需要被加工两次）。入口 2 进入的货物不需要被加工。

（2）仓库区域需要建立两个巷道堆垛机（堆垛机需要被设立在仓库区内，同时服务其他货物）。

（3）四个拣货区。

（4）一个“分配传送带”。

（5）所有货物的进入及通过时间为正态分布，偏差为 30%。

（6）货架长度为 1 m。

（7）传送带速度为 0.2 m/s（进口 2“传送带”，出口 1“传送带”和出口 2“传送带”的段数为 4，剩下的“传送带”段数全部为 2。

（8）巷道堆垛机运行一次的速度为 55 s，有效工作时间为整个工作时间的 95%。

（9）“分配传送带”的最大速度为 2 m/s，加速度和减速度分别需要 0.5 m 的停止距离，整个“分配传送带”共长 50 m。

（10）在入口需要一个工人查看货物的质量。

根据以上所有条件建立一个仓库的入口，并回答以下问题：

（1）整个入口在以上条件内，可以达到给定的最大工作效率吗？

（2）查看货物的通过量，并尝试最大通过量设定为多少？

（3）尝试只有两个拣货区工作（另外两个设置为停止工作），查看拣货区的货物通过量，是否还能保持仓库原来的工作效率？

根据以上条件可知，此仓库入口布局图如图 2-64 所示。

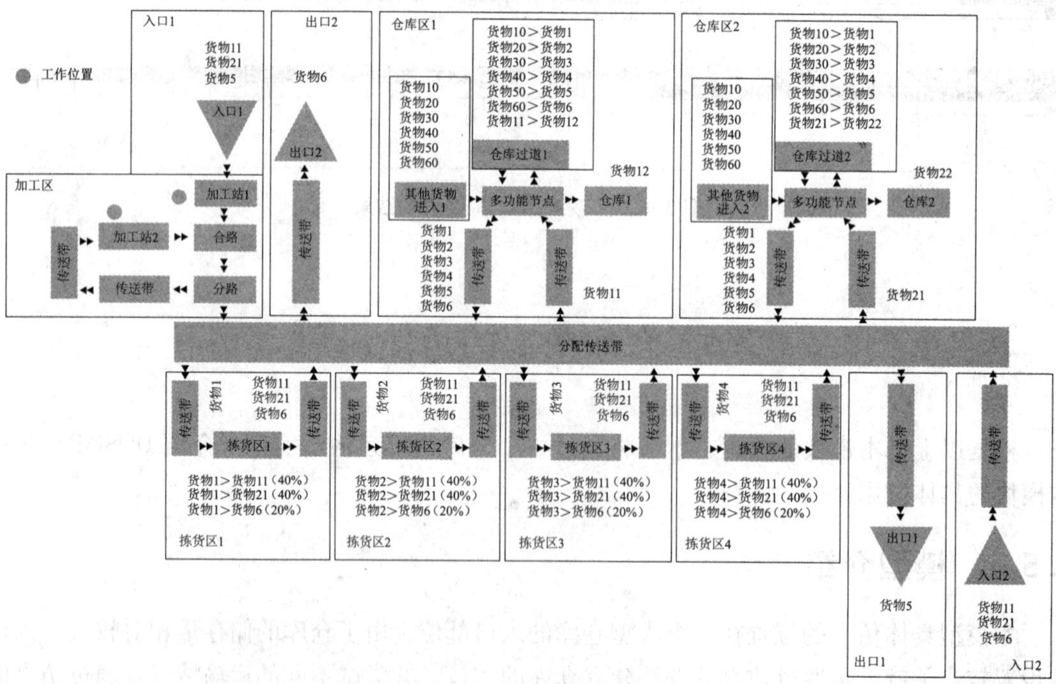


**图 2-64　仓库入口布局图**

由于该入口对不同货物的分拣相对复杂，请根据图 2-64 建立模型。由于 DOSIMIS-3 中货物名称只能使用数字代替，所以图 2-64 中不同加工及分拣状态的货物都由数字代替。首先，货物 11、货物 21 和货物 5 从入口 1 进入，从入口 1 进入的所有货物都需要被加工，才能进入仓库，其中有 10% 的货物需要二次加工，具体二次加工的位置需要通过图 2-64 中的“分路”筛选。同时，货物 11、货物 21 和货物 6 从入口 2 进入，从入口 2 进入的所有货物不需要被加工，就可以进入仓库入口系统。所有的配送全部由一个“分配传送带”完成。其次，除了入口 1 和入口 2 进入的货物，其他货物还会从图中的“其他货物进入 1”和“其他货物进入 2”进入“仓库区”。所有进入仓库的其他货物都需要经过图中的“多功能节点”进行货物的分配，所有其他货物都需要被发送至四个不同的拣货区进行分拣，货物 1 将被发至拣货区 1；货物 2 将被发至拣货区 2；货物 3 将被发至拣货区 3；货物 4 将被发至拣货区 4。所有四个拣货区会把四种不同的货物分拣为三种不同的货物，并且重新发回仓库，进行储存。此时，所有货物 5 将通过出口 2 被发出；所有货物 6 将通过出口 1 被发出；所有货物 11 将进入仓库区 1，通过“仓库过道 1”进入“仓库 1”；所有货物 21 将进入仓库区 2，通过“仓库过道 2”进入“仓库 2”。根据仓库入口布局图可以从三个部分建立模型：① 入口部分；② 拣货区部分；③ 仓库部分。

**1. 入口部分**

入口部分由入口 1、入口 2、出口 1、出口 2 和加工部分组成。货物 11 的产生率为 40%；货物 21 的产生率为 40%；货物 5 的产生率为 20%；货物 6 的产生率为 40%。入口 1 和入口 2 的设置按下列数据操作。

**数据**

(1)“入口源 1”(入口)(source 1)。对象类型 (object type)：11，21，5；频率 (frequency)：40：40：20；分布 (distribution)：正态分布 (normal)；时间：平均值 (mean) 120 s，偏差 (deviation) 40 s。

(2)“入口源 2”(入口)(source 2)。对象类型 (object type)：11，21，6；频率 (frequency)：30：30：40；分布 (distribution)：固定分布 (fixed)；时间 (cycle time)：120 s。

(3)“出口端 1”(出口)(sink 1)。分布 (distribution)：指数分布 (exponential)；平均值 (mean)：90 s。

(4)“出口端 2”(出口)(sink 2)。分布 (distribution)：指数分布 (exponential)；平均值 (mean)：90 s。

(5)“工作站 1”(workstation 1)。分布 (distribution)：正态分布 (normal)；平均值 (mean)：100 s；偏差 (deviation)：30 s；工人策略：Min. 1，Max. 1，Qual. 1，Intrp. 0 (3 种货物加工时间相同)。

(6)“工作站 2”(workstation 2)。分布 (distribution)：正态分布 (normal)；平均值 (mean)：180 s；偏差 (deviation)：60 s；工人策略：Min. 1，Max. 1，Qual. 1，Intrp. 0 (3 种货物加工时间相同)。

(7)“工作区域”(work area)。资质等级 (qualification)：1；工人习惯停驻地 (habitual place)：休息室 (break room)；工人数量 (quantity)：1；效率 (efficiency factor)：1；优先权 (priority)：1；工作类型 (kind)：加工货物 (process object)；工作对象 (element)：工作站 (working station)；补充 (supplement)：所有步骤 (all steps)。

（8）“分配传送带”（shuttle）。装载距离（loading route）：1.1 m；卸载距离（unloading route）：0.1 m；减速距离（slow running route）：0.5 m；慢速升降运行路线（slow running route of lift）：0 m；装载速度（loading speed）：0.2 m/s；卸载速度（loading speed）：0.2 m/s；最快速度（speed fast）：1 m/s；升降最快速度（lift-speed high）：0 m/s；运行时间计算方法（calculation of travel time）：快/慢（slow/fast）；基本位置（basic position）：0 m；最慢速度（speed slow）：0.5 m/s；升降最慢速度（lift-speed low）：0 m/s；入口距离 1（entrance position 1）：8 m；入口距离 2（entrance position 2）：18 m；入口距离 3（entrance position 3）：28 m；入口距离 4（entrance position 4）：38 m；出口距离 1（exit position 1）：0 m；出口距离 2（exit position 2）：10 m；出口距离 3（exit position 3）：20 m；出口距离 4（exit position 4）：30 米；运输策略：指定目的地或者出口，到拣货区 1：货物 1；到拣货区 2：货物 2；到拣货区 3：货物 3；到拣货区 4：货物 4；到出口 1：货物 5；到出口 2：货物 6；到仓库区 1：货物 11；到仓库区 2：货物 21。

（9）仿真时间：5 h。

**2. 拣货区部分**

拣货区部分主要包括四个拣货区的设置，为了适应所有不同的设置，四个拣货区可以通过复制的办法来设置。不同的货物已经通过之前的“分配传送带”进行分配。

**数据**

所有“工作站”（all workstation）。长度（length）：1 m；速度（speed）：0.2 m/s；货物加工：货物 1，2，3，4；分布（distribution）：正态分布（normal）；平均值（mean）：540 s；偏差（deviation）：180 s；加工后新货物名称：货物 1，2，3，4 分别有 40% 的概率被加工为货物 11，有 40% 的概率被加工为货物 21；有 20% 的概率被加工为货物 6（四个“工作站”设置相同）。

**3. 仓库部分**

仓库部分主要包含其他货物的进入、仓库过道和仓库。“其他货物进入 1”和“其他货物进入 2”同时产生货物 10-20，这些货物需要通过“多功能节点”“仓库过道 1”和“仓库过道 2”改变其属性。然后，再次通过“多功能节点”和“分配传送带”进入拣货区进行分拣。在结束分拣后，被再次送回仓库区 1 和仓库区 2，入库储存（所有被分拣的货物最终都会变为货物 11 和货物 21，只有这两种货物最终会被入库，具体数值转换请参考图 2-64）。

**数据**

（1）“入口源”“其他货物进入 1”。对象类型（object type）：10，20，30，40，50，60；频率（frequency）：10 ∶ 10 ∶ 10 ∶ 10 ∶ 30 ∶ 30；分布（distribution）：指数分布（exponential）；平均值（mean）：120 s。

（2）“入口源”“其他货物进入 2”。对象类型（object type）：10，20，30，40，50，60；频率（frequency）：10 ∶ 10 ∶ 10 ∶ 10 ∶ 30 ∶ 30；分布（distribution）：指数分布（exponential）；平均值（mean）：120 s。

（3）“多功能节点 1”。运输道路（conveying route）：0.01 m；速度（speed）：100 m/s；策略：货物 10，11，20，30，40，50，60 进入“仓库过道 1”模块；被转换的货物 1，2，

3，4，5，6 进入“分配传送带”方向；货物 12 进入“仓库 1”；出口优先级：“仓库 1”方向为 3，“仓库过道 1”为 1；“分配传送带”方向为 2。

（4）“多功能节点 2”。运输道路（conveying route）：0. 01 m；速度（speed）：100 m/s；策略：货物 10，21，20，30，40，50，60 进入“仓库过道 1”模块；被转换的货物 1，2，3，4，5，6 进入“分配传送带”方向；货物 22 进入“仓库 2”；出口优先级：“仓库 2”方向为 3，“仓库过道 2”方向为 1；“分配传送带”方向为 2。

（5）“工作站”“仓库过道 1”。长度（length）：0. 01 m；速度（speed）：100 m/s；加工货物：货物 10，11，20，30，40，50，60；分布（distribution）：埃尔朗分布（erlang）；平均值（mean）：55 s；加工后生成货物及概率：货物 10（概率 100%）加工后变为货物 1；货物 11（概率 100%）加工后变为货物 12；货物 20（概率 100%）加工后变为货物 2；货物 30（概率 100%）加工后变为货物 3；货物 40（概率 100%）加工后变为货物 4；货物 50（概率 100%）加工后变为货物 5；货物 60（概率 100%）加工后变为货物 6。

（6）“工作站”“仓库过道 2”。长度（length）：0. 01 m；速度（speed）：100 m/s；加工货物：货物 10，21，20，30，40，50，60；分布（distribution）：埃尔朗分布（erlang）；平均值（mean）：55 s；加工后生成货物及概率：货物 10（概率 100%）加工后变为货物 1；货物 21（概率 100%）加工后变为货物 22；货物 20（概率 100%）加工后变为货物 2；货物 30（概率 100%）加工后变为货物 3；货物 40（概率 100%）加工后变为货物 4；货物 50（概率 100%）加工后变为货物 5；货物 60（概率 100%）加工后变为货物 6。

除了以上数据外，还需要添加“故障导入”至“仓库过道 1”和“仓库过道 2”，其具体含义为一定概率的拥堵或者停滞状态：

“故障导入”（failure/break）。类型（type）：failure；MTBF：埃尔朗分布（erlang）；平均值（mean）：3 420 s；MTTR：埃尔朗分布（erlang）；平均值（mean）：180 s。

最后，为了保证仓库区不会被堵塞，分别在两个仓库区添加“决策表”控制进入仓库区的货物流量，如图 2-65 所示。

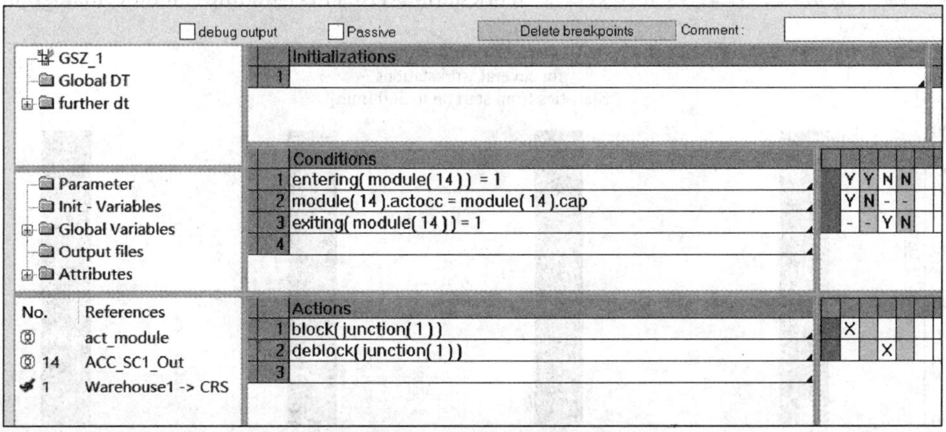


图 2-65 仓库区流量控制

首先，设置“多功能节点”和“分配传送带”之间的“传送带”为施动模块。其次，设置“其他货物进入”和“多功能节点”的连接为被动。图 2-65 中语句的基本含义为：当进入“分配传送带”的“传送带”被占满时，“其他货物进入”和“多功能节点”的连接将被关闭，直到有货物从进入“分配传送带”的“传送带”退出时，“其他货物进入”和“多功能节点”的连接才被打开。因为“传送带”的段数只有2段，所以这里的流量控制十分必要。否则，很容易造成堵死现象。

在完成以上所有数据输入后，得到DOSIMIS-3模型布局图，见图2-66。

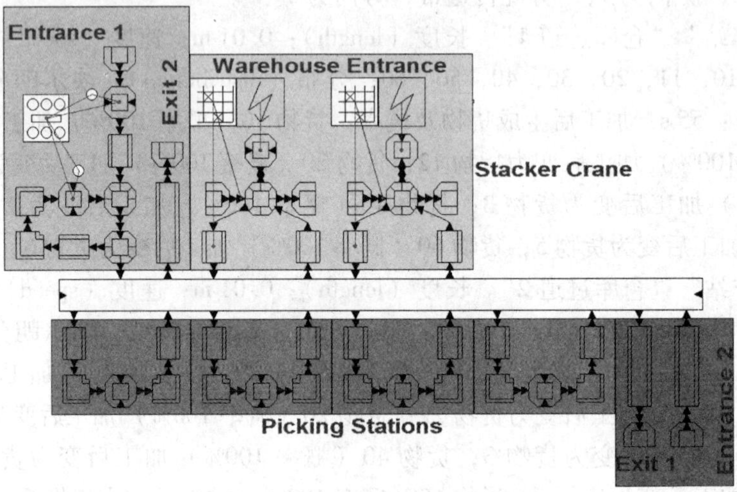


**图2-66　DOSIMIS-3模型布局图**

## 2.5.2　结果分析

保存并运行模型，查看仿真和模拟的具体状态并分析之前提出的问题。

（1）整个入口在以上条件内，可以达到给定的最大工作效率吗？

查看四个拣货区，比较其工作效率，Workstations|Results|Module|Module histogram。

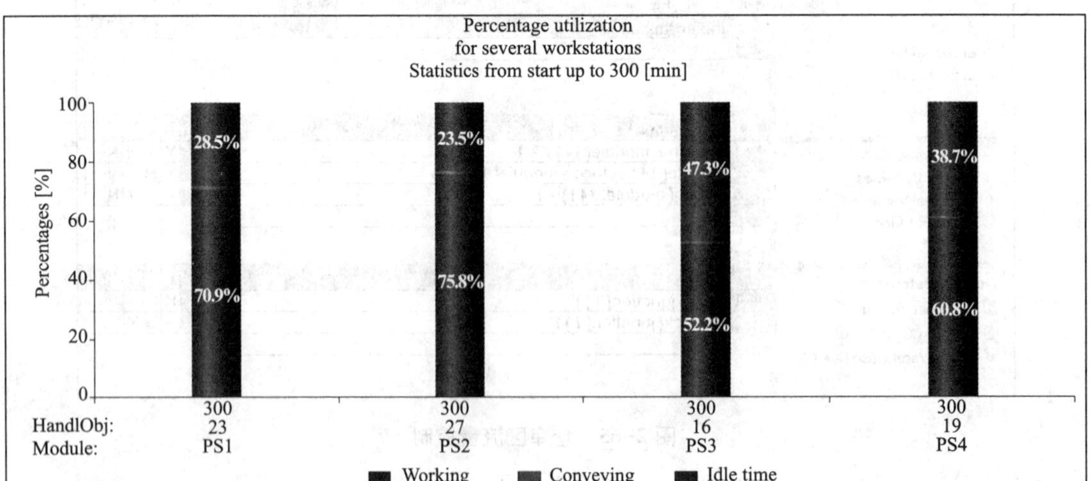


**图2-67　拣货区工作效率**

由图 2-67 可见，四个拣货区中，前两个拣货区的工作效率达到 70%以上，第三个拣货区的工作效率只有 52.2%，最后一个拣货区工作效率为 60.8%。从理论上来看，四个拣货区的工作效率都还可以提高。首先，入口 1 的货物需要被加工 2 次，但是入口处只有一个工人，这样势必会造成工人在两个“工作位置”之间转换的时间浪费，请在“工作区域”添加另一个工人，同时为两台机器服务，并在此保存模型查看拣货区的工作效率，如图 2-68 所示。

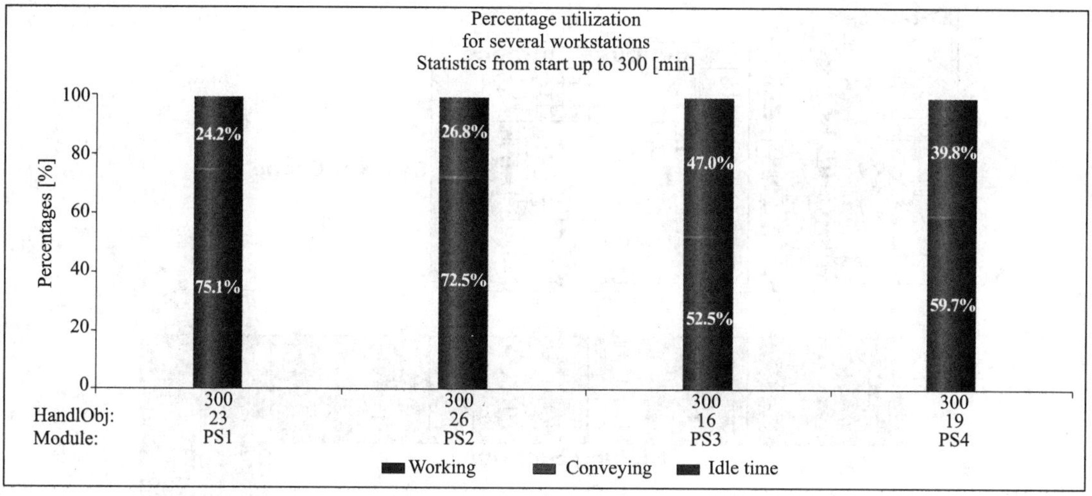


图 2-68 添加工人后的拣货区工作效率

其次，虽然添加了一个工人，但是拣货区的工作效率并没有提高，这也就说明，货物进入入口 1 的速度并不需要添加第二个工人。在不改变拣货机器效率的前提下，只有通过改变“分配传送带”的配送速度，尝试增加拣货区的工作效率。因此，把原来“分配传送带”的配送速度从 2 m/s 改为 3 m/s。

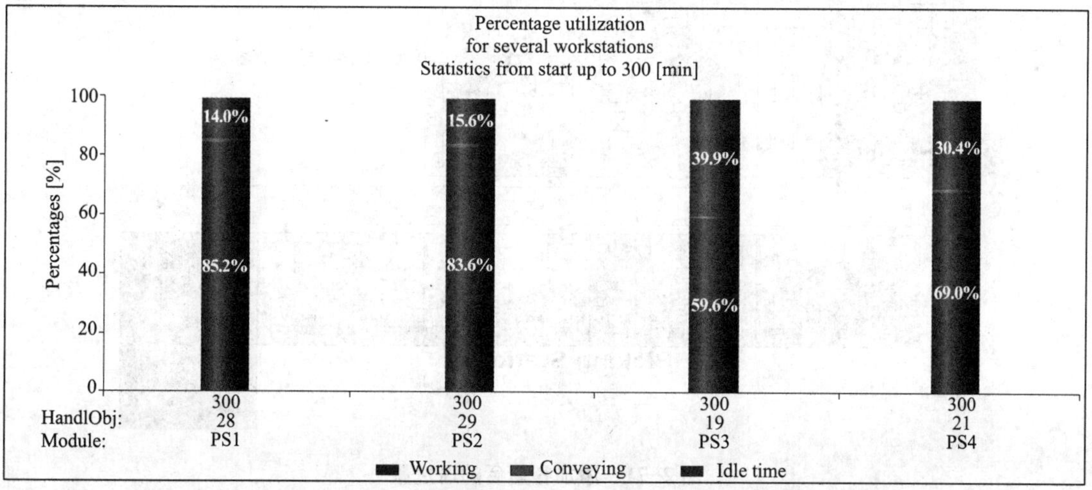


图 2-69 提高速度后的拣货区工作效率

最后，在增加配送速度后，四个拣货区的效率都有了一定程度的提高，经过多次尝试，发现 3 m/s 为“分配传送带”的最优配送速度，如图 2-69 所示。

（2）查看货物的通过量，并尝试最大通过量设定为多少？

根据第 1 个问题修改后的结果，经过 5 h 的仿真，每个拣货区的实际通过量其实并不是很大，进入仓库的货物也不是很理想。见图 2-70。造成这种现象的原因很可能是“传送带”容量过小造成的，因为在进入和推出仓库和拣货区的“传送带”段数最大为 2。试添加“传送带”的段数为 4 进行仿真。

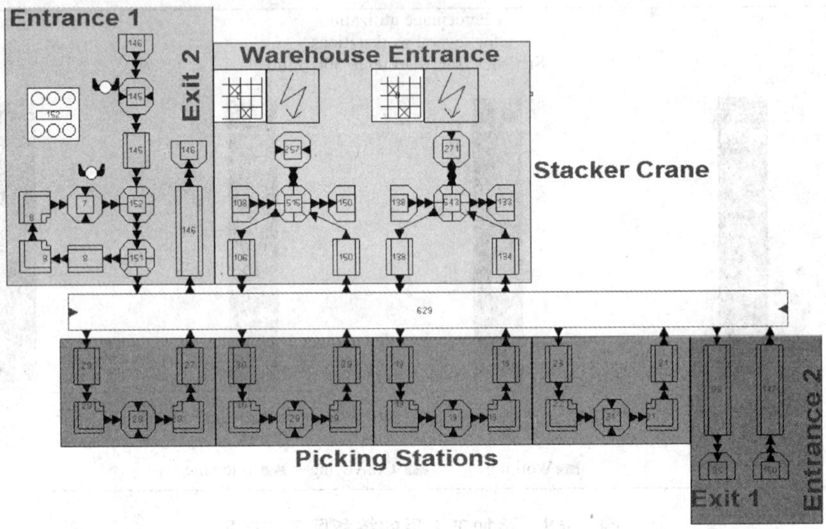


图 2-70　货物分拣通过量

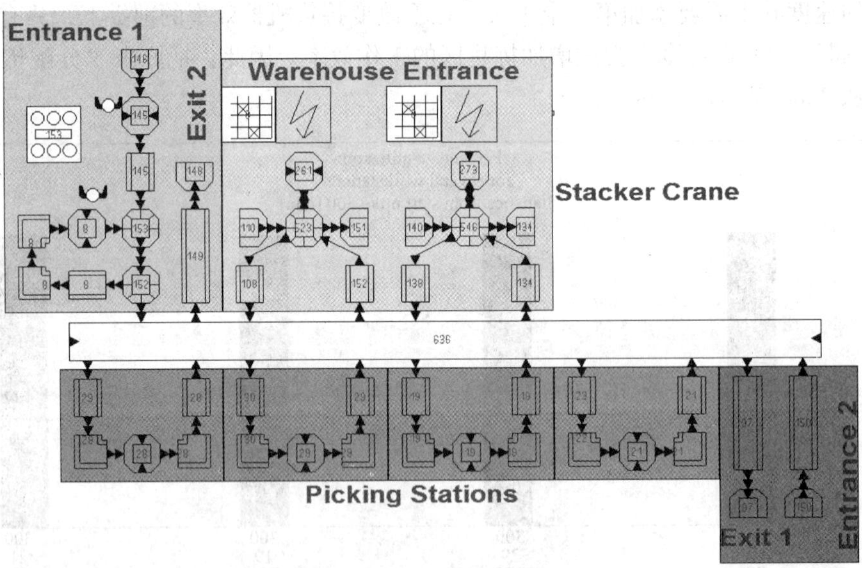


图 2-71　添加容量后的通过量

通过观察图 2-71 可以发现，在添加容量后，拣货区的工作量并没有任何变化。这也就说明，工厂内部现有的“传送带”容量可以满足现有的发货量。如果要增加货物的通过量，只有增加货物的产生速度，或者提高所有机器的加工效率。一味地增加“传送带”的容量，对货物的通过量没有任何提高。

（3）尝试只有两个拣货区工作（另外两个设置为停止工作），查看拣货区的货物通过量，是否还能保持仓库原来的工作效率?

根据第2个问题修改后的结果，停止两个拣货区的工作，其具体办法是把后两个需要加工的货物放到前两个拣货区进行分拣。

**数据**

“分配传送带”（shuttle）。运输策略：指定目的地或出口，到拣货区1：货物1和货物3；到拣货区2：货物2；到出口1：货物5；到出口2：货物6；到仓库区1：货物11；到仓库区2：货物21。

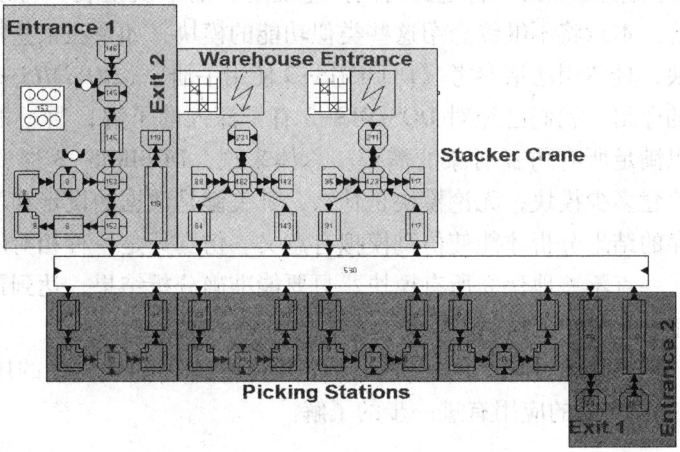


图 2-72　关闭 2 个拣货区后的通过量

通过图 2-72 可以发现，在关闭两个拣货区后，仓库的通过量有所减少。再次检查拣货区的工作效率，如图 2-73 所示。

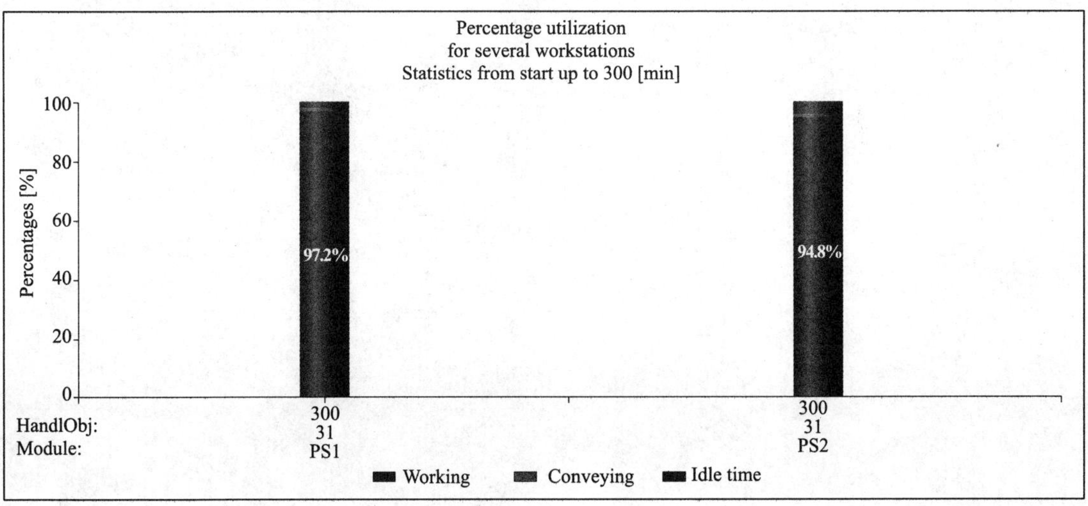


图 2-73　关闭 2 个拣货区后的工作效率

可以看到，在关闭两个拣货区后虽然工作效率有所增加，但仓库的储存量有所减少。最后可以证明，一个工人、四个拣货区、两个容量的“传送带”为最优解。

## 2.6 其他控制模块的探讨

本章主要讲述了“决策表”和“数据快速输入表”的主要用法。作为 DOSIMIS-3 的核心模块，“决策表”的用法远不止于此。“决策表”不但可以覆盖所有其他模块的基本功能，它还可以弥补其他模块中所不能实现的功能。在 DOSIMIS-3 的控制模块中，还有其他很多不常用的模块选项，而这些选项的绝大多数功能都可以被“决策表”所取代，例如，模块“时钟”（timer）的功能是在某个特定的时间产生货物，而“决策表”可以用简单的语句实现这一目标。因此，本章将不继续介绍这些类似功能的模块，如果在某些特定的模型中需要使用其他控制模块，具体用法请参考《DOSIMIS-3 使用手册》（*DOSIMIS*-3 *User Mannual*）。

通过前两章的介绍，我们已经对 DOSIMIS-3 有了深入的了解，通过相关应用模型的介绍，已经基本可以满足所有仿真对象的需要。总体来说，DOSIMIS-3 这款仿真软件的具体仿真意义为：无论建多少模块，无论模块是什么，其关键是数据的设定和可靠的结果。只有真实的数据和可靠的结果分析才能使仿真模拟有意义。仿真只是一种相对的模拟或复制，并不需要百分之百、一点不差地建立所有模块。只要能准确分析结果，达到预期解决问题的目的，就可以认为是一个成功的仿真。

在第 3 章中，本书将通过一系列实例来继续深入讲解 DOSIMIS-3 的用法，从而让使用者对 DOSIMIS-3 在现实中的应用有进一步的了解。

# 第3章

# DOSIMIS-3 实例介绍

本章将四个仿真教学模型作为应用实例，进一步让读者对 DOSIMIS-3 有更加深入的了解。本章每一个实例都将附上相应的布局图和数据，并通过模型的建立和数据的输入，分析物流运输中遇到的问题。

## 3.1 迷你物流中心

一个物流中心包装和装配两种不同的货物。首先两种货物都将被简单包装，如图 3-1 所示，两种“被打包的货架”进入“入口 2”。所有货架将在“拆卸站”被拆成单个的货架。在经过产品包装和货架拆卸后，产品和货架都分别被一个叉车运送到不同的“卸载站”等待装配。在这个模型中，有四个元素需要被创建：“货物 1”“货物 2”“被打包的货架 1”“被打包的货架 2”。这里的拆卸原则为：“被打包的货架 1”可以被拆卸为 2 个单独的货架；“被打包的货架 2”可以被拆卸为三个单独的货架。

“入口源 1”以固定分布的方式工作，每 100 s 生成一个“货物 1”或“货物 2”，“货物 1”和“货物 2”的生成比例为 1∶1。“货物 1”或“货物 2”在被生成后，将通过“传送带”到达一个“分配传送带”。“货物 1”将被发送至“工作站 1”进行包装，“货物 2”将被发送至“工作站 2”进行包装。由于技术问题，只有 80% 的货物能够被完美包装，剩下 20% 的货物包装有瑕疵，这就意味着有 20% 的货物将被发送回“分配传送带”，重新被包装。

在货物被包装的同时，“被打包的货架 1”和“被打包的货架 2”将从“入口源 2”每 500 s 以固定分布的形式被生成。单个的货架和货架包装物将通过一个“拆卸站”被分离。由于机器老化，一个工人将负责这台机器的维修。这台机器的具体维修时间如表 3-1 所示。

**表 3-1　平均运行时间和平均工作时间**

| 平均机器运行时间 MTBF | 平均机器维修时间 MTTR |
| --- | --- |
| 指数分布 exponentially | 均匀分布 uniformly |
| 100 s | 最小（min）10 s |
| — | 最大（max）20 s |

在单个的货架被拆卸后，货架包装物将被统一堆积到“包装物堆积处”。此外，由于这

个工人在维修的同时，还需要兼顾货架的运送和货架的拆卸等工作，所以这个工人在三个任务同时进行的时候，其先后顺序如表 3-2 所示。

**表 3-2　工人的先后顺序**

| 任务先后顺序 | 任　务 |
|---|---|
| 1 | 维修机器 |
| 2 | 运送货架 |
| 3 | 拆卸货架 |

在完成上述货物包装和货架拆卸后，所有成功被包装的货物和单个的货架将被放置到一个“装载站”处等待叉车运送。一个叉车分别将所有被包装的货物和单个货架运送至三个不同的“卸载站”(“货物 1”必须在“卸载站 1”被卸载；“货物 2”必须在“卸载站 2”被卸载；“货架”必须在“卸载站 3”被卸载)。

在完成卸载后，“货物 1”和“货物 2”首先在“装配站 1”被组合堆放（一个“货物 1”只能配一个“货物 2”，顺序没有限制）。然后每一组被组合的“货物 1”和“货物 2”将通过“装配站 2”被放在一个“货架”上。最后，一个完整的货物就被组装完毕，将被运送出物流中心。

## 任务要求

(1) 请使用“决策表”和“数据快速导入表”来控制两个“工作站”的包装时间。货物的包装时间见表 3-3。

**表 3-3　货物的包装时间**

| 货物类型 | 包装时间 |
|---|---|
| “货物 1” | 60 s |
| “货物 2” | 90 s |

(2) 请使用“决策表”和“数据快速输入表”来控制两种“被打包货架”的被拆卸数量。被拆卸后的包装物都将被放置于“包装物堆积处”。货架的拆卸数量见表 3-4。

**表 3-4　货架的拆卸数量**

| 货架类型 | 被拆卸货架数量 |
|---|---|
| “被打包的货架 1” | 2 个单独的货架 |
| “被打包的货架 2” | 3 个单独的货架 |

(3) 请使用“决策表”来自动选择包装有瑕疵货物的发送方向。货物如果被成功包装后，需要被发送至“装载站”。

(4) 请使用“决策表”控制叉车的运输目的地。“货物 1”必须被运到“卸载站 1”；“货物 2”必须被运到“卸载站 2”；“货架”必须被运到“卸载站 3”。

## 数据

(1) “分配传送带”(shuttle)。装载距离 (loading route)：1.1 m；卸载距离 (unloading route)：0.1 m；减速距离 (slow running route)：0.5 m；慢速升降运行路线 (slow running

route of lift)：0 m；装载速度（loading speed)：0.2 m/s；卸载速度（loading speed)：0.2 m/s；最快速度（speed fast)：1 m/s；升降最快速度（lift-speed high)：0 m/s；运行时间计算方法（calculation of travel time)：快/慢（slow/fast)；基本位置（basic position)：0 m；最慢速度（speed slow)：0.1 m/s；升降最慢速度（lift-speed low)：0 m/s；入口距离 1（entrance position 1)：0 m；入口距离 2（entrance position 2)：15 m；出口距离 1（exit position 1)：20 m；出口距离 2（exit position 2)：25 m；运输策略：指定目的地或者出口，到“工作站 1”方向，到“工作站 2”方向。

(2) 叉车数量为 1；工人数量为 1。

(3)“运输控制器”（transport parameter）设置为：

① 订单任务（order assignment)：先进先出 FCFS。

② 车辆任务（vehicle assignment)：先进先出 FCFS。

(4) 请设置“拆卸站”后的“传送带 7”为：

① 每段长度（length of segment)：1 m。

② 运送速度（conveying speed)：1 m/s。

③ 段数（capacity)：1。

(5) 请设置其他所有“传送带”为：

① 每段长度（length of segment)：1 m。

② 运送速度（conveying speed)：1 m/s。

③ 段数（capacity)：10。

(6)“分配传送带”设置为：

① 所有“装载站”和“卸载站”的装载时间和卸载时间都为 5 s。

② 所有“道路”将被分为 3 段，每段的长度为 1 m，速度为 1 m/s。

③ 仿真时间：10 h。

## 结果分析

通过建立模型，请分析以下五个问题。

(1) 通过 10 h 的包装和运输，一共有多少“货物 1”和“货物 2”通过“工作站 1”和“工作站 2”被成功包装？请查看货物通过量，哪一种货物的包装数量更多？

(2) 在仿真完成后，查看三个“卸载站”的百分比利用率（module histogram)，哪一个“卸载站”的拥堵时间（blocked time）最长？

(3) 如果这个物流中心有两辆叉车负责从“装载站”到三个“卸载站”的运送，是否会提高货物和货架的运输效率？三个“卸载站”的拥堵时间是否会减少或增加？在增加叉车数量后，哪一个“卸载站”拥堵时间最长？

(4) 请查看“拆卸站”的百分比利用率（module histogram)。如果同时有两个工人为这个“拆卸站”服务（服务内容：维修、搬运和拆卸)，此“拆卸站”的维修时间是否会下降？

(5) 请根据问题 3 和问题 4，检查“出口端 2”的通过量（throughput)。此时“出口端 2”的货物通过数量将会增加还是减少（比较一个工人一辆叉车和两个工人两辆叉车)？

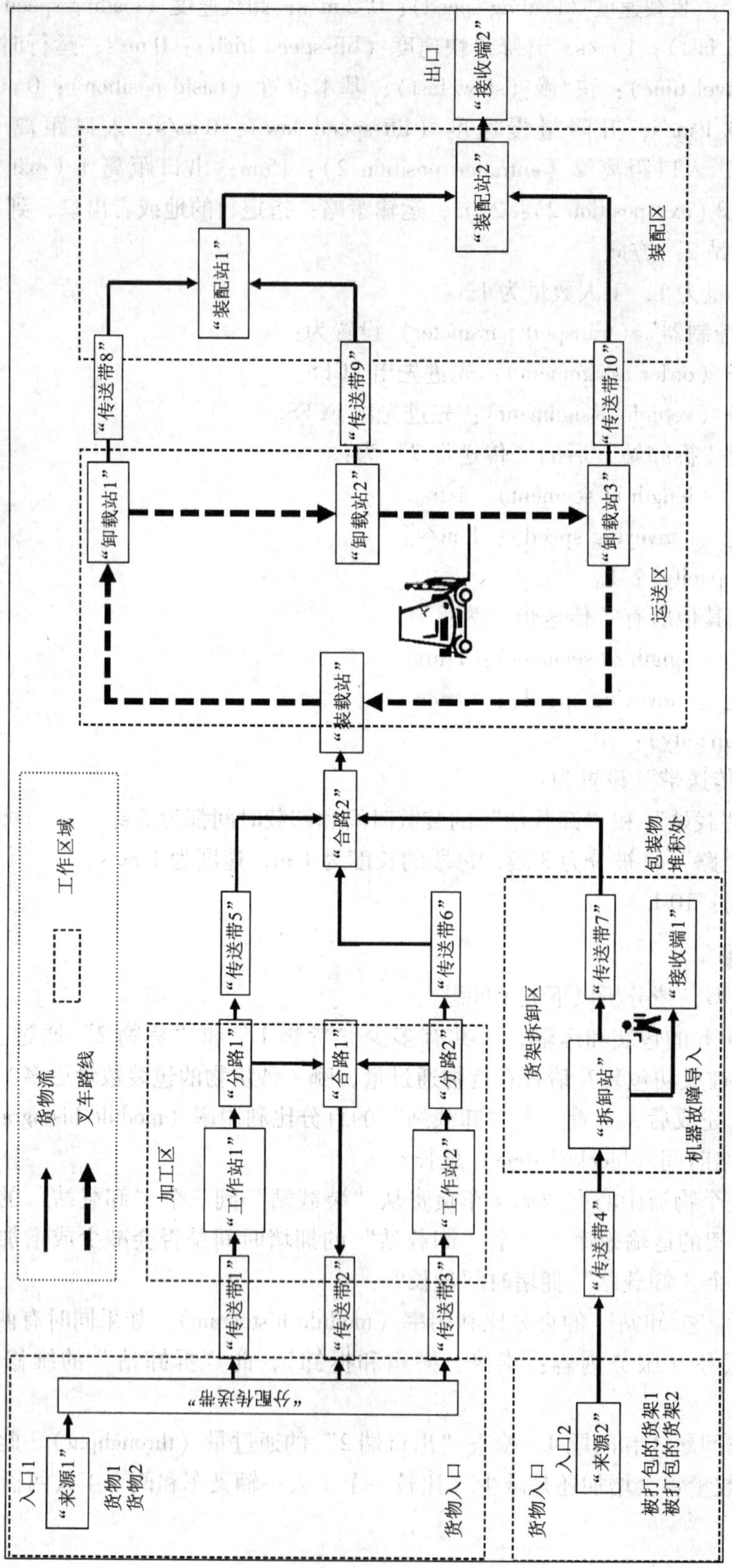


图 3-1　迷你物流中心布局图

如图 3-1 所示，可以把此物流中心分成四个主要部分：① 货物和货架生成部分；② 货物包装和货架拆卸部分；③ 货物和货架运输部分；④ 货物和货架组装部分。通过这四个部分的建模，可以得到这个物流中心的基本框架结构。

**1. 货物和货架生成部分**

通过“入口源 1”和“入口源 2”，不同的货物和被打包的货架将被生成。具体设置如图 3-2、图 3-3 所示。

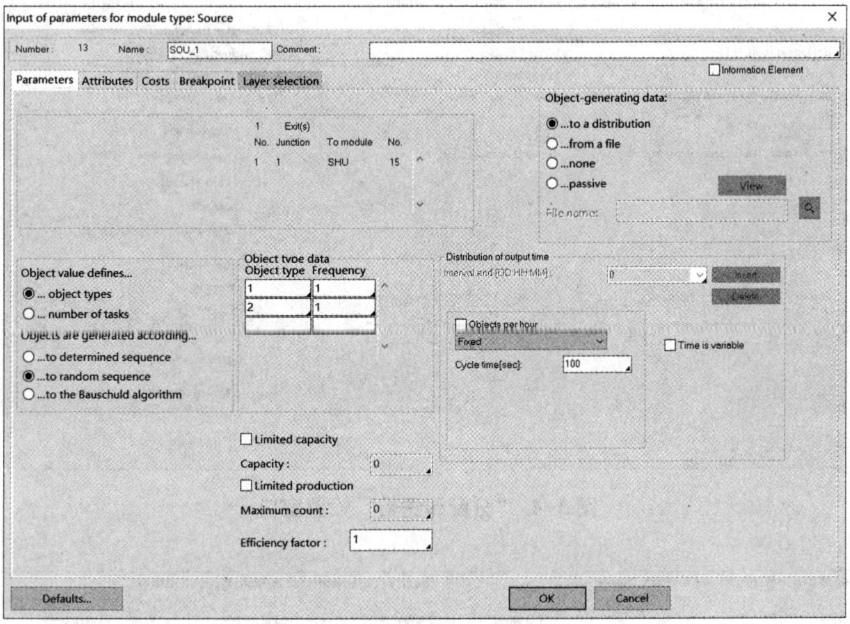


图 3-2 “入口源 1”设置窗口

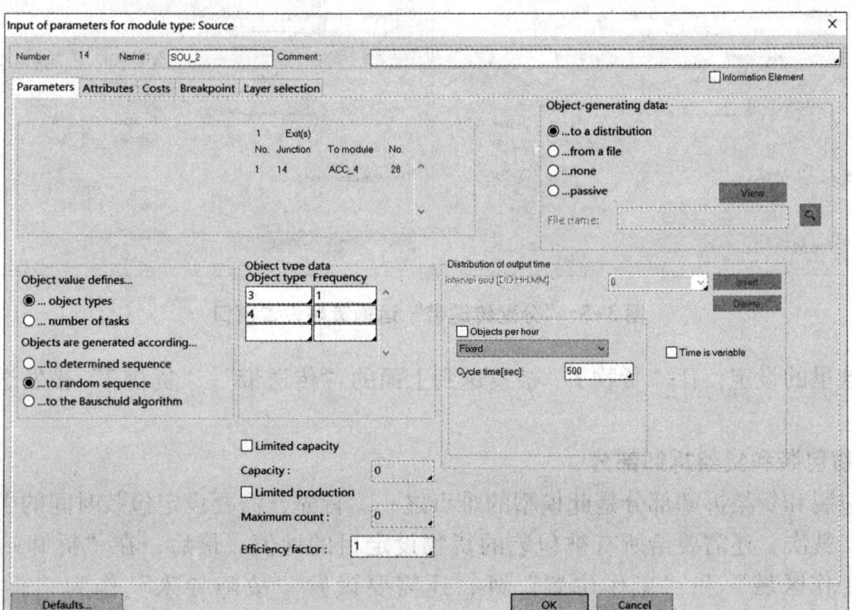


图 3-3 “入口源 2”设置窗口

“货物1”和“货物2”在图3-2中为“1”和“2”，而“被打包的货架1”和“被打包的货架2”在图3-3中为“3”和“4”。通过不同的包装和拆卸，它们相应的名称代码也会改变。当货物产生后，所有货物将被“分配传送带”配送。“分配传送带”的设置及运输策略如图3-4、图3-5所示。

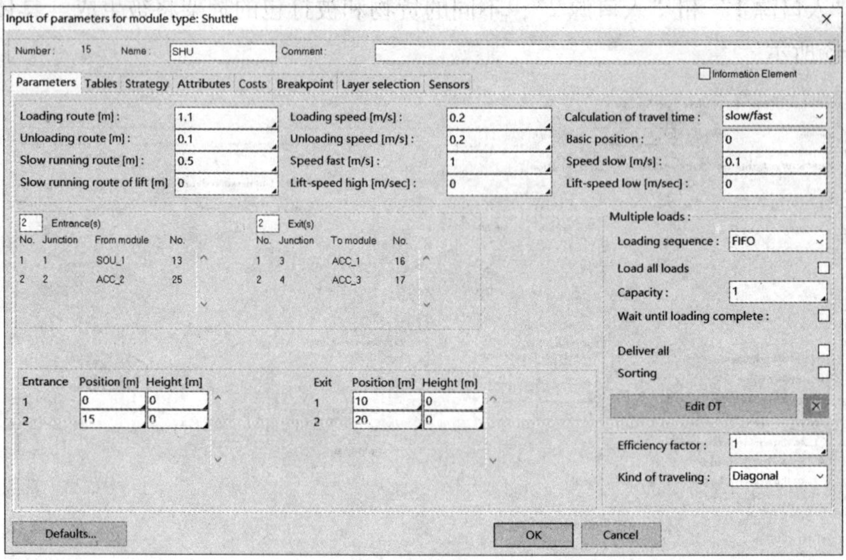


**图3-4 “分配传送带”设置窗口**

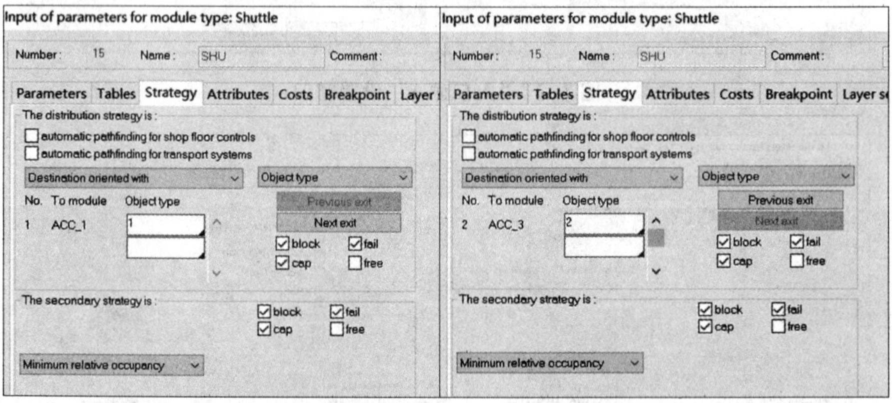


**图3-5 “分配传送带”运输策略设置窗口**

通过这里的设定，让“货物1”被发送到上面的“传送带”；“货物2”被发送到下面的“传送带”。

**2. 货物包装和货架拆卸部分**

货物包装和货架拆卸部分是此模型的难点之一。首先，需要设定包装时间的引用值，并进行调用。其次，还需要给所有被包装的货物设定目的地值。最后，在“拆卸站”中，除了设置“工作区域”和“工作位置”外，还需要设置“故障导入”作为“拆卸站”的暂停。

如图3-6所示，货物的包装时间分别为60 s和90 s，货架的拆卸数量分别为2个和3

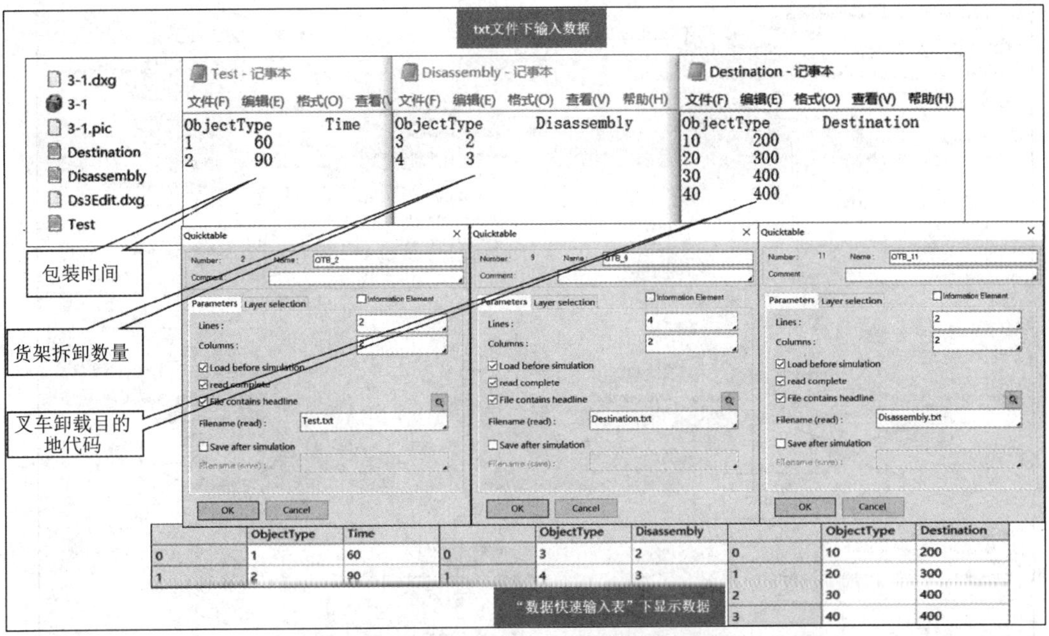


图 3-6　模型“数据快速导入表”设置

个，叉车的目的地分别对应不同类型的货物。在完成上述步骤后，建立三个“决策表”，第一个“决策表”控制两个“工作站”，并调用“数据快速导入表”（包装时间）；第二个“决策表”控制两个“合路”，来给不同的货物赋值“目的地参数”；第三个“决策表”控制“拆卸站”，控制货架拆卸的数量。如图 3-7 所示。

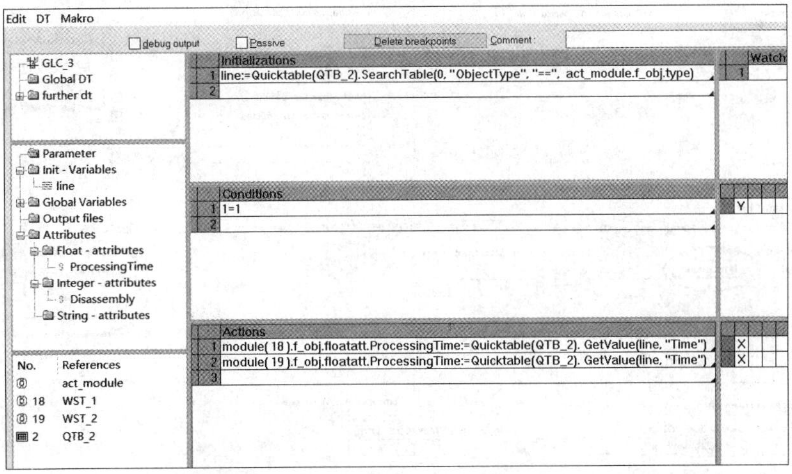


图 3-7　第一个“决策表”包装时间设置

这里的参数变量为浮点数变量“Processing Time”，“决策表”会自动从“数据快速输入表”中根据不同货物的类型查找其相对应的包装时间，同时把“Processing Time”导入以下两个“工作站”，如图 3-8、图 3-9 所示。

这里被成功包装的货物分别为“10”和“20”，而包装有瑕疵的货物为“1”和“2”。

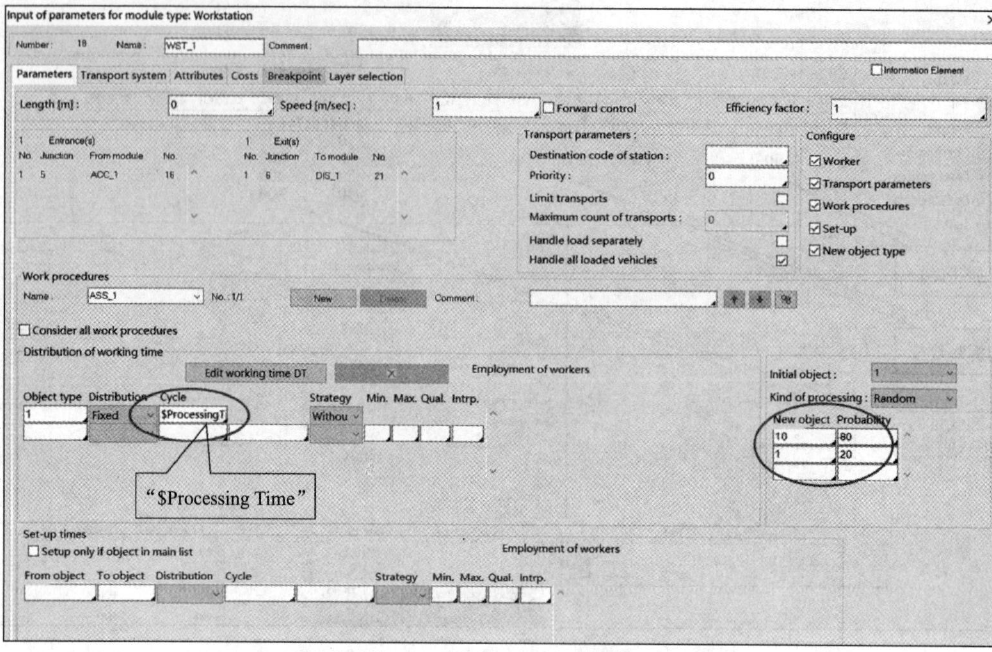

图 3-8　第一个“工作站”包装时间导入与包装概率

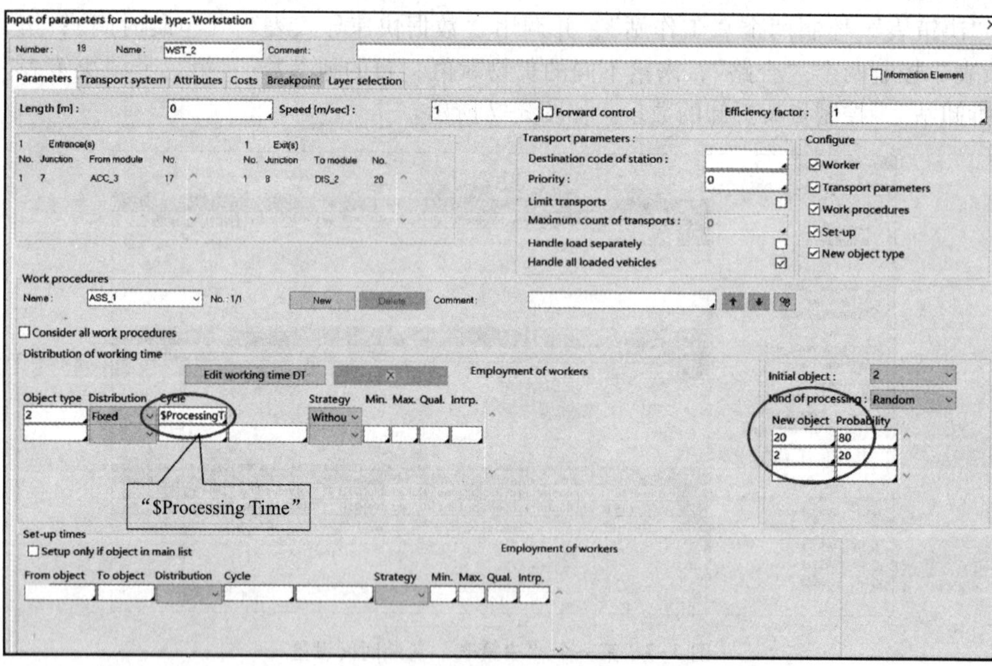

图 3-9　第二个“工作站”包装时间导入与包装概率

此时需要设定第二个“决策表”来引导包装有瑕疵的货物重新进入“工作站”，请连接第二个“决策表”和两个“分路”，“货物 1”经过成功包装后变为“10”；“货物 2”经过成功包装后变为“20”；“货物 1”经过成功包装后仍有瑕疵的为“1”；“货物 2”经过成功包装后仍有瑕疵的为“2”。这里分别给定两种目的地参数为“1”和“2”，如图 3-10 所示。从给定的条件看，目的地参数“1”代表包装成功，并发送至“装载站”；目的地参数“2”代表包装有瑕疵，并发送至“分配传送带”重新包装。这里给定的参数为“destparam”，请打开两个“分路”设定运输策略，如图 3-11 所示。

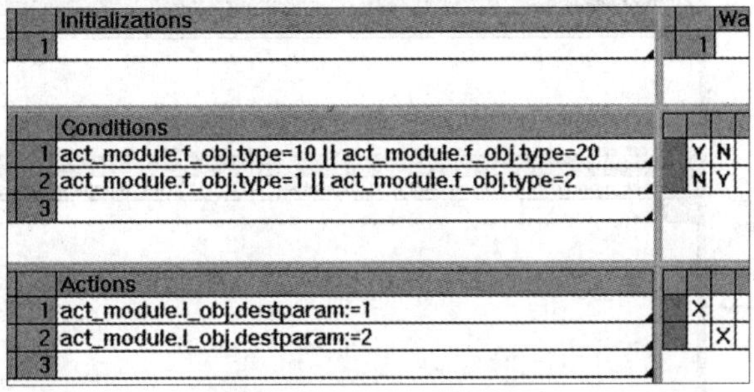


**图 3-10　第二个“决策表”货物目的地参数设置**

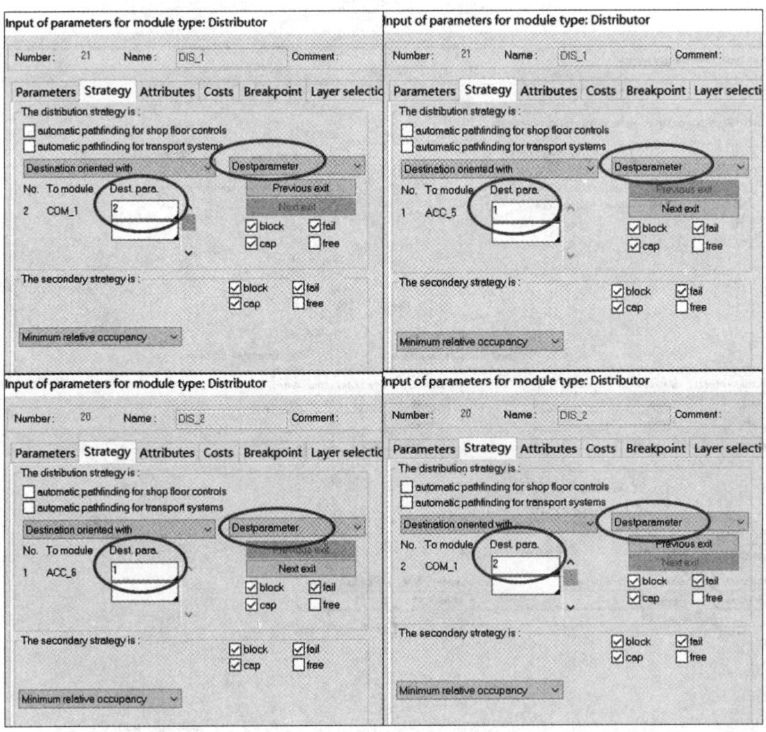

**图 3-11　“分路 1”和“分路 2”中目的地参数值的设定**

这里的“1”和“2”为目的地参数值，并不是货物的名称代码，因为这里的选项为“Destparameter”。根据此设置，所有货物将被确认路径（现实中可以被作为条形码设定）。

在完成货物包装设定后，请设定第三个“决策表”，如图 3-12 所示。

通过设置整数变量“Disassembly”作为货架卸载的参数值，代入相关的“拆卸站”。

如图 3-13 所示，在经过拆卸后，“被打包的货架 1”变为“30”；“被打包的货架 2”变为“40”。货架的具体数量将从“数据快速输入表”中被调入。“333”为“被打包的货架

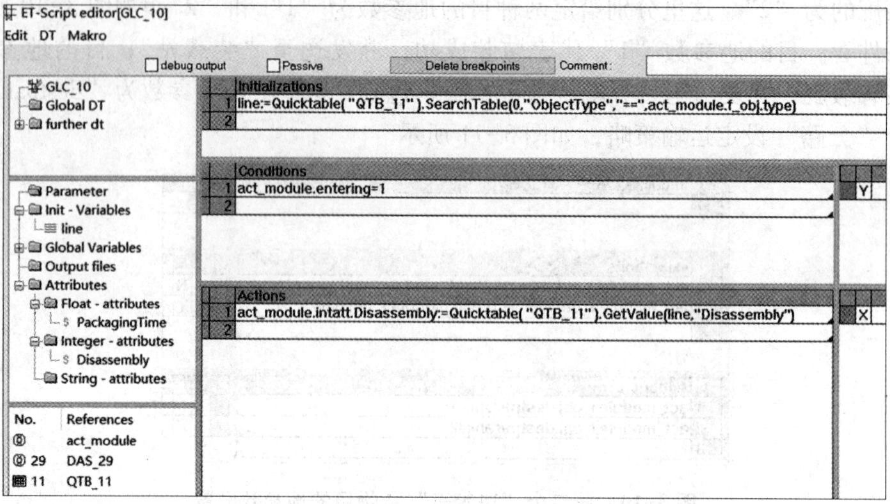


图 3-12　第三个“决策表”货架拆卸的设置

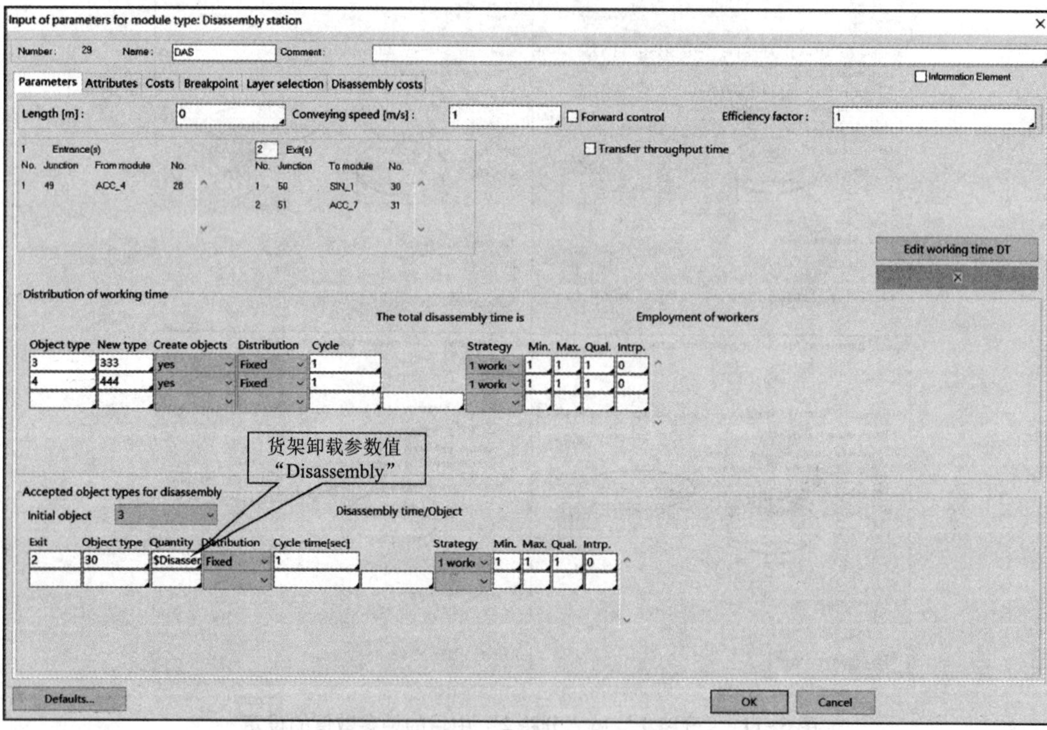


图 3-13　“拆卸站”的设置

1”的货架包装物；“444”为“被打包的货架 2”的货架包装物，它们将被发送至“包装物堆积处”。同时，请添加工人到相应的位置。然后请单击“工作区域”，如图 3-14 所示。

这里要注意的是，根据工作的先后顺序，工人需要先维修机器，然后再搬运货架，因为这里的搬运也属于运输的范畴，所以请单击 F9 连接“运输控制器”“工作区域”和“拆卸站”，其仅代表工人运输的动作。最后的“Process object”为拆卸货架。此外还需要设定

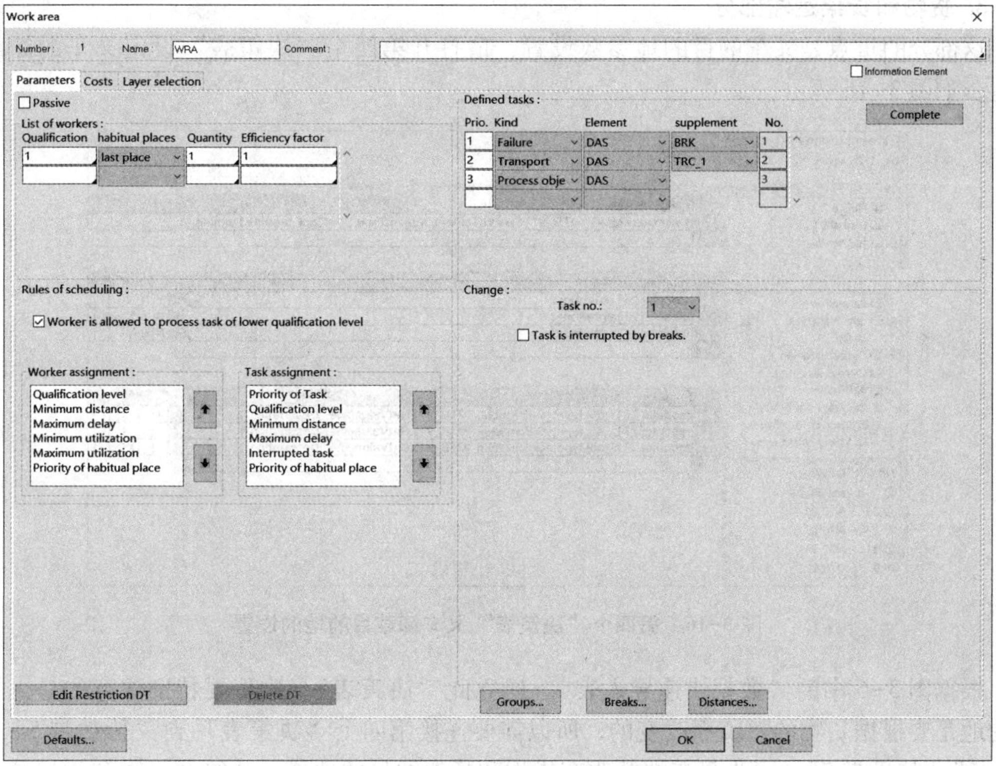


**图 3-14 “工作区域”的设置**

“故障导入”，如图 3-15 所示。

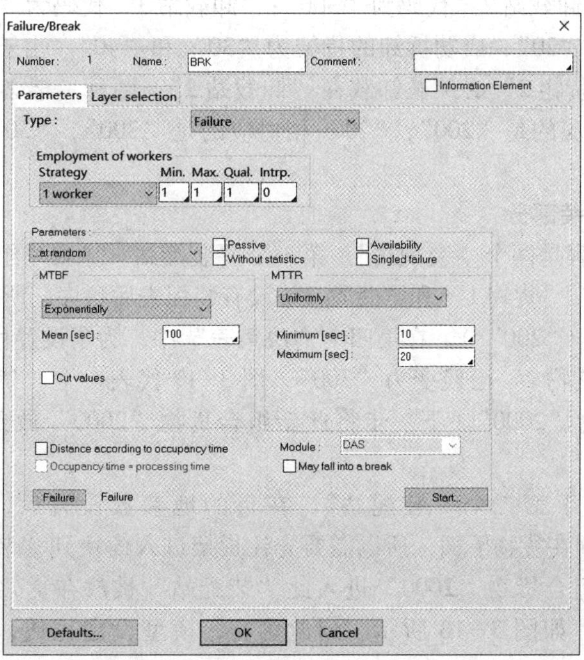


**图 3-15 “故障导入”的设置**

**3. 货物和货架运输部分**

这部分的重点是叉车的目的地参数设置，请打开第四个“决策表”设定叉车的卸载目的地，如图 3-16 所示。

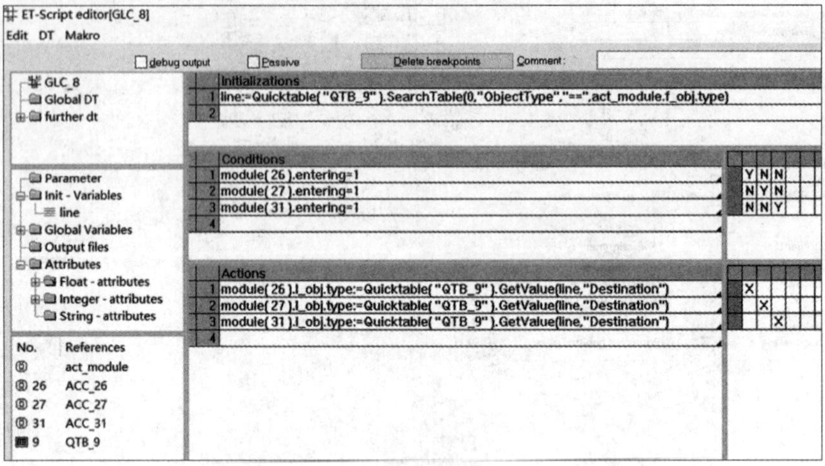

**图 3-16　第四个“决策表”叉车卸载目的地的设置**

根据图 3-6 中的“数据快速导入表”，建立此“决策表”。这里要特别注意的是，卸载目的地是要根据货物的赋值而改变的，所以需要连接第四个“决策表”到“传送带 5”“传送带 6”“传送带 7”。因为只有在此改变货物和货架的目的地值，才能在货物和货架被载入叉车后自动改变其卸载目的地。根据图 3-16 所示，当这三个传送带进入货物或者货架的时候，其值就通过“数据快速导入表”被赋值。此时的“装载站”代码为“100”；“卸载站 1”代码为“200”；“卸载站 2”代码为“300”；“卸载站 3”代码为“400”。此时成功被包装的货物为“10”和“20”，成功拆卸的货架为“30”和“40”。由于“货物 1”必须被卸载在“卸载站 1”，“货物 2”必须被卸载在“卸载站 2”，两种货架必须被卸载在“卸载站 3”，所以“10”相对应的是“200”，“20”相对应的是“300”，“30”和“40”相对应的是“400”。

**4. 货物和货架组装部分**

这部分的主要内容是两个“装配站”。第一个“装配站”主要是组合“货物 1”和“货物 2”。由于在装配时，“货物 1”和“货物 2”没有装配先后顺序，所以这里选择“货物 1”作为放在下面的货物（“200”）。在第四个“决策表”中，为了设置目的地参数，“货物 1”已经变为“200”，“货物 2”已经变为“300”。图 3-17 代表一个“货物 1”和一个“货物 2”组成的新组合货物“2000”。下一步将此新组合货物“2000”放到货架上，如图 3-17 所示。

同样的道理，对于第二个“装配站”，在目的地参数设置后，货架已经变成参数“400”。由于货架必须在货物下面，所以需要先让货架进入模块到“装配站”（首先要输入“400”）。之后，新组合货物“2000”进入此“装配站”被放在货架之上，生成新的货物和货架组合“1000”，如图 3-18 所示。到此为止，模型设定完成，具体模型如图 3-19 所示。

在全部输入完成后，请分析例题中给出的五个问题。

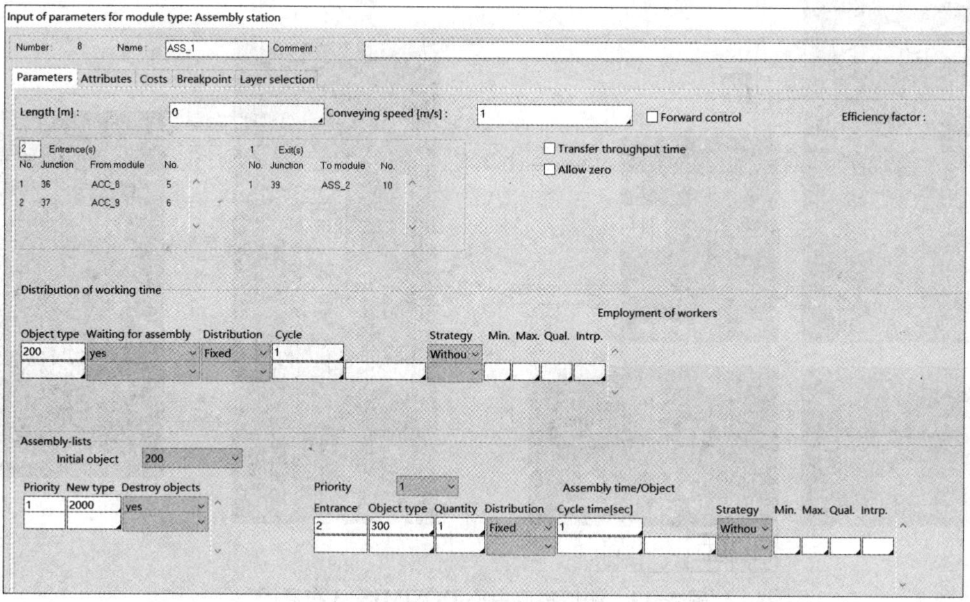


图 3-17 第一个“装配站”

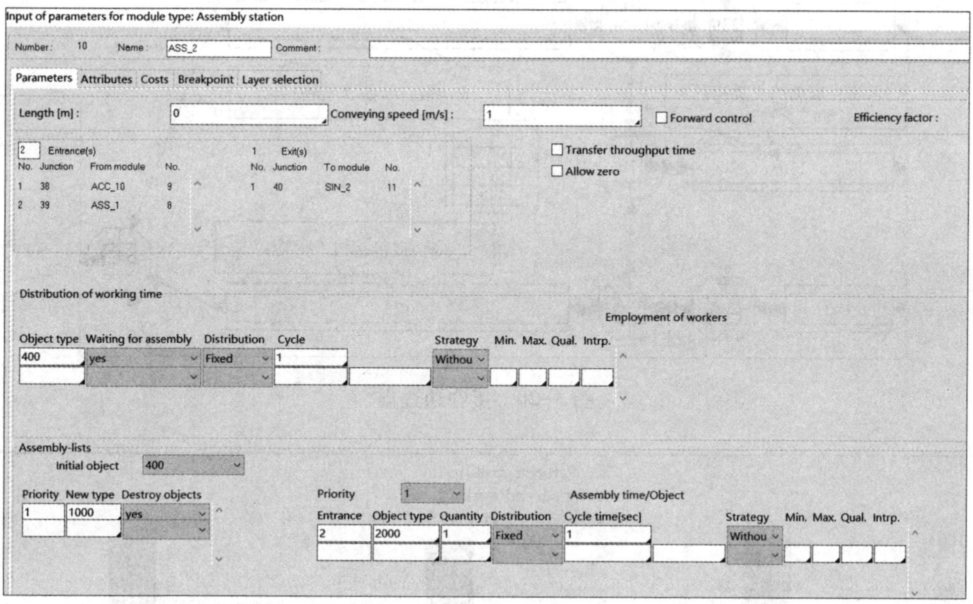


图 3-18 第二个“装配站”

（1）要查看成功被包装的货物，请查看模型中的所有货物通过量。如图 3-20 所示，结果显而易见，成功被包装的“货物 1”为 184；成功被包装的“货物 2”为 175。因此，“工作站 1”包装货物的数量更多一些。

（2）关于三个“卸载站”的百分比利用率（module histogram），请运行模型单击三个“卸载站”查看结果，Results | Module | Module Histogram，如图 3-21 所示。

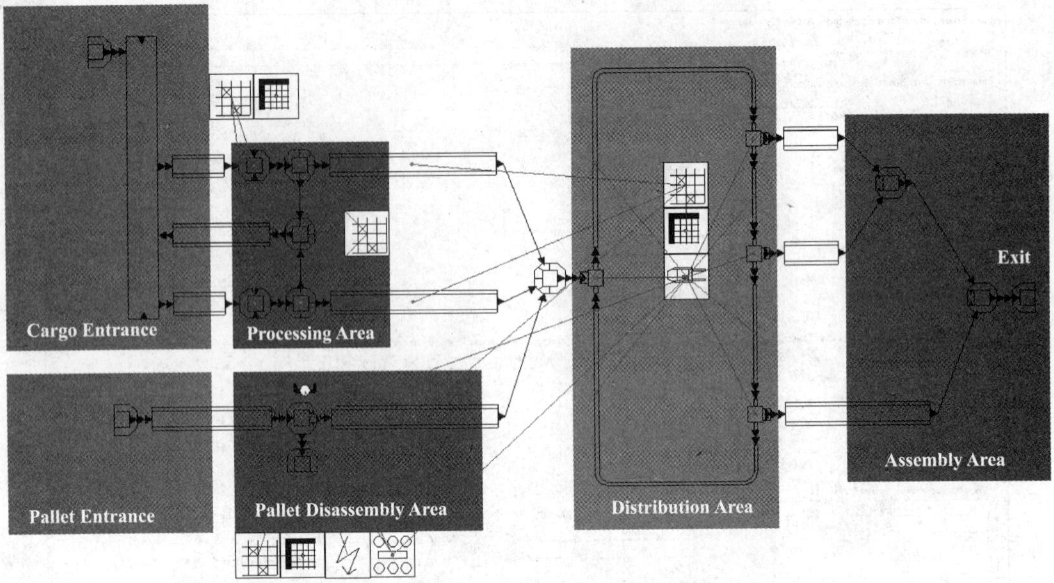


图 3-19　迷你物流中心 DOSIMIS-3 布局图

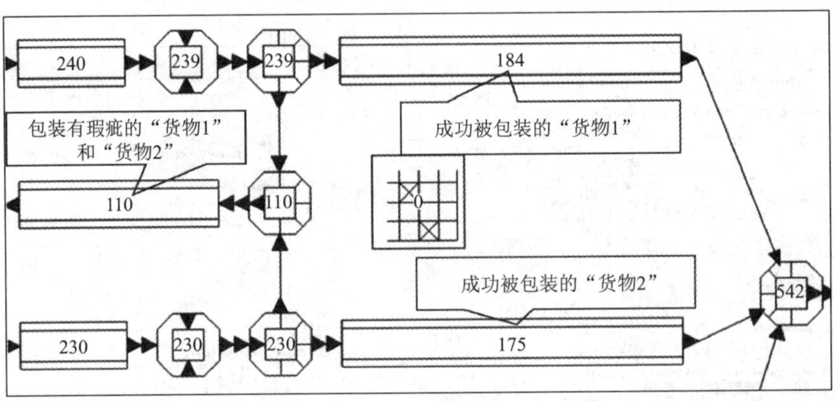


图 3-20　货物通过量

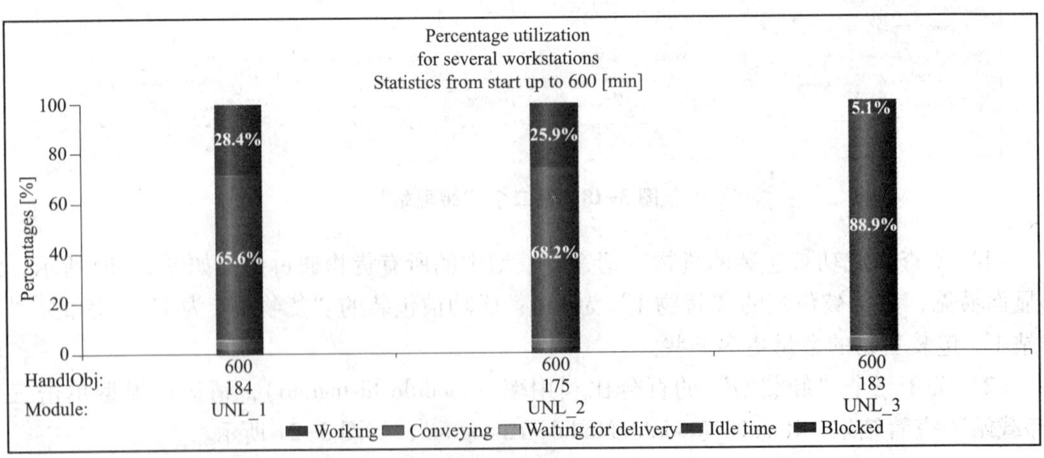


图 3-21　“卸载站”百分比利用率

尽管三个货架大部分时间都处于闲置状态，但是仍有部分堵塞状态。因此，由于“货物 1”的数量最多，所以“卸载站 1”的堵塞时间也相对最大。

（3）如果这个物流中心有两辆叉车，请打开叉车输入选项设置为 2，如图 3-22 所示。

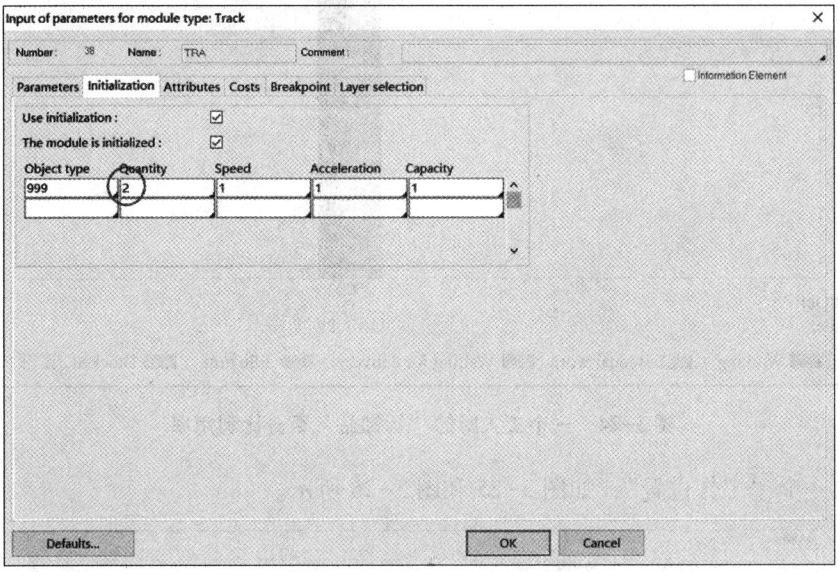


图 3-22　叉车设置改变

再次运行模型，并单击三个“卸载站”，查看其百分比利用率，如图 3-23 所示。

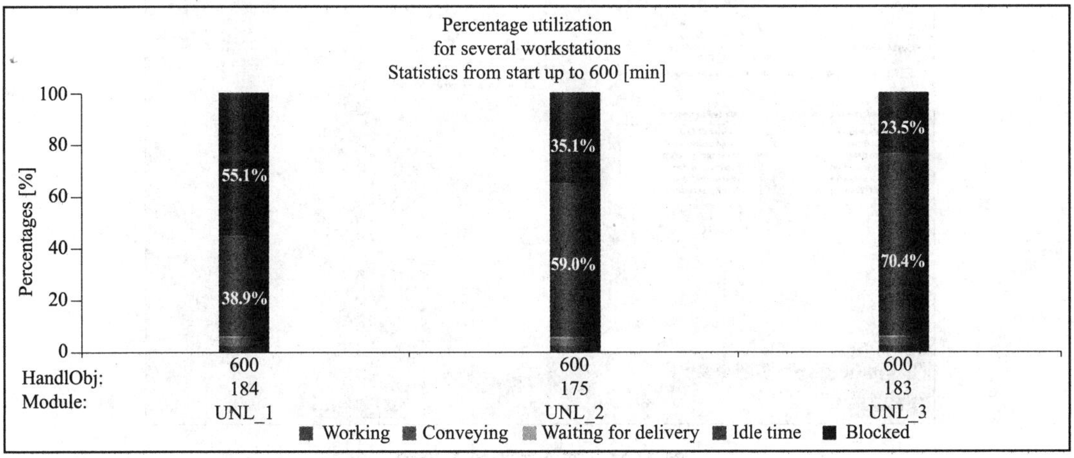


图 3-23　增加叉车后的“卸载站”百分比利用率

通过这次的结果分析，发现拥堵状态不但没有减少，反而增加了几乎一倍。造成这种情况的原因是由于运输路线过短、车辆运行较快、卸载位置较少。可见这个物流中心一个叉车服务就足够。

（4）关于增加工人后的“拆卸站”百分比利用率，请先查看一个工人时的百分比利用率，如图 3-24 所示。

当只有一个工人时，这个“拆卸站”的维修时间百分比利用率为 12.9%。请输入两个

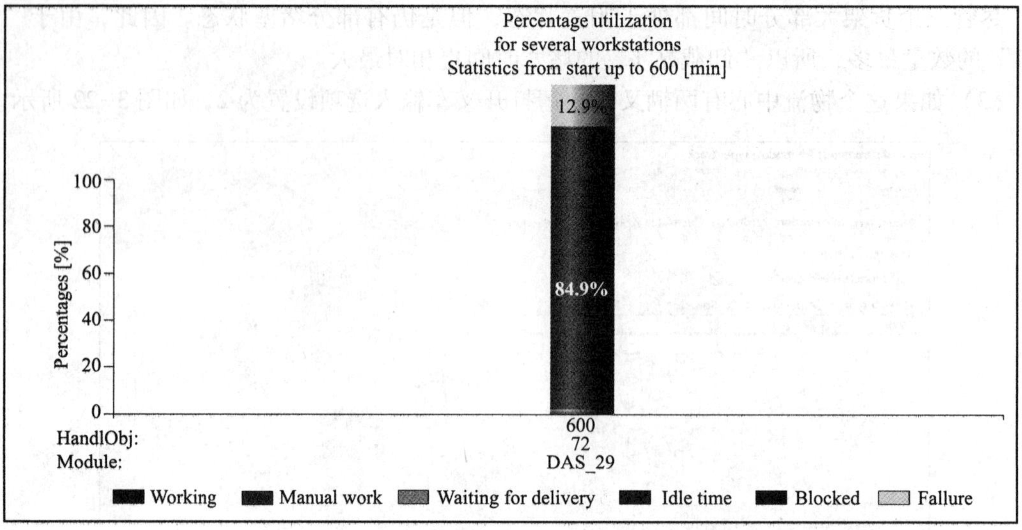


图 3-24　一个工人时的“拆卸站”百分比利用率

工人并增加一个“工作位置”，如图 3-25 和图 3-26 所示。

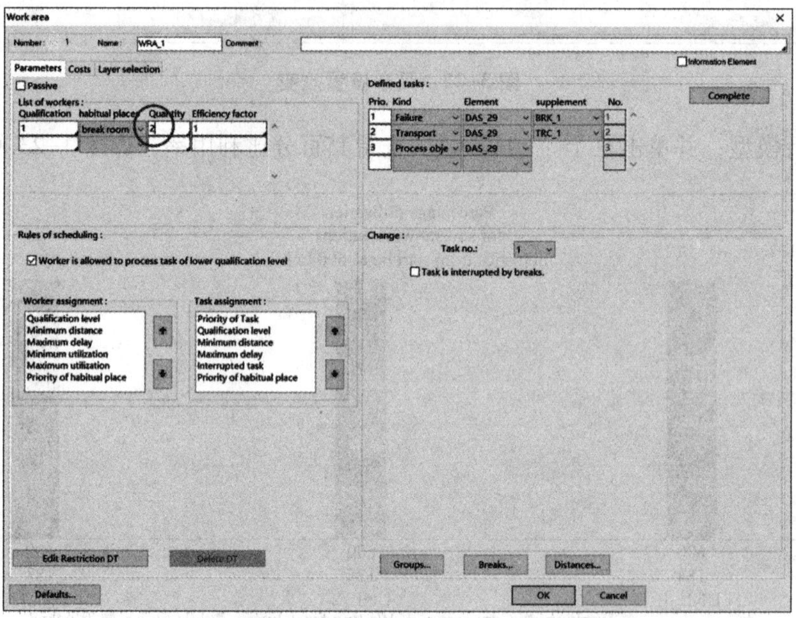


图 3-25　两个工人输入设置

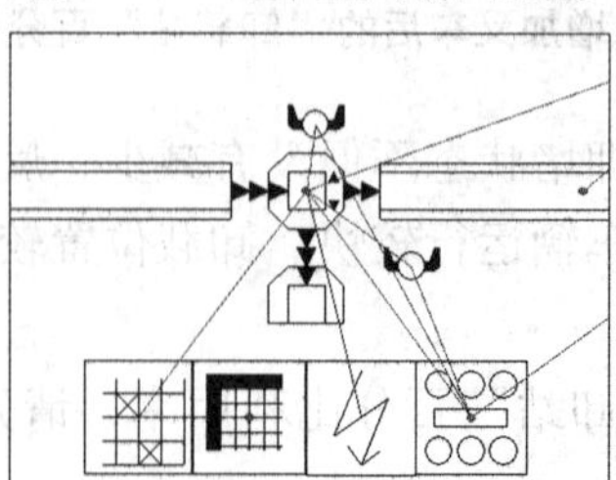

图 3-26　第二个“工作位置”

如果设置为两个工人，还需要同时打开“拆卸站”和“故障导入”，并增加工人同时工作最大数，如图 3-27 所示。

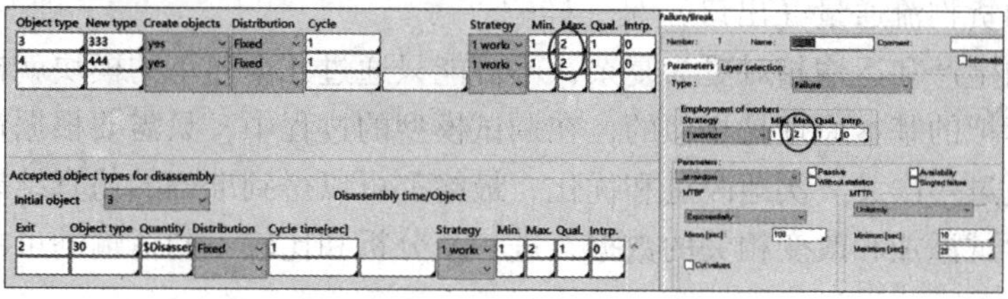

图 3-27 工人同时工作最大数

在第 2 个工人被输入后，再次查看“拆卸站”百分比利用率，如图 3-28 所示。

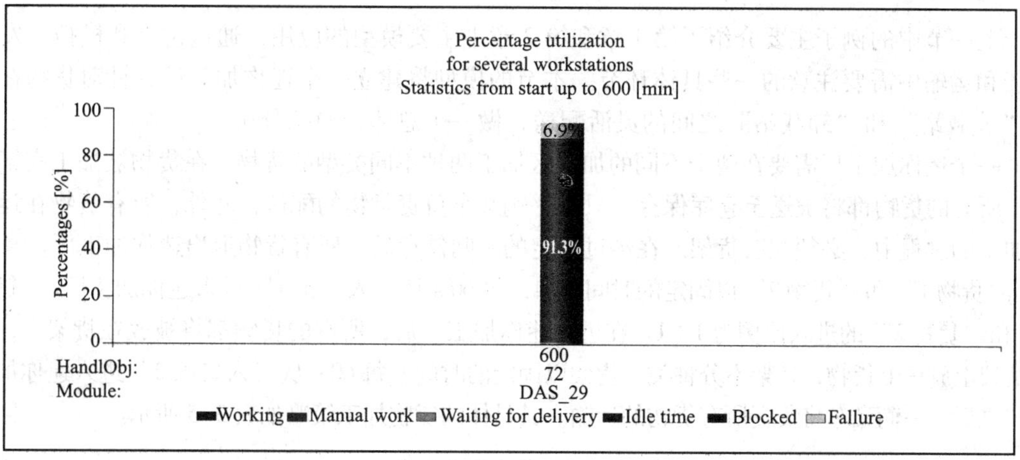


图 3-28 两个工人时的“拆卸站”百分比利用率

当物流中心“拆卸站”有两个工人同时服务时，“拆卸站”的维修时间减少了 6%。这就意味着，第 2 个工人可以帮助第 1 个工人分担同时到来的三个任务（维修、运输和拆卸）。也正是因为如此，“拆卸站”的维修时间有所减少。这里所添加的工人是必要的，因为理论上可以拆卸更多的货架。

（5）查看出口（“出口端 2”）在两种情况下的货物通过量。第一种情况：一个工人和一辆叉车；第二种情况：两个工人和两辆叉车。如图 3-29 所示。

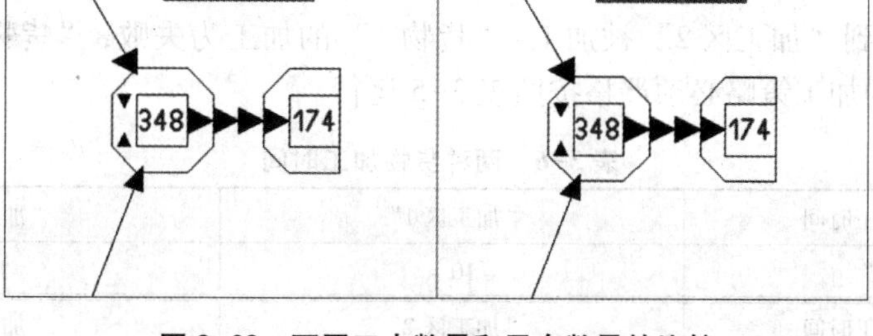


图 3-29 不同工人数量和叉车数量的比较

通过 DOSIMIS-3 货物出口的比较，对于这个物流中心，一个工人和一辆叉车已经为最优状态。尽管两个工人可以减少机器的维修时间，但是由于物流中心整体效率并没有提高，所以导致最终的货物流通量（出口）是一样的。

实际工厂的生产和运输相对更为复杂，不可能只通过几个简单的模块就模拟出整个物流中心。但仿真模拟的基本原理是相似的，在调试模型的过程中，只需要根据被模拟的对象不断做出调整，通过一次又一次地改进和优化，最终都可以得到准确的仿真结果。而通过这些结果，还可以尝试添加和改变相关的数据，进一步分析和比较不同运输的可能性。

## 3.2 迷你加工厂

上一节中的例子主要介绍了第 1 章和第 2 章中主要模型的应用，通过仿真和模拟，发现生产和运输中需要注意的一些具体环节。本节的模型将建立一个迷你加工厂，针对货物在不同“装载站”和“卸载站”之间的灵活配送，做一个总体的模拟分析。

一个迷你加工厂需要在两个不同的加工区加工两种不同类型的货物。在货物被加工完毕之后，所有的货物都将被送至仓库保存。只有一辆叉车负责货物的配送，此外，所有货物在运输和加工的过程中，必须配有货架。在经过一定的时间储存后，所有货物退出迷你加工厂。

“货物 1”和“货物 2”以固定的时间规律，每 60 s 从“入口源 1”进入迷你加工厂。“货物 1”和“货物 2”的进入比例为 1∶1。在进入迷你加工厂后，所有的货物都将被放在货架上，每个货架上放一个货物，货架不分种类。货架以固定的时间，每 60 s 从“入口源 2”进入迷你加工厂。之后，一辆叉车将负责所有货物的运输。其具体的货物加工策略如表 3-5 所示。

**表 3-5　货物加工策略**

| 加工顺序 | 第一站 | 第二站 | 仓储 |
|---|---|---|---|
| “货物 1” | “加工区 1” | “加工区 2” | “仓储区” |
| “货物 2” | “加工区 2” | “加工区 2” | “仓储区” |

“货物 1”首先被运至“加工区 1”进行加工，然后再被运至“加工区 2”再次加工，之后叉车需要把“货物 1”运至“仓储区”；“货物 2”首先被运至“加工区 2”进行加工，然后再被运至“加工区 2”再次加工，之后叉车需要把“货物 2”运至“仓储区”。这里需要注意的是，叉车的路线是逆时针运行，之间没有捷径也不可以倒车，如果叉车需要拾取下一个货物，必须按逆时针顺序绕到拾取点。如表 3-6 所示，如果“货物 1”只在“加工区 1”被加工或者先到“加工区 2”被加工，“货物 1”的加工为失败，“货物 2”的加工顺序同理。所有货物的加工策略必须严格按照表 3-5 运行。

**表 3-6　两种货物加工时间**

| “货物 1”加工时间 | “加工区 1” | “加工区 2” |
|---|---|---|
| “货物 1” | 10 s | 110 s |
| “货物 2”加工时间 | “加工区 2” | “加工区 1” |
| “货物 2” | 20 s | 120 s |

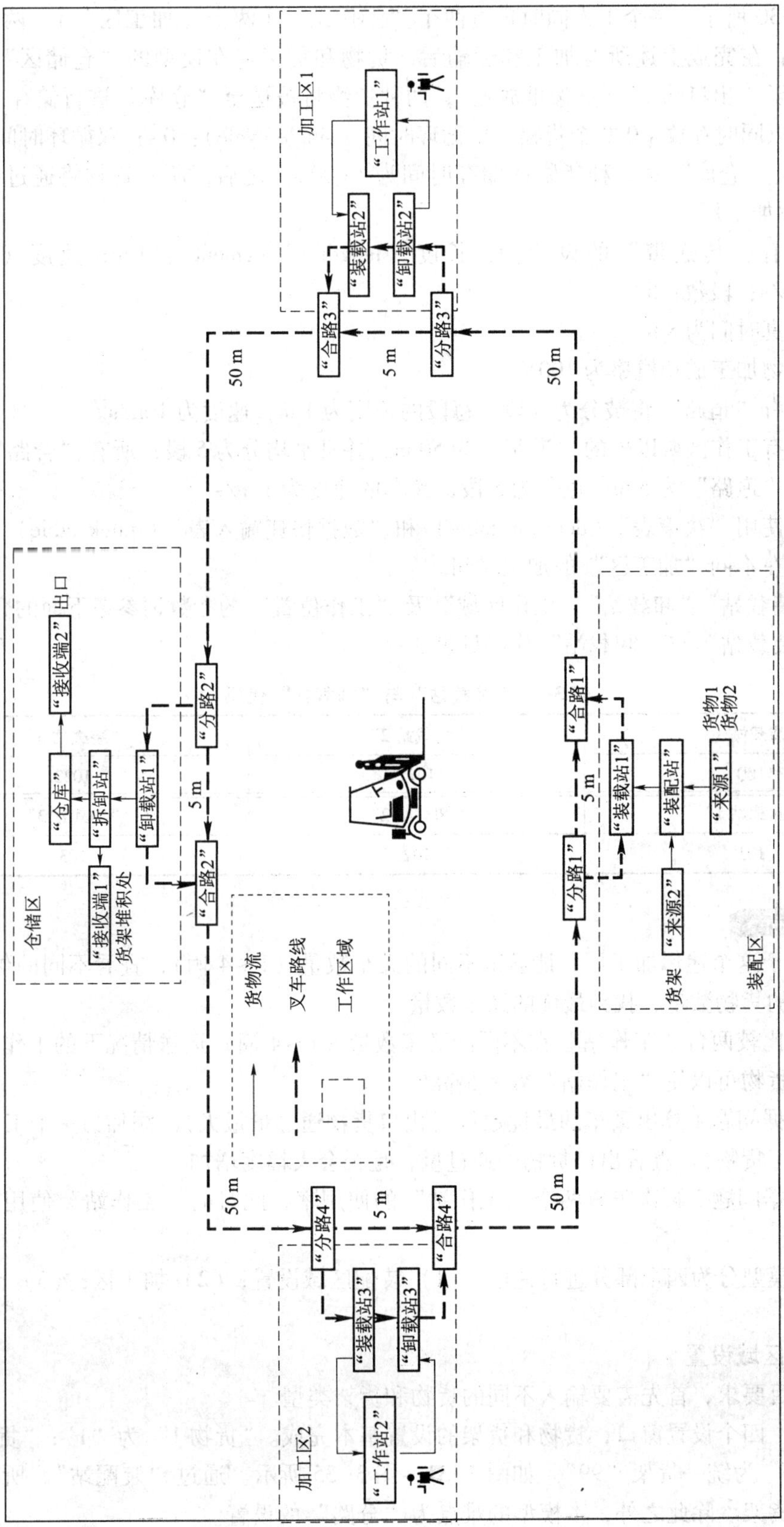


图 3-30 迷你加工厂布局图

如图 3-30 所示，一个工人同时负责两个“工作站”（两个“加工区”）。两种货物的加工时间为：在完成上述所有加工和运输后，货物和货架将在模型的“仓储区”被分离。货架将被送至“出口端 1”（货架堆放处），两种货物将被送至“仓库”进行储存。“仓库”的总容量可以同时存放 1 000 个货物。单循环时间（single cycle）：0 s；双循环时间（double cycle）：50 s。“仓库”对每种货物的储存时间为 1 000 s。之后，所有货物将通过“出口端 2”退出迷你加工厂。

（1）所有“传送带”的设置为：长度（length of segment）：1 m；速度（conveying speed）：1 m/s；段数：5。

（2）仿真时间为 8 h。

（3）货物加工成功概率为 100%。

（4）所有“道路”将被分为 3 段，每段的长度为 1 m，速度为 1 m/s。

（5）所有工作区域以外的“道路”为 50 m，并且平均分为 5 段；所有“合路”与“分路”之间的“道路”为 5 m，也分为 5 段；叉车的速度为 1 m/s。

（6）请使用“决策表”（decision table）和“数据快速输入表”（quick table）来控制两种“货物”在不同“加工区”的加工时间。

（7）“装载站”“卸载站”“工作区域”及“工作位置”的参数请参考下面的介绍。

（8）“装载站”与“卸载站”代码见表 3-7。

**表 3-7 “装载站”与“卸载站”代码**

| “装载站 1” | “装载站 2” | “装载站 3” |
|---|---|---|
| 100 | 1011 | 1022 |
| “卸载站 1” | “卸载站 2” | “卸载站 3” |
| 101 | 102 | 103 |

**结果分析**

（1）关于这个迷你加工厂，请尝试不同的叉车数量（1～4 辆），查看不同的仿真情况，并通过出口的货物数量，找到最优的叉车数量。

（2）试比较两台“工作站”在不同的叉车数量（1～4 辆）运送情况下的工作效率。几辆叉车运送货物可以使“工作站”效率最高？

（3）根据问题 1 算出叉车的最优数量（出口货物通过量最大），添加另一个工人（两个工人共同加工货物）。查看出口货物的通过量，是否会大幅度增加。

（4）根据问题 3 再次查看两个“工作站”的使用率，此时的“工作站”使用率是否有所减少。

把这个模型分为四个部分进行建模：（1）装配区域设置；（2）加工区；（3）仓储区 2；（4）其他。

**1. 装配区域设置**

根据题目要求，首先需要输入不同的货物和货架类型。

通过以上四个设置窗口，货物和货架的设置基本完成。“货物 1”为“1”；“货物 2”为“2”；“货架”为统一货架“99”。如图 3-31～图 3-35 所示。通过“装配站”，所有的货物都将被装上货架。除此之外，本模型的难点为“分路”的设置。

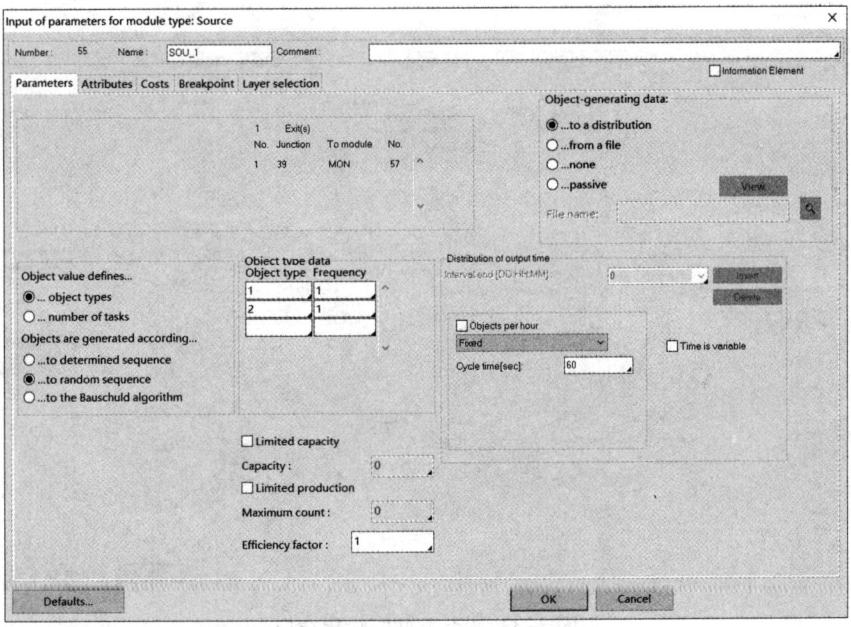


图 3-31 “入口源 1”货物的设置窗口

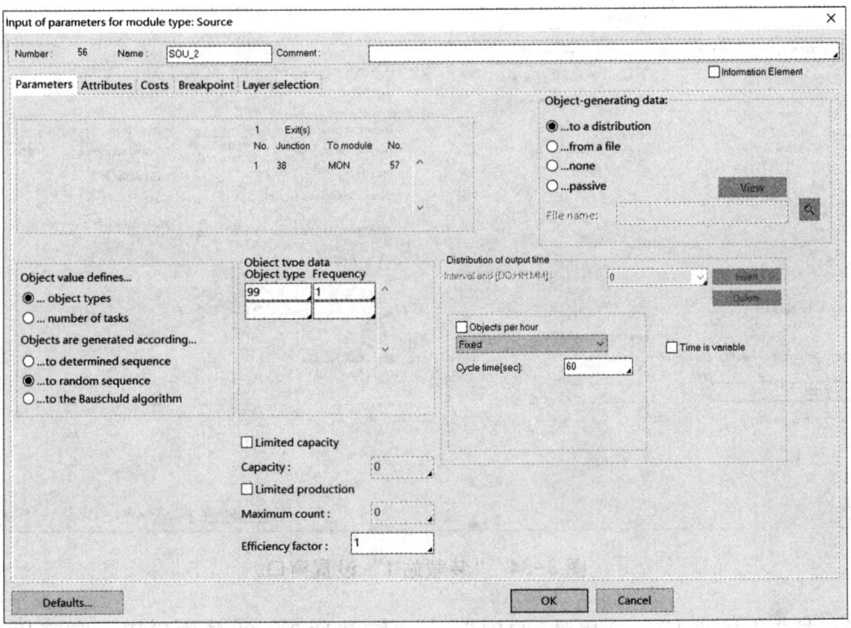


图 3-32 “入口源 2”货架的设置窗口

不同的“装载站”和“卸载站”都有自己的名称代码。图 3-36 的意思是：当叉车经过“装配区”时，需要考虑是否停下装载货物。当叉车为空时，也就是图 3-36 中“＊”所代表的状态，需要停在“装载站 1”进行装货；而如果叉车根据货物的加工策略，需要逆时针运送“货物 1”或者“货物 2”到下一个“工作站”或者“仓储区”进行加工或者卸载时，是不需要经过“装载站 1”的。所以，在图 3-36 右面的设置窗口中显示的“101”“102”

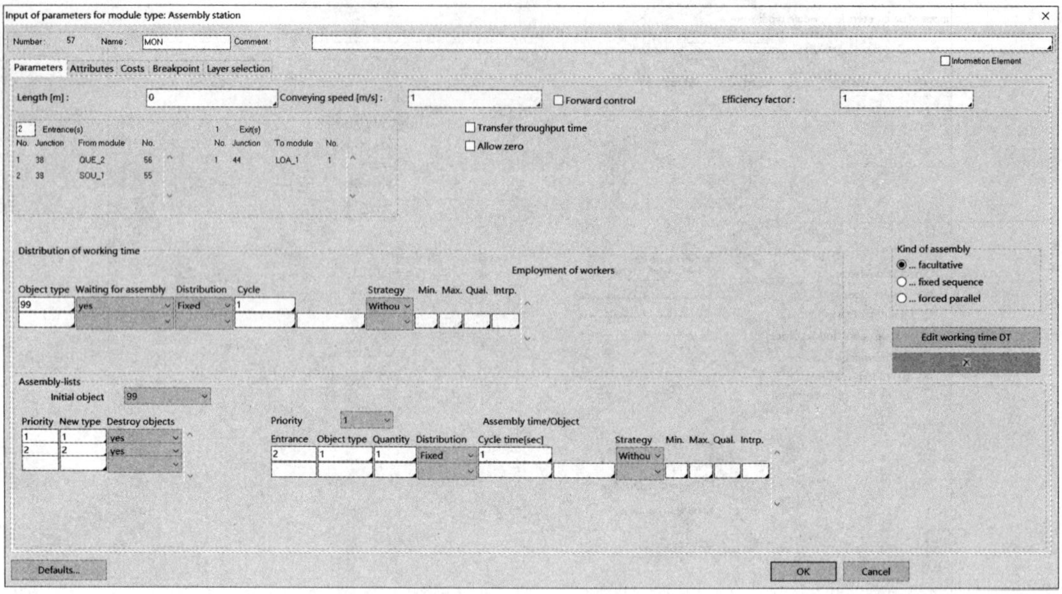

图 3-33 “装配站”设置窗口

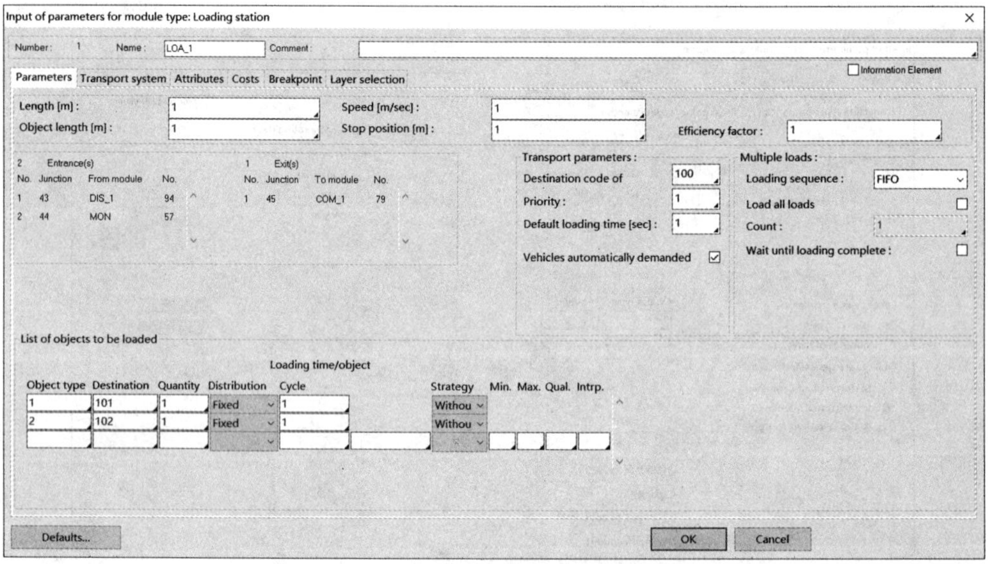

图 3-34 “装载站 1”设置窗口

“103”不经过“装载站 1”。这里的“101”为“卸载站 2”的名称代码，其意思为：“货物 2”在经过“工作站 2”加工后，需要被送至“工作站 1”继续加工。这里的“102”为“卸载站 3”的名称代码，其意思为：“货物 1”在经过“工作站 1”加工后，需要被送至“工作站 2”继续加工，理论上这个“102”的设置是不需要的，因为按照顺时针运送是不需要通过“分路 1”的，但如果叉车的数量大于一辆的话，“卸载站 3”就有可能临时在工作状态中，也就是说，为了不堵塞运送道路，这个叉车必须再跑一圈，以免使整个模型被堵塞，因此这里要写入“102”。关于“103”则代表被加工完的“货物 1”，此时其从“工作站 2”被送出，叉车通过逆时针运输把“货物 1”运送至“仓储区”，此时必须通过“分路

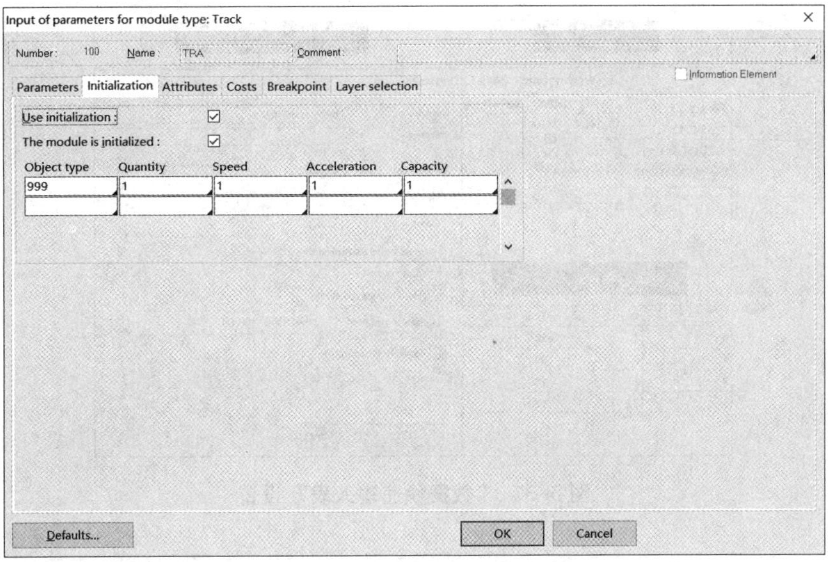


图 3-35 “叉车”设置窗口

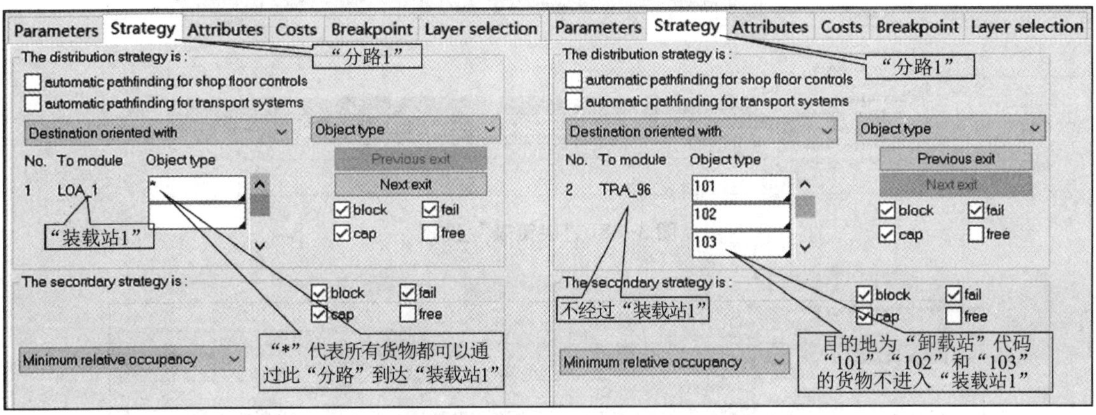


图 3-36 “分路 1”设置窗口

1”，而“仓储区”的“卸载站 1”的代码就是“103”。

**2. 加工区**

首先请输入相应的“决策表”和“数据快速输入表”作为加工时间的导入，如图 3-37 和图 3-38 所示。

根据“货物 1”和“货物 2”的加工时间，请手动添加 txt 文件，并输入以上加工时间。浮点数变量将自动赋值工作时间至两个“工作站”。这里要特别注意的是，图 3-39 中的“11”代表“货物 1”从“工作站 1”被加工后的名称代码，名称代码的改变是为了让叉车在“装载站”中不会搞错，继而把“11”运送到“工作站 2”继续加工。此时，请查看图 3-40 中的“11”，这里的“11”代表从“工作站 1”运来的“货物 1”在经过“工作站 2”加工后，“货物 1”的名称代码变为“33”。“货物 2”的加工步骤同理。在加工后，货物的名称代码已经改变了两次，所以请分别打开“装载站 2”“卸载站 2”“装载站 3”“卸载站 3”及其“分路”，如图 3-41～图 3-46 所示。

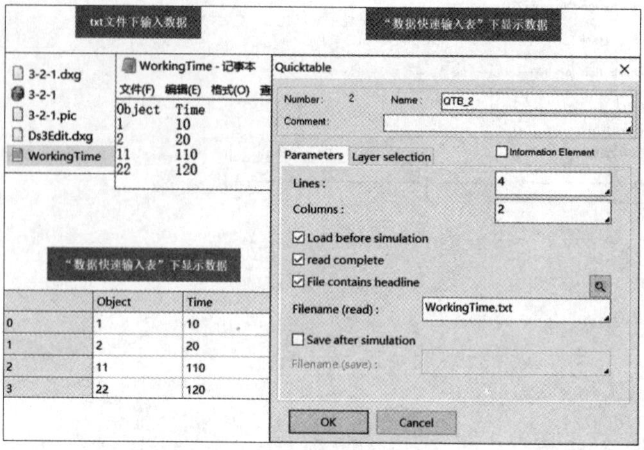

图 3-37 “数据快速输入表”设置

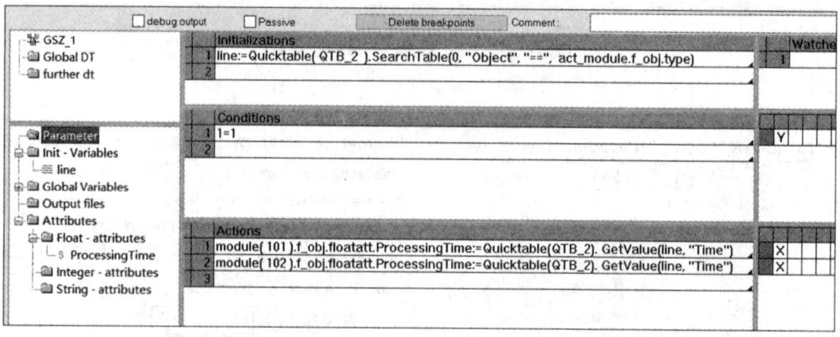

图 3-38 “决策表”设置

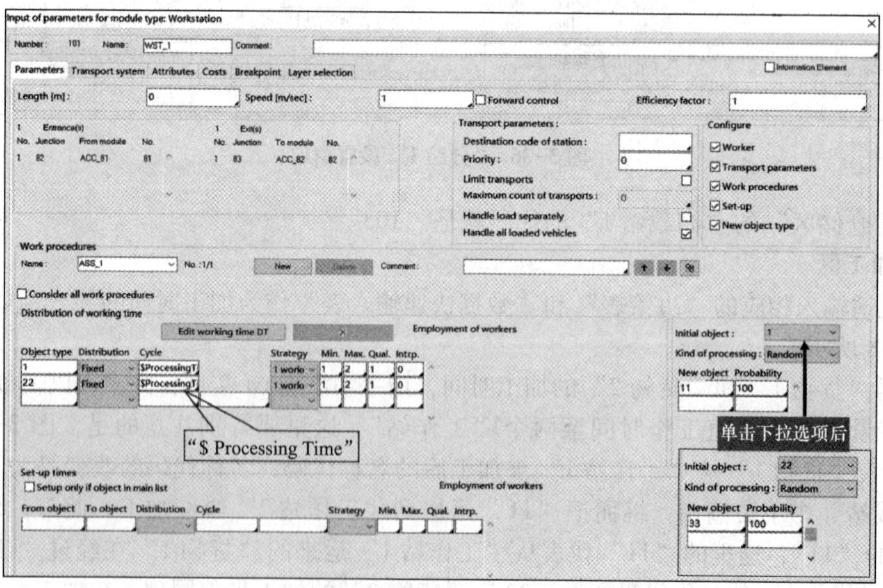

图 3-39 “工作站 1”设置

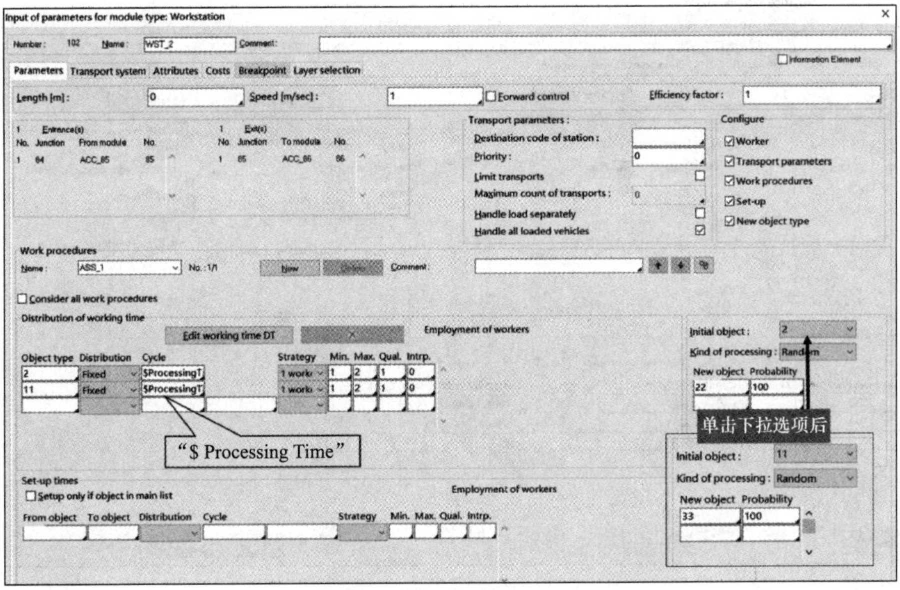


图 3-40 “工作站 2”设置

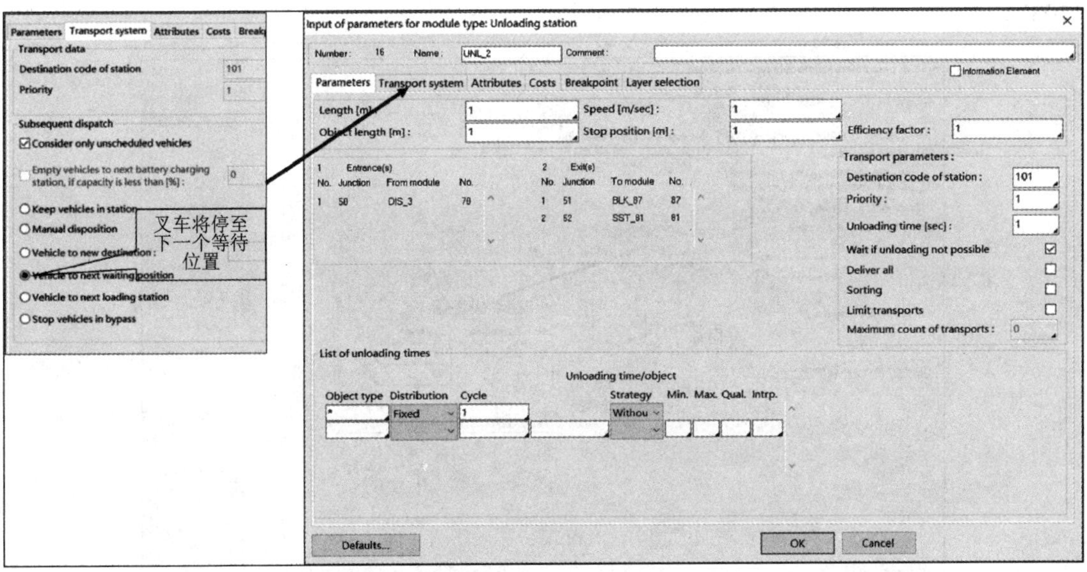


图 3-41 “卸载站 2”设置

“ * ”表示所有货物都可以在此被卸载，没有具体的限制，并且设置叉车的位置为下一个等待位置，因为如果叉车一直在这里等着，会造成不必要的堵塞。

由于“装载站 2”是“加工区 1”的装载站，而当“货物 1”被加工后的名称代码为“11”，所以“11”的下一处加工站是“加工站 2”，而“加工站 2”的目的地代码是“102”。同理，当“货物 2”被加工完毕后，新的名称代码为“33”，因为“货物 2”首先需要去“工作站 2”被加工，然后才需要到“工作站 1”被加工，所以这里的加工已经是最

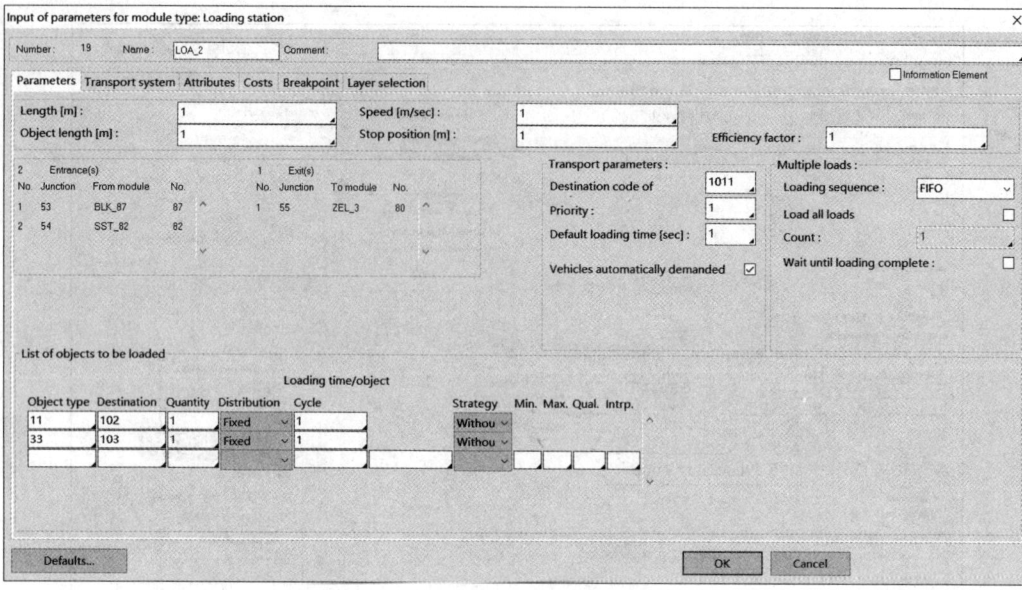


图 3-42 “装载站 2”设置

后的加工。在进行加工完毕后，需要被运送至“仓储区”，而“仓储区”的目的地代码为“103”。

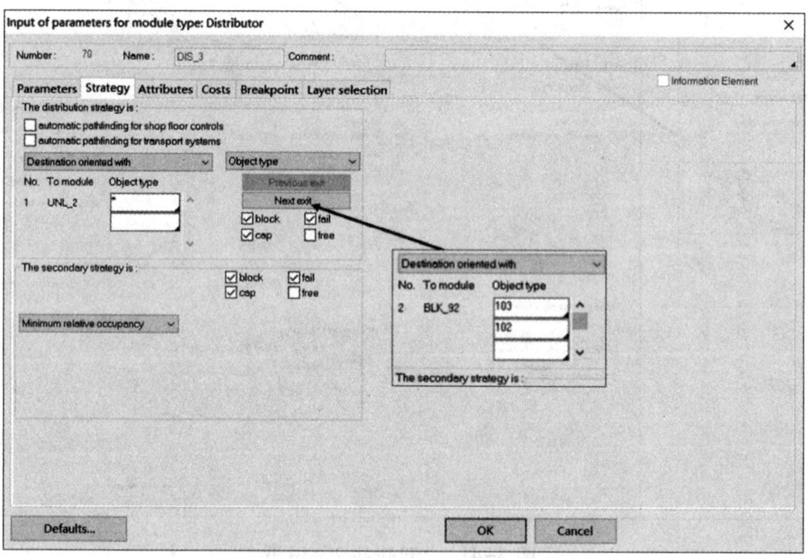


图 3-43 “分路 3”设置

这里的“102”和“103”分别为不需要在“加工站 1”被加工货物的目的地代码，也就是“货物 1”被加工完成后需要被送至“仓储区”(“103”）和“货物 2”首先需要在“加工站 2”(“102”）被加工。剩下的“101”可以被写作“＊”，表示所有货物。

在经过“工作站 2”加工后，被加工的“货物 1”完成所有加工变为“33”，其目的地代码为“103”，代表运至“仓储区”。“22”为“货物 2”经过第一次加工后，将被运至

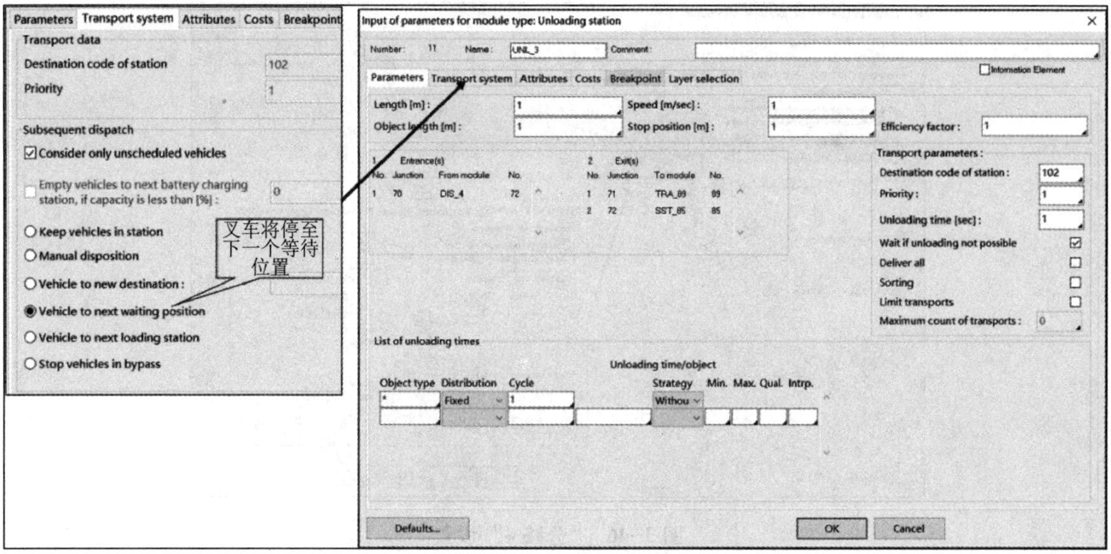


图 3-44 “卸载站 3”设置

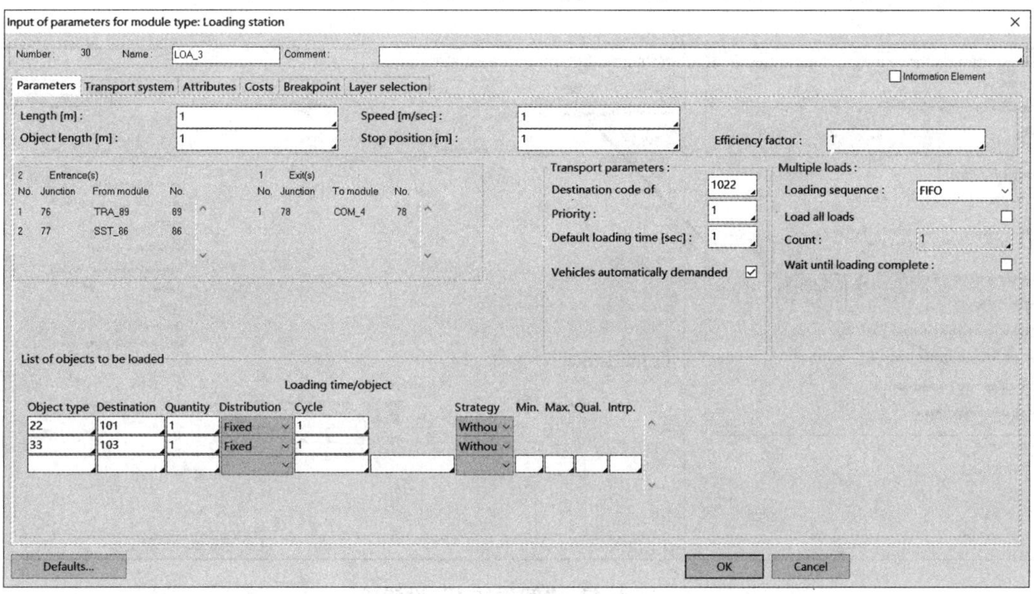


图 3-45 “装载站 3”设置

“工作站 1”再次加工，而“工作站 1”的目的地代码正好为“101”。

“分路 4”的具体作用为：“货物 2”被加工完成后不需要再次进入“加工站 2”，所以目的地代码为“103”，即将被运送至“仓储区”。此外，如果未被加工的“货物 1”被运送至此，也不能进入“加工站 2”被加工，因为货物加工策略规定，“货物 1”首先必须进入“加工站 1”被加工，然后才能进入“加工站 2”被加工。“＊”表示所有其他货物将从“卸载站 3”进入“加工站 2”。

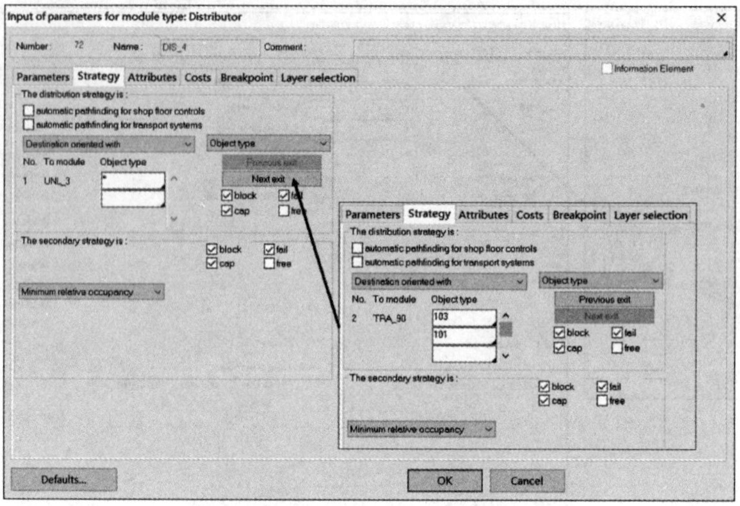


图 3-46 “分路 4”设置

### 3. 仓储区

“仓储区”中的“卸载站 1”和“分路 2”的设置如图 3-47 和图 3-48 所示。

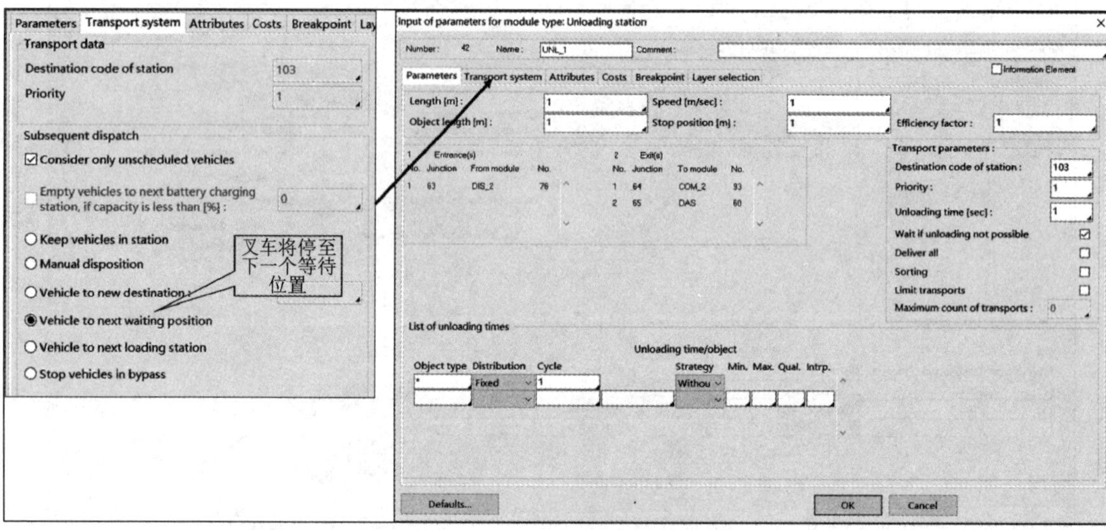


图 3-47 “卸载站 1”设置

叉车的位置为下一个等待站，以免造成堵塞。此“卸载站”的代码为“103”。

这里需要通过的货物为：从“加工站 1”出来的“货物 1”和从“加工站 2”出来的“货物 2”都需要通过此“分路”。

“货物 1”和“货物 2”在完成加工后，需要在此拆卸货架。如图 3-49 所示，两个“＊”代表货物的代码将不做改变，同时被拆卸的货物代码为“99”，控货架将被放置在“货架堆积处”。所有货物将进入“仓库”。

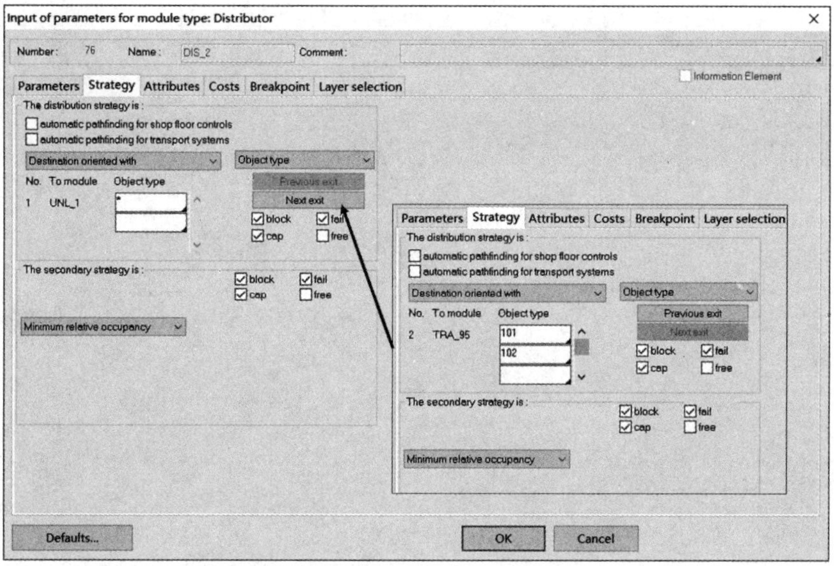


图 3-48 “分路 2”设置

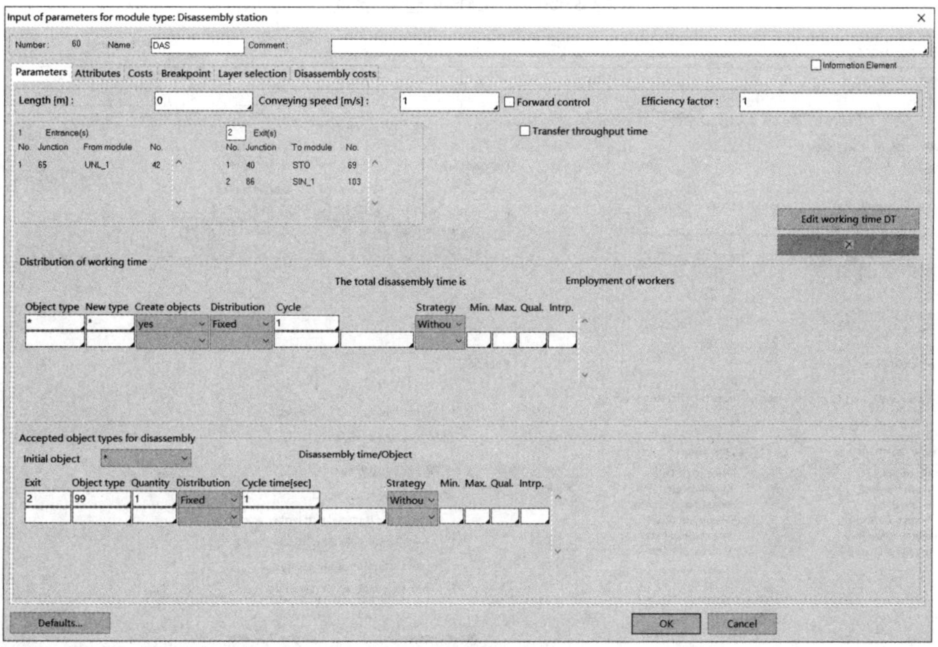


图 3-49 货架的拆卸

**4. 其他**

除了以上设置外，还需设置“工作位置”和“工作区域”，如图 3-50 和图 3-51 所示。

首先需要设置一个工人，这个工人的负责区域为“工作站 1”和“工作站 2”，此时的工人数量为 1，而之后的结果分析会改变工人的数量。

通过以上输入，得到 DOSIMIS-3 模型如图 3-52 所示。

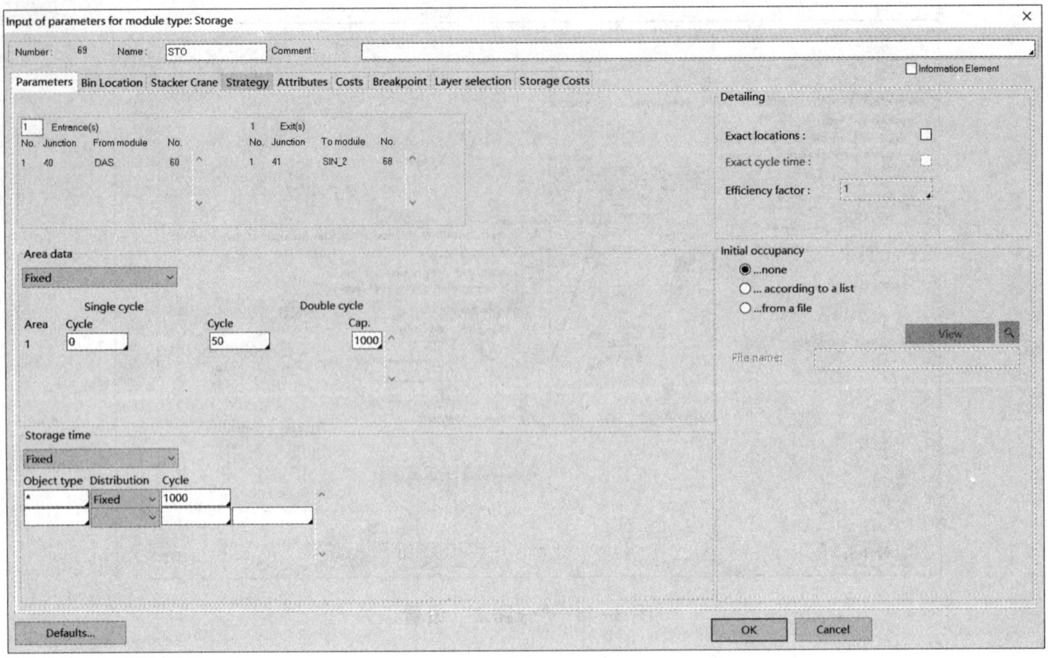


图 3-50 “工作位置”设置

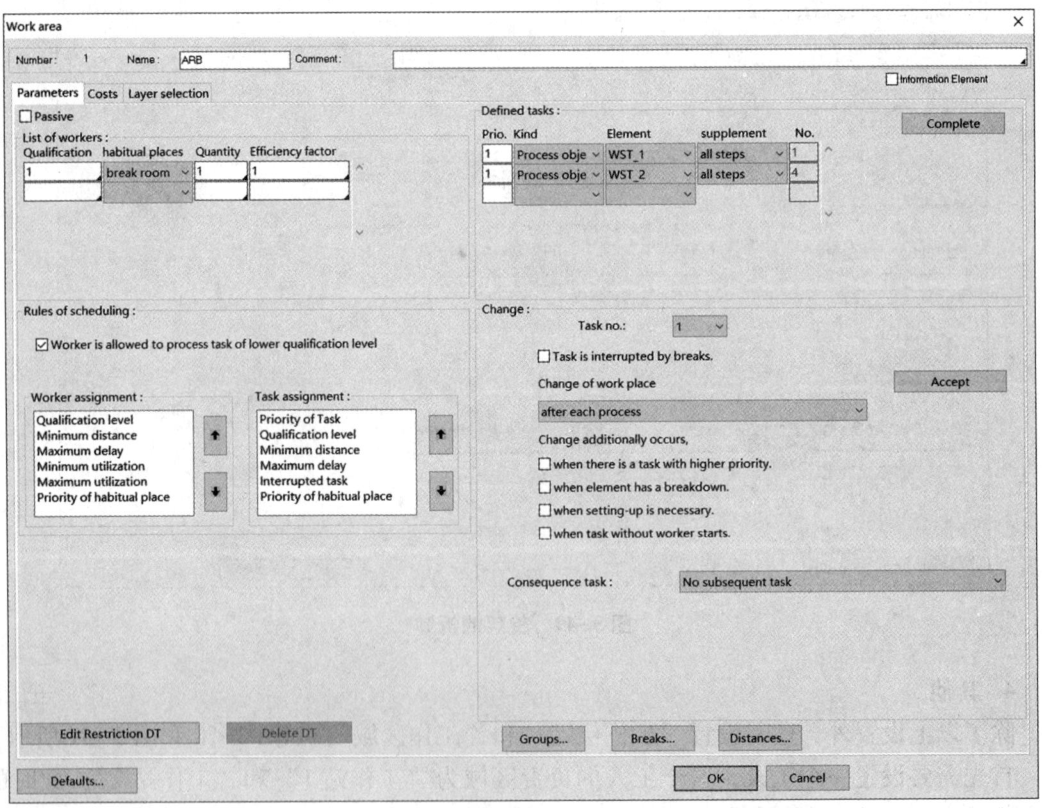


图 3-51 “工作区域”设置

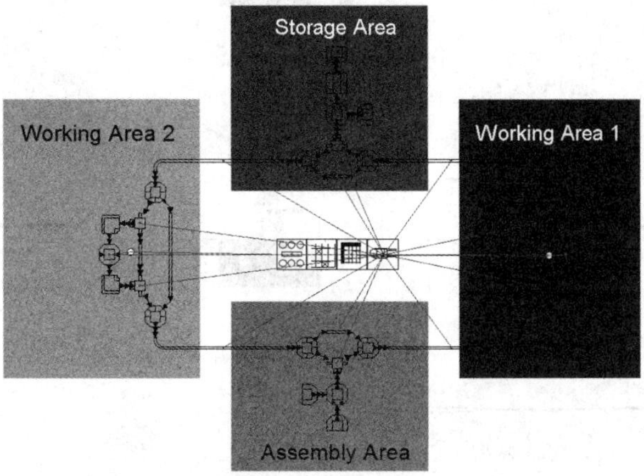


图 3-52 DOSIMIS-3 中迷你加工厂布局图

请运行模型，并分析之前的四个问题。

（1）分别输入 1～4 辆叉车查看出口的货物通过量。

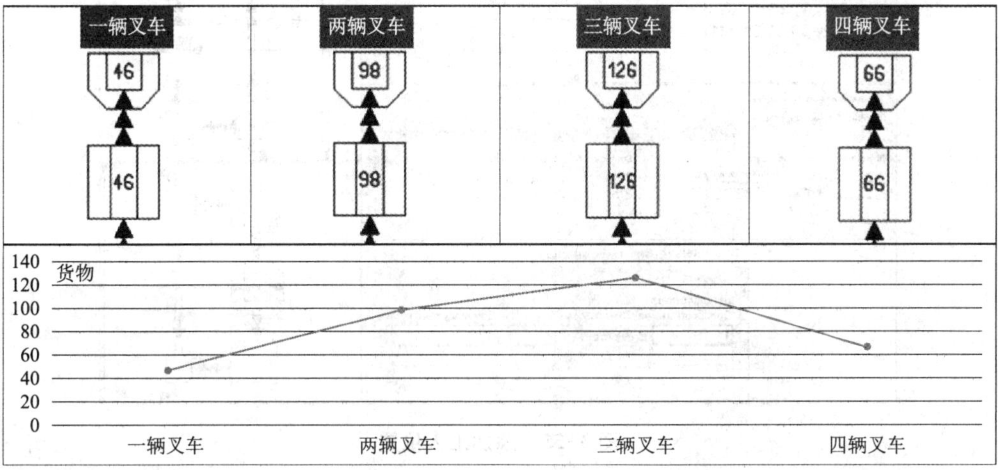


图 3-53 不同数量的叉车在模型中的运送量

如图 3-53 所示，通过仿真结果可以清楚地发现，在这个迷你加工厂内，三辆叉车同时工作是最优的结果，在 8 h 的运送当中总共有 126 个货物被加工并从出口被运出。

（2）查看不同叉车数量下的“工作站”效率。

由于加工位置的原因，“工作站 1”的使用率始终比“工作站 2”要高，如图 3-54 所示，两个“工作站”使用率最高的是当有四辆叉车的情况下。而在叉车数量最优的情况（3 辆）下，“工作站”的使用率只有 40% 左右。

（3）在三辆叉车最优数量的前提下，加入一个工人，查看出口货物的通过量，是否大幅度增加。

请设置工人并添加另外的“工作位置”。如图 3-55 所示，在添加另一个工人后，被加工货物的数量不但没有大幅度增加，反而减少了 3 个货物，造成这个现象的原因是：首先，

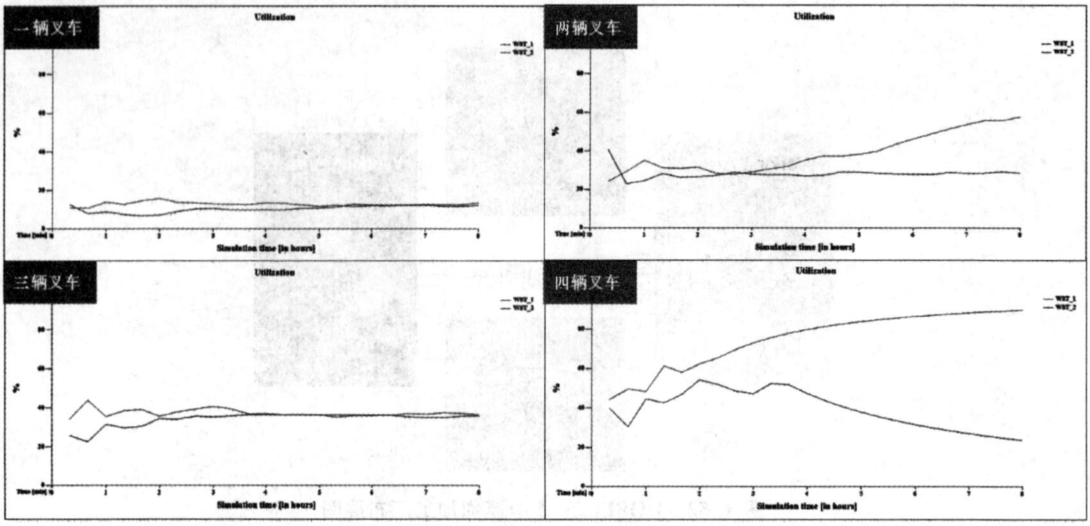


图 3-54　不同叉车数量下的“工作站”使用率

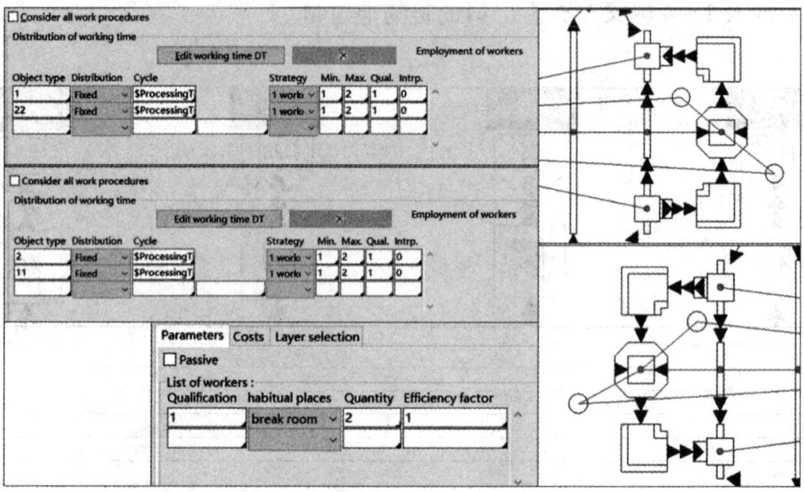


图 3-55　添加工人位置

被加工的货物频率并不是很高，所以在增加了另一个工人后，数量并没有增加。其次，由于图 3-55 中“Max：2”设置的原因，即在完成一个货物加工的同时，最多可以有两个工人一起加工，但这并没有起到任何作用，见图 3-56。所以在这个模型中，没有必要增加另一名工人。

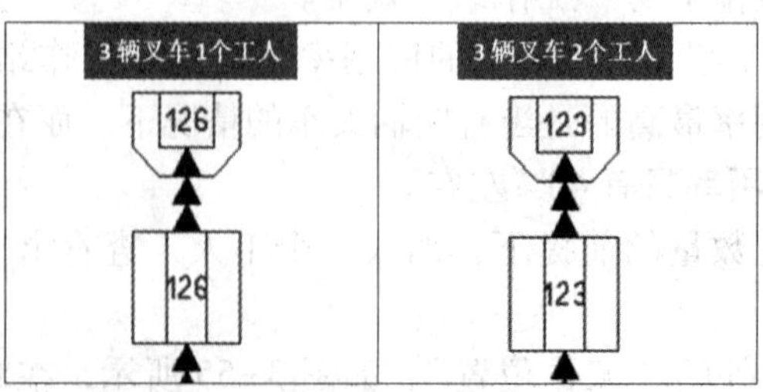


图 3-56　两个工人共同工作的结果

（4）虽然出口的货物数量没有增加，但是两个“工作站”的使用率理论上应该有所减少，请查看“工作站”的使用率是否有所减少。

如图 3-57 所示，和预计一致，由于添加工人数量，两个“工作站”加工货物的时间相对快了些，也就是“工作站”的使用率降低了。在三辆叉车和两个工人的情况下，两个“工作站”的使用率都降低超过 10%。

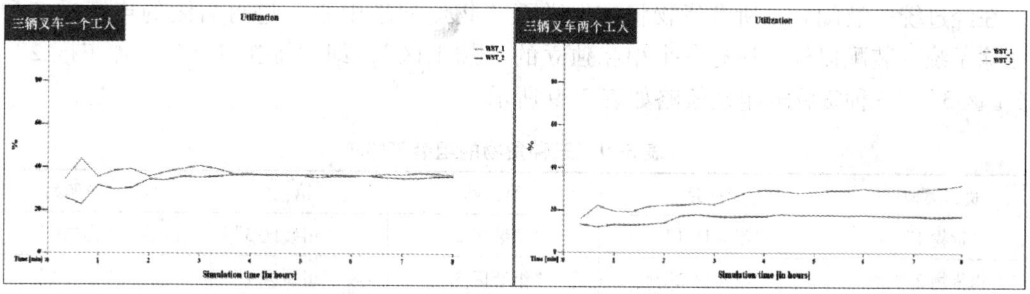


图 3-57　增加工人后的“工作站”使用率

## 3.3　迷你物流配送中心

本节将主要通过货物目的地代码（destparam）的形式来配送货物。在货物被生成后，所有货物都将被赋值目的地代码。在每次加工后，目的地代码将被重新赋值，所有的组装和配货都将通过“决策表”被控制。该模型的关键除了“决策表”的赋值语句和目的地代码的改变，“多功能节点”也将作为物流配货中心，控制着所有货物的配送和接收。

三种不同类型的货物在入口与零件组装后，将被发送至各个“加工区”连续拆卸和装配，由于加工的地点不同，每个加工区都有不同的零件被装配和拆卸。也就是说，每个加工区将配置相应的“装配站”和“拆卸站”。控制货物配送的模块叫作“物流配送中心”，该“物流配送中心”由一个“合路”和一个“多功能节点”组成，其具体功能为货物的接收和重新分配。这意味着，当货物被拆卸和装配完毕后，该“物流配送中心”会把货物发送至下一个加工区，直到拆卸和装配全部完毕。最后，不同的货物将从不同的出口被运出。此外，“入口源 2”“入口源 3”“入口源 4”和“入口源 5”分别产生各个“加工区”各自的零件。

“货物 1”“货物 2”和“货物 3”从“入口源 1”进入“发货区”。三种货物将以固定的时间，即每 20 s 被产生一个，三种货物的产生频率为 3∶2∶1。在被发出之前，三种货物需要在“发货区”统一和“入口源 2”发出的零件组装，之后再被运到其他“加工区”分别组装。由于货物种类的不同，三种货物在“装配站 1”处将与不同数量的零件进行组装。如表 3-8 所示。

**表 3-8　不同货物统一装配的零件个数**

| 货物类型 | 零件个数 |
|---|---|
| “货物 1” | 4 |
| “货物 2” | 5 |
| “货物 3” | 6 |

在经过统一装配后，所有货物将被发送至“物流配送中心”进行后续的连续拆卸和装配。除了统一装配以外，还有三个相互独立的“加工区”，即“加工区 1”“加工区 2”和“加工区 3”。三种货物的组装策略如表 3-9 所示。

**表 3-9　三种货物的组装策略**

| 货物类型 | 第一站 | 第二站 | 第三站 | 第四站 |
|---|---|---|---|---|
| “货物 1” | “组装区 1” | “组装区 2” | “组装区 3” | “出口 1” |
| “货物 2” | “组装区 2” | “组装区 3” | “组装区 1” | “出口 2” |
| “货物 3” | “组装区 3” | “组装区 1” | “组装区 2” | “出口 3” |

除此之外，不同“加工区”都将产生各自不同的零件与货物进行装配和拆卸。具体的装配和拆卸数量如表 3-10 所示。

**表 3-10　三种货物的零件装配和拆卸数量**

| 站点 | 货物 1 | 货物 2 | 货物 3 |
|---|---|---|---|
| “装配站 2” | 2 | 3 | 4 |
| “装配站 3” | 2 | 3 | 4 |
| “装配站 4” | 2 | 3 | 4 |
| “拆卸站 1” | 2 | 3 | 4 |
| “拆卸站 2” | 2 | 3 | 4 |
| “拆卸站 3” | 2 | 3 | 4 |

最后，在完成上述组装步骤后，所有货物将重新被发送至“物流配送中心”，该中心会将所有货物发送至不同的出口。“货物 1”将被发送至“出口 1”，“货物 2”将被发送至“出口 2”，“货物 3”将被发送至“出口 3”。

**数据**

（1）“传送带 1”“传送带 2”“传送带 3”的设置。长度（length of segment）：1 m；速度（conveying speed）：0. 1 m/s；段数（capacity）：5。剩下所有“传送带”设置为长度（length of segment）：1 m；速度（conveying speed）：1 m/s；段数（capacity）：5。

（2）请使用“决策表”来控制“传送带 1”“传送带 2”“传送带 3”的占用率，使货物的运输永远选择占用率少的“传送带”，保证其不会拥堵。

（3）请使用“决策表”改变货物的目的地参数，实现表 3-10 中不同货物的加工策略。

（4）请使用“决策表”和“数据快速输入表”来控制不同货物在不同“组装区”的装配和拆卸数量。

（5）“出口 1”中“出口端”为正态分布（normal）：平均值（mean）30 s；偏差

(deviation) 3 s。

“出口 2” 中 “出口端” 为正态分布 (normal): 平均值 (mean) 40 s; 偏差 (deviation) 4 s。

“出口 1” 中 “出口端” 为正态分布 (normal): 平均值 (mean) 80 s; 偏差 (deviation) 8 s。

所有零件生成都为 1 s, “入口源 2” “入口源 3” “入口源 4” 和 “入口源 5” 为零件生成模块。

三个出口的接收概率分别为:

“出口 1”“出口端 4”: 正态分布 (normal), 平均值 (mean): 30 s; 偏差 (deviation): 3 s。

“出口 2”“出口端 5”: 正态分布 (normal), 平均值 (mean): 40 s; 偏差 (deviation): 4 s。

“出口 3”“出口端 6”: 正态分布 (normal), 平均值 (mean): 80 s; 偏差 (deviation): 8 s。

仿真时间: 1 d。

**难点分析**

(1) 如何使不同种类的货物在不同的加工区域被多次组装或者加工, 是本节的主要难点。

(2) 如何通过 “决策表” 去控制不同数量的零件和不同种类的货物在不同的加工区被装配或者拆卸, 是此模型介绍的重点。

(3) “物流配送中心”(“合路” + “多功能节点”) 的作用在此模型中至关重要。如何通过 “多功能节点” 合理发送货物至各个加工区, 是此模型可以合理运转的关键。

**结果分析**

(1) 在所有的货物被加工完成后, 查看三个出口前的 “传送带” 占用率拥堵状态。分析三个 “传送带” 需要改进的必要性。

(2) 根据实际改进的可能性, 逐步减少在三个出口前 “传送带” 的占用率。

如图 3-58 所示, 该模型由三个部分组成: ① 发货区; ② 加工区; ③ 物流配货中心。根据不同的区域设计, 可以从以下三个方面建立模型。

**1. 发货区**

该区域主要负责货物的生成和第一次货物装配及货物的第一次运送。这一部分需要借助 “决策表” 对零件的数量进行控制, 为了避免和后面不同的组装区域混淆, 可以单独建立 “决策表” 和 “数据快速输入表”。如图 3-58 所示, “入口源 1” 主要负责货物的生成, “入口源 2” 主要负责零件的生成。“入口源 2” “入口源 3” “入口源 4” “入口源 5” 负责生成不同的零件, 使用者可以按照自己的需要设定不同零件的代码, 产生时间为: 每个 1 s。如图 3-59 所示。

为了使用 “决策表” 和 “数据快速输入表” 自动添加组装数量, 请在模型文件夹手动建立 txt 文件并输入数据。如图 3-60 所示, 为了方便输入, 设置发货区 txt 文件名为 “x”, 根据题中的需要手动输入不同货物装配的零件数量分别为 “4” “5” “6”。同时需要设置 “决策表”, 来控制不同的数量赋值, 如图 3-61 所示。

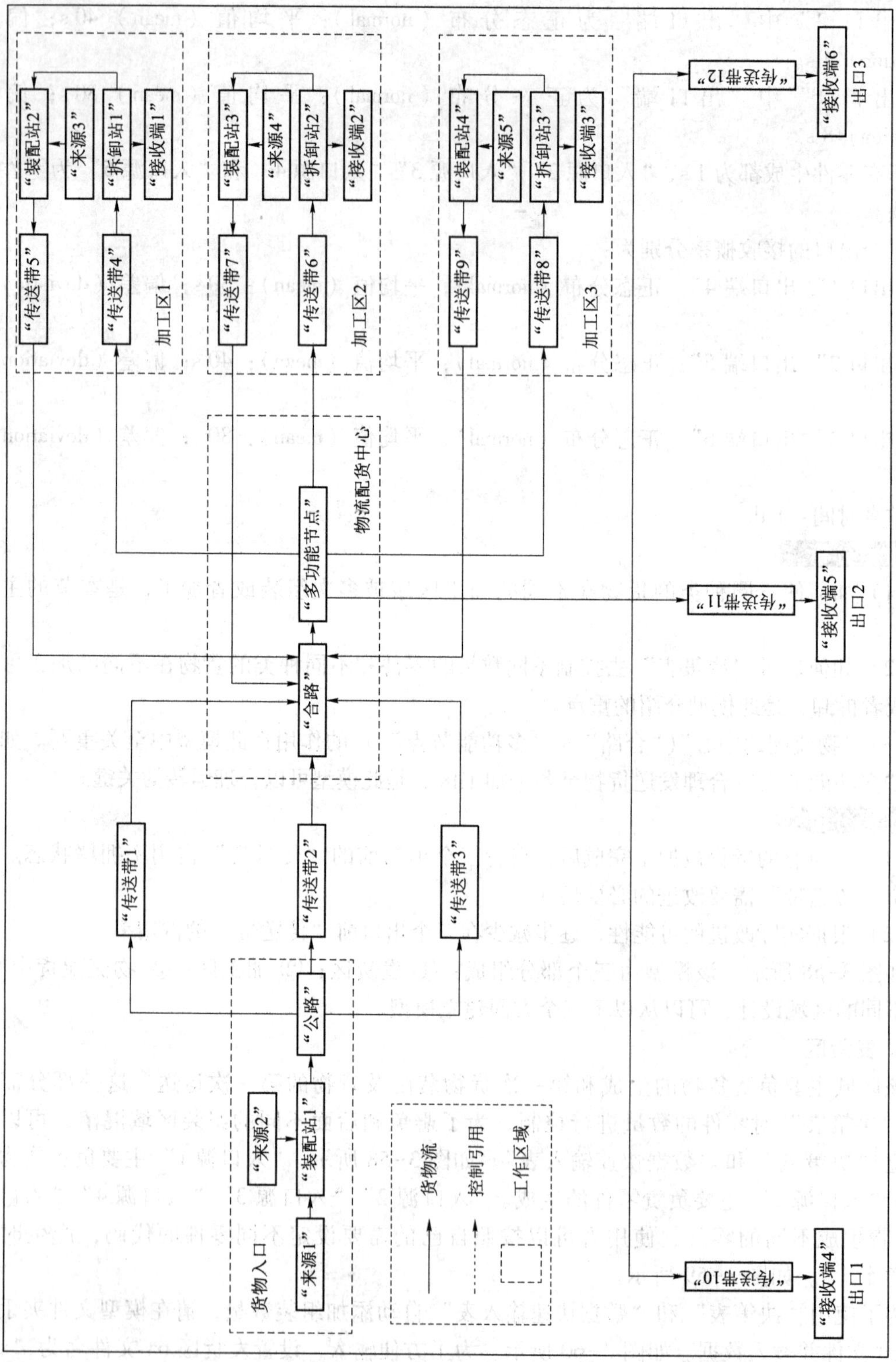


**图 3-58　迷你物流配货中心布局图**

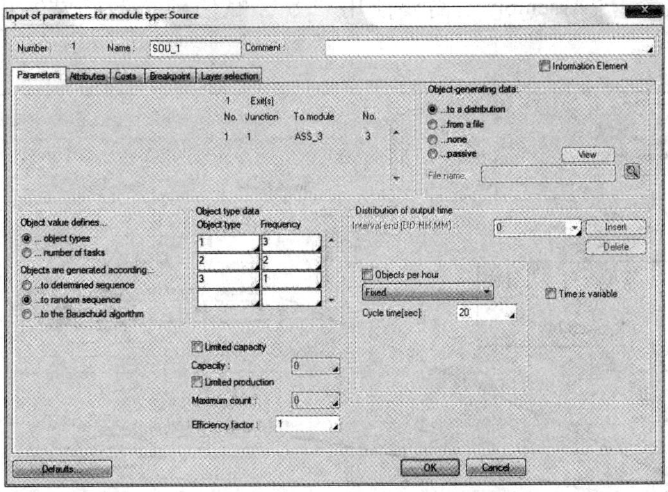


图 3-59 货物生成设置

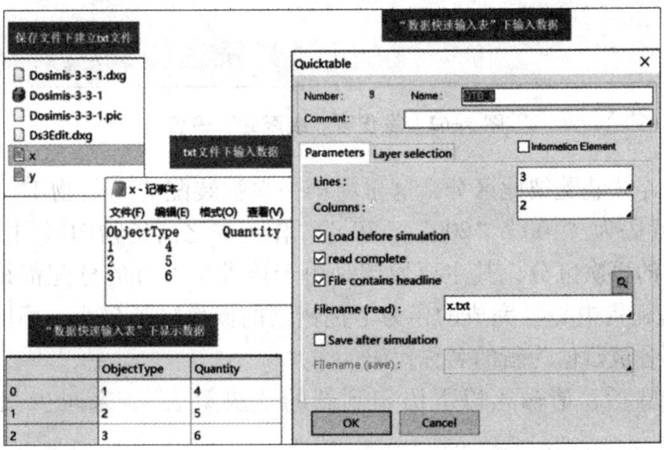


图 3-60 发货区“数据快速输入表”设置

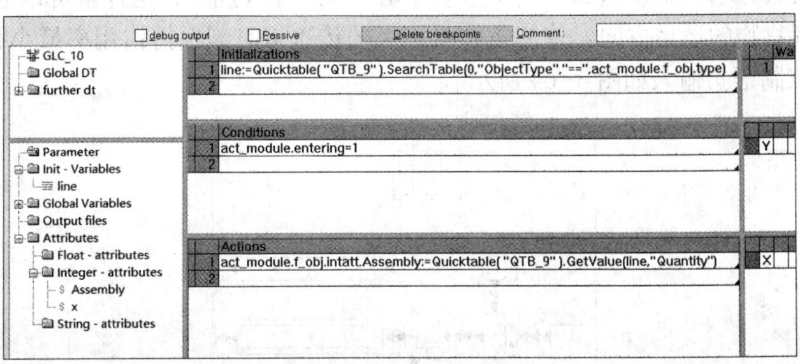


图 3-61 发货区“决策表”设置

当货物进入“装配站”时，被设置的整数变量“Assembly”就会从“数据快速输入表”中找到相应货物对应的零件数量进行赋值。由于“入口源 2”产生的零件是相同的，这里可以直接赋值零件数量。“Assembly”需要使用“$”赋值到“装配站”中的装配数量，如图 3-62 所示。

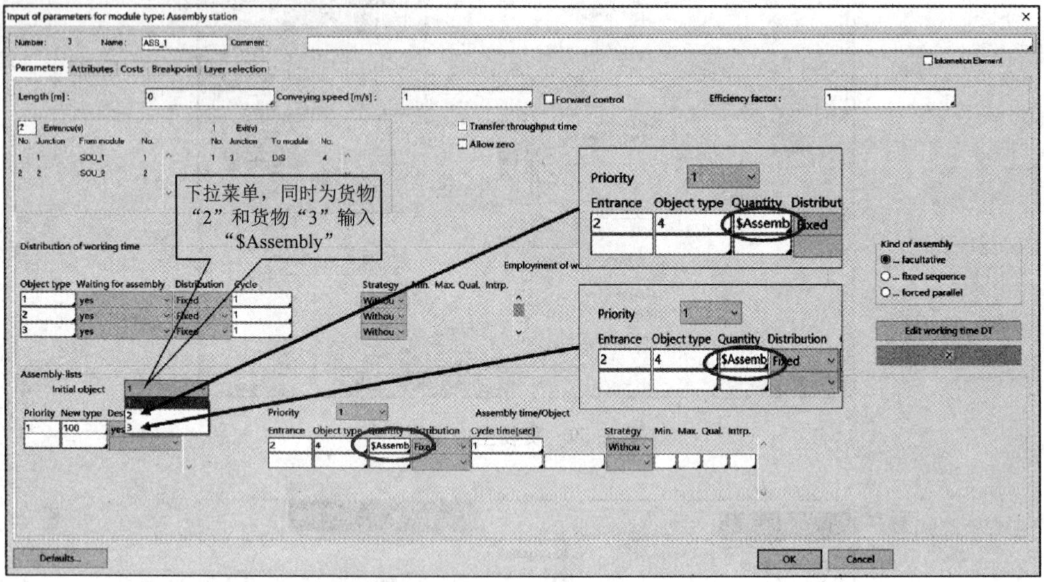


图 3-62 发货区“装配站”设置

为了和后面的连续装配彼此区分，这里将第一次被装配的“货物 1”“货物 2”“货物 3”赋值新的名称代码为“100”“200”“300”，作为与之前货物的区别。这么做是为了后续连续装配后货物的再次区分，其主要原因是由于该模型所有的分配都是由一个“多功能节点”作为“物流配货中心”完成的，为了把错误的概率降到最小，不同的货物在每次拆卸或者装配后，都会被赋值为新的名称代码。

在完成以上步骤后，请输入以下语句到新的“决策表”，来减少三条发送道路的占用率。

如图 3-63 所示，控制通过量的“决策表”首先和“分路”相连接，并且把“分路”作为施动模块去影响三条发送到“物流配货中心”的“传送带”，这样就可以通过不同货物的进入来控制货物的运送方向，使三条容量不大的传送带时刻保持占用率最小状态。“决策表”通过量控制语句输入如图 3-64 所示。

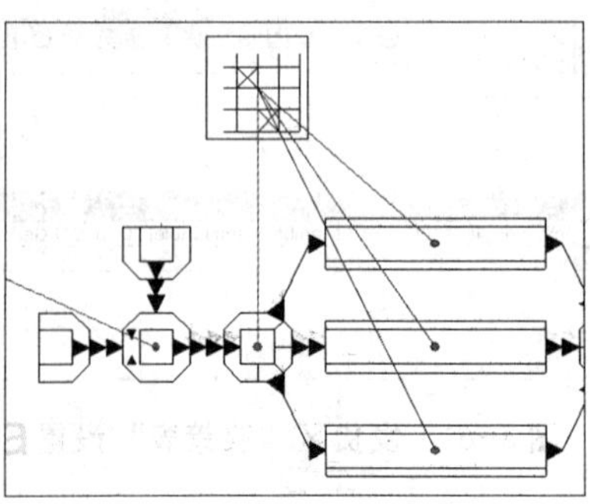

图 3-63 “决策表”通过量控制连接

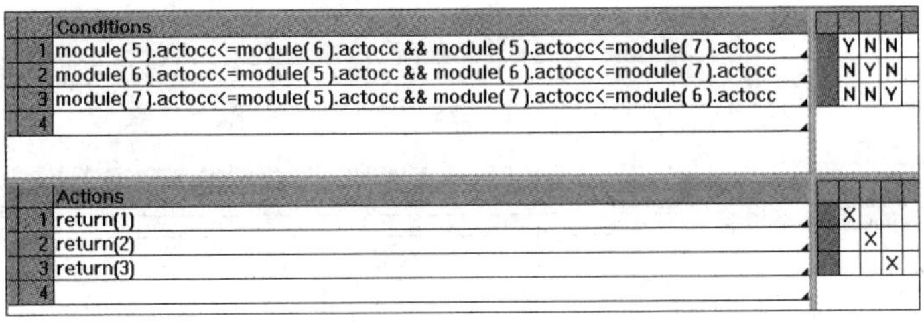


图 3-64 “决策表”通过量控制语句输入

“Module（5）”为“传送带 1”；“Module（6）”为“传送带 2”；“Module（7）”为“传送带 3”。这里的逻辑关系为：当“传送带 1”的占用率小于“传送带 2”，同时“传送带 1”的占用率小于“传送带 3”时，所有货物将被发送至“传送带 1”；当“传送带 2”的占用率小于“传送带 1”，同时“传送带 2”的占用率小于“传送带 3”时，所有货物将被发送至“传送带 2”；当“传送带 3”的占用率小于“传送带 1”，同时“传送带 3”的占用率小于“传送带 2”时，所有货物将被发送至“传送带 3”。这样一来，三条“传送带”的占用率必然相似，并且可以把“传送带”的拥堵减少到最小。

**2. 加工区**

如图 3-65 所示，为了确定不同货物在相同的“装配站”和“拆卸站”被装配和拆卸不同的零件数量，所有被拆卸和装配后的货物必须被赋值新的名称代码，然后通过“物流配送中心”再次被配送至新的组装区。根据组装和拆卸策略，请首先设置“决策表”和“数据快速输入表”来实现零件数量自动赋值。

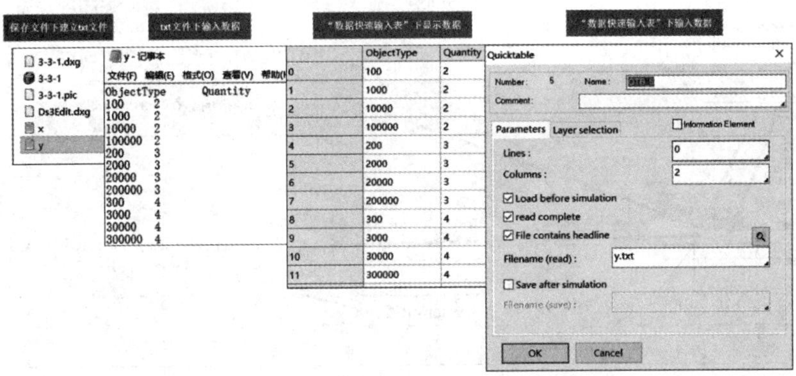


图 3-65 “数据快速输入表”零件装配和拆卸数量设置

txt 文件中“y”代表不同“装配站”和“拆卸站”需要装配和拆卸的零件数量。“Quantity”是按照表 3-9 的组装策略准备的。由于行数太多，这里可以简写成“0”行。

由于在货物统一装配的时候已经使用整数变量“Assembly”，所以不能再使用，这里的整数变量为“Assembly2”，如图 3-66 所示。

图 3-67～图 3-72 为不同工作区“装配站”和“拆卸站”的设置。在所有货物从“发货区”统一被装配后，“货物 1”的名称代码为“100”；“货物 2”的名称代码为“200”；“货物 3”的名称代码为“300”。根据装配和拆卸策略，“货物 1”首先需要在“加工区 1”拆卸和装配，然后会被送至“加工区 2”拆卸和装配，最后会被送至“加工区 2”拆卸和

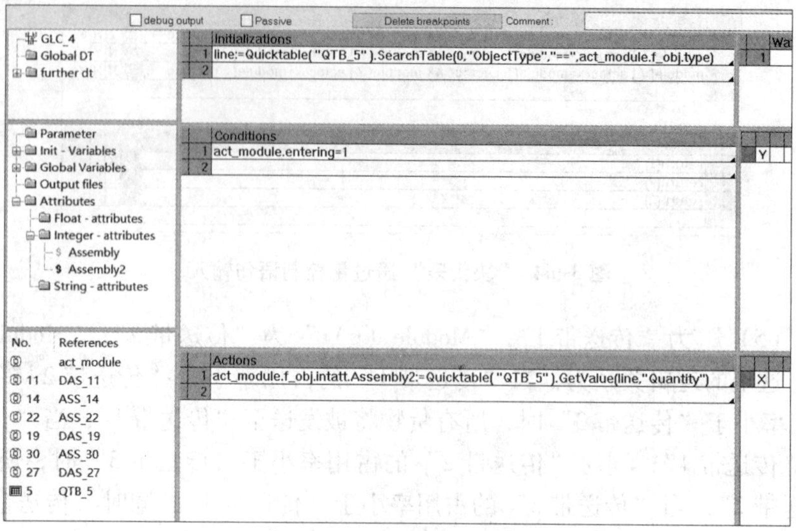

图 3-66 “决策表”零件装配和拆卸数量设置

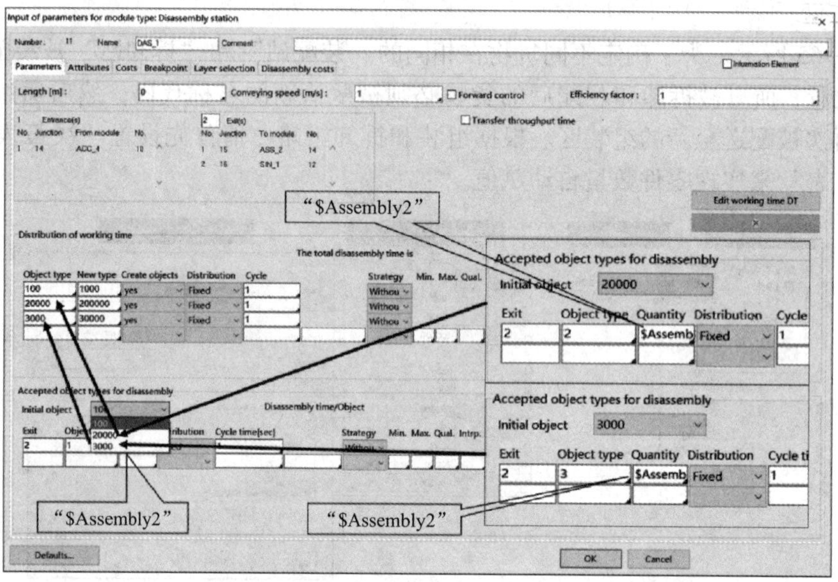


图 3-67 “加工区 1”中“拆卸站 1”设置

装配。每种货物都有自己的加工顺序，同时，被拆卸和加工的零件数量也都不一样，但在相同的加工区“装配站”和“拆卸站”是相同的，所以为了使整数变量“Assembly2”被正确赋值，在货物被拆卸后，名称将被重新赋值。例如，图 3-67 中，“加工区 1”在“拆卸站 1”拆卸完毕后，之前的“100”就被赋值为“1000”，代表货物经过“拆卸站 1”。同时，为了减少货物名称代码的赋值，在通过同一个加工区中的“装配站”后，货物名称不再改变，如图 3-68 中，“货物 1”(“1000”）在被装配后新的货物名称代码还是“1000”。当然，货物的名称属性是根据图 3-65“数据快速输入表”中 txt 文件的数据输入所定，也就是说，“决策表”“数据快速输入表”和不同模块之间的设置需要统一。当“货物 1”从“加工区

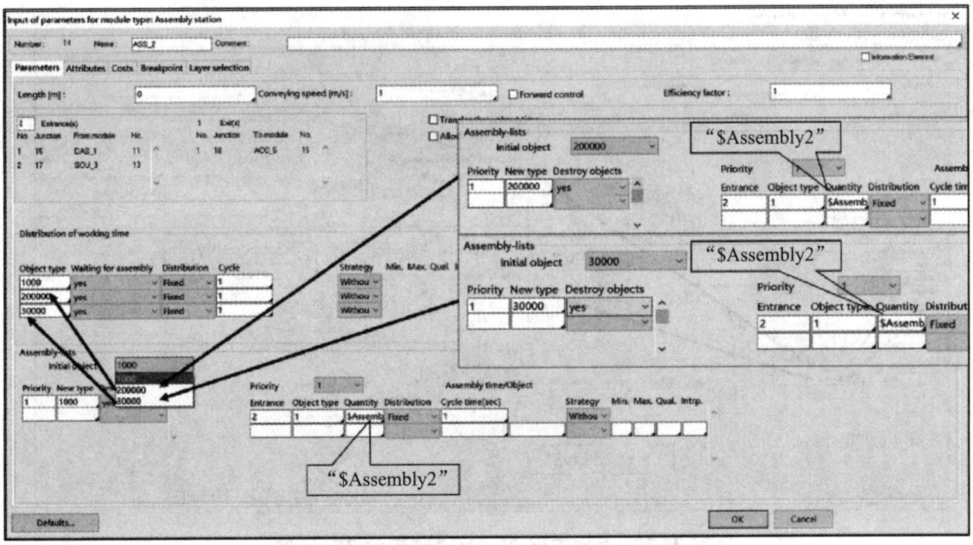


图 3-68 “加工区 1” 中 “装配站 2” 设置

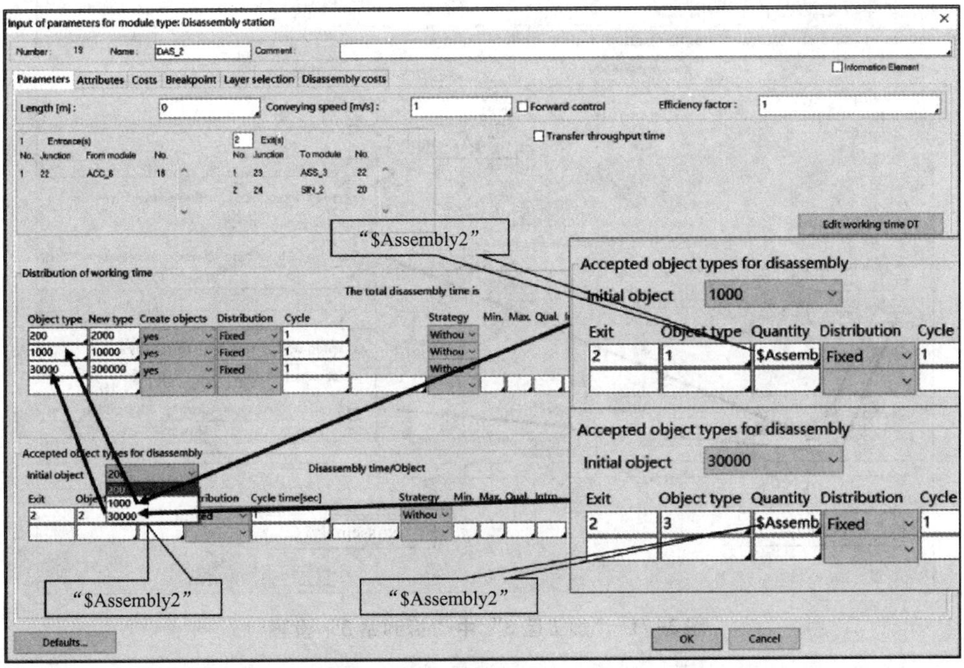


图 3-69 “加工区 2” 中 “拆卸站 2” 设置

1” 出来时，货物名称代码为 “1000”。此时，“货物 1” 需要通过 “物流配货中心” 把 “货物 1” 发送至 “加工区 2”，即 “加工区 2” 中的 “装配站” 和 “拆卸站” 需要有类似的设置。对比图 3-68 和图 3-69 可知，“货物 1” 需要再次被拆卸，此时 “货物 1” 经过拆卸后需要再次被重新赋值为 “10000”，并且和 “加工区 1” 中的 “装配站” 一样，“货物 1” 在装配后将不再改变名称代码。所以，当 “货物 1” 经过 “加工区 2” 加工后，“货物 1” 的名称代码为 “10000”。同理，当 “货物 1” 经过 “加工区 3” 后，名称代码为 “100000”。

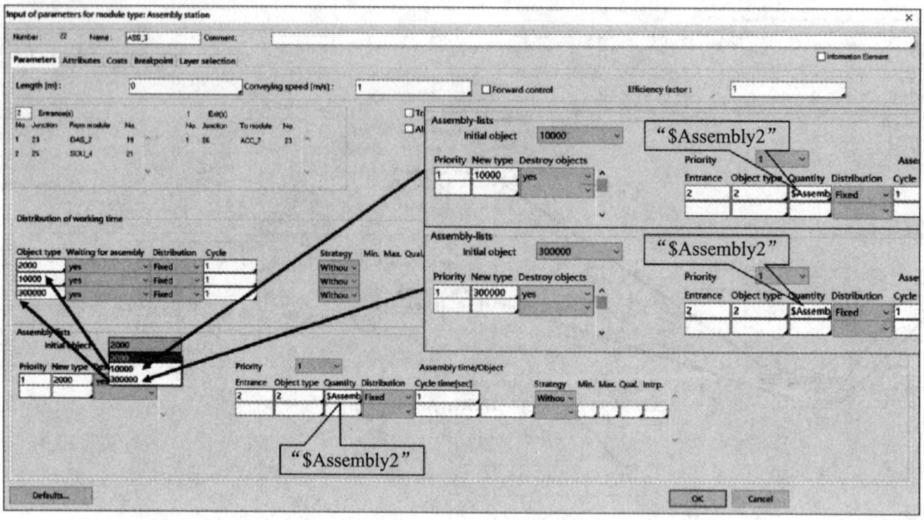


图 3-70 “加工区 2”中“装配站 3”设置

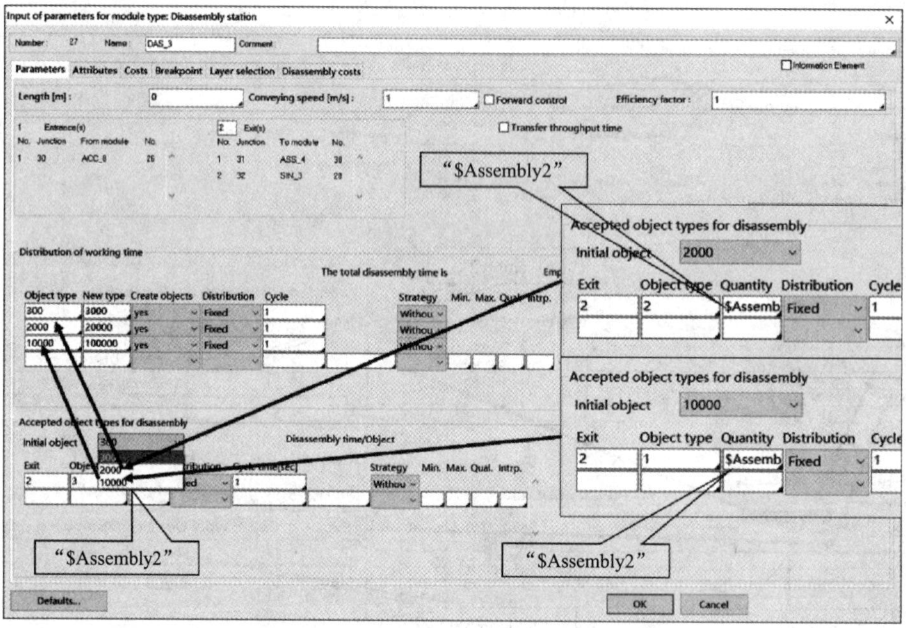


图 3-71 “加工区 3”中“拆卸站 3”设置

此时，“货物 1”完成所有加工步骤，将通过“物流配货中心”被运至“出口 1”结束加工。“货物 2”在通过“加工区 1”“加工区 2”“加工区 3”后的名称代码分别为“2000”“20000”“200000”；“货物 3”在通过“加工区 1”“加工区 2”“加工区 3”后的名称代码分别为“3000”“30000”和“300000”。最后需要说明的是，为了简化建模设置，从图 3-67～图 3-72 中，所有货物被拆卸和装载的零件都按照货物的属性统一设定，例如，“货物 1”被拆卸的零件全部为“1”；“货物 2”被拆卸的零件全部为“2”；“货物 3”被拆卸的零件全部为“3”。使用者可以根据自己的建模习惯调试。至此，不同加工区不同货物被拆卸

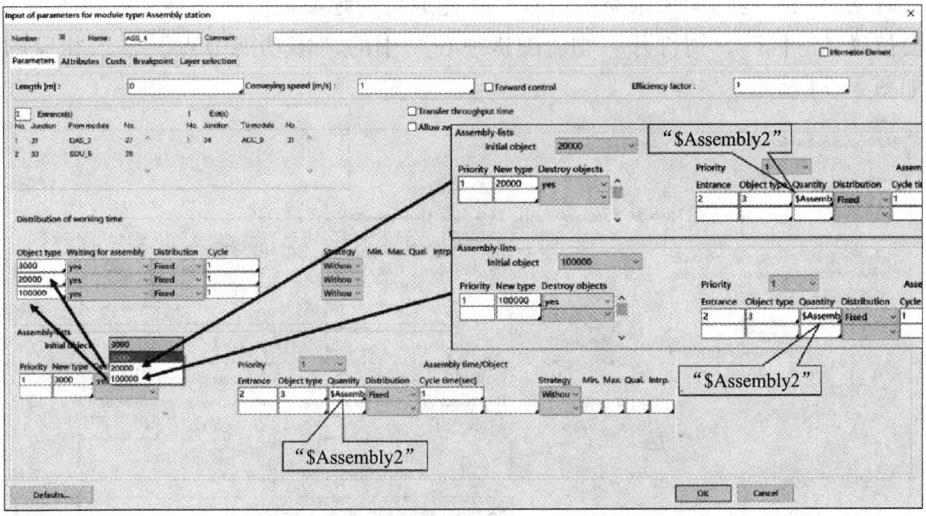


图 3-72 “加工区 3”中“装配站 4”设置

和装配的设定也介绍完毕。

## 3.4 迷你物流配货中心

根据加工的配送需求，不同的货物每次加工完毕之后，都需要经过“物流配货中心”统一配送，所有的配送都由“物流配货中心”统一安排。看似非常复杂的安排可以通过“决策表”来简单完成。

图 3-73 中“决策表”的主要作用是目的地代码的赋值，也就是说不同货物从不同加工区出来后，都要被再次赋值。这里的赋值代码为“destparam”。对比货物名称代码可以发现，每次只要有货物经过“物流配货中心”都会被赋值相应的目的地代码，而这个相应的

| | Conditions | | | | | | | | | | | | |
|---|---|---|---|---|---|---|---|---|---|---|---|---|---|
| 1 | act_module.f_obj.type=100 | Y | N | N | N | N | N | N | N | N | N | N | N |
| 2 | act_module.f_obj.type=200 | N | Y | N | N | N | N | N | N | N | N | N | N |
| 3 | act_module.f_obj.type=300 | N | N | Y | N | N | N | N | N | N | N | N | N |
| 4 | act_module.f_obj.type=1000 | N | N | N | Y | N | N | N | N | N | N | N | N |
| 5 | act_module.f_obj.type=2000 | N | N | N | N | Y | N | N | N | N | N | N | N |
| 6 | act_module.f_obj.type=3000 | N | N | N | N | N | Y | N | N | N | N | N | N |
| 7 | act_module.f_obj.type=10000 | N | N | N | N | N | N | Y | N | N | N | N | N |
| 8 | act_module.f_obj.type=20000 | N | N | N | N | N | N | N | Y | N | N | N | N |
| 9 | act_module.f_obj.type=30000 | N | N | N | N | N | N | N | N | Y | N | N | N |
| 10 | act_module.f_obj.type=100000 | N | N | N | N | N | N | N | N | N | Y | N | N |
| 11 | act_module.f_obj.type=200000 | N | N | N | N | N | N | N | N | N | N | Y | N |
| 12 | act_module.f_obj.type=300000 | N | N | N | N | N | N | N | N | N | N | N | Y |
| 13 | | | | | | | | | | | | | |

| | Actions | | | | | | | | | | | | |
|---|---|---|---|---|---|---|---|---|---|---|---|---|---|
| 1 | act_module.l_obj.destparam:=1 | X | | | | | | | | | | | |
| 2 | act_module.l_obj.destparam:=2 | | X | | | | | | | | | | |
| 3 | act_module.l_obj.destparam:=3 | | | X | | | | | | | | | |
| 4 | act_module.l_obj.destparam:=4 | | | | X | | | | | | | | |
| 5 | act_module.l_obj.destparam:=5 | | | | | X | | | | | | | |
| 6 | act_module.l_obj.destparam:=6 | | | | | | X | | | | | | |
| 7 | act_module.l_obj.destparam:=7 | | | | | | | X | | | | | |
| 8 | act_module.l_obj.destparam:=8 | | | | | | | | X | | | | |
| 9 | act_module.l_obj.destparam:=9 | | | | | | | | | X | | | |
| 10 | act_module.l_obj.destparam:=10 | | | | | | | | | | X | | |
| 11 | act_module.l_obj.destparam:=11 | | | | | | | | | | | X | |
| 12 | act_module.l_obj.destparam:=12 | | | | | | | | | | | | X |
| 13 | | | | | | | | | | | | | |

图 3-73 “物流配货中心”货物目的地代码设置

目的地代码则是根据运输加工策略所设置。在完成目的地赋值后，每种货物每次加工后的目的地都会被确认。同时，请打开“物流配货中心”中的“多功能节点”输入相应的目的地代码，如图 3-74 所示。

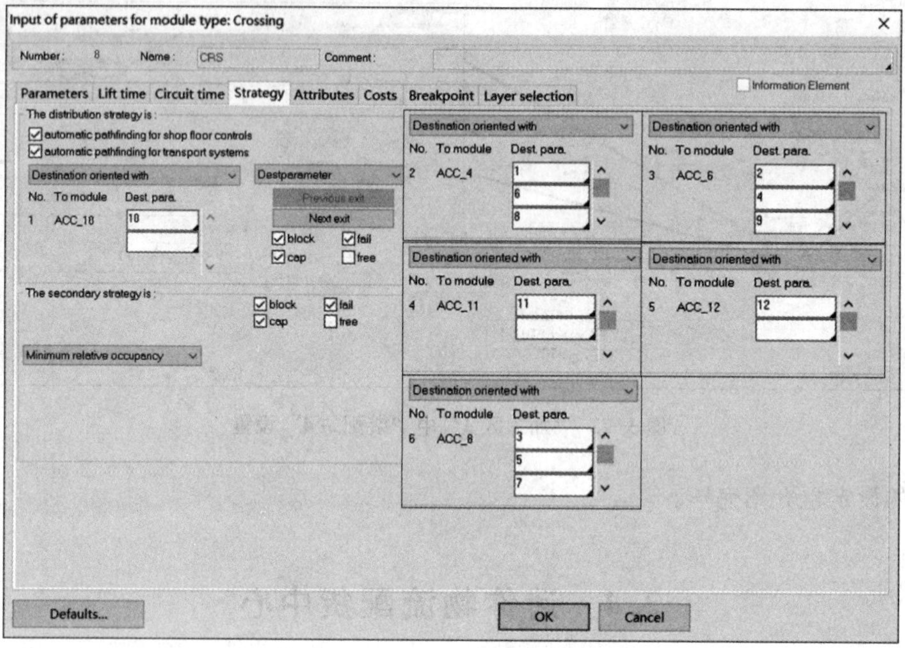


图 3-74 “多功能节点”货物目的地代码设置

“ACC_4”为“加工区 1”的入口名称；“ACC_6”为“加工区 2”的入口名称；“ACC_8”为“加工区 3”的入口名称；“ACC_5”为“出口 1”的名称；“ACC_7”为“出口 2”的名称；“ACC_9”为“出口 3”的名称。图 3-74 中的设置是根据图 3-73“决策表”中不同货物每次加工后的目的地代码所决定的。例如，当“货物 1”首次进入“物流配货中心”时的代码为“100”，而此时“货物 1”需要被配送至“加工区 1”，并通过“决策表”赋值“100”的目的地代码为“1”，即“货物 1”首次在“加工区 1”的加工目的地代码为“1”，而此时“加工区 1”的名称为“ACC_4”，所以需要把“货物 1”目的地代码“1”写入相应的“Dest. para.”中来控制“货物 1”的方向。紧接着，当“货物 1”完成第一次加工后，需要由“物流配货中心”送到“加工区 2”，而此时的“加工区 1”名称代码为“1000”，根据“决策表”目的地代码的设定，“1000”的目的地代码为“4”，参照图 3-74 中，“4”的入口为“ACC_6”，对比模型“ACC_6”为“加工区 2”的入口名称。同样的逻辑，“货物 1”在退出“加工区 2”后变为“10000”，而“10000”的目的地代码为“7”，“ACC_8”又为“加工区 3”的入口名称，这样一来，“货物 1”将分别按顺序在“加工区 1”“加工区 2”“加工区 3”被装配和拆卸。“货物 2”和“货物 3”的加工顺序同理。最后，经过一系列加工的三种货物将分别从三个出口退出。

迷你物流配货中心 DOSIMIS-3 布局图见图 3-75。

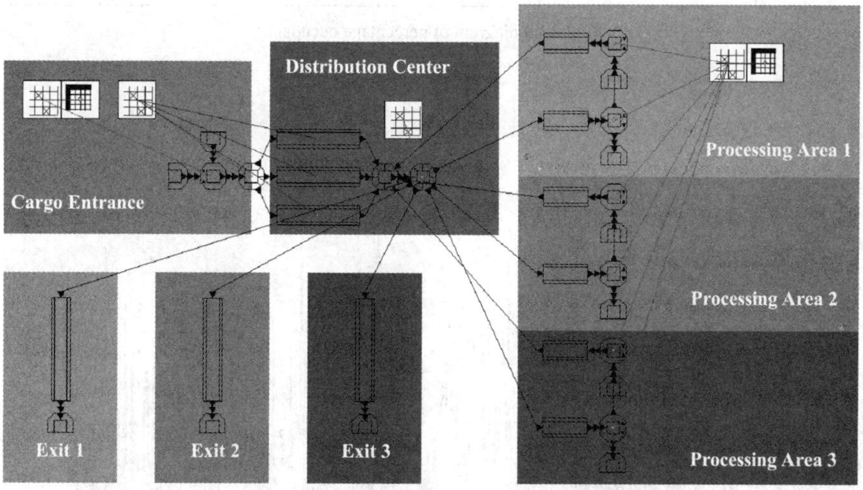


图 3-75　迷你物流配货中心 DOSIMIS-3 布局图

## 难点分析

（1）通过“多功能节点”的目的地赋值控制，不同货物在不同加工区的配送是本节的主要方法。如果模型更大、更复杂，还可以通过多个“决策表”和“数据快速输入表”控制不同货物的其他配送和赋值。

（2）不同货物的目的地赋值是本节中“物流配送中心”的核心设置。当不同货物被加工完成后，每次退出不同的加工区，“物流配送中心”都将参照运输策略给货物赋值不同的目的地参数，这样就可以保证不同的货物在不同的加工时刻可以精确无误地选择下一个加工的区域。

（3）“物流配送中心”由一个“合路”和一个“多功能节点”组成。如果“物流配送中心”只由一个“多功能节点”组成，模型的赋值就会变乱，“决策表”目的地的赋值就会出错。“合路”在此主要起到收集货物的作用。每一次只会有一个货物进入“多功能节点”并被赋值。当然，现实中物流配货中心的功能肯定更为复杂，根据不同的需要，还可以在“合路”和“多功能节点”之间添加“传送带”和其他模块来进行缓冲等。

## 结果分析

（1）在所有的货物被加工完成后，查看三个出口前的“传送带”占用率拥堵状态。分析三个“传送带”需要改进的必要性。

请按 Ctrl 键并单击三个出口前的“传送带”查看占用率拥堵状态。

从图 3-76 中可以发现，三条传送带的占用率拥堵状态相对较高。特别是“货物 3”的占用率拥堵状态，在 0.2 d 左右的时刻，一度占用率几乎达到 100%，这也就意味着可能造成模型的堵塞和停滞。除此之外，“货物 2”和“货物 3”的占用率也在不同时刻达到 80% 左右。可以说三条“传送带”都有改进的必要。使用者可以通过增加“传送带”容量和降低货物产生时间等办法减少各个“传送带”的占用率。

（2）根据实际改进的可能性，逐步减少三个出口前的“传送带”的占用率。

关于三个出口前的“传送带”占用率拥堵状态的优化，本节将从三个方面进行优化，即传送带容量、货物产生时间、传送带容量和货物产生时间。

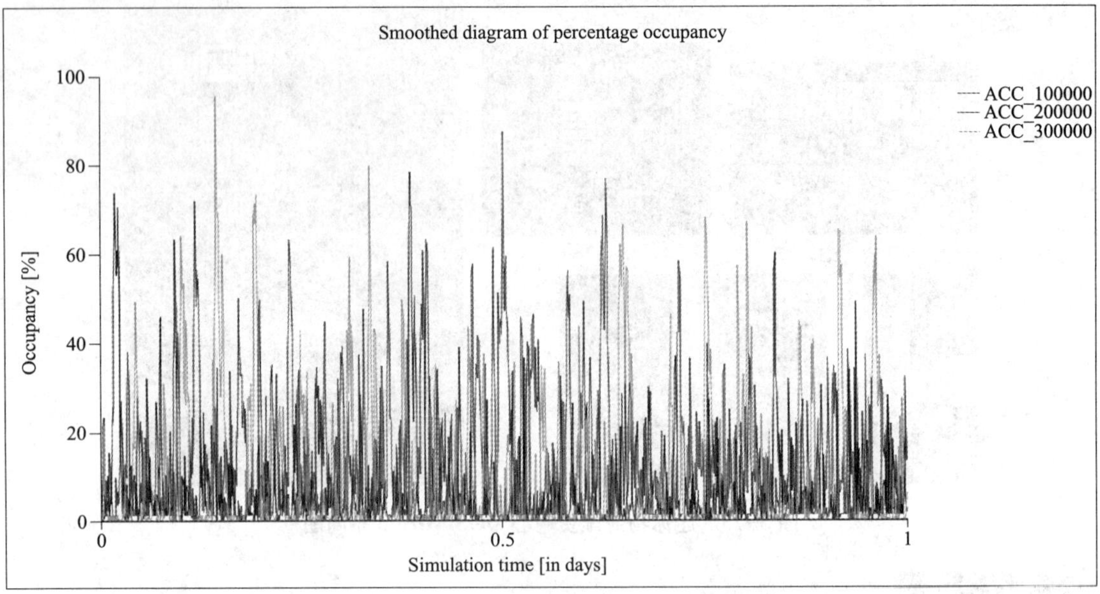


**图 3-76　三个出口前的“传送带”占用率拥堵状态（5 段）**

当出现拥堵的时候，增加传送带容量是最简单的办法，但这种办法有一定的空间限制。如果工厂的位置不够大，传送带的容量有时是无法增加的。根据题目中的设定，三条传送带的容量为 5，增加传送带的段数为 7，再次检测模型，如图 3-77 所示。

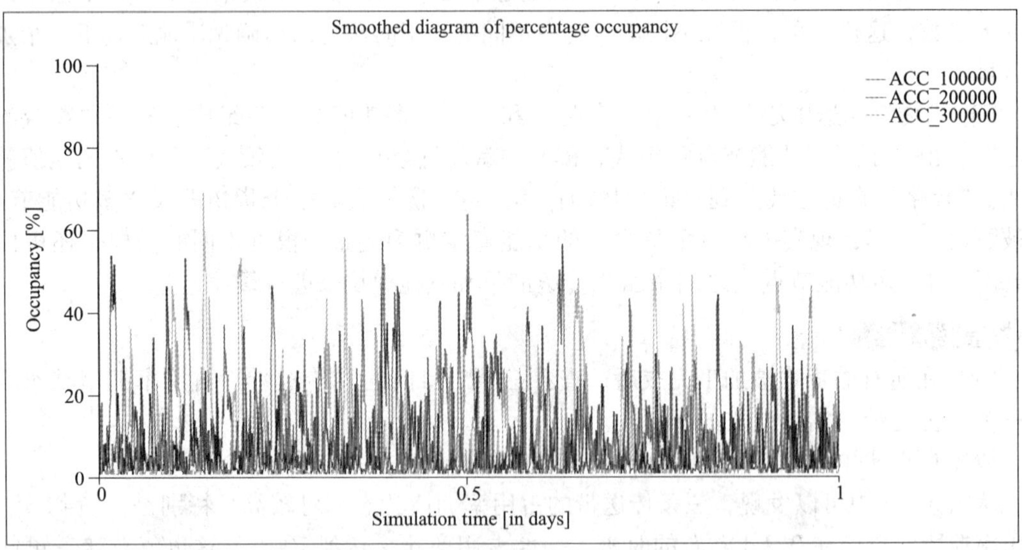


**图 3-77　三个出口前的“传送带”占用率拥堵状态（7 段）**

在增加了传送带容量后，三条传送带的占用率有所下降。其占用率降至 60% 左右，属于安全范围。在没有位置的前提下，根据原模型减少三种货物的产生时间为固定每 25 s 产生一个货物（传送带容量设置为原来的段数：5 段），如图 3-78 所示。

虽然只有 5 s 的延迟（原货物产生时间为每 20 s 产生一个货物），三个出口前的“传送

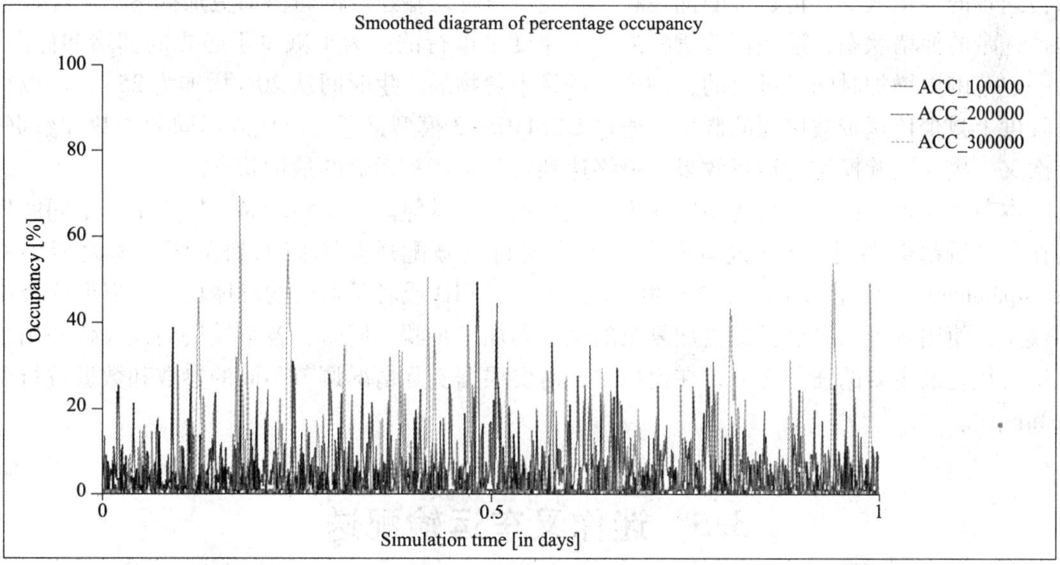


**图 3-78 三个出口前的“传送带”占用率拥堵状态（5 段/货物产生时间为 25 s）**

带”占用率下降至 60% 左右。和图 3-77 对比，其整体占用率有较大幅度的下降。如果在空间、时间允许的前提下，设置货物产生的时间为 25 s，同时增加传送带段数为 7，则整体占用率将降至 40% 左右，如图 3-79 所示。

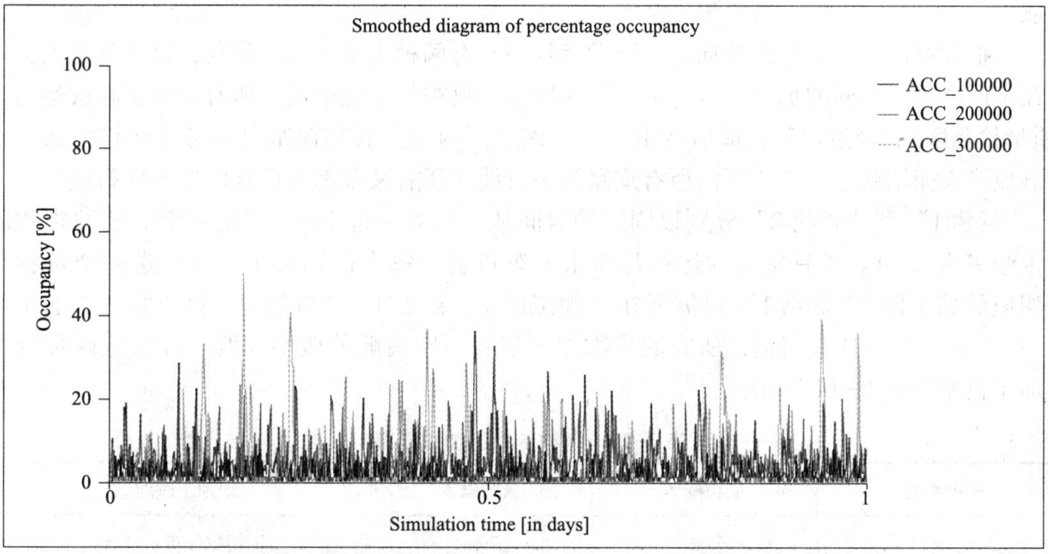


**图 3-79 三个出口前的“传送带”占用率拥堵状态（7 段/货物产生时间为 25 s）**

**优化分析**

传送带的拥堵是最可能使生产瘫痪的一个重要原因。在工厂的生产与运输中，传送带的容量往往是最难把握的设置。通常状况下，在现有传送带容量的前提下增加少量的传送带容量是可以被允许的。除此之外，在模型仿真中，还可以根据实际需要，调节传送带的货物运输速度，这样一来，在有限的传送带容量内，货物运输越慢，就越能减少出口的拥堵。但如果传送带的容量太少，传送带的拥堵状态会随着货物运输速度的减少而更加拥堵。同样，根据传送带的拥堵状态，适当调节货物的产生速度是可行的。为了减少不必要的拥堵和停滞，在一定范围内增加时间是可以的，例如，题目中货物的产生时间从 20 s 增加为 25 s，可以很大程度上减少传送带被堵死的概率。通过 DOSIMIS-3 模型，还可以代入不同的参数和数据，一次又一次地实验模型的运行效果，最终达到实际生产和运输的最优状态。

本节的重点为：不同货物多次在不同地点加工的赋值。在实际仓储、生产中，不同的货物在加工后都会通过 RFID 或者条形码的形式自动被配送至不同的加工区。本模型中的“Destparameter”就是为了模拟自动生产加工中的 RFID 或者条形码的具体功能。根据这个应用模型，使用者可以自己尝试更加复杂的生产和加工步骤。同时，各个模块的最大化利用也是仿真优化最主要的任务之一，在模拟中，需要根据实际情况调节不同的参数和数据进行调试和配比。

## 3.5 迷你叉车运输配送

通过以上三个实例的介绍，已经基本介绍了 DOSIMIS-3 中重要模块的主要功能。第一个例子（迷你物流中心）虽然基本包括所有主要模块的大部分功能和用法，但在叉车运输配送方面还不够具体。所以本节主要介绍叉车运输的配送和拾取。通过“决策表”和“数据快速输入表”的赋值，让叉车自动按照运输配送策略对不同的产品和加工区进行配送和拾取。

一批货物需要在工厂内被加工，该批货物一共有两种类型不同的货物，这两种货物分别要在工厂内两个不同的加工区进行加工。在所有货物被加工完毕后，所有货物都将被运送至“质量检测区”，经过检测，最后运出工厂。该工厂内的所有物流都是由叉车运输完成。为了避免造成拥堵状态，该工厂内所有道路为单行线，所有叉车都按照顺时针方向行驶。

“货物 1”和“货物 2”分别以固定的时间从入口处，每 100 s 产生一个。三种货物的产生频率为 2：1。所有货物的运输都将由叉车负责，每次每辆叉车只能运送一个货物到其相应的加工区。“货物 1”只需要在“加工区 1”被加工；“货物 2”只需要在“加工区 2”被加工。由于技术问题，所有的货物加工都有一定失败的概率。两个加工区两种货物的加工概率如表 3-11 所示。

**表 3-11　两种货物的加工概率**

| 货物类型 | 成功概率 | 失败概率 | 加工时间 |
|---|---|---|---|
| “工作站 1” | 71% | 29% | 指数分布：11 s |
| “工作站 2” | 81% | 19% | 指数分布：21 s |
| “工作站 3” | 100% | 0% | 指数分布：31 s |

经过“工作站 1”和“工作站 2”的加工，所有加工失败的货物都将由叉车运送至“质量检测区”进行质量检查，之后，所有不合格的货物都将通过“装载站 1”通过叉车被运送至“工作站 3”进行重新加工。如图 3-80 所示，按照需要，叉车可以通过“快速通道”直

接到达货物需要加工和配送的区域。所有成功被加工的货物都将由“装载站 5”被卸载，所有失败加工货物都将由“装载站 4”被卸载。

所有成功被加工的货物将通过出口被运送出工厂。

## 数据

（1）“传送带 1”数据设置：每段长度（length of segment）：1 m；速度（conveying speed）：1 m/s；段数（capacity）：1。

（2）“传送带 2”“传送带 3”“传送带 4”“传送带 5”数据设置：每段长度（length of segment）：1 m；速度（conveying speed）：1 m/s；段数（capacity）：10。

（3）“传送带 6”数据设置：每段长度（length of segment）：1 m；速度（conveying speed）：1 m/s；段数（capacity）：5。

（4）所有道路设定数据：长度（length）：10 m；速度（speed）：1 m/s；段数：4。

（5）叉车产生位置为：“装载站 1”之前的道路。

（6）所有“装载站”和“卸载站”数据设置：长度（length）：1 m；速度（speed）：1 m/s；目标长度（object length）：1 m；停止位置（stop position）：1 m；默认装载和卸载时间（default loading time and unloading time）：1 s。

（7）叉车设置：速度（speed）：1 m/s；加速度（acceleration）：1 m/s$^2$；容量（capacity）：1。

（8）请使用“决策表”和“数据快速输入表”控制货物和叉车的目的地选择。

（9）“装载站 1”的名称代码为“100”；“装载站 2”的名称代码为“104”；“装载站 3”的名称代码为“105”；“装载站 4”的名称代码为“106”；“卸载站 1”的名称代码为“101”；“卸载站 2”的名称代码为“102”；“卸载站 3”的名称代码为“103”；“卸载站 4”的名称代码为“107”（“107”同时为加工失败货物的名称代码）；“卸载站 5”的名称代码为“108”。

（10）仿真时间：24 h。

## 结果分析

（1）查看三个“工作站”的使用率，分析 24 h 内各个“工作站”货物的实际加工状态。

（2）查看“卸载站 4”和“卸载站 5”中的货物通过量，并查看货物加工失败的概率。

（3）查看“工作站 1”和“工作站 2”的实际使用率。分析“工作站”提升效率的可能性。

（4）依次加入多辆叉车（2～4 辆），查看三个“工作站”的货物通过效率和“工作站”的使用效率，并找到最优叉车数量。

该模型主要由三大部分组成：① 货物生成和道路建设；② 加工区；③ 质量检测区。和第一个实例（迷你物流中心）不同的是，这里的叉车目的地选择更加复杂，道路的选择也更加多样化。如何选择最优的道路是此模型的重点。

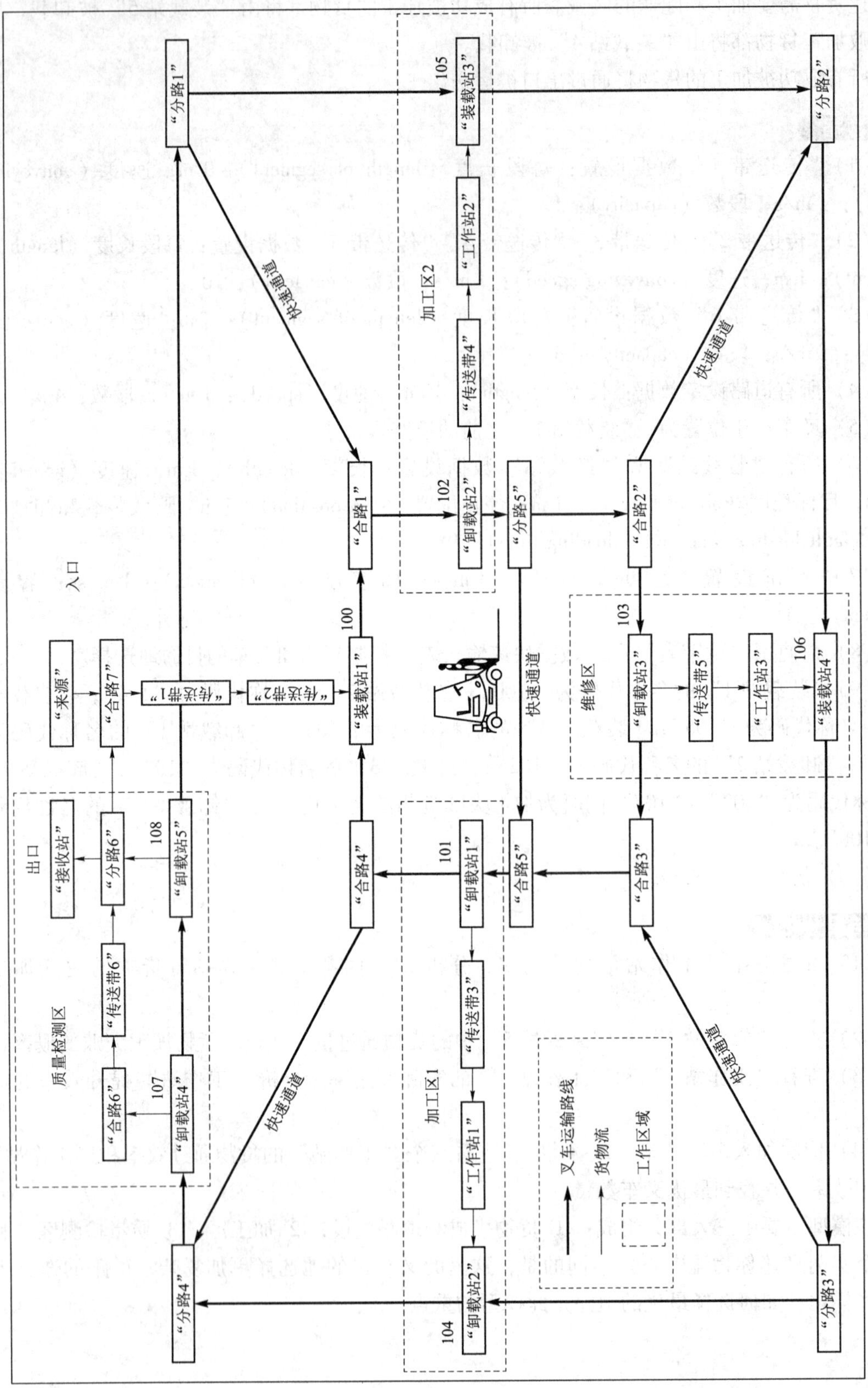


图3-80　迷你叉车运输配送布局图

**1. 货物生成和道路建设**

建立图 3-81 中的货物生成模块和所有基本道路。根据题目中的数据，首先需要建立生成货物的“入口源”，如图 3-81 所示。

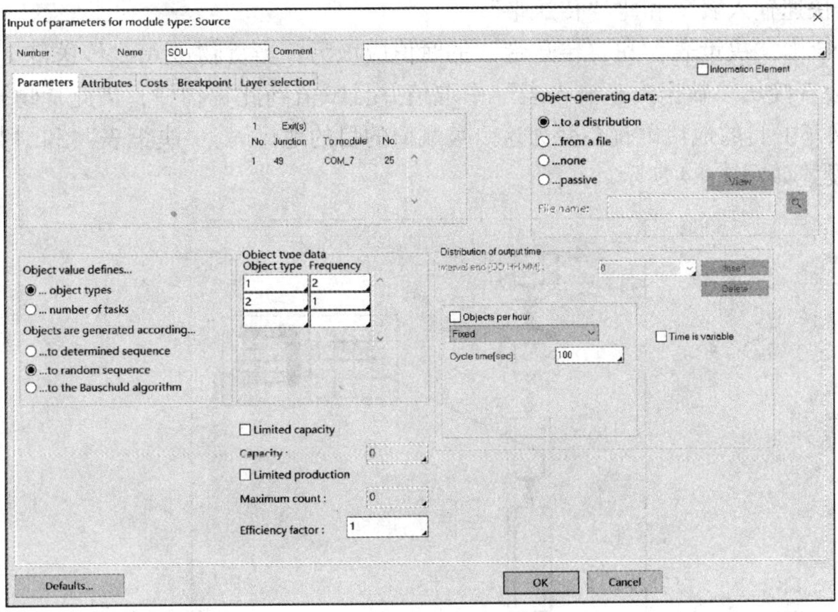

**图 3-81　货物生成模块设置**

由于所有模块在被加工完毕后，都必须通过“卸载站 4”和“卸载站 5”被送至“质量检测区”进行质量检测。所有不合格的产品都需要重新通过“装载站 1”重新用叉车发送到相应的“工作站”进行加工。所以，在“装载站 1”之前需要一个“合路”来接收“质量检测区”的不合格货物。此“合路”的设置为先进先出（FIFO）策略，如图 3-82 所示。

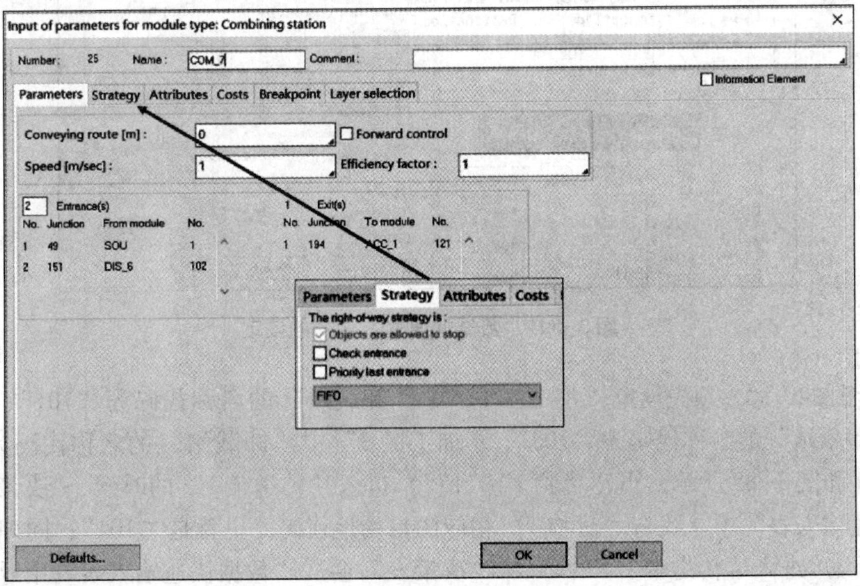

**图 3-82　不合格货物的“合路”设置**

此外，还需要设置一个“传送带”，这个“传送带”的主要功能不是缓冲，而是为货物加工站的目的地赋值做准备，所以此“传送带”的长度为 1 m，速度为 1 m/s，段数也为 1。在这条赋值“传送带”后再建立一条“传送带”，作为“装载站 1”的缓冲。请连接“决策表”“数据快速输入表” 和此“传送带”。

图 3-83 中“决策表”和“传送带”的赋值应该为：当货物进入“传送带 1”时，“决策表”就会直接从“数据快速输入表”中取值并且赋值到此货物中，当此货物被装载到叉车上后，叉车的目的地代码就会变为这个被赋值的目的地代码。“决策表”和“数据快速输入表”的设置如图 3-84 所示。

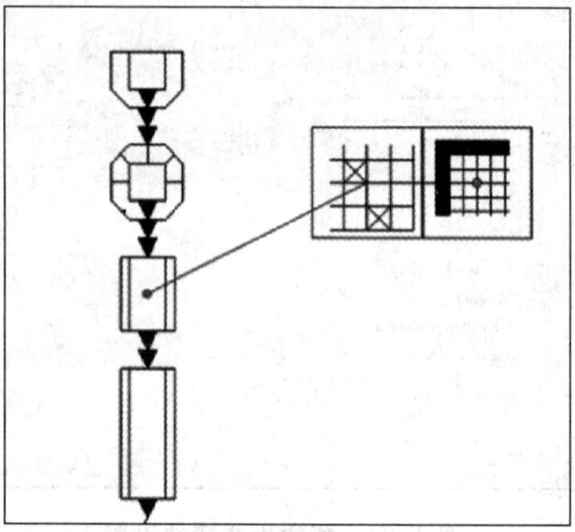

**图 3-83　赋值“传送带”和缓冲“传送带”的设定**

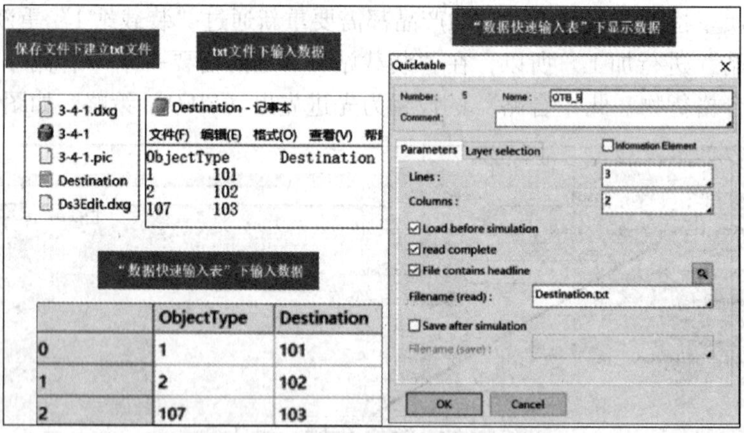


**图 3-84　“数据快速输入表”的设定**

请参考图 3-80，预先设定“加工区 1”中“卸载站”的名称代码为“101”；“加工区 2”中“卸载站”的名称代码为“102”；“加工区 3”中“卸载站”的名称代码为“103”。如图 3-84 和图 3-85 所示，当“货物 1”(“1”）进入“传送带 1”的时候，“决策表”会从“数据快速输入表”中寻找与“货物 1”相应的目的地代码，也就是“101”；同理，当“货物 2”(“2”）进入“传送带 1”的时候，“决策表”会从“数据快速输入表”中寻找与“货物 2”相应的目的地代码，也就是“102”。这样一来，叉车不需要被赋值，只需要通过货物

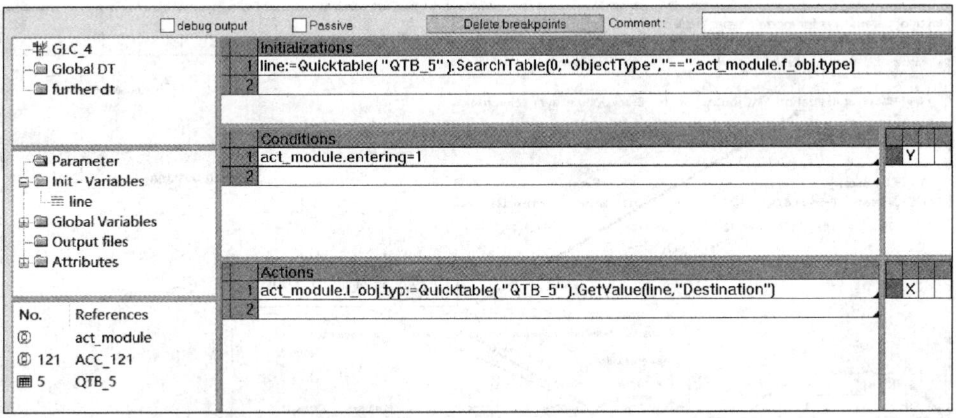


**图 3-85 “决策表”的设定**

赋值的形式（相当于叉车目的地被赋值），就可以准确地找到货物卸载的目的地。此外，图 3-84 中的“107”为“卸载站 4”的名称代码，即如果货物加工失败后，通过“卸载站 4”进入“质量检测区”，此时，加工失败的货物名称就是“107”，而“107”所对应的卸载目的地为“卸载站 3”，也就是“维修区”。通过 DOSIMIS-3 的“决策表”和“数据快速输入表”可以把一个相对复杂的问题最大限度地简化，这也是 DOSIMIS-3 中“决策表”和“数据快速输入表”代替其他模块手动设定的主要优势。

在完成以上设置后，建立所有的“装载站”和“卸载站”，除了填写图 3-78 中所有“装载站”和“卸载站”的名称代码和必要的长度、速度等，其他值都为默认。这里不需要填写其他值的原因是：“决策表”和“数据快速输入表”已经通过货物目的地代码赋值的办法指定了叉车的所有运送路径计划，所有的运输策略都由“决策表”和“数据快速输入表”全权控制。

按照题中的论述，需要把叉车安排在“装载站 1”前的道路上：如图 3-86 所示，模型中所有的“道路”(Tracks) 都需要被设为每段 10 m、一共 4 段，总共为 40 m。叉车通过的速度为 1 m/s，叉车的名称代码为“999”。在完成所有“道路”设定后，请加入“运输控制器”并且连接所有“道路”“装载站”“卸载站”。此时的“运输控制器”暂时为一辆叉车，随着优化的进行将有多辆叉车被导入。“运输控制器”的运输策略为“先到先服务”(FCFS)，如图 3-87 所示。

**2. 加工区**

三个“工作站”的加工数量是相同的，请输入三个“工作站”的相关加工值。

根据加工策略手动输入加工概率及加工时间到三个不同的“工作站”。这里可以使用“决策表”和“数据快速输入表”代替加工时间，但本例题中不同的货物加工时间是相同的，也就是说“工作站”面对不同货物的工作时间都是一样的。一般这种情况下手动输入比较方便。只有相同“工作站”加工不同货物时，其加工时间也变化的时候，才较多使用“决策表”和“数据快速输入表”赋值。此外，“工作站 1”中有大约 29% 的货物将被加工失败，变为“107”；“工作站 2”中有大约 19% 的货物将被加工失败，也变为“107”。所有加工失败的货物都将在“工作站 3”中再次被加工，其被成功加工概率为 100%。如图 3-88～图 3-90 所示。

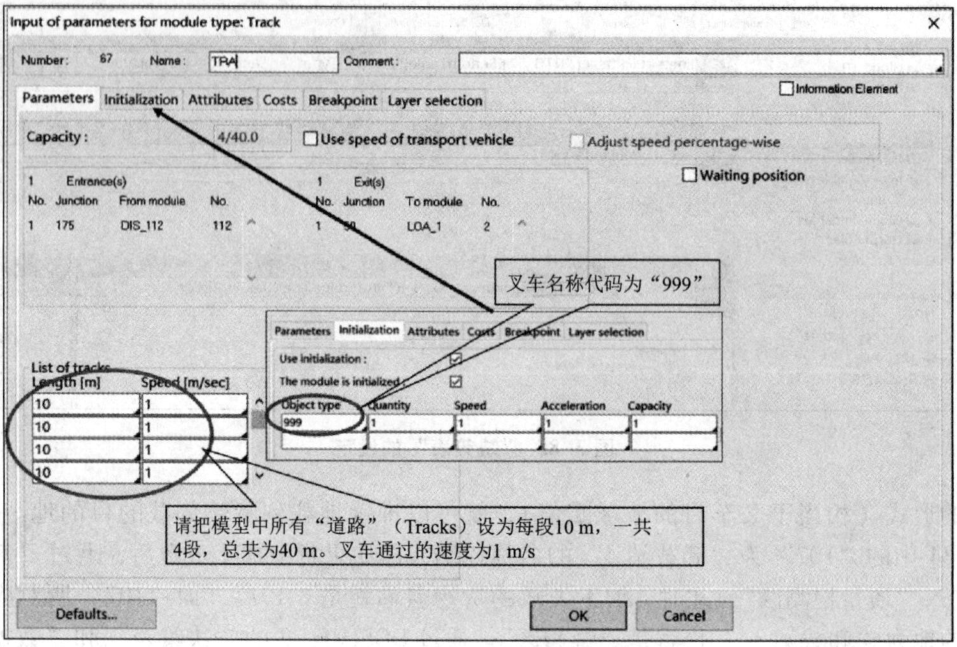


图 3-86 “道路”和“叉车”的设定

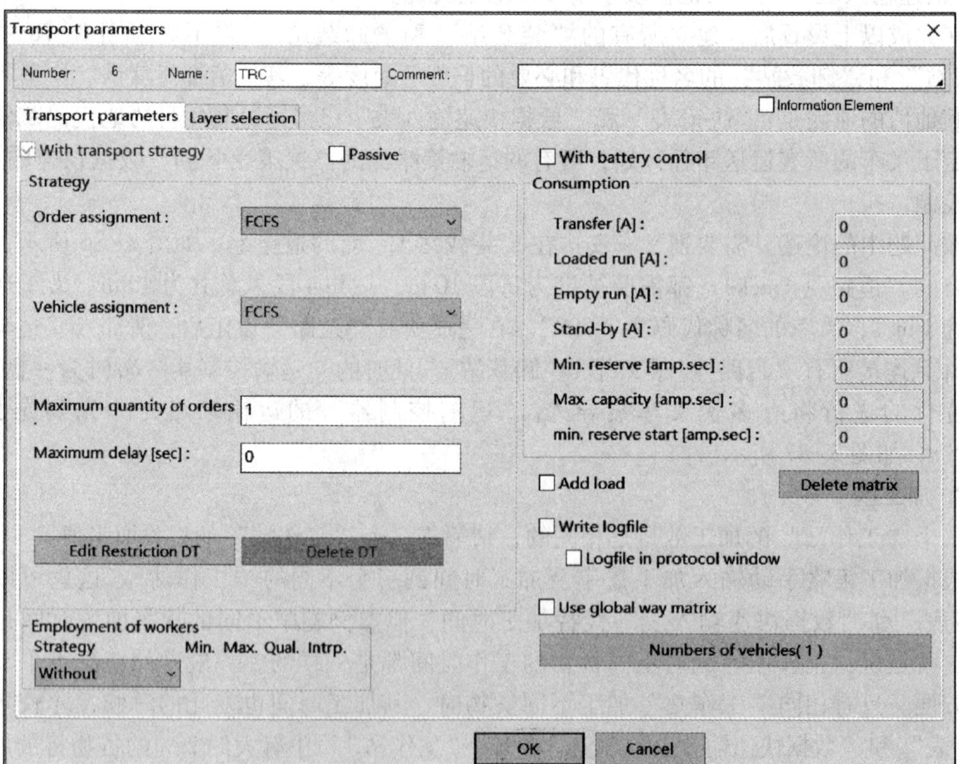


图 3-87 “运输控制器”设置

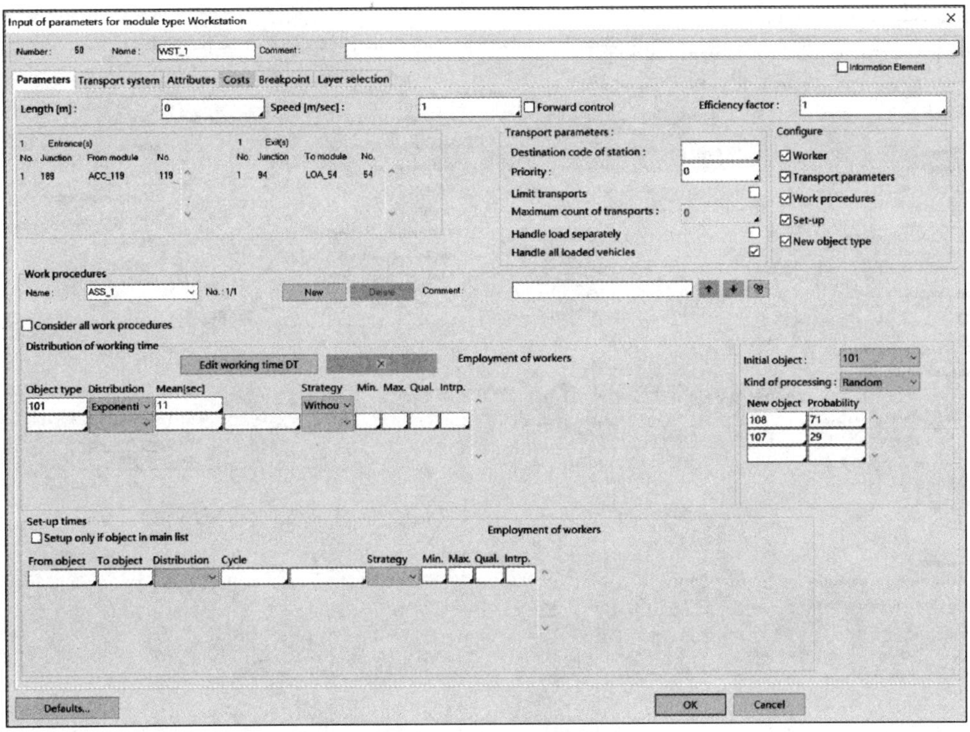

图 3-88 “工作站 1”设置

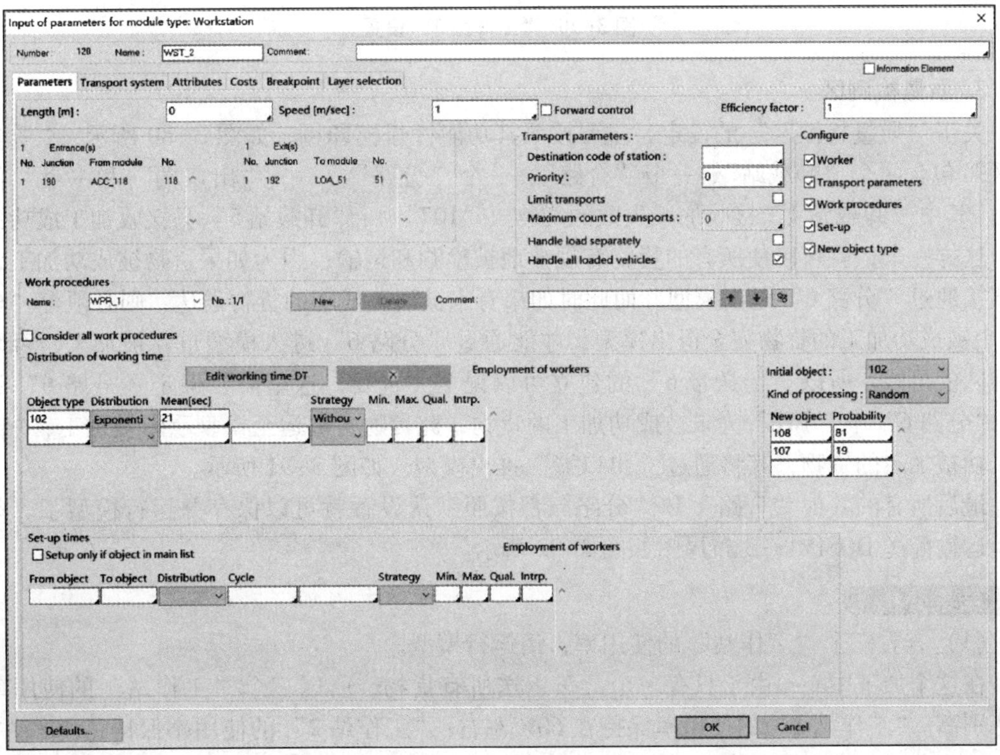

图 3-89 “工作站 2”设置

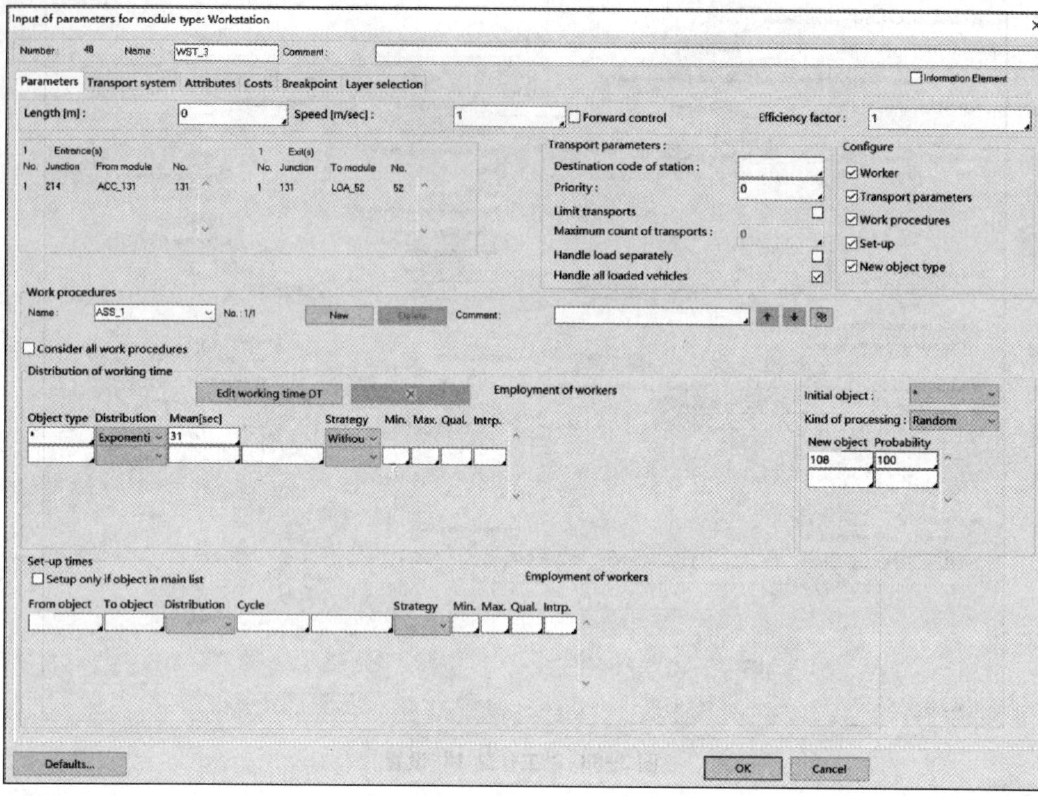


图 3-90 “工作站 3”设置

**3. 质量检测区**

关于“质量检测区”的设定，主要按照其功能性建模即可，如图 3-80 所示，“质量检测区”包含两个“卸载站”、一个“合路”、一个“分路”、一个“出口端”和一个“传送带”。其中“卸载站 4”接收加工失败的货物（“107”）；“卸载站 5”只接收加工成功的货物。这样一来，就可以使所有的货物有规律地被检测和运输，因为如果货物被成功加工，可以直接通过“分路 6”退出模型，而此时如果有未被加工成功的货物送达，则必须等“分路 6”中被成功加工的货物完全退出模型，才能通过“分路 6”进入模型重新被加工，否则会有排队的可能。所以“传送带 6”的建立可以说至关重要，这里需要确定“分路 6”的设置。“分路 6”中“107”为未被成功加工的货物，此货物将被运至模型重新被加工；“108”为成功被加工的货物，其将通过“出口端”推出模型。如图 3-91 所示。

最后所有的其他“合路”和“分路”都按照默认设置就可以保存并运行模型了。迷你叉车运输配送 DOSIMIS-3 布局图如图 3-92 所示。

**结果分析**

（1）查看三个“工作站”的使用率，请运行模型。

在这个加工中心，由于只有一个叉车运送所有货物，所以三个“工作站”的使用率不是特别高。“工作站 1”的使用率保持在 60% 左右；“工作站 2”的使用率保持在 40% 左右，两个“工作站”的使用率都有待提高。和两个“工作站”相比，“工作站 3”（维修“工作站”）的使用率则开始于约第 4 h，其使用率保持在 20% 左右，从“工作站 3”可以看出需

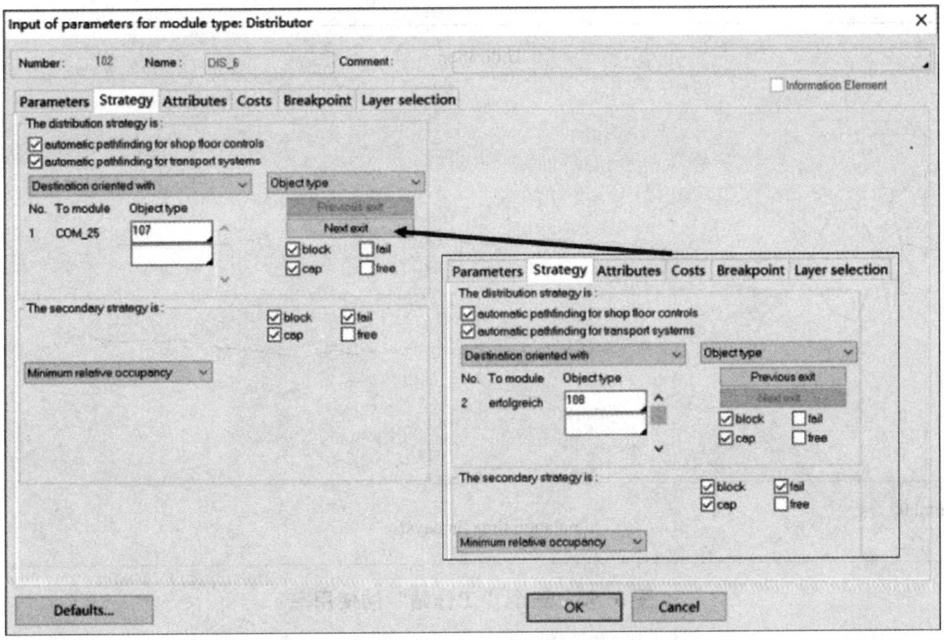


图 3-91 “分路 6”设置

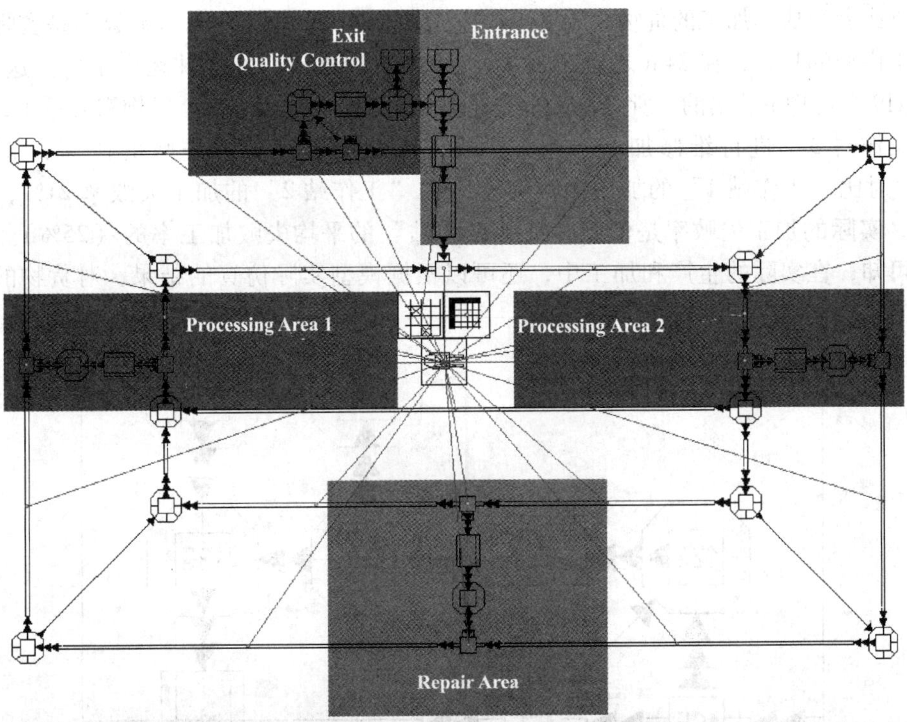


图 3-92 迷你叉车运输配送 DOSIMIS-3 布局图

要维修货物的大致数量和趋势。如图 3-93 所示。

（2）查看“卸载站 4”和“卸载站 5”中的货物通过量，并和实际货物失败加工量做对

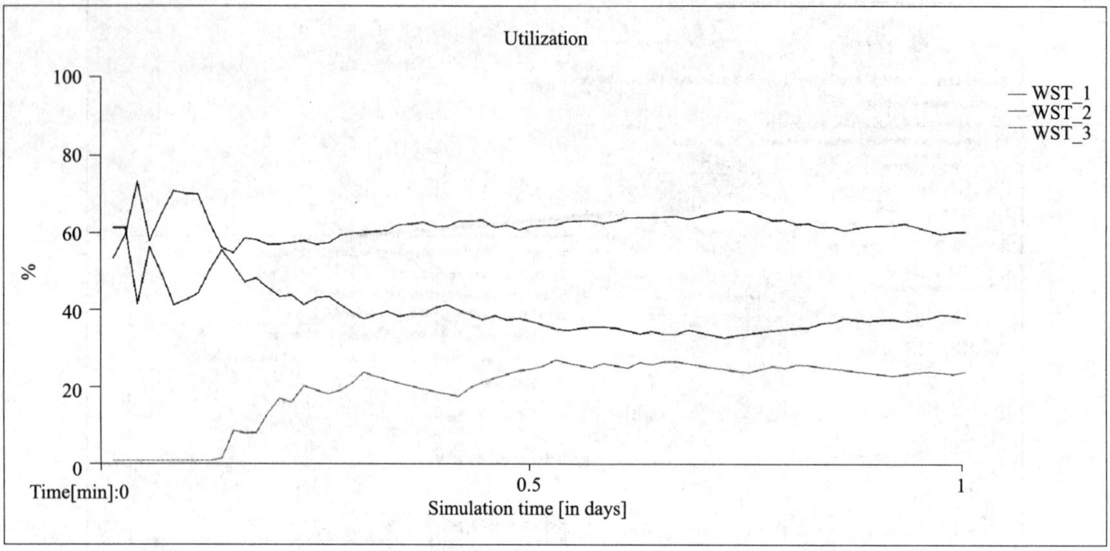


**图 3-93　三个“工作站”的使用率**

比，得到实际的失败加工预期。运行模型并单击 Results | Layout Graphics | Throughput。

“卸载站 4”和“卸载站 5”中货物的流通量代表叉车通过的次数，不能代表被加工失败的货物或者被成功加工的货物。图 3-94 中“接收站”（出口）的结果数字是实际加工成功并运出模型的货物，在 24 h 之后，一共有 94 个货物被成功加工并运出工厂。这 94 个货物是从 119 个货物中分出的。所以在 24 h 的仿真时间后，一共有 25 个货物需要返工，并被发送回“工作站 3”进行维修加工。此时，就可以算出实际加工失败的概率为 25/111 ≈ 22.5%。对比“工作站 1”的加工失败率 29% 和“工作站 2”的加工失败率 21%，在实际模拟中，实际的加工失败率是低于两个“工作站”的平均失败加工率的（25%）。通过以上结论可知，在实际的生产和加工中，还可以根据模型实际仿真的结果，对货物的流通量

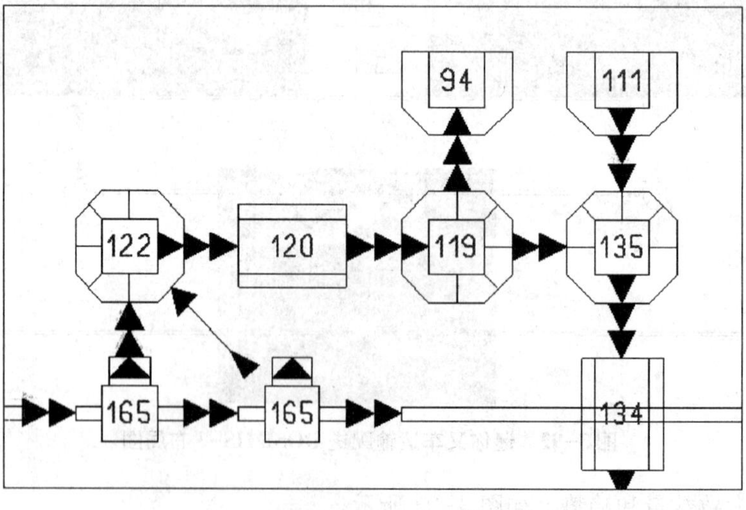


**图 3-94　“质量检测模区”中的货物通过量**

及机器的使用率做一定的预测，通过不同的预测结果，可以使生产和运输在实际的应用当中更加准确地被掌握和控制。

（3）关于“工作站 1”和“工作站 2”实际使用率提升的可能性，可以通过减少“入口源”中货物的产生时间做实验，发现“工作站 1”和“工作站 2”的使用率是否有提升的可能性。请把货物产生时间从“100 s”改为“50 s”。如果“工作站 1”和“工作站 2”的使用率有所提升，就证明实际发货时间可以减少；如果使用率不变，就证明实际工厂的运输效率不高。

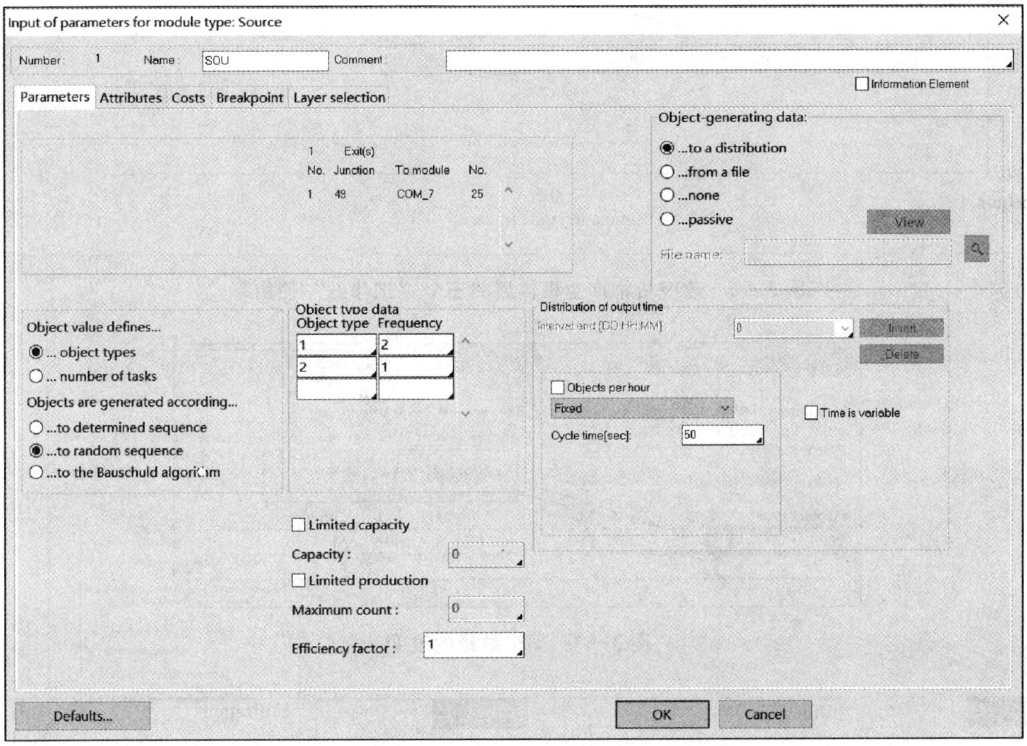


图 3-95 “入口源”中货物的产生时间

在改变“入口源”中货物的产生时间后，保存模型，再次查看三个“工作站”的使用率，如图 3-95 所示。

通过改变货物的产生时间可以发现，无论如何改变“入口源”中货物的产生时间，两个“工作站”的工作效率都是不会变的，这也就说明，当货物进入模型后，可能都被堆积在“装载站 1”不能被及时运输到“工作站”进行加工。通过不同货物的产生时间，三个“工作站”加工货物的数量还是相同的。因此，只有通过改变运输状态，才能改变三个“工作站”实际的使用率。

（4）根据上一个问题的答案，依次增加叉车数量提升“工作站”的使用率。分别输入叉车数量为 1，2，3，4，货物产生时间依然为 100 s。

通过图 3-96 可以发现，对于“工作站”的使用率来说，2 辆叉车共同工作的状态是相对最高的。此时，“工作站 1”的使用率高达 80%，“工作站 2”的使用率也在 40% ～60% 之间，这是四种情况中相对效率较高的。而有四辆叉车的时候，由于过多的叉车数量，在模拟

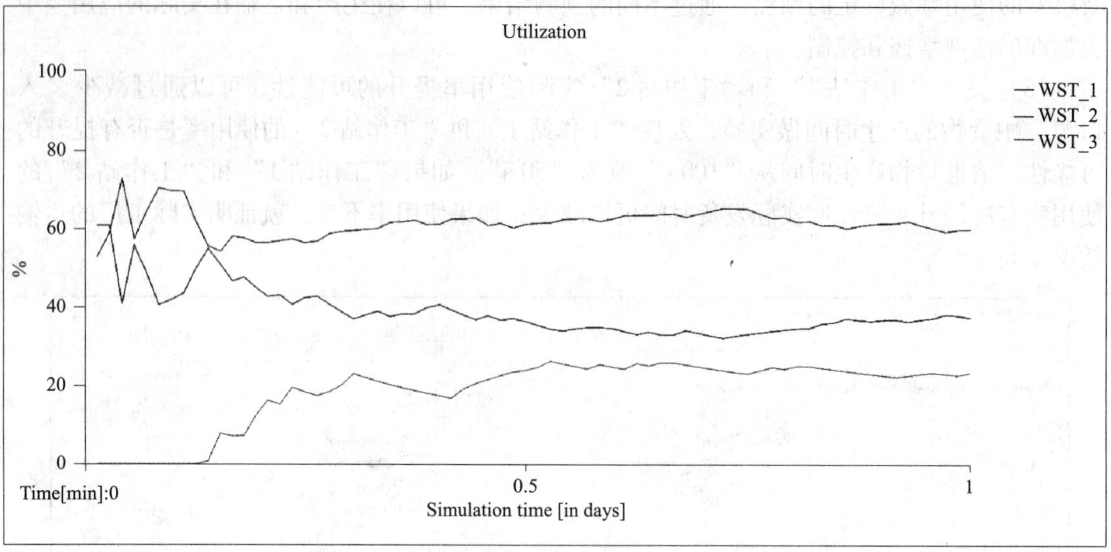


图 3-96　改变货物产生事件后的三个“工作站”使用率

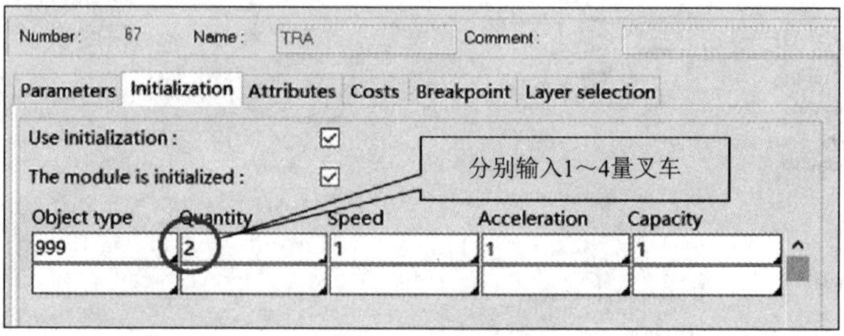


图 3-97　叉车数量的改变

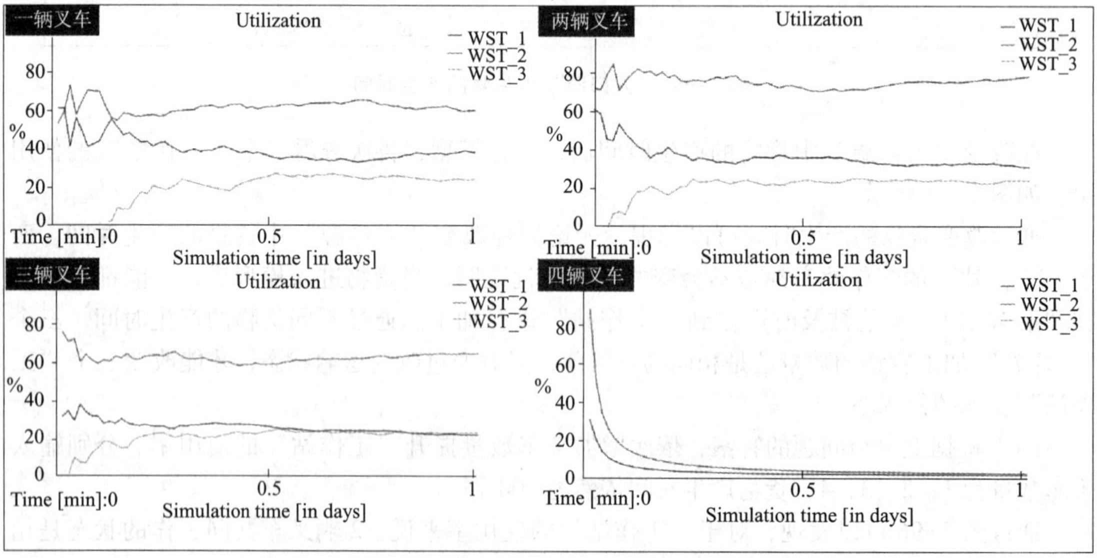


图 3-98　不同数量叉车运输下的“工作站”使用率

的开始会造成不必要的拥堵，整个运输将很快崩溃，所有加工也随之停滞。

无论是运输还是配送，在现实生活中的数量是最难把握的。在工厂内部的物流中，一个准确的运输工具数量，是决定整个生产和运输的关键因素。通过DOSIMIS-3仿真，使用者可以随时转换其不同的状态，并逐步优化其不同模块的不同结果。无论是使用率、通过量、占用率，还是工作状态，都可以使用模型建模的办法，使生产和运输达到实际的最优状态。

## 3.6 本章小结

通过以上四个模型的介绍，DOSIMIS-3在实际生产和加工中的仿真和建模理念已经逐渐清晰。此外，以上四个模型仿真结果的优化，也从另一个角度证明了DOSIMIS-3强大的结果分析能力。因此，根据之前已经介绍的模块组合，DOSIMIS-3可以基本满足现实中所有仿真对象的需要。

相对四个模型的应用，现实中实际生产和运输的过程虽然可能更加复杂、其数据也更加多样，但对于DOSIMIS-3软件的进一步了解，本章则是一个必不可少的衔接。通过基本模块和智能控制模块的介绍及基本实例的应用，本书将在第4章，根据三个已经完成的项目实例（基于工厂外部运输），进一步介绍DOSIMIS-3在实际生产、运输中的应用。

# 第4章

# DOSIMIS-3 高级教程

本章主要介绍三个具体的运输实例。所有数据、模型及运输都是现实中真正存在的。通过三个实例的介绍，可以进一步了解 DOSIMIS-3 仿真建模的具体实际功能。由于个别模型过于巨大，本章将不再逐步介绍模型的建立和数据的输入。按照一系列建模需求、建模数据、建模条件等，将建立和现实运输基本一致的模型。通过模型的模拟和数据的改变，使运输达到最优状态，从而解决现实中需要解决的实际问题。

## 4.1 推船与驳船的应用

本例是关于内河航运的实例。在本例中，三种不同的矿产将从鹿特丹港运往杜伊斯堡港一个工厂的内河港口进行卸载和储存。三种矿产分别为：铁矿石、煤炭和特种铁矿石，三种矿产全部为散货运输，运输工具为驳船。根据不同等级的水道，不同的驳船可以被组合。在本例中，驳船的组合数量不同。从鹿特丹港到杜伊斯堡港属于下莱茵河流域，而下莱茵河属于六级水道，可以同时最多容纳 6 艘驳船组合，由于技术原因，旧式驳船只能同时容纳 4 艘驳船组合。具体驳船组合信息如图 4-1 所示。

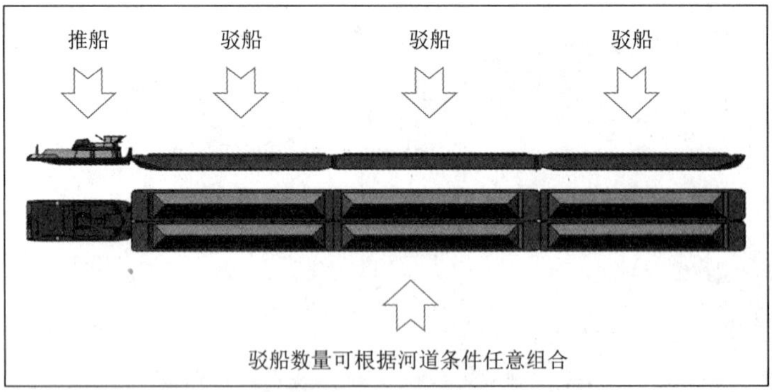


**图 4-1　推船和驳船示意图**

驳船自身没有动力，必须借助推船进行运输。每个推船每次可以带动最少 4 艘驳船、最多 6 艘驳船行驶。所有矿产将被卸载至不同的存货区，每种矿产卸载的速度都不一样。通过

DOSIMIS-3仿真模型，建立并仿真这一运输过程。在一定的仿真时间内，求证一定数量的推船是否可以满足工厂对矿产需求的运输。此外，4艘驳船组合和6艘驳船组合，哪一种更适合此运输模型。

## 4.1.1 基本条件与数据

从鹿特丹港至杜伊斯堡港的所有数据见表4-1～表4-7。

表4-1 模型中运输单位数据

| 数据种类 | 数据参数 |
|---|---|
| 鹿特丹港至杜伊斯堡港 | 207.23 km |
| 经过河流 | 下莱茵河 |
| 去程载重水深2.7 m | 2.55 m/s 逆流 |
| 去程载重水深2.8 m | 2.37 m/s 逆流 |
| 去程载重水深2.9 m | 2.21 m/s 逆流 |
| 去程载重水深3.0 m | 2.07 m/s 逆流 |
| 去程载重水深3.1 m | 1.95 m/s 逆流 |
| 去程载重水深3.2 m | 1.84 m/s 逆流 |
| 去程载重水深3.3 m | 1.74 m/s 逆流 |
| 去程载重水深3.4 m | 1.66 m/s 逆流 |
| 去程载重水深3.5 m | 1.58 m/s 逆流 |
| 去程载重水深3.6 m | 1.50 m/s 逆流 |
| 去程载重水深3.7 m | 1.44 m/s 逆流 |
| 去程载重水深3.8 m | 2.55 m/s 逆流 |
| 去程载重水深3.9 m | 1.38 m/s 逆流 |
| 去程载重水深4.0 m | 1.32 m/s 逆流 |
| 回程空载 | 4.79 m/s 顺流 |
| 推船数量 | 8辆 |
| 驳船数量 | 根据货物的数量 |

表4-2 模型中目的船只组合数据

| 运输船只种类 | 4艘驳船组合 | 6艘驳船组合 |
|---|---|---|
| 旧式驳船组合 | X | — |
| 新式驳船组合 | | X |
| 驳船组合时间 | 1.5 h | 1.5 h |

**表 4-3　模型中目的货物运输数据**

| 货物种类 | 货运量 |
|---|---|
| 铁矿石 | 363 387 t/14 天 |
| 煤炭 | 34 209 t/14 天 |
| 特种铁矿石 | 364 560 t/14 天 |
| 总计 | 762 156 t/14 天 |

**表 4-4　模型中货物参数**

| 驳船运载货物水深从 2.7 m 至 4 m（间隔为 0.1 m） | 模型中代码（间隔为 1） |
|---|---|
| 铁矿石 | 1-14 |
| 煤炭 | 15-28 |
| 特种铁矿石 | 29-42 |

**表 4-5　模型中铁矿石卸载数据（根据表 4-4）**

| 代码 | 铁矿石卸载位置 1 | 代码 | 铁矿石卸载位置 2 | 代码 | 铁矿石卸载位置 3 |
|---|---|---|---|---|---|
| 1 | 12 212 s | 1 | 10 410 s | 1 | 10 410 s |
| 2 | 12 807 s | 2 | 10 918 s | 2 | 10 918 s |
| 3 | 13 403 s | 3 | 11 425 s | 3 | 11 425 s |
| 4 | 13 998 s | 4 | 11 933 s | 4 | 11 933 s |
| 5 | 14 593 s | 5 | 12 440 s | 5 | 12 440 s |
| 6 | 15 189 s | 6 | 12 948 s | 6 | 12 948 s |
| 7 | 15 791 s | 7 | 13 461 s | 7 | 13 461 s |
| 8 | 16 386 s | 8 | 13 969 s | 8 | 13 969 s |
| 9 | 16 982 s | 9 | 14 476 s | 9 | 14 476 s |
| 10 | 17 577 s | 10 | 14 984 s | 10 | 14 984 s |
| 11 | 18 173 s | 11 | 15 491 s | 11 | 15 491 s |
| 12 | 18 768 s | 12 | 15 999 s | 12 | 15 999 s |
| 13 | 19 363 s | 13 | 16 506 s | 13 | 16 506 s |
| 14 | 19 959 s | 14 | 17 014 s | 14 | 17 014 s |

**表 4-6　模型中煤炭卸载数据（根据表 4-4）**

| 代码 | 煤炭卸载位置 1，2 | 代码 | 煤炭卸载位置 1，2 |
|---|---|---|---|
| 29 | 15 876 s | 36 | 21 303 s |
| 30 | 16 650 s | 37 | 22 077 s |
| 31 | 17 424 s | 38 | 22 851 s |
| 32 | 18 198 s | 39 | 23 625 s |
| 33 | 18 972 s | 40 | 24 399 s |
| 34 | 19 746 s | 41 | 25 173 s |
| 35 | 20 529 s | 42 | 25 947 s |

表 4-7 模型中特种铁矿石卸载数据（根据表 4-4）

| 代码 | 煤炭卸载位置 1，2 | 代码 | 煤炭卸载位置 1，2 |
|---|---|---|---|
| 15 | 12 212 s | 22 | 16 386 s |
| 16 | 12 807 s | 23 | 16 982 s |
| 17 | 13 403 s | 24 | 17 577 s |
| 18 | 13 998 s | 25 | 18 173 s |
| 19 | 14 593 s | 26 | 18 768 s |
| 20 | 15 189 s | 27 | 19 363 s |
| 21 | 15 791 s | 28 | 19 959 s |

表 4-5～表 4-7 中所有数据为埃尔朗分布（erlang distribution），平均值（mean），k 值为 2。

### 4.1.2 仿真条件和目标

根据以上数据，可以看出需要仿真的问题相对比较复杂，需要掌握的数据也非常多。不但有不同的卸载货物时间，每一种卸载装置的工作效率也都不一样，如何通过仿真手段使这个问题得到解答是这个模型的主要目的。

**仿真条件**

（1）所有驳船只有从鹿特丹港驶往杜伊斯堡港为装载散货运输，从杜伊斯堡港返回鹿特丹港为空载。

（2）在杜伊斯堡港内共有 6 个码头，每个码头有一个卸载装置器（卸载装置 1 在码头 1；卸载装置 2 在码头 2；卸载装置 3 在码头 3；卸载装置 4 在码头 4；卸载装置 5 在码头 5；卸载装置 6 在码头 6）。按照表 4-5～表 4-7 中卸载的速度，分别将铁矿石卸载到码头 1、码头 3 和码头 4；再将煤炭卸载至码头 5 和码头 6；最后将特种铁矿石卸载至码头 2。

（3）每个推船组合和拆分驳船的时间各为 1.5 h。在拆卸后，推船需要在杜伊斯堡港外等候，根据不同驳船的类型再次将空驳船组合并空载返回鹿特丹港。

（4）杜伊斯堡港外有 3 条卸载等候区，每条等候区最后同时容纳 10 条驳船等候。

（5）推船数量为 8 艘。杜伊斯堡港内有 1 艘引导船，可以简单将驳船带至相应的码头。

（6）根据不同类型的驳船和不同的装载，每种推船加驳船组合的速度都不一样，不同组合的驳船可以相互超越。

（7）推船的马力相同。

**仿真目标**

根据以上数据和条件，试运行模型 14 天，查看不同驳船组合的运输状态，并求证 4 艘驳船组合和 6 艘驳船组合的效率，哪一种更适合本例。

### 4.1.3 模型的建立与重点分析

通过以上数据和分析，根据前 3 章介绍过的所有模块建立这个内河航运的模型。根据本例的建模要求，此模型可以被划分为三个主要部分：（1）货物装载部分；（2）驳船运输及卸载部分；（3）货物卸载部分。具体模型见图 4-2 和图 4-3。

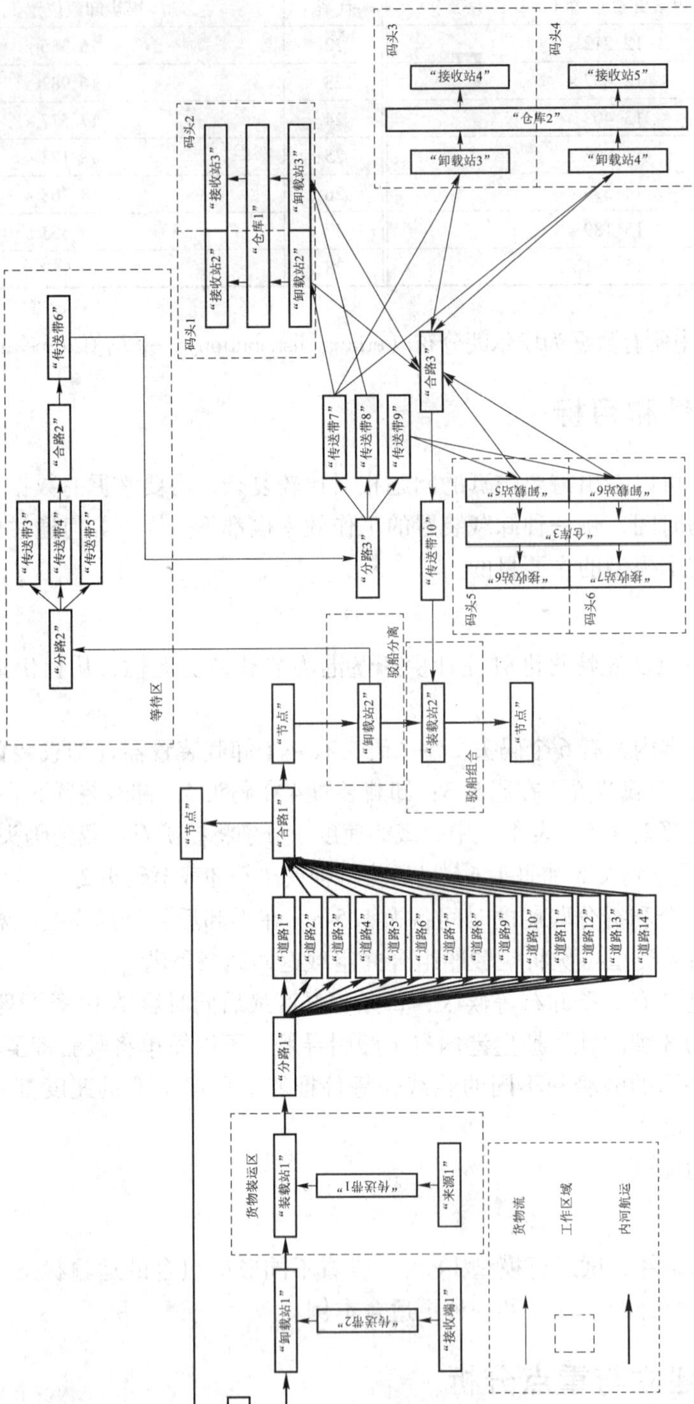


图4-2 推船与驳船运输布局

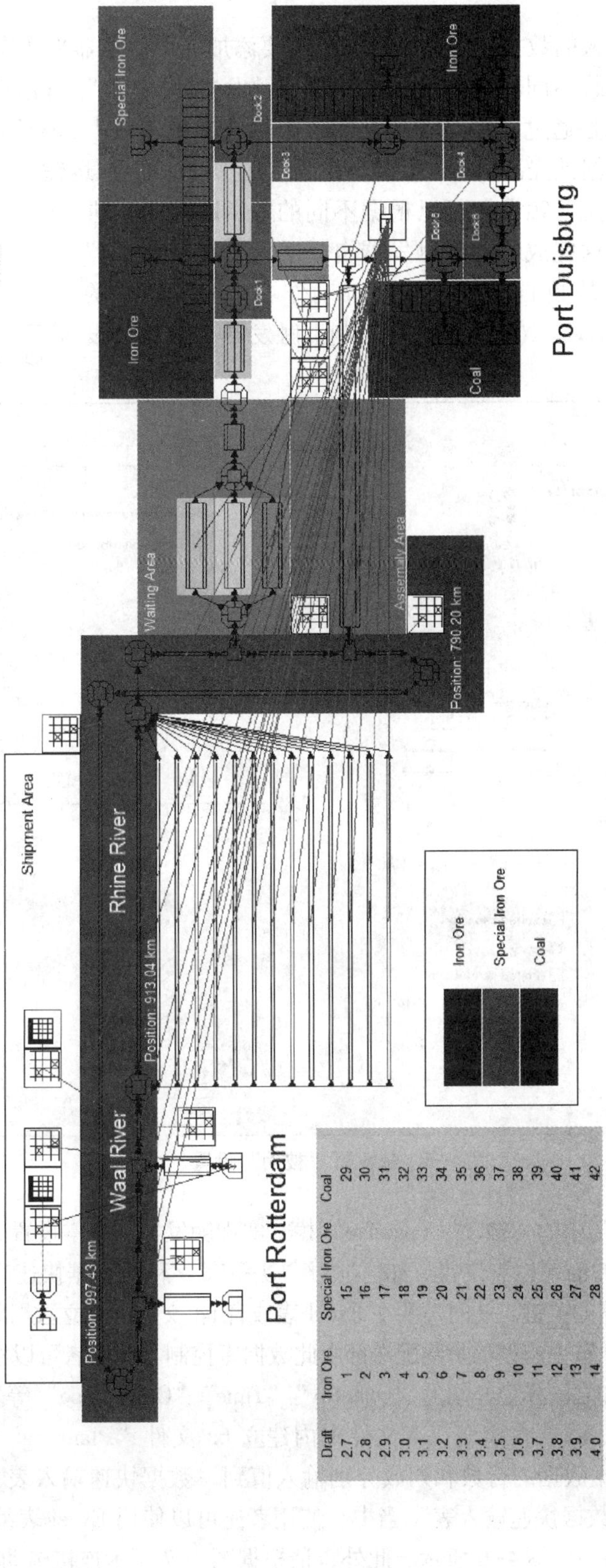


图4-3 推船与驳船运输DOSIMIS布后图

**1. 货物装载部分**

由于此模型需要输入的数据较多，所以这里需要添加一个触发器来让模型在不同的时间点产生不同的驳船及装载不同的货物等动作。这个触发器由一个“入口源”和一个“出口端”来完成。触发器也是通过“决策表”控制“数据快速输入表”进行赋值完成的。这个触发器的基本原理是根据预先准备好的运输计划来控制所有模块的运输，如 Excel 表格中指定的仿真时间。简单来说，触发器可以根据不同的发货时间自动进行发货。每次当货物发送完成时，此触发器自动关闭。随着触发器产生的动作，不同的模块也自行产生货物等动作。此触发器中的“入口源”需要选择“被动”（passive）来控制。触发器“被动”设置如图 4-5 所示。

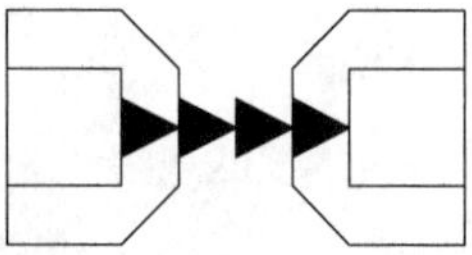

**图 4-4　触发器式样**

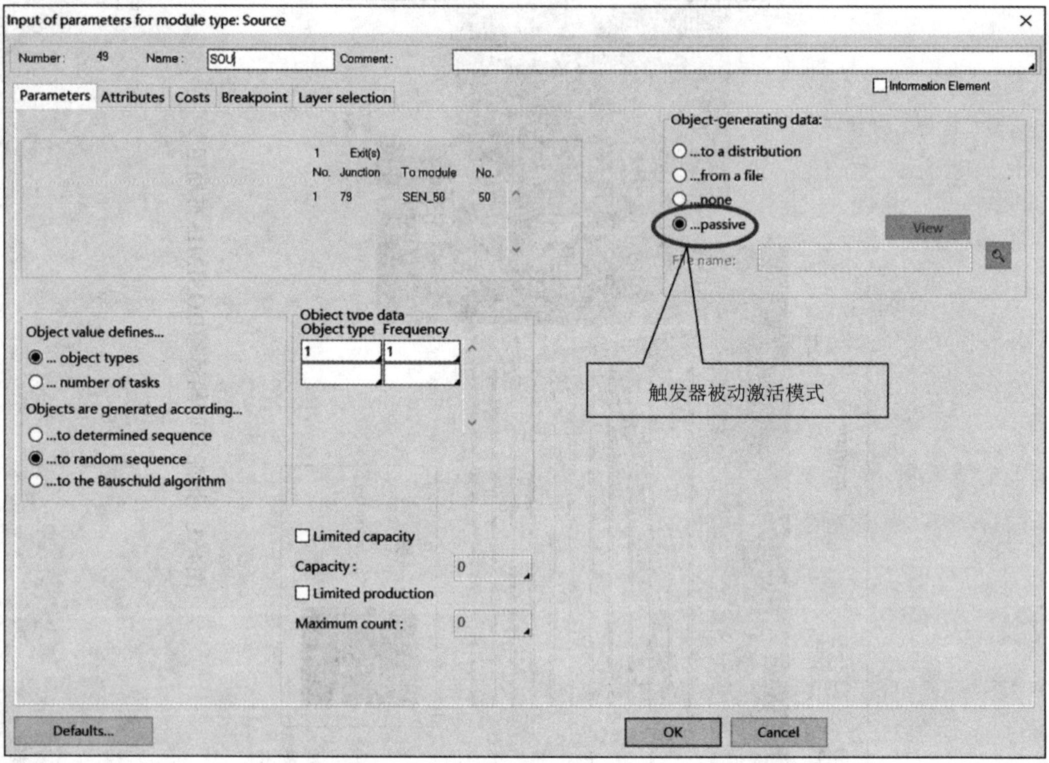


**图 4-5　触发器“被动”设置**

通过选择“入口源”中的“被动”（passive）模式实现触发器的基本设置。除此之外，最重要的则是“决策表”中的语句控制设置。如何通过“决策表”和“数据快速输入表”多次引用和赋值数据是使用触发器的关键。此时需要在 Excel 表或者 txt 文件中建立数据库，这个被建立的数据库实为货物发送单，整个模型的货物配送都由此数据库控制。使用者可以根据自己的实际需求设置不同的列选项，如之前模型介绍的“Quantity”“Time”“ObjectType”等。

为了自动输入数据，需要在模型保存文件夹内建立 txt 文件“Planning”作为数据库，为触发器做赋值准备。根据数据的行数和列数分别输入值到“数据快速输入表”，所有数据就都可以显示在模型中的“数据快速输入表”当中。使用者还可以使用 Excel 表编辑数据，把编辑好的数据复制进 txt 文件，如图 4-6 所示。此外，请根据图 4-7 所示连接施动模块和被动模块。

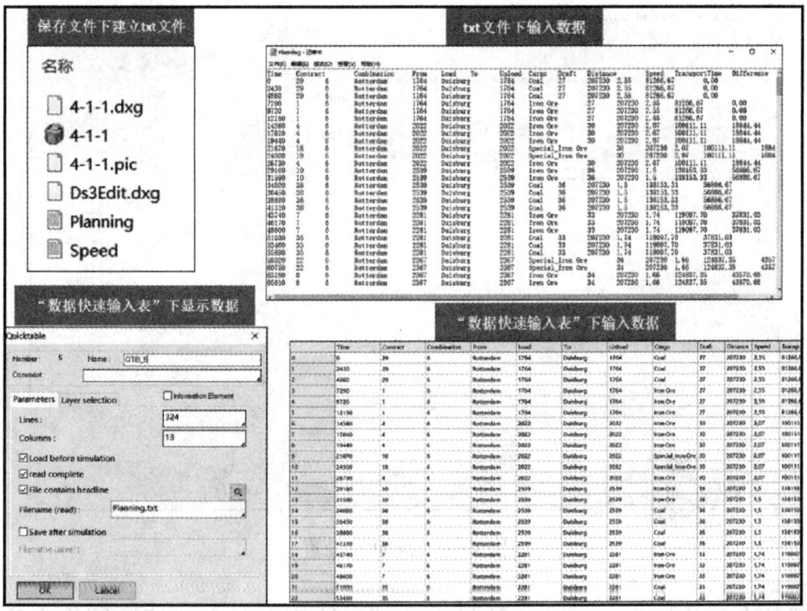


图 4-6　模型数据的输入

此部分为本模型的主要难点，如图 4-7 所示，几乎所有的“决策表”和“数据快速输入表”都汇集于此。首先，从“推船产生位置”开始，这里需要输入推船的基本设置，如图 4-8 所示。

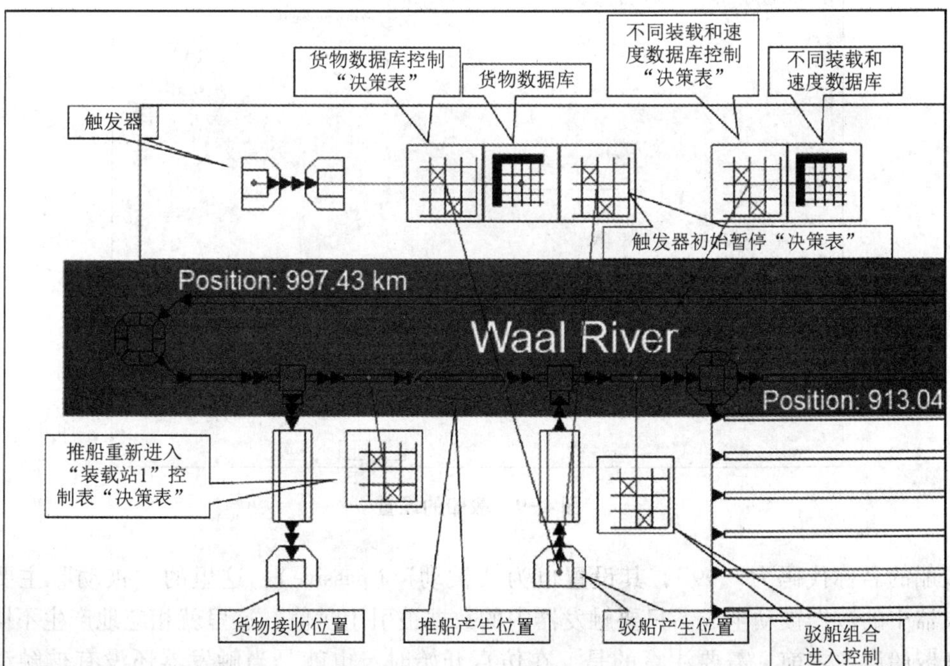


图 4-7　施动模块和被动模块的连接

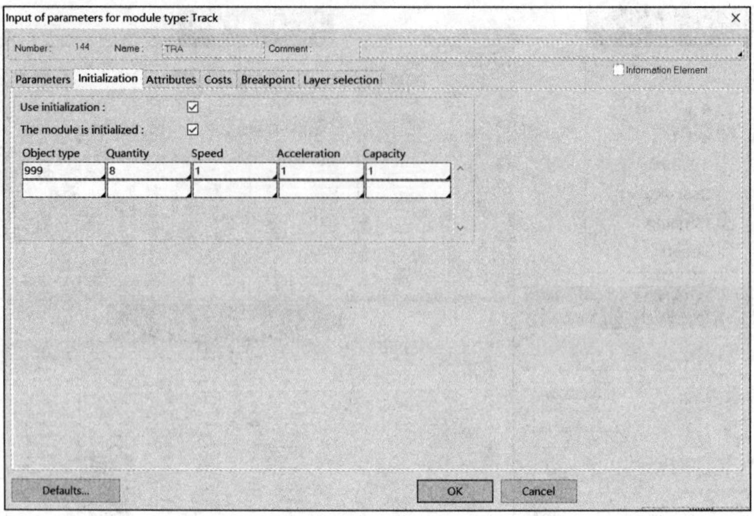


图 4-8　推船的设置

这里推船的名称代码为“999”，数量为“8”，速度暂时为“1”。因为之后随着“决策表”和“数据快速输入表”的赋值和不同装载量及吃水深度的影响，不同的推船将组合不同的驳船，产生不同的运输速度。

其次，“驳船产生的位置”设置如图 4-9 所示。

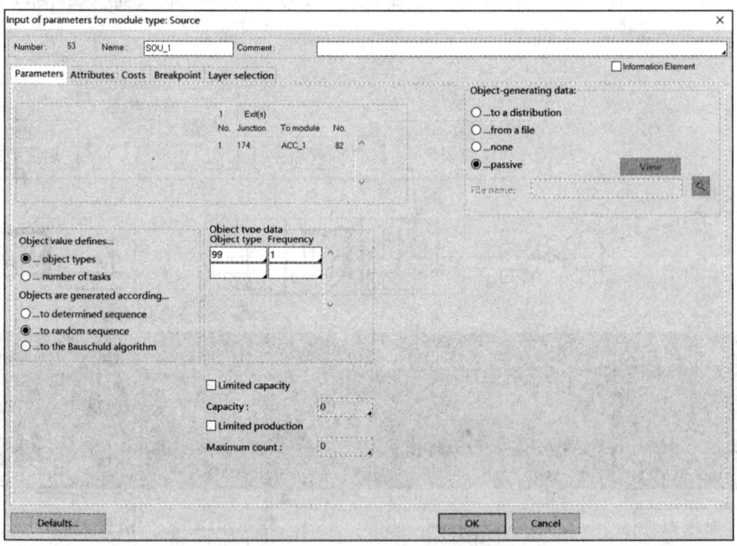


图 4-9　驳船的设置

驳船的名称代码为“99”，其设置也为“被动”（passive）。这里的“被动”主要是根据触发器中的数据被动生成。只要触发器中的数据被引用赋值，这里就相应地产生不同的驳船。在驳船产生之前，需要注意的是，在仿真开始时，也就是当触发器还没有被触动的时候，所有的驳船都不能被发出，所以要在“触发器初始暂停“决策表””中输入以下语句来在初始化的时候暂停驳船的产生：当一个驳船将要产生时，模块的连接出口 1 将被封锁，并等待触发器的赋值。当触发器随着“数据快速输入表”中的时间被赋值时，这里的驳船也将被解除封锁。“act_module. junction_at_exit（1）. block”为施动模块出口被封锁之意。在设置完以上内容后，设置另一对“决策表”（不同装载和速度数据库控制“决策表”）和“数据快速输入表”（不同装载和速度数据库），分别代表当驳船组合后，其应有的运输速度和吃水深度。其具体设置见图 4-10。

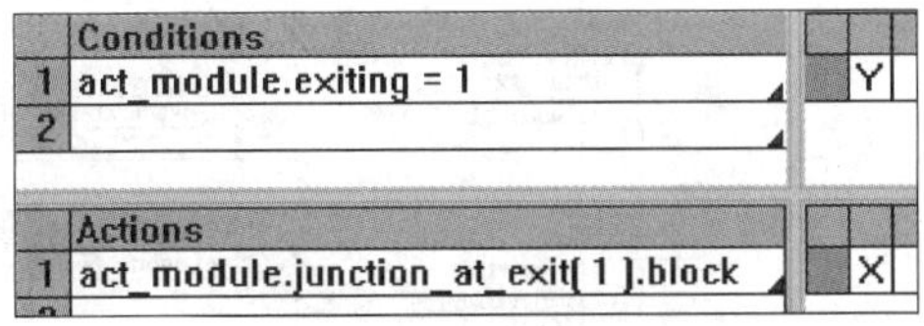


图 4-10　触发器初始暂停“决策表”设置

根据表 4-1 的数据，不同组合的驳船一共有 14 种不同的运输速度。通过以上数据的导入和赋值，所有驳船组合将自动选择相应的速度。这里的 14 种不同运输速度将与之后第二部分 14 种不同的运输速度模块相配合使用。图 4-12 中的语句是引用图 4-11 中“数据快速输入表”的数据。每次初始化后，“决策表”都会根据“数据快速输入表”中“Port”列，确定相对应的“Rotterdam”中的数值（由于所有货物都是从鹿特丹港发往杜伊斯堡港，所有设定值是为了选择速度做初始化）。在“行为表”中，所有的速度（speed）都将通过“destparam”由数据库被赋值，此时的赋值为驳船组合的实际速度参数。“Quicktable（QTB_23）. DeleteRows（line，1）”的意思为，当前每一行数据被执行完毕之后，都会通过“决策表”从“数据快速输入表”中被删除。这样一来，所有被执行后的数据都不再会出现在“数据快速输入表”中，直到所有数据被执行完毕。

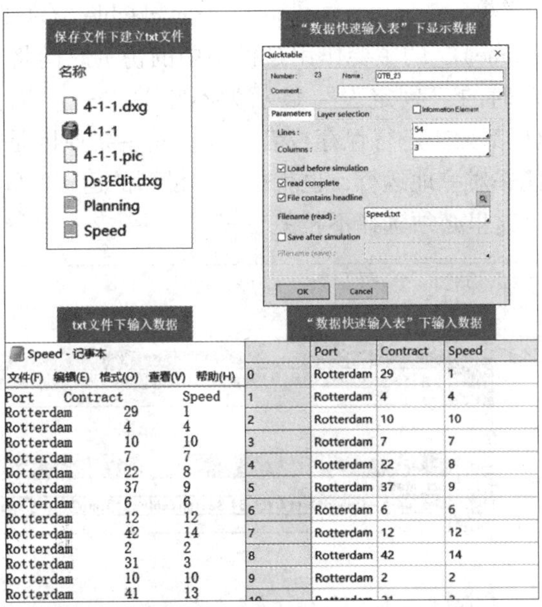


图 4-11　“数据快速输入表”中不同速度的设置

最后需要解释的“决策表”为图 4-7 中推船重新进入“装载站 1”控制“决策表”。当推船结束一次运输后，所有驳船通过“接收站”退出模型，这个推船必须重新回到“装载站 1”进行下一次的运输任务，直到所有运输完毕，所以此“决策表”的主要任务是给推船赋值，也就是指定鹿特丹港“装载站”的位置。此模型中鹿特丹港“装载站 1”的名称代码为“102”。

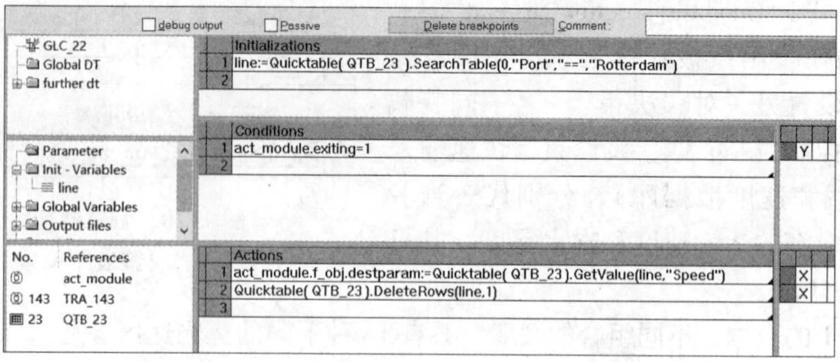


图 4-12 “决策表”中不同速度的选择

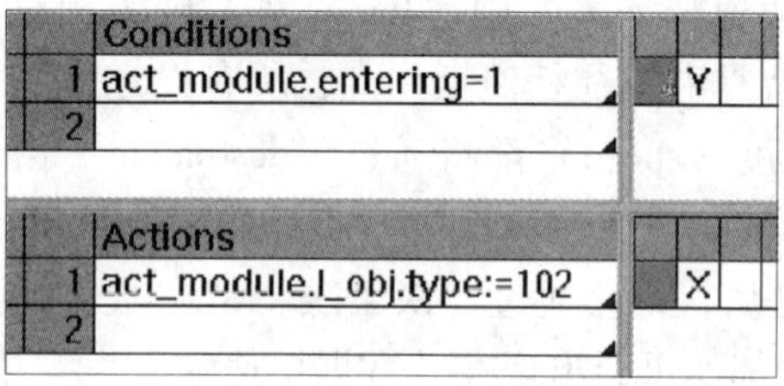


图 4-13 推船进入“装载站 1”设置

当以上数据都被设定完成后，此时最重要、最关键的一步就是驳船的设置，参照图 4-7 中的货物数据库控制“决策表”，并设置如图 4-13 所示。

图 4-14 中的“sim_time”为 DOSIMIS-3 已写好的内部程序语句，代表模型的仿真时间。而“Time”则代表 txt 文件中数据列的名称。“sim_time = Quicktable ( QTB _ 5 ). SearchTable (0,"Time","==", sim_time)”的主要作用是模型中的仿真时间将与数据中的仿真时间相关联。作为条件语句，此时的“判定表”显示为不相关“-”，因为无论这里选择“是”(Y) 或“否”(N)，模型都无法进行保存或者运行。其主要原因是，模型实际的运行时间和数据中给定的时间不能一对一地运行，也就是说，模型的运行时间是连续的，而数据文件中的时间是断开的。所以这里必须选择不相关“-”。

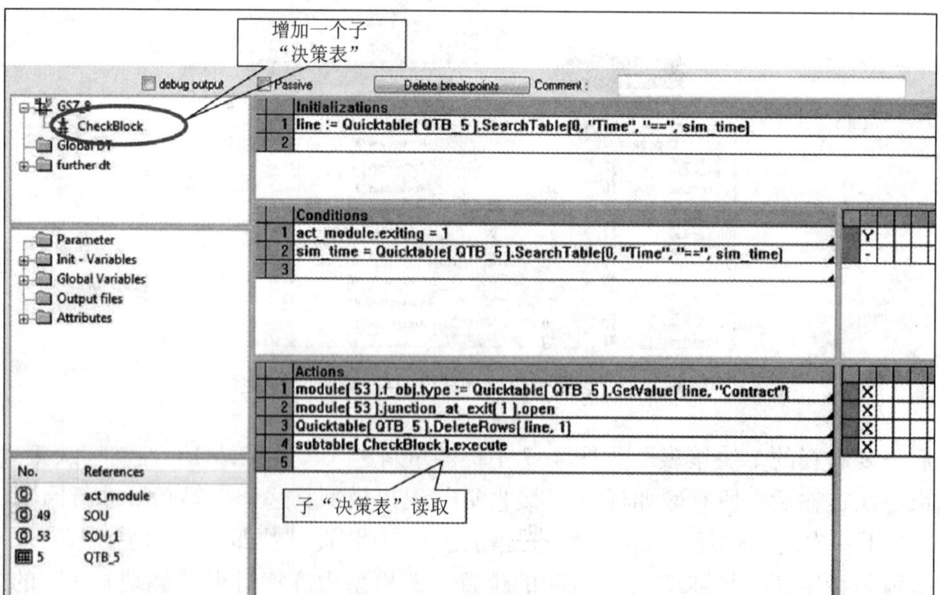


图 4-14 货物数据库控制“决策表”设置

在“初始化表”中把初始化变量“line”和“sim_time”进行再次关联，此时初始化语句“line：=Quicktable（QTB_5）. SearchTable（0,"Time","==", sim_time）”可以被写到“行为表”第一行。

“行为表”中首先需要给货物赋值，由于产生货物的种类较多，这里需要通过仿真时间利用语句“module（53）. f_obj. type：=Quicktable（QTB_5）. GetValue（line,"Contract"）”逐一赋值，这样一来，所有产生的货物都会根据数据文件中的“Contract”进行赋值。除此之外，在“行为表”中需要注意的是，所有的语句都有执行顺序的先后区分，如果执行先后的逻辑顺序不对，模型就不能正常运行。由于触发器在一开始是被禁止的（参考图 4-10 触发器初始暂停“决策表”设置），所以当触发器被触发、货物被赋值后，此时的通道需要被打开，需要执行“行为表”中的第二个语句，把“入口源 1”和“传送带 1”之间的连接通过“module（53）. junction_at_exit（1）. open”语句，暂时打开。此时，当“数据快速输入表”中的第一行被执行完毕后，需要通过“行为表”中第三行语句“Quicktable（QTB_5）. DeleteRows（line，1）”对第一行数据进行删除。这样一来，在初始化后，被执行的数据，就不会再次被执行。

在完成以上步骤后，还需要建立一个子“决策表”，用来辅助触发器的使用。参考图 4-14 建立“CheckBlock”作为子“决策表”，如图 4-15 所示。

这里的子“决策表”主要为了解决“入口源 1”和“传送带 1”之间接口的开关和仿真时间的关联。初始化变量“line”在“条件表”中规定，每次初始化后都要从第“0”行开始，由于图 4-14 中的语句“module（53）. junction_at_exit（1）. open”，“入口源 1”和“传送带 1”之间的接口已经被打开，此时如果不及时关闭，下一个货物将被产生，但产生的实际时间还没有到，所以即便产生的货物也不能被赋值，即此时产生的货物是错的，必须等到 txt 数据文件中规定的时间到达，才能产生赋值正确的货物名称。所以，这时要马上关闭“入口源 1”和“传送带 1”之间的接口。具体方法就是通过“初始化表”中的语句“line：=Quicktable（QTB_5）. FirstEmptyLine（）”完成。当图 4-14 中语句“Quicktable（QTB_5）. DeleteRows（line，1）”被执行时，此时的“line”为空语句，而“line”的位置是“0”，对应图 4-15 中“行为表”语句“act_module. junction_at_exit（1）. block”就可以实现“入口源 1”和“传送带 1”之间接口的关闭。此时的关闭状态将会根据触发器下一次的指令而打开。这样一来，每次赋值后都会自动关闭，每个数据都会被赋值到相应的货物上，通过这个办法，货物的名称赋值就不会出错。

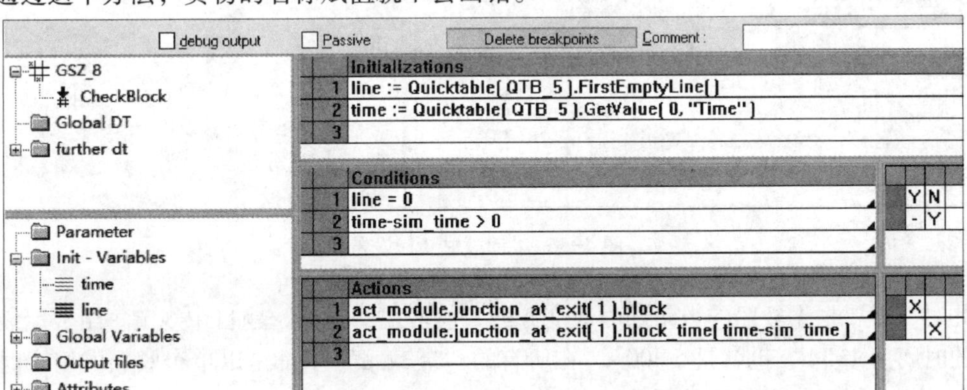


图 4-15　子“决策表”设置

由于初始化变量“time”是通过语句“time：= Quicktable（QTB_5）. GetValue（0, "Time"）”从 txt 数据文件中的“Time”提取，所有的货物发出时间是根据数据文件中的时间被执行，这也意味着，如果仿真时间大于这个数据中的发货时间，货物就不能被发送，所以数据文件中的时间数值必须大于模型仿真中的时间数值（“time-sim_time> 0”），否则，逻辑不合理，程序就会出错。

“act_module. junction_at_exit（1）. block_time（time-sim_time）”的主要作用同样是为了确保“入口源 1”和“传送带 1”之间连接的关闭时间为正，同时货物将按照 txt 数据文件中的时间被赋值、执行。

到此为止，第一部分的设置已介绍完毕。这一部分是整个模型的关键，所有货物的赋值都要根据表 4-4～表 4-7 中的货物名称代码进行赋值，也只有清楚地确认每一个驳船货物的种类，才能使不同组合的驳船拥有相应的运输速度。接下来将介绍模型中不同驳船组合运输速度的设置和卸载的设置。

**2. 驳船运输及卸载部分**

为了方便介绍，首先请参考图 4-2 设定“卸载站 1”的名称代码为“101”；“装载站 1”的名称代码为“102”；“卸载站 2”的名称代码为“103”；“装载站 2”的名称代码为“104”。如图 4-16～图 4-19 所示。

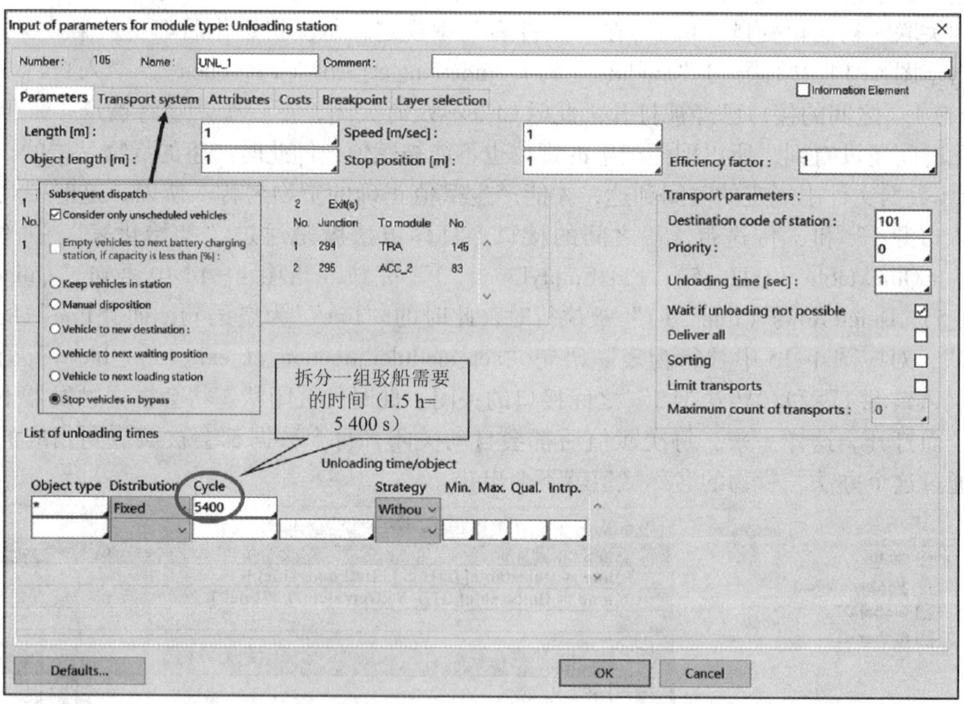


图 4-16 “卸载站 1”设置

此时，需要根据驳船的数量随时改变卸载每艘驳船的时间，题目中规定每组驳船装载或卸载的时间为 1.5 h，也就是 5 400 s，在所有的“装载站”中都是以单个驳船的组合时间作为基本单位，所以如果驳船数量为 6 艘，那么每艘的组合时间为 900 s，如果驳船数量为 4 艘，那么每艘的组合时间为 1 350 s。在完成此步骤后，为了防止仿真中不同驳船组合速度

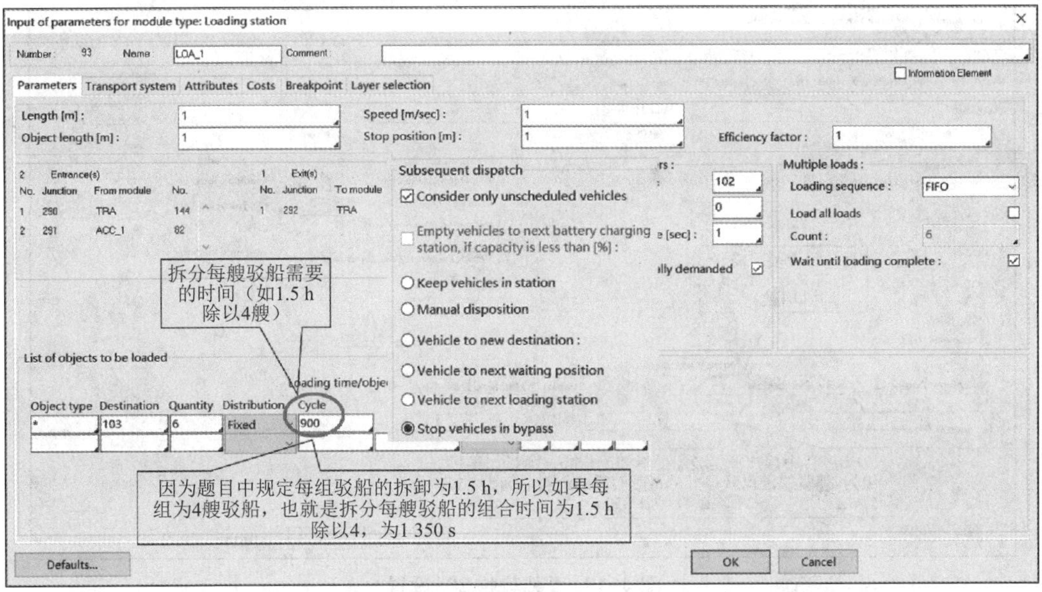


图 4-17 “装载站 1”设置

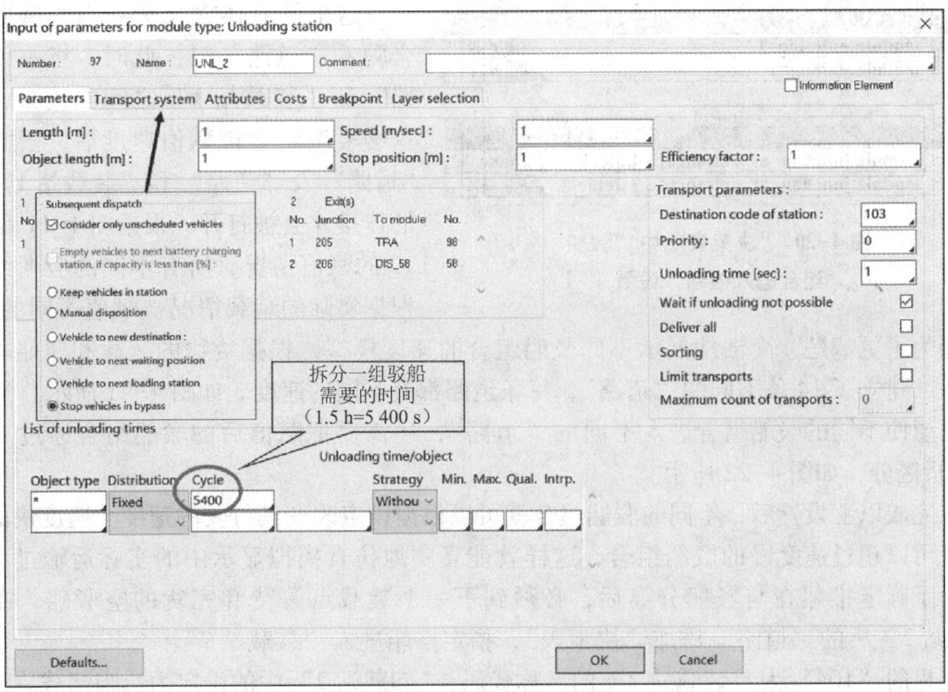


图 4-18 “卸载站 2”设置

的赋值错误，在“装载站 1”后的“道路”（track）中添加一个“决策表”用来关闭此“道路”和“装载站 1”之间的入口。其主要目的是，为实现每次只有一组驳船组合被赋值速度值。但是，如果不添加这个“决策表”，很可能造成两艘驳船组合同时需要被赋值速度的情况，这样就会产生错误。如果确实有同时发出多艘驳船组合的情况，使用者可以同时设置多个“道路”进行“决策表”控制与赋值。

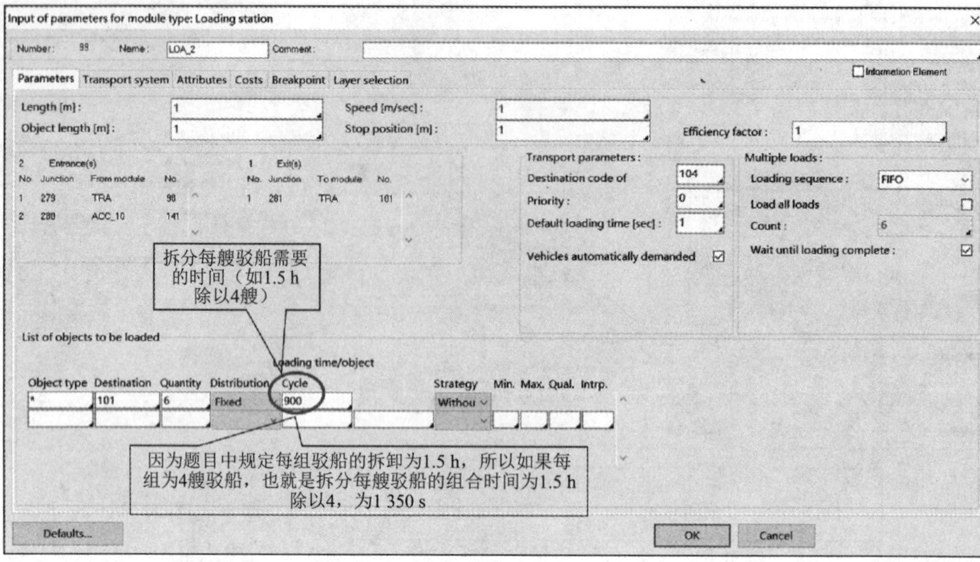


**图 4-19 “装载站 2”设置**

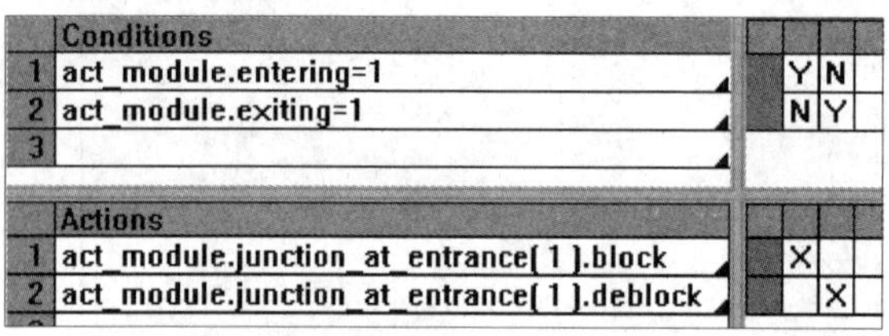


**图 4-20 “决策表”中“驳船组合进入控制”设置**

这里的具体含义为：当一艘驳船组合驶入“道路”时，此时，将关闭“道路”和“装载站 1”之间的连接，确定这艘驳船组合被赋值速度后，当它驶出“道路”及“道路”和“装载站 1”之间的连接才会被打开。根据图 4-11 和图 4-12 的赋值情况，所有不同的驳船组合都根据实际的装载情况被赋值不同的速度，本模型为了更清楚、简洁地展示不同驳船组合的速度模拟，根据货物的运载和驳船吃水情况，一共建立了 14 条不同的“道路”，每条道路都有不同的速度。如图 4-21 所示。

要想使不同的驳船组合进入不同的“道路”，还需要把赋值后的驳船组合通过“分路 1”进行区分，如图 4-22 所示。

在完成以上设置后，不同的驳船组合就可以根据设定改变其行驶的速度。速度快的驳船组合就可以超过速度慢的驳船组合，这样就能真实地仿真模拟显示中的实际运输过程。同样，为了确定推船在与驳船分离后，必须到下一个装载点等待卸完货的空驳船，需要在“卸载站 2”后的“道路”添加“决策表”，指定推船进入“装载站 2”。

这里的“104”为“装载站 2”的名称代码，“卸载站 2”中的设定为：当卸载后，推船停靠在“卸载站 2”，并且不能阻挡之后的驳船组合，但是一旦有空驳船在“装载站 2”等待组装（见图 4-18），这里的推船就会被准确赋值“104”，并进入“装载站 2”。同理，当空驳船被组装完毕后，也就是在“装载站 2”后的“道路”上，需要再次添加“决策表”，输入类似的目的地设定，如图 4-23 和图 4-24 所示。

在推船与空驳船组合后，推船需要与驳船一同驶回鹿特丹港，即“卸载站 1”，而“卸载站 1”的名称代码为“101”。为了使推船和空驳船准确无误地驶回鹿特丹港，这里要再次输入图 4-24 中的语句。至此，驳船组合的运输和卸载介绍完毕。

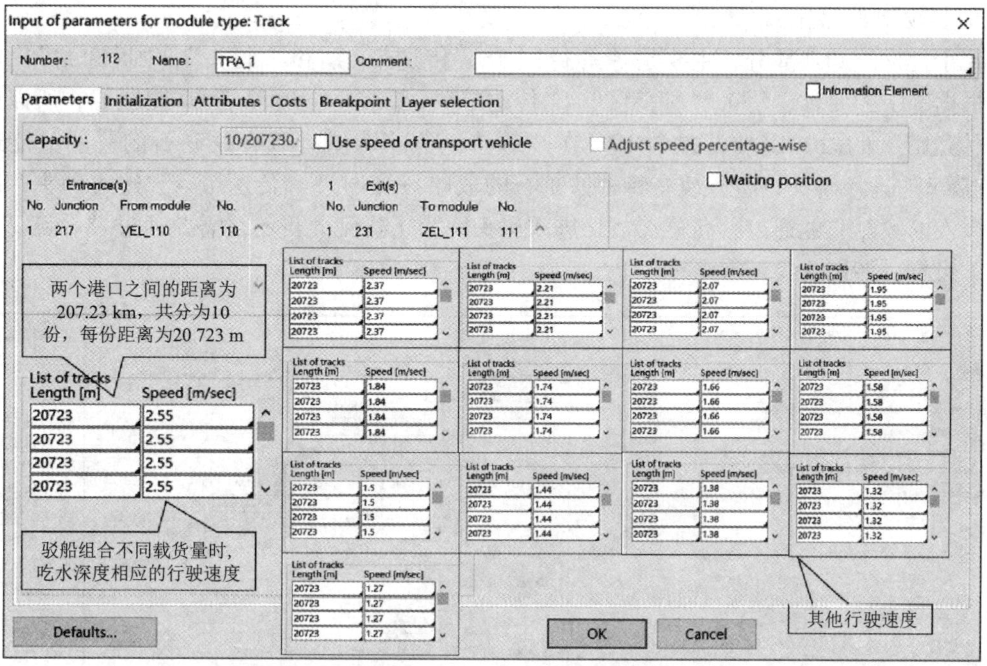


图 4-21 驳船组合不同载货量行驶速度设置

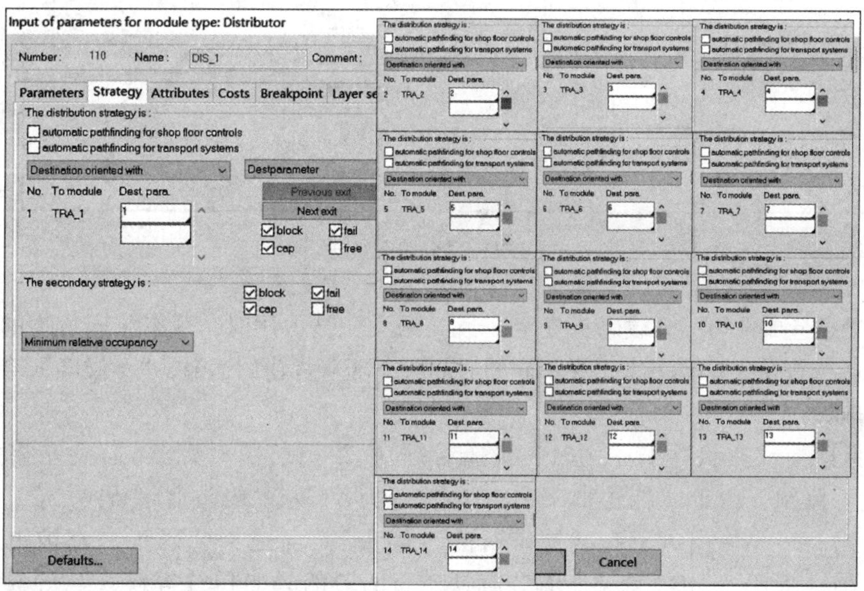


图 4-22 “分路 1”设置

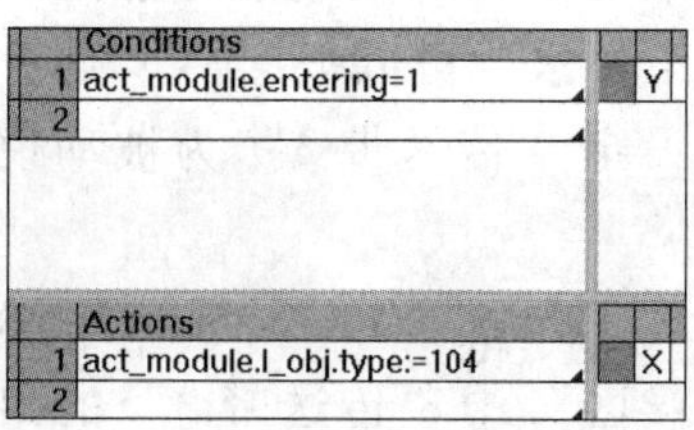


图 4-23 分离后的推船去向设定

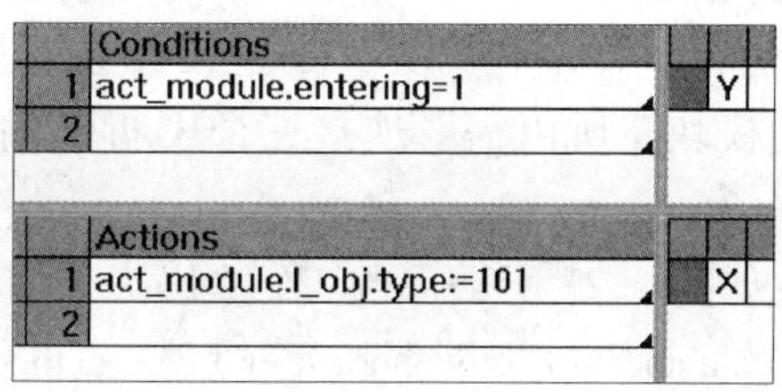


图 4-24 推船组合空驳船后的设定

### 3. 货物卸载部分

关于货物的卸载部分，主要是“等待区”（“传送带”）和“码头”（“拆卸站”）的设置。根据题中的要求，每个“等待区”（“传送带”）最多能同时停靠10艘驳船，所以所有的“传送带”的段数都被设置为10。在“等待区”中，所有载有铁矿石的驳船只能通过“传送带3”进入码头；所有载有特种铁矿石的驳船只能通过“传送带4”进入码头；所有载有煤炭的驳船只能通过“传送带5”进入码头。为了达到此目的，需要通过“分路2”进行以下设置，如图4-25所示。

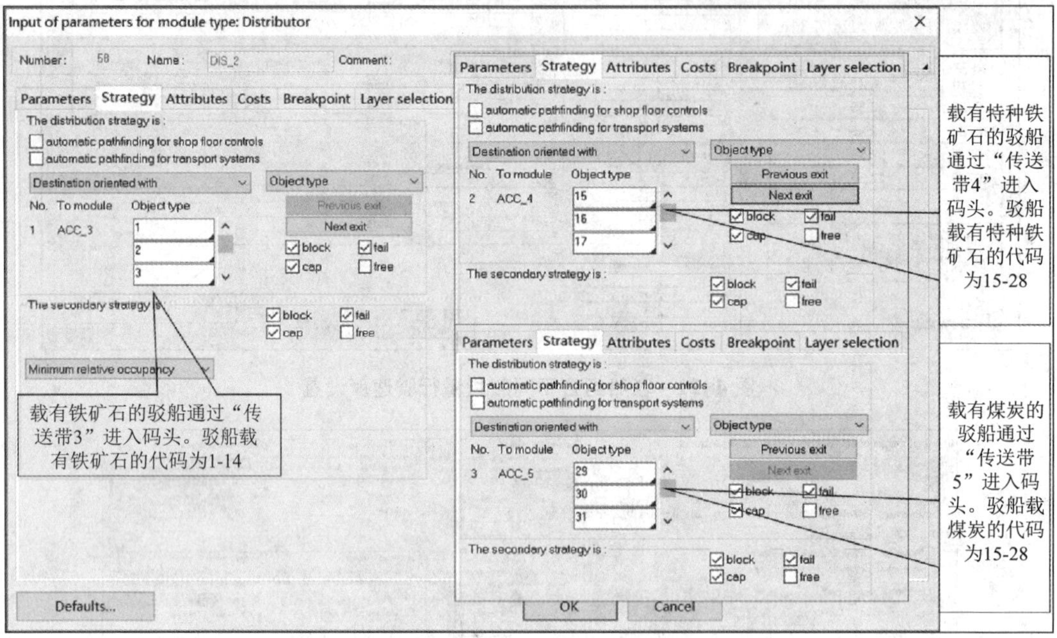


**图4-25 “分路2”设置**

为了避免造成拥堵，卸载码头规定，当“码头”被占用时，载有相同货物的驳船必须在“等候区”等待。这样一来，在不同的时间段，随着货物的运输，“等候区”会有不同的货物进行排队。

为了保证当“码头”被占用时，驳船必须在“等候区”等候，需设立相关的“决策表”进行控制，由于“传送带3”对应的“码头”为“码头1”“码头3”“码头4”，这三个“码头”是专门为了卸载铁矿石的“码头”。当三个“码头”都被占用时，需要封锁“传送带3”，也就是说所有装载铁矿石的驳船只能在“等候区”等候。当三个“码头”当中的某个“码头”为空闲时，“等候区”装载铁矿石的驳船才能进入，这时“传送带3”和“码头”的连接才会被打开。根据这个要求，可以把三个“码头”设为施动模块，所以需要连接三个“拆卸站”，同时需要设定“传送带3”为被动模块。如图4-26所示。

如图4-27所示，当三个“码头”的占用同为1时（module（13）. actocc=1 && module（10）. actocc=1 && module（11）. actocc = 1），“等候区”中“传送带3”的出口关闭（module（71）. junction_at_exit（1）. block）；当三个“码头”的占用只要有一个为0时

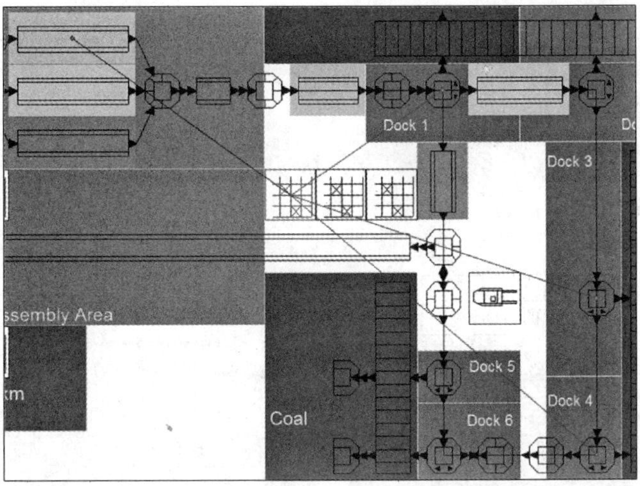


图 4-26 “等候区”（“传送带 3”）的设置

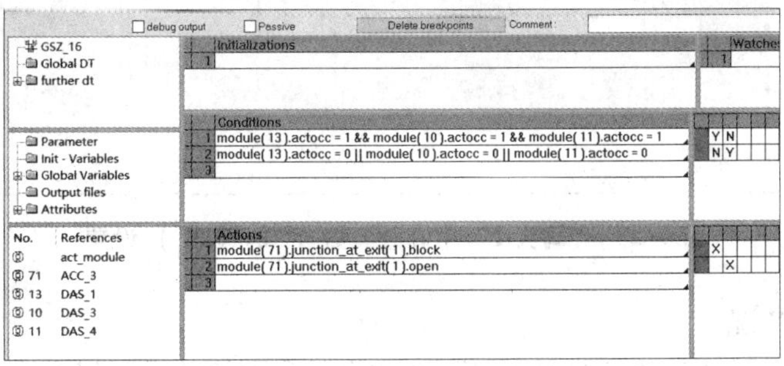


图 4-27 “传送带 3”出口设置

(module (13). actocc=0 || module (10). actocc=0 || module (11). actocc=0)，“等候区”中“传送带 3”的出口开放（module (71). junction_at_exit (1). open)。根据此设定，同样为“传送带 4”（与“码头 2”相关）和“传送带 5”（与“码头 5”和“码头 6”相关）设定相同的“决策表”控制。

关于每个“码头”卸载装置（“拆卸站”）的设置，需要根据表 4-4～表 4-7 设置。

如图 4-28 所示，当驳船卸载完毕后，空驳船名称代码为“888”，这是为了区分满载驳船与空载驳船。每个码头卸载装置的时间都不一样，每种货物的卸载时间也不一样，请根据表 4-4 ～表 4-7 的数据，设置其他“码头”中的卸载装置（“拆卸站 2”到“拆卸站 6”）。

最后，当所有驳船从不同“码头”被卸载完毕后，通过“合路 3”“传送带 10”“装载站 2”等待推船组合，驶回鹿特丹港。

### 4.1.4 仿真结果分析

模型仿真的主要目的是求证旧式驳船组合（4 个组合）和新式驳船组合（6 个组合），哪一个更适合这三种货物的运输。由于运输货物的总量相同，在 14 天内，不可能有更多的货物被运输，所以可以通过仿真时间和各个模块的实际占用率求证不同驳船的组合，哪一种

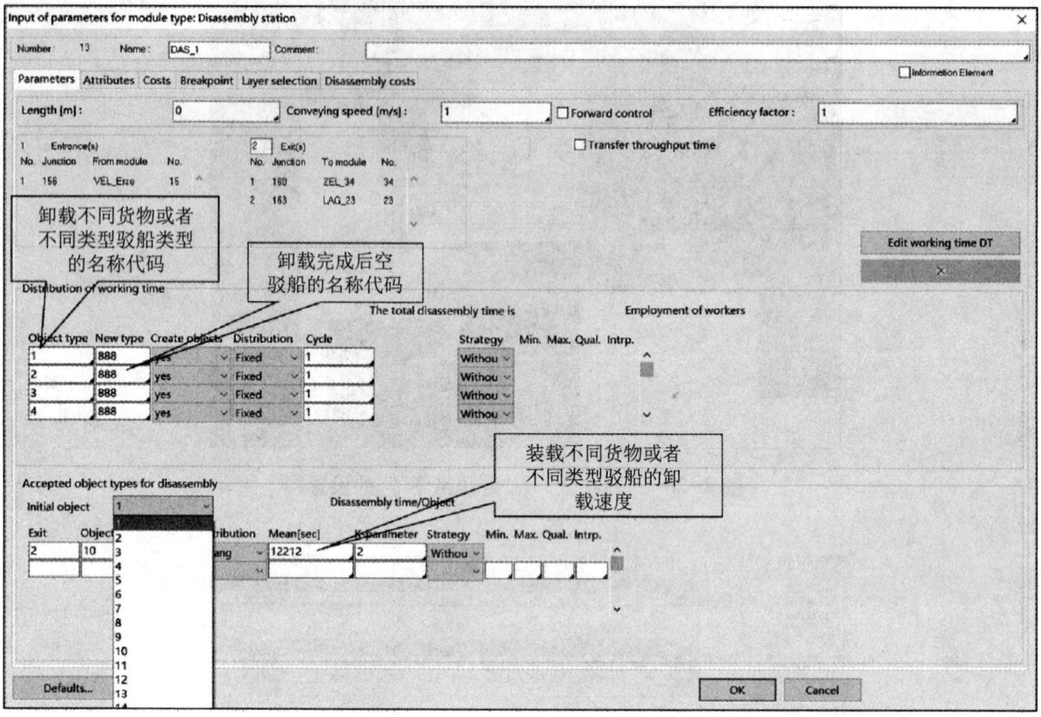


图 4-28 “码头 1”中卸载装置（“拆卸站”）设置

更适合这段运输的情况。

通过改变“装载站 1”和“装载站 2”改变推船和驳船的实际组合数量。

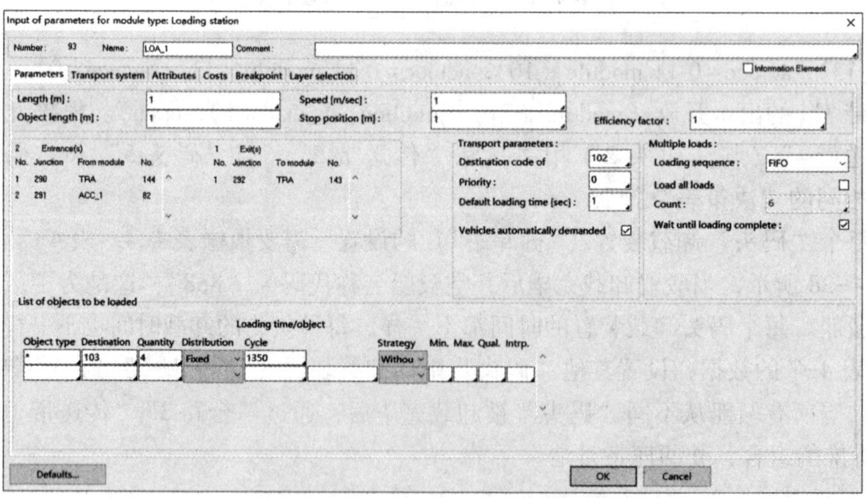


图 4-29 “装载站 1”旧式驳船组合设置

如图 4-29 所示，由于不管是 4 艘驳船组合还是 6 艘驳船组合，都需要 1.5 h 的组合时间，所以对比图 4-17，旧式驳船每艘驳船组合需要 1 350 s，同时设定数量为 4。“装载站 2”的设置也相同，来进行仿真。

**1. 运输时间**

首先保存并运行模型，查看运输时间，如图 4-30 所示。

图 4-30 运输时间比较

通过运输时间的比较发现，尽管每次只有 4 艘驳船进行运输，反而 6 艘驳船组合大概提前 9 h 完成货物的运输。其原因在于，首先，运输的距离不是很长，推船的数量足够，在卸载完成后，推船可以及时回到鹿特丹港口进行下一次组合运输。其次，由于各个“码头”卸载装置数量的限制，过多的驳船运输只能造成不必要的排队。最后，4 艘驳船的组合速度也快于 6 艘驳船组合的速度。

**2.“等待区”占用率**

“等待区”占用率的比较，也是驳船在和推船分离后，等待在各个“码头”之前的排队状态。选择“等待区”的“传送带”进行比较。

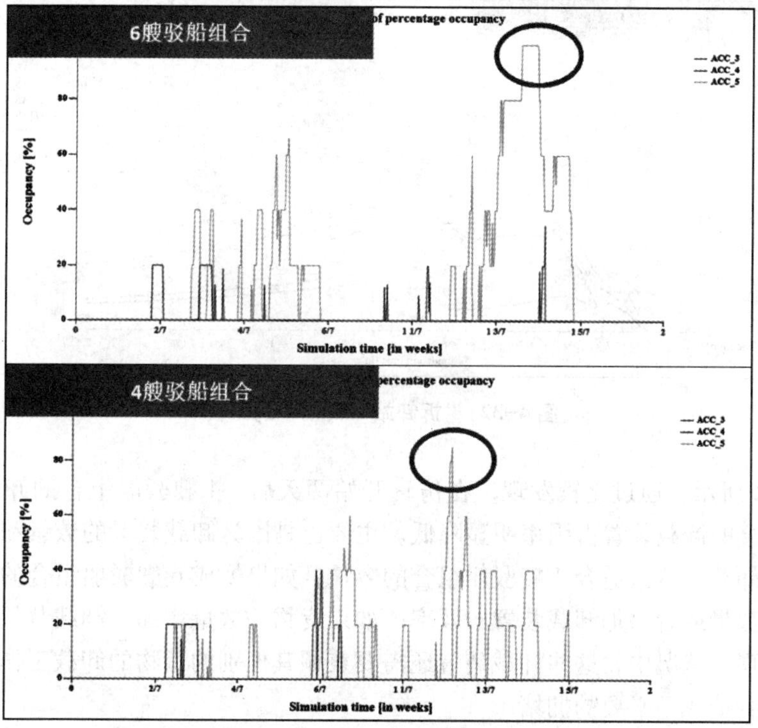


图 4-31 “等待区”占用率的比较

如图 4-31 所示，由于每次推船运输的驳船数量较少，在两周的仿真时间内，煤炭的运输较多，所以“传送带 5”在第 10 天左右有较拥堵的状态。4 艘驳船组合的拥堵状态达到 100%，也就是 10 艘驳船同时在“等待区”排队的状态，持续大概半天的时间。4 艘驳船组合的拥堵状态只达到 80% 左右，也就是 8 艘驳船同时等待，持续时间较短。通过“等待区”

占用率的比较，可以再次证明，旧式驳船组合更适合此模型的运输。因为如果“等待区”拥堵状态达到 100% 且持续一段时间，很可能会造成其他方面成本的增加。

**3.“拆卸站”占用率**

另一个重要的比较是装置（“拆卸站”）的占用率。由于卸载货物的总量相同，则卸载装置占用率较低的驳船组合模式更好，因为卸载装置有更多的时间做其他的工作。经过 14 天的仿真选择 6 个“拆卸站”，查看其实际工作占用率。

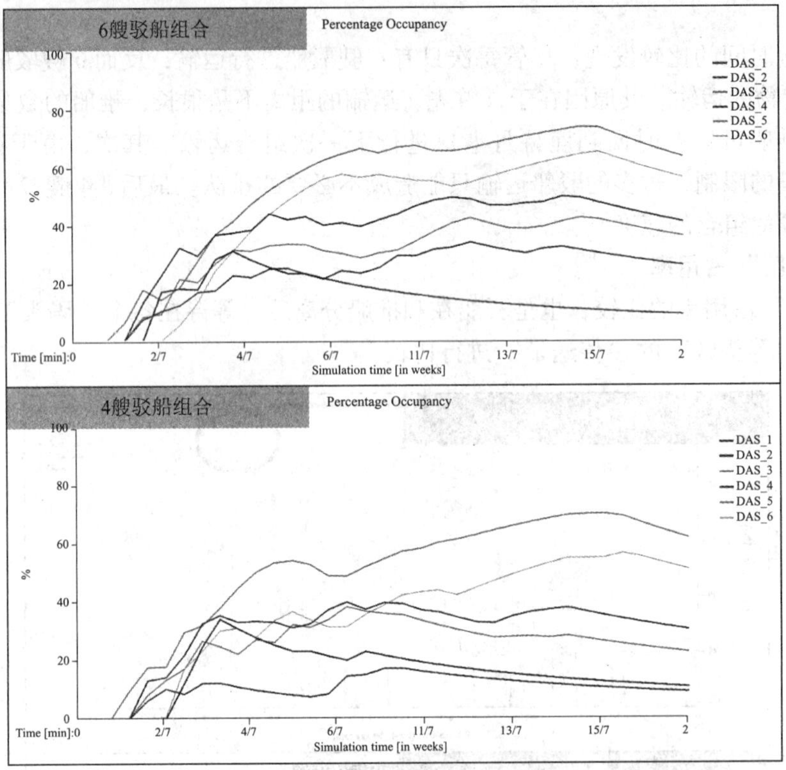


**图 4-32 “拆卸站”占用率的比较**

如图 4-32 所示，通过比较发现，在仿真开始两天后，4 艘驳船组合的卸载装置占用率比 6 艘驳船组合的卸载装置占用率明显降低。主要也是因为卸载装置的数量和卸载效率造成的，即现有的卸载装置只适合 4 艘驳船组合的数量，如果换成 6 艘驳船组合的数量，必须增加卸载装置的数量或者增加卸载装置的效率。如果货物的数量增加，卸载装置的占用率可能会更高。而在现实状况中，这些卸载装置还需要兼顾其他别的货物的卸载工作，过高的卸载占用率，势必会造成不必要的拥堵。

最后，通过仿真证明，4 艘驳船组合更适用于鹿特丹港至杜伊斯堡港之间三种货物的运输。

## 4.2 成品油物流优化前后对比的应用

DOSIMIS-3 仿真建模的另一个主要作用是展现其他优化方法的成果。在实际的生产、运输中，经常会通过计算、编程、迭代等办法，一步一步地优化生产和运输的整体供应链，使生产和优化无论在成本上还是时间上都达到综合的最优。为了体现这些方法的优势，一般可以通过计算和程序的方法，算出优化的实际结果，但这种优化的结果是一种静态的优化结果，这种静态的优化结果只能通过总的数据展现出优化的成果。如果想得到动态的优化结果，就需要针对优化的每一个环节和每一个优化时间点进行分析和对比，而这种优化结果通常很难通过计算和程序的方法得出。DOSIMIS-3 在动态优化结果的分析能力上非常强大，其不但可以显示仿真模拟的每个优化时间点，还可以针对所有需要展示的优化结果，配上适合的结果分析图。本节将针对一种优化方法的结果，分别使用 DOSIMIS-3 建立优化前后的运输及储存模型，分别从配给、装载、运输及仓储等方面，全面分析这种优化前后动态结果的对比。

## 4.2.1 成品油二次物流的应用

本节主要根据一个已经完成优化的结果，来作优化前后的模型对比。其对比主要在于油库建设位置的不同。通过不同的油库位置，使用 DOSIMIS-3 来仿真实际中的运输和仓储，展示程序优化前后的实际变化，并分析优化结果。

成品油的运输一般需要经历开采、远程运输、交易、炼油厂提炼、产品一次物流、仓储、产品二次物流、销售等环节。从开采到炼油厂提炼一般属于一次物流和二次物流之前的运输，不包括在此模型之内。产品的一次物流一般是通过铁路和内河航运等手段，从炼油厂被运至油库进行储存。被储存的成品油会根据不同城镇的需求，等待产品二次物流的运输。成品油的二次物流一般由油罐车完成。成品油的二次物流一般是从油库到各个城镇的运输，油罐车将根据每个城镇的实际储油量进行成品油的配送。为了方便理解，本模型的成品油为汽油和柴油。本模型中的数据分别根据实际运输量及实际运输条件建立，模型的研究区域为德国鲁尔区，模型分别为优化前后的对比。优化前的模型为：现实中实际运输和仓储状况；优化后的模型为：改变油库位置的运输和仓储状况。由于鲁尔区特殊的地形，一次物流将通过内河航运完成，炼油厂位于鲁尔区境内的盖尔森基兴市。二次物流通过鲁尔区境内的普通道路、州县公路和高速路完成。仓库的容量和实际油量的需求全部根据 2012 年的实际情况设定，仿真时间为 1 个月。

## 4.2.2 基本数据

根据以上基本条件，本节将对模型的基本数据作简单介绍。此模型需要仿真的区域为德国的鲁尔区，鲁尔区一共由 53 个城镇组成。鲁尔区内有一座炼油厂，其产量基本可以供给整个区内所有城镇的成品油需求。

如图 4-33 所示，盖尔森基兴炼油厂会通过河运的形式把汽油和柴油分别运送至 6 个油库，这 6 个油库的位置分别散落在鲁尔区的各个位置。通过对鲁尔区各个油库位置的优化，使用 DOSIMIS-3 仿真模拟的形式，展示各个运输和仓储部分的优化结果。在模型中，油轮和油罐车的运输速度及运输量如表 4-8 所示。

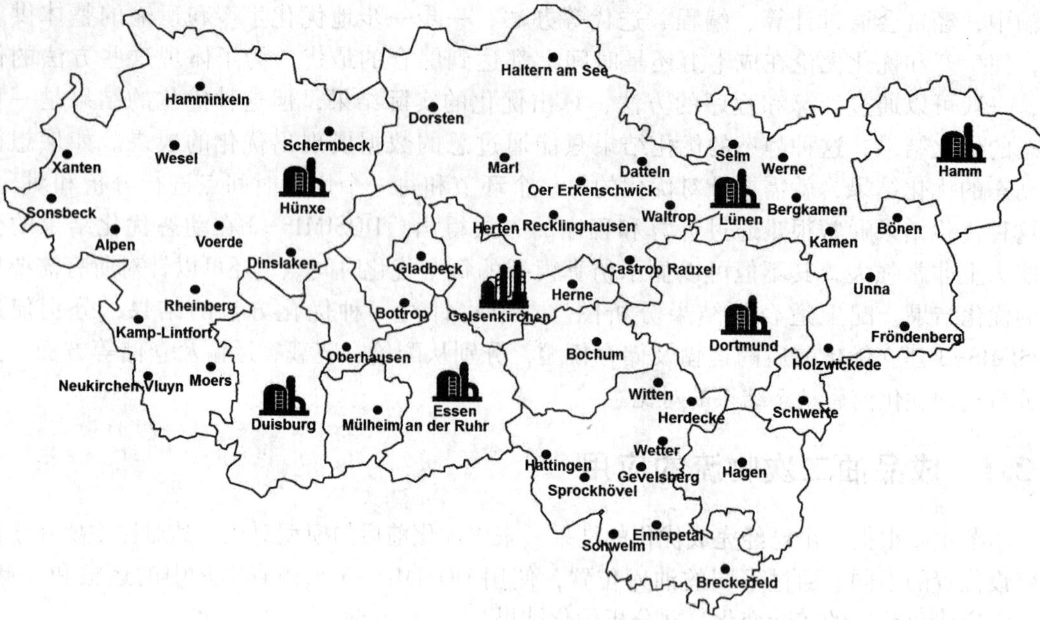


图 4-33　鲁尔区城镇及油库

表 4-8　一次物流和二次物流的运输速度及运输量

| 运输类型 | 运输量 | 运输速度 | | 备　注 |
|---|---|---|---|---|
| 油轮 | 3 000 t① | 顺流速度 | 19.01 km/h（5.28 m/s） | 1 油轮≈125 油罐车 |
| | | 逆流速度 | 13.00 km/h（3.61 m/s） | |
| | | 运河速度 | 11.02 km/h（3.06 m/s） | |
| 油罐车 | 30 000 L | 普通街道 | 50 km/h（13.89 m/s） | 1 油罐车≈30 000 L |
| | | 州县公路 | 70 km/h（19.44 m/s） | |
| | | 高速路 | 80 km/h（22.22 m/s） | |

由于在现实中，运输工具种类繁多，所以在模型中只需考虑常用运输工具。例如，油轮容量为3 000 t/艘，油罐车容量为30 000L/辆，平均一艘油轮可以装大概125 辆油罐车等。关于街道、州县公路和高速路的运输速度也都按照当地油罐车的最高运输速度计算。如表4-9 所示。

表 4-9　鲁尔区油库的实际储存量及付油速度

| 实际油库/优化后的油库 | 付油区数量 | 储存量（L）（等同油罐车数量） | 付油速度（均匀分布，20%偏差） |
|---|---|---|---|
| 杜伊斯堡/杜伊斯堡② Duisburg③/Duisburg④ | 26 | 367 600 000 L（12 253 辆）* | 1.800 L/min（1 000～1 200 s） |

① 模型中油轮的运输量为：3 000 t=3 726 708.07 L，容量根据柴油和汽油的平均密度：0.805 L/m³。

② http：//www.tanquid.com/standorte/duisburg/，2016-2-10.

③ http：//www.oiltanking.de/Oiltanking/de/Dienstleistungen/...duisburg.php，2016-2-10.

④ http：//www.petrotank.de/tanklager...depotdetails5，2016-2-10.

续表

| 实际油库/优化后的油库 | 付油区数量 | 储存量（L）（等同油罐车数量） | 付油速度（均匀分布，20%偏差） |
|---|---|---|---|
| 多特蒙德/多特蒙德 Dortmund/Dortmund① | 9 | 70 200 000 L（2 340 辆）* | 2 700 L/min（667～800 s） |
| 吕嫩/达特尔恩 Luenen/Datteln② | 5 | 150 000 000 L（5 000 辆）* | 1 800 L/min（1 000～1 200 s） |
| 埃森/多斯滕 Essen/Dorsten③ | 4 | 107 000 000 L（3 567 辆）* | 1 800 L/min（1 000～1 200 s） |
| 欣克塞/福埃尔德 Huenxe/Voerde④ | 10 | 878 000 000 L（29 267 辆）* | 1 800 L/min（1 000～1 200 s） |
| 哈姆/贝格卡门 Hamm/Bergkamen⑤ | 13 | 122.500.000 L（4 083 辆）* | 1 850 L/min（973～1 168 s） |
| 盖尔森基兴/盖尔森基兴 Gelsenkirchen/Gelsenkirchen⑥ | 14 | 244 000 000 L（8 133 辆）* | 1 800 L/分钟（1 000～1 200 s） |

由于此模型仿真需要的数据较多，请参考附录 C. 1～C. 9 中的所有数据并根据以下介绍填入各个模块中。关于仿真的具体范围请参考仿真前后油库负责配送的范围图，如图 4-34 所示。

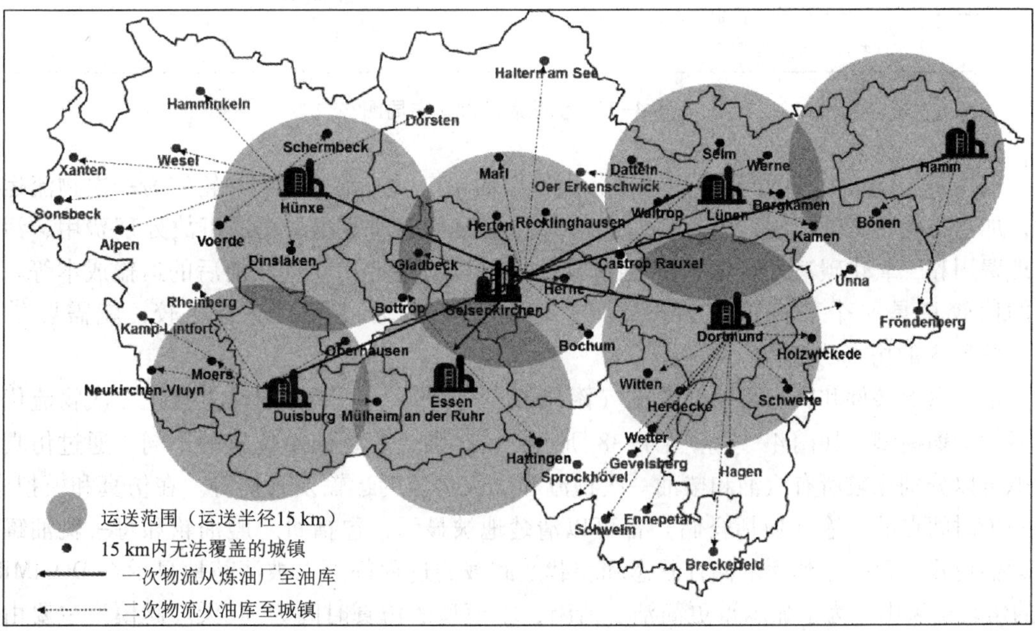


图 4-34 优化前的配送布局图

① http：//www. petrotank. de/tanklager... depotdetails6，2016-2-10.
② http：//www. petrotank. de/tanklager/#! /depotdetails16，2016-2-10.
③ http：//www. tanquid. com/standorte/essen-2/，2016-2-10.
④ http：//www. tanquid. com/standorte/hunxe/，2016-2-10.
⑤ http：//www. oiltanking. de/Oiltanking/de/Dienstleistungen/terminals... hamm. php，2016-2-10.
⑥ http：//www. transtank. de/standorte/gelsenkirchen/，2016-2-10.

根据优化前后布局图对比可知，如果把配送半径设置为 15 km，在油库位置优化前，有很多城市是无法被覆盖的。根据程序的优化，如果改变油库的位置，如图 4-35 所示，在 15 km 范围内，则可以覆盖所有城市。通过计算，很容易就可以得到运输的成本。

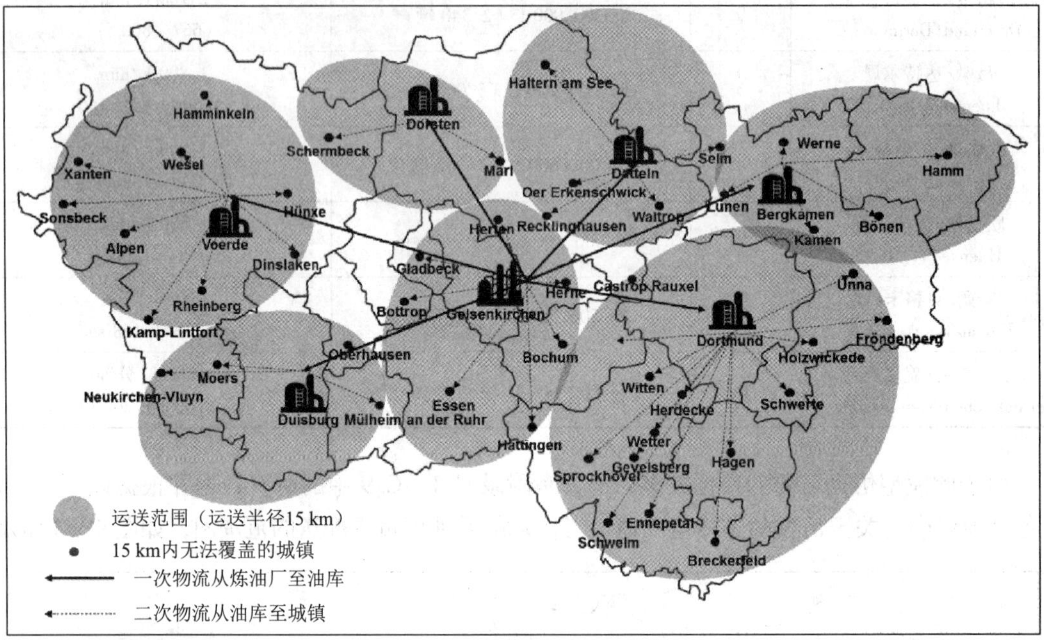


**图 4-35　优化后的配送布局图**

根据图 4-36 的结果可以看出，当分别使用油罐车、油罐列车及油轮作为一次物流运输时，加上二次物流的费用，以及管理费用（包括噪声治理费用、交通事故处理费用、污染治理费用和二氧化碳治理费用等），通过柱状图可以清楚地比较优化前后的运输成本等。这里的比较只是一个静态的比较，如果想了解整个运输过程的动态比较，就需要借助 DOSIMIS-3 的仿真功能。

根据以上条件和所有需要的数据（附录 C. 1～C. 9），可以分别建立石化二次物流优化前后的运输模型，如图 4-37 和图 4-38 所示，其区别主要是油库位置的不同。通过仿真和模拟可以分别比较所有汽油和柴油一次物流和二次物流的运输及仓储等。在仿真和模拟中，每一个时间点的运输（包括仓储）都可以清楚地被显示，包括每一艘油轮和每一辆油罐车的运输位置，每一座油库的储存状态和装载及卸载的过程都可以被清楚地显示在 DOSIMIS-3 的仿真结果中。为了显示得更简洁、清晰，本模型的仿真时间为 30 天。此模型主要由三个部分组成：（1）炼油厂部分；（2）河道部分；（3）油库部分。本模型的讲解主要根据这三个部分的建模组成。

### 4. 2. 2. 1　炼油厂部分

根据盖尔森基兴（Gelsenkirchen）炼油厂的实际情况，共有 3 座码头和 7 个成品油“装配站”，分别设立在运河（Rhein-Herne-Kanal）中段（具体位置参考附录 C. 5）。由于本模型着重仿真成品油的运输和仓储状态，成品油的生产过程只需要通过一个“入口源”代替。

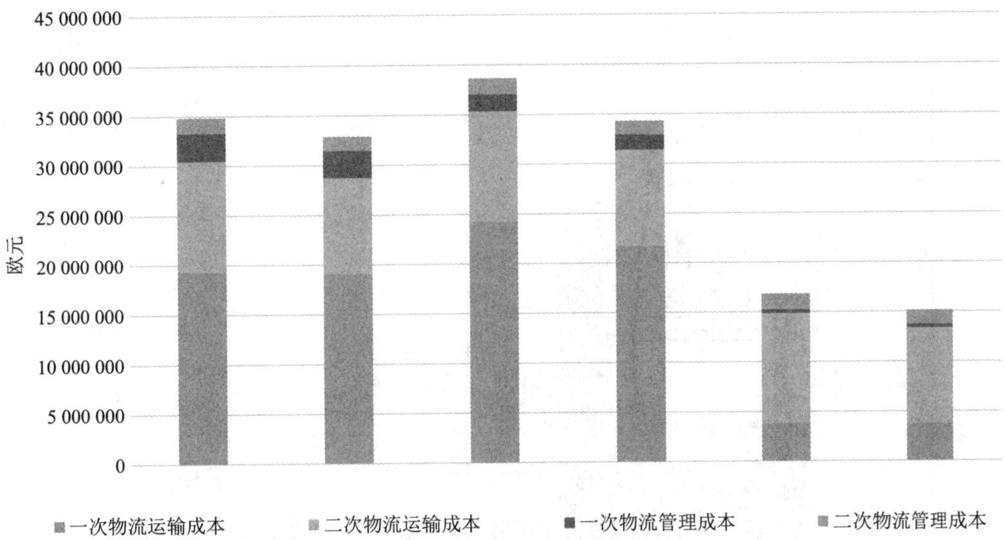


**图 4-36 一般成本的比较**

关于炼油厂的基本设置，主要有四个功能：（1）成品油的产生、仓储及运输；（2）油轮的设置及运输；（3）空油轮的再次装载及驶出；（4）成品油的仓储及配送。

**1. 成品油的产生、仓储及运输**

关于成品油的产生、仓储及运输，可以通过图 4-39 中“成品油入口”实现。这里不需要模拟产品的生产过程，所以可以通过“决策表”和“数据快速输入表”完成。为了有效控制成品油产生的时间，可以使用触发器来产生成品油。本模型中产生成品油的“决策表”和“数据快速输入表”为“成品油赋值决策表”用来连接触发器和“入口源”，直接控制不同成品油在不同的时间点被产生。如图 4-40 所示。一旦仿真的时间点被触及，触发器就会发出一个货物，此时，“入口源”就会因为触发器的原因同时产生一个货物。由于每个炼油厂都有自己的油库，也就意味着炼油厂附近的城市直接由炼油厂的油库供给，这些成品油将被储存在炼油厂的油库中。在模型中，为了方便计算，每一个被“入口源”产生的成品油单位都为 30 000 L，正好是一个油罐车的重量，这也是为了之后的二次物流而准备。为了方便赋值，所有炼油厂周边的成品油名称代码为 46～53（不同的代码代表不同的城市，具体请参考附录 C. 6 和 C. 8）。因此，请设置成品油产生模块“入口源”后的“分路”，如图 4-41 所示。

根据此设定，所有需要被运至其他油库的成品油都会通过“分路”进入各个码头，被运进油轮码头的成品油将根据“装配站”的空闲被分配至各个码头进行装载。

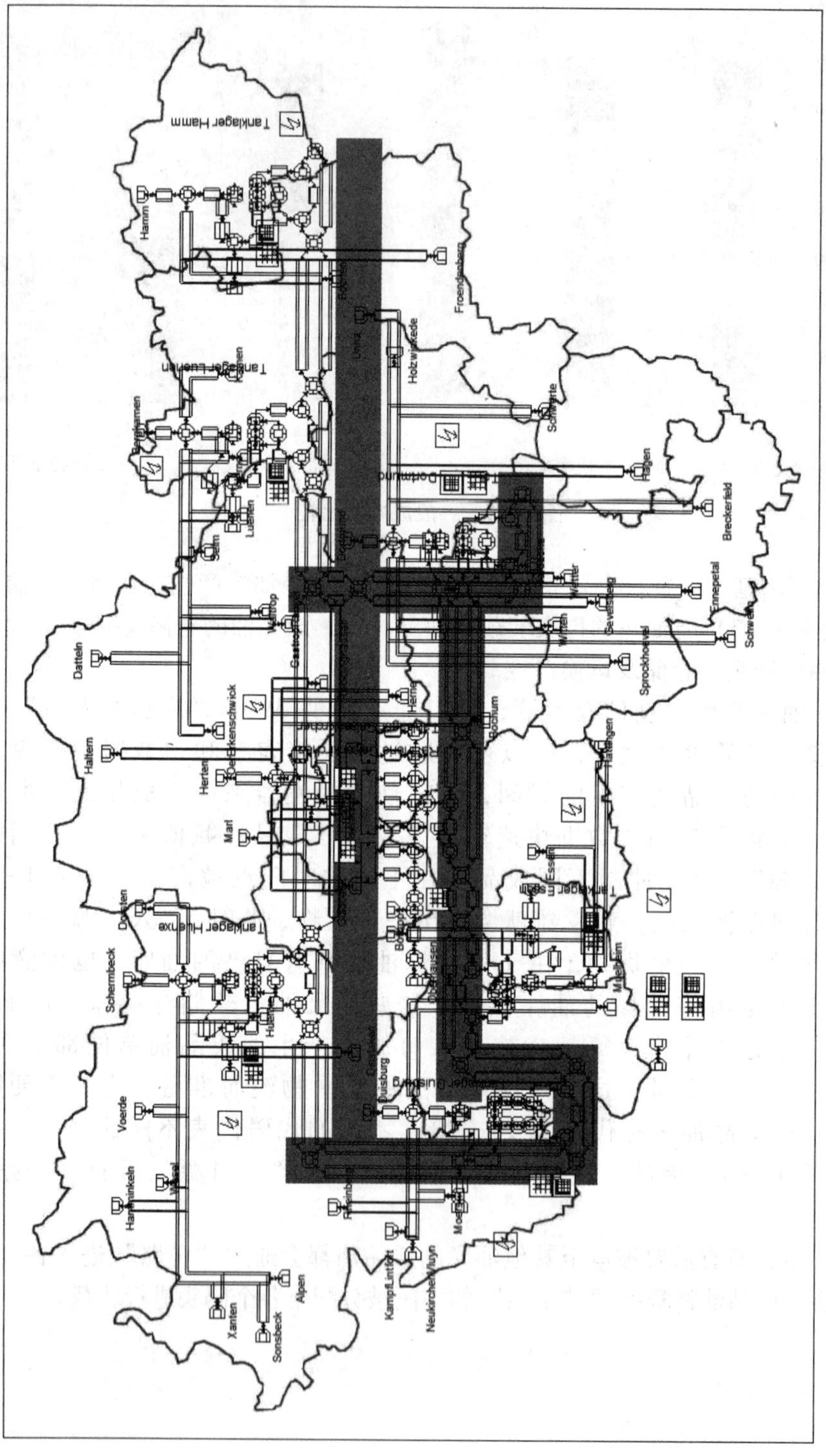

图4-37 DOSIMIS成品油物流优化前仿真

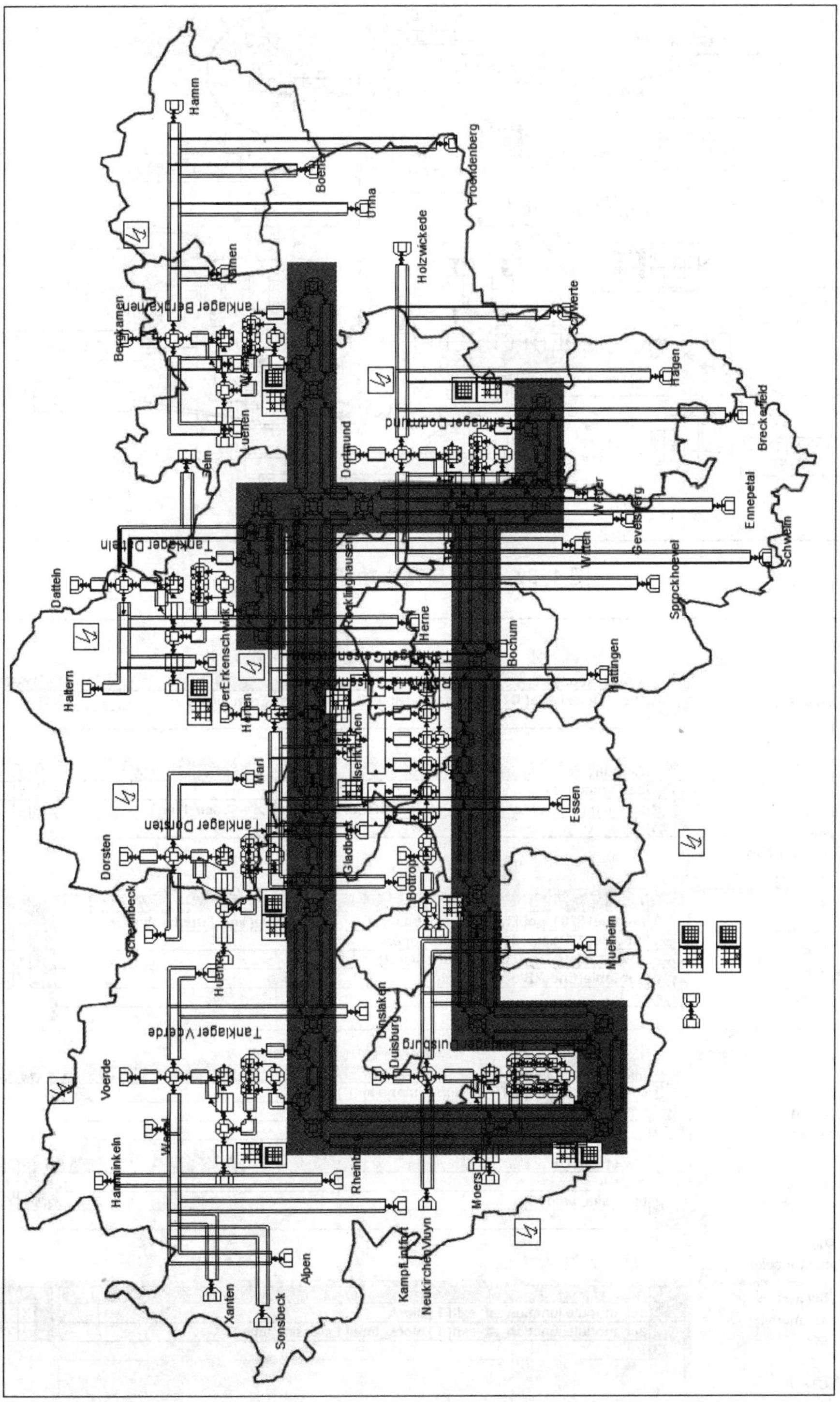


图4-38 DOSIMIS成品油物流优化后仿真

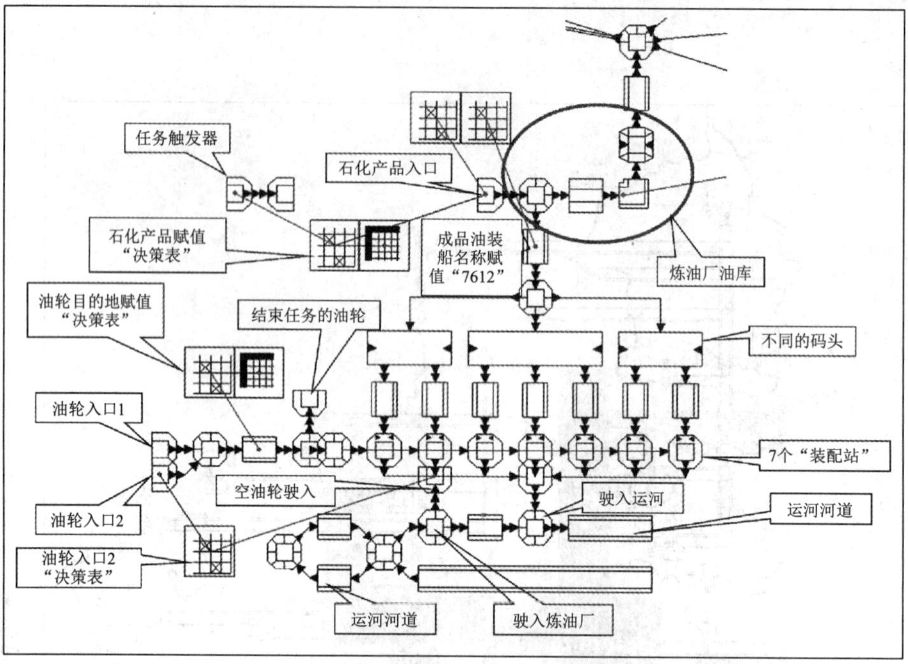


图 4-39 炼油厂基本功能设置

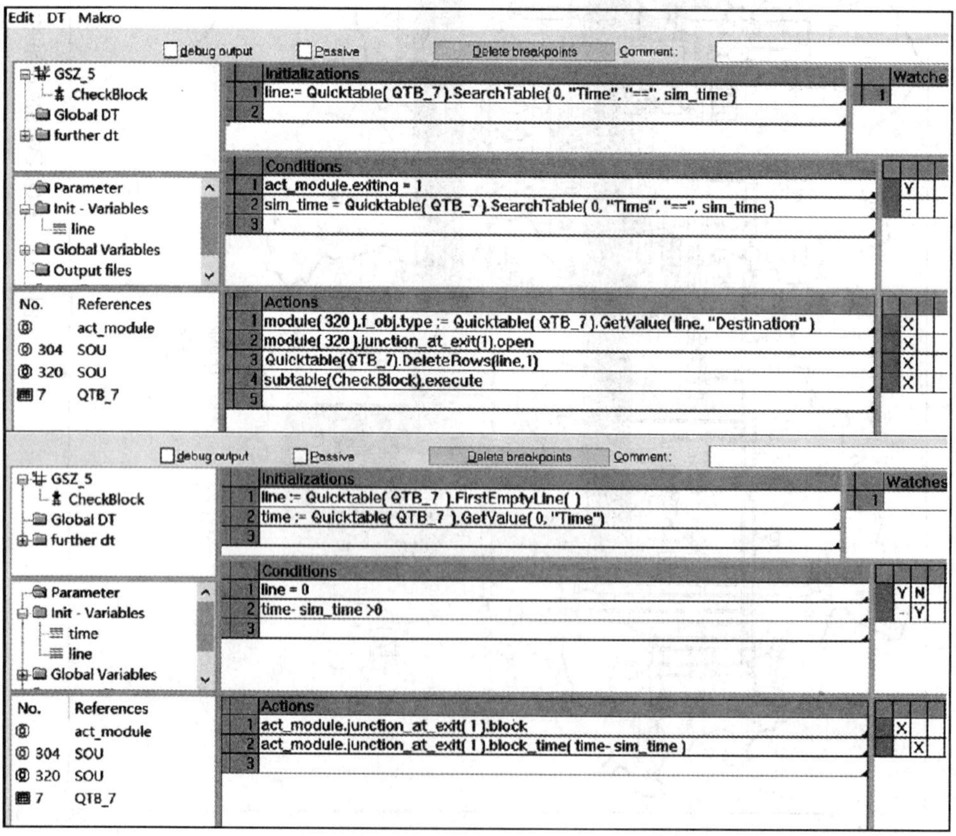


图 4-40 成品油产生设置

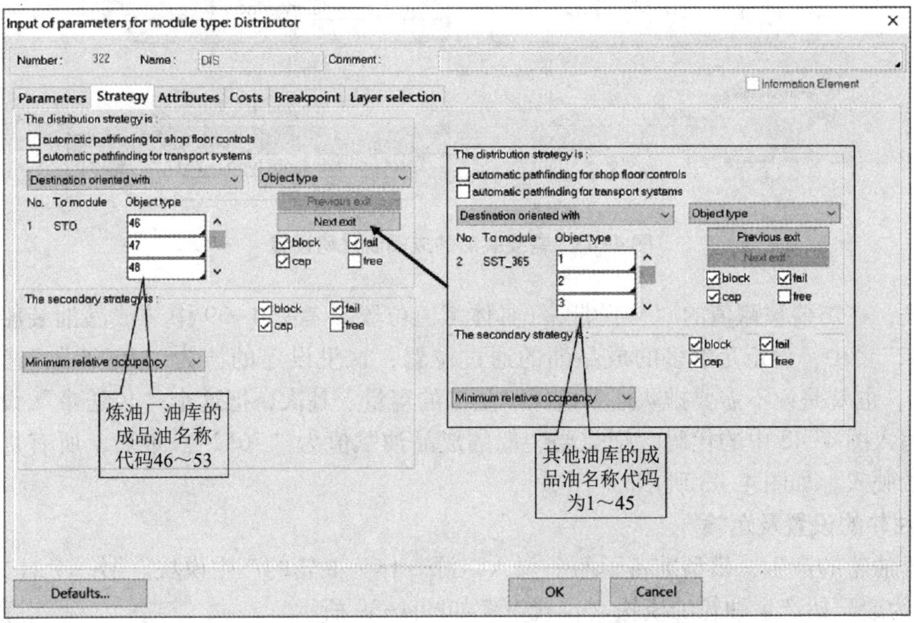


图 4-41 成品油产生模块“入口源”后的“分路”设置

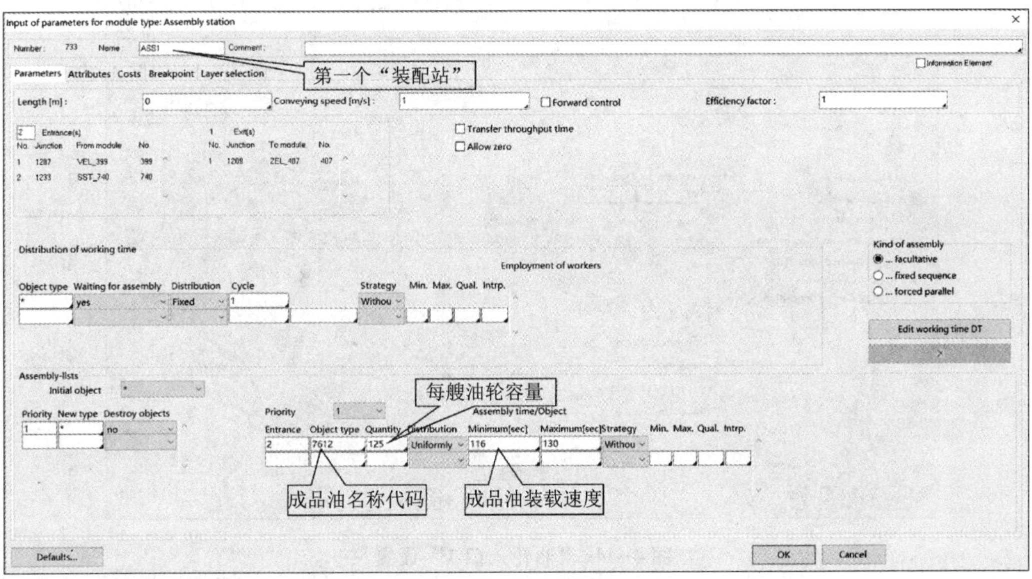


图 4-42 第一个“装配站”设定

如图 4-42 所示，由于本模型使用“传送带”模拟河流和道路，所以“装配站”将被作为装载设备，而需要被配送的成品油目的地又太多，所以使用“7612”作为所有需要被装船的成品油名称代码，单位还是 30 000 L，这样一来，就可以简化“装配站”中的装载设定，在成品油到达各个油库后，可以通过“决策表”，并根据不同的配货单再次对成品油目的地进行赋值。按照这种方法就可以大大减少模型的设定时间。

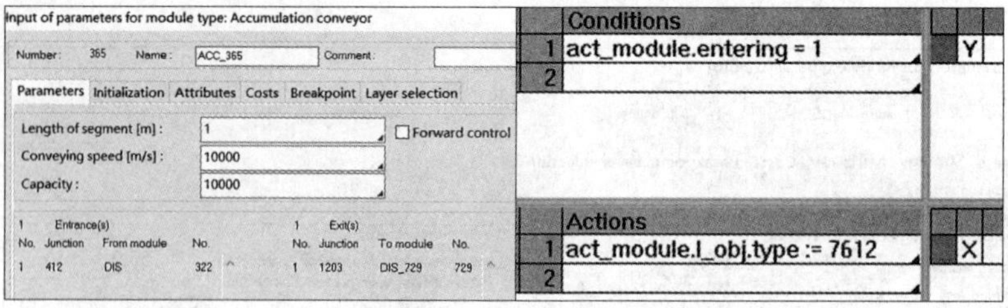


图 4-43　需要装船的成品油代码设置

首先，在需要被赋值的“传送带”（具体赋值位置参考图 4-39 中“成品油装船名称赋值“7612”）中，设定足够多的成品油的通过位置，这里设定的值为“10000”，速度也为“10000”，也就是说不需要排队还要能保障足够的容量。其次，把这个“传送带”设为施动模块，写入图 4-42 中的代码，把需要装船的成品油赋值为“7612”。最后，所有货物将等待油轮的驶入。如图 4-43 所示。

**2. 油轮的设置及运输**

关于油轮的产生，模型准备了两个“入口源”作为油轮的产生模块。第一个（“油轮入口 1”）为最开始产生油轮的模块（位置参考如图 4-39 所示）。

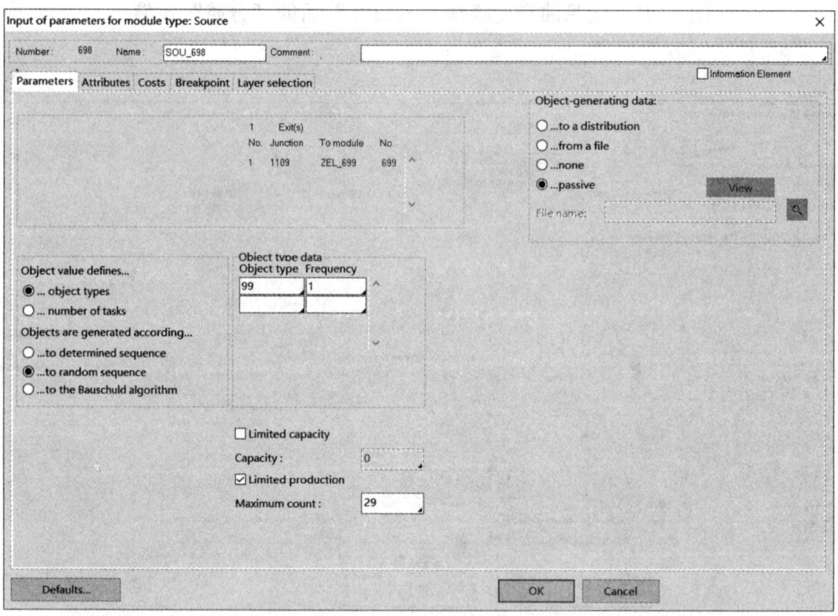


图 4-44　“油轮入口 1”设置

根据 4-44 所示，根据优化的结果，当有 29 艘油轮时为最优油轮数量。所以这里一共需要设定的油轮数量为 29。当 29 艘油轮都在装载、卸载或者在运输的道路当中时，这里就不再产生任何油轮。其目的地代码需要根据“油轮目的地赋值‘决策表’”设定。此时需要在模型文件夹内输入相关目的地数据至“数据快速输入表”和“决策表”，如图 4-45 和图 4-46 所示。

根据油轮的任务清单，需要运输的次数及目的地都应被写入“数据快速输入表”(Ship)文件中。

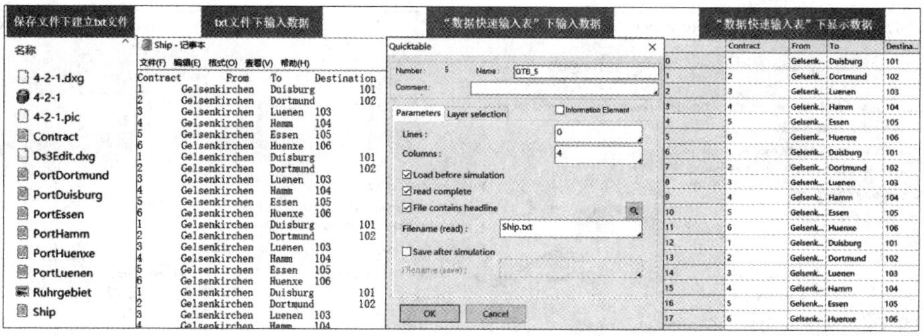


图 4-45　油轮目的地"数据快速输入表"设置

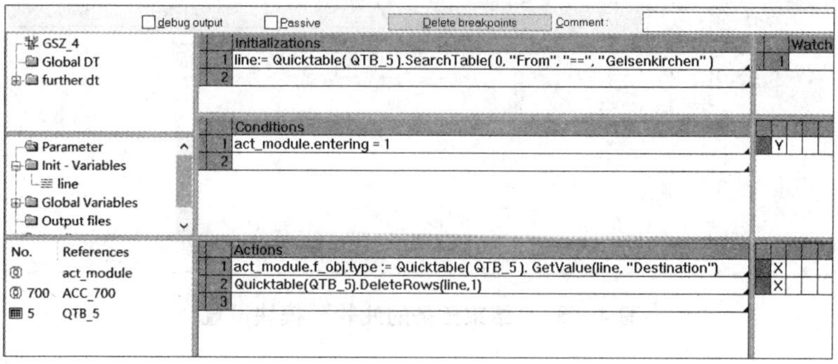


图 4-46　油轮目的地赋值"决策表"设置

当每次发船后,通过语句"Quicktable(QTB_5). DeleteRows (line, 1)"删除"Ship"中的运输除"Ship"中的运输目的地任务。这样一来，船的发送任务就可以有效地被控制。但由于油轮的数量有限，当所有油轮在运输状态中时，下一次的装载就需要等待空油轮驶回到炼油厂才能再次进行装载和配送。这时需要设置"油轮入口 2"为空油轮进入口。

### 3. 空油轮的再次装载及驶出

关于空油轮的引用，需要参考图 4-39 中的"油轮入口 2'决策表'"和"空油轮驶入"两个模块进行连接，并添加一个"决策表"进行控制。如图 4-47 所示。

首先，连接"决策表"和"空油轮驶入"模块，使"空油轮驶入"为施动模块。其次，再连接"空油轮驶入"和"油轮入口 2"模块，使"油轮入口 2"模块为被动模块。这里的具体操作为：当空油轮驶入"空油轮驶入"模块时，不管空油轮的名称代码为什么，都统一通过"决策表"赋值为"99"，并且通过代码"gen"把空油轮产生至"油轮入口 2"。这样一来，所有重新回到炼油厂的空油轮就可以重新进入"装配站"进行成品油装载，直到所有任务完成。最后，油轮还会通过"空油轮驶入"模块被再次产生，如果"数据快速输入表"(Ship) 中没有需要运输的任务，此时油轮将驶入"结束任务的油轮"模块。具体设置方法可以使用"分路"油轮方向区分。

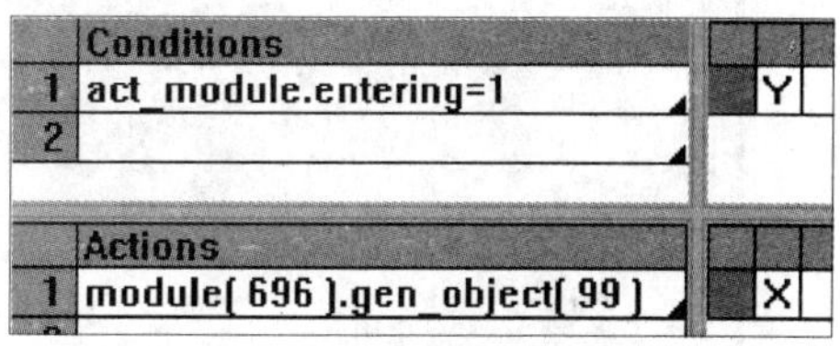


图 4-47　空油轮赋值控制

如图 4-48 所示，模型中 6 个油库的目的地代码分别为 101～106，当"数据快速输入表"(Ship) 中还有任务时，油轮就会通过"决策表"被目的地代码赋值；当"数据快速输

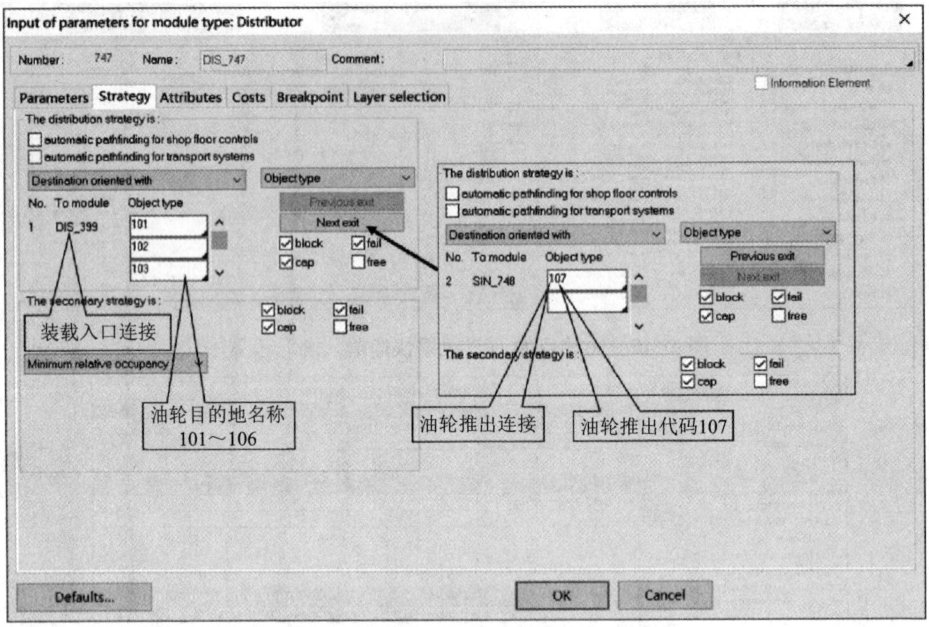


图 4-48 “结束任务的油轮”模块设置

入表”（Ship）中没有任务时，此时的油轮就会直接被赋值为“107”，并直接退出模型，结束成品油的一次物流。

**4. 成品油的仓储及配送**

所有炼油厂都有自己的油库，炼油厂附近的城镇只需要通过炼油厂的油库进行配送。根据图 4-41 可知，成品油名称代码从 46～50 需要被储存至盖尔森基兴油库。其油库容量设置如图 4-49 所示。

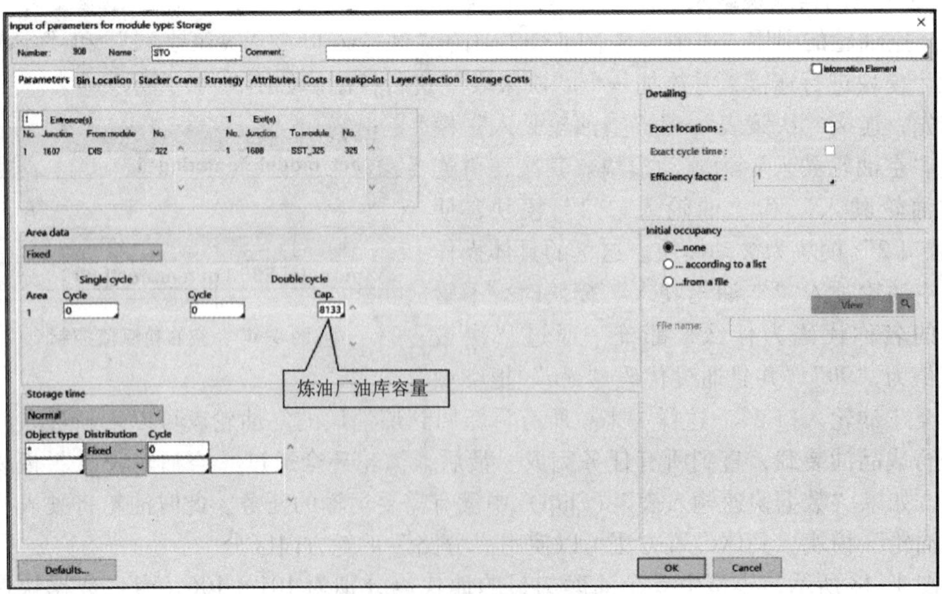


图 4-49 炼油厂油库容量设置

根据表 4-9 中鲁尔区油库的实际储存量，由于每个产生的成品油单位为一辆油罐车的容量，所以根据油库的实际容量，设置为相当于 8 133 辆油罐车的容量，这样就方便油罐车的装卸。在仓库之后，有一个“并联工作站”，其主要作用相当于多个“工作站”一同工作，但是入口和出口只有一个。也就是说，多个油罐车可以同时被装载或卸载。其具体设定如图 4-50 所示。

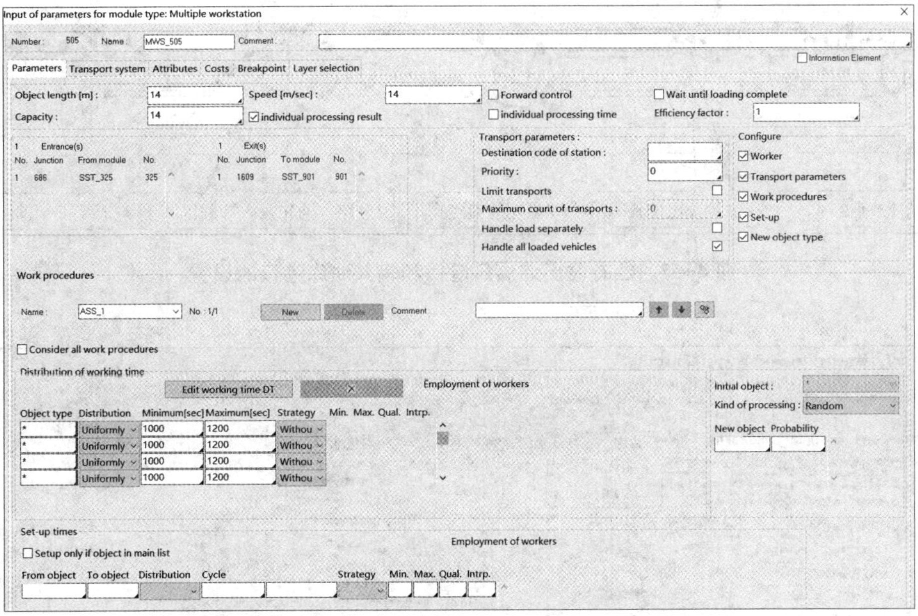


**图 4-50 “并联工作站”设定**

当油罐车被装满之后，就可以根据各个城镇的需要进行配送，具体设定可以通过图 4-39 中“并联工作站”上部的“分路”解决。具体步骤只需要在货物配送中根据不同的路段设置不同的城市名称代码（此时的成品油名称代码和城市代码一致），这样每个被装车的成品油都会根据不同城镇的需求被配送到相应的目的地。

#### 4.2.2.2 河道部分

当油轮被产生时，该油轮的目的地代码就通过“数据快速输入表”中的（Ship）被赋值，此时的目的地名称代码为各个油库的代码，例如，杜伊斯堡港在优化前为“101”，油轮的名称也被赋值为“101”，这就意味着，该油轮的目的地为杜伊斯堡港，所以成品油的一次物流就是靠目的地名称代码赋值的方法来完成的。具体当油轮驶出炼油厂港口时的设置为：“100”为炼油厂港口代码，为油轮卸载完毕后空驶回炼油厂；“102”“103”“104”为油轮需要通过运河驶向东部的油库名称代码；“101”“105”“106”为油轮需要通过运河驶向东部的油库名称代码。

油轮经过装载后，会从图 4-51 中“油轮驶出位置”驶出，此时不同目的地的油轮已经被赋值，油轮只会根据目的地油库的名称代码行驶，所有需要输入的值，只是在所有的连接点输入不同油库目的地的名称代码。参照图 4-51 中“多功能节点 1”和“多功能节点 2”的设置，了解油轮的运输方向。

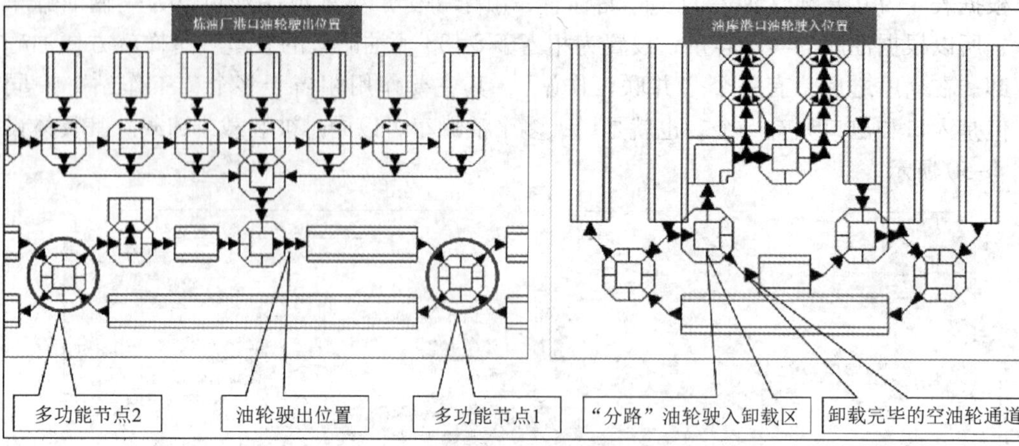


**图 4-51　油轮驶出炼油厂港口和输入油库港口的设置**

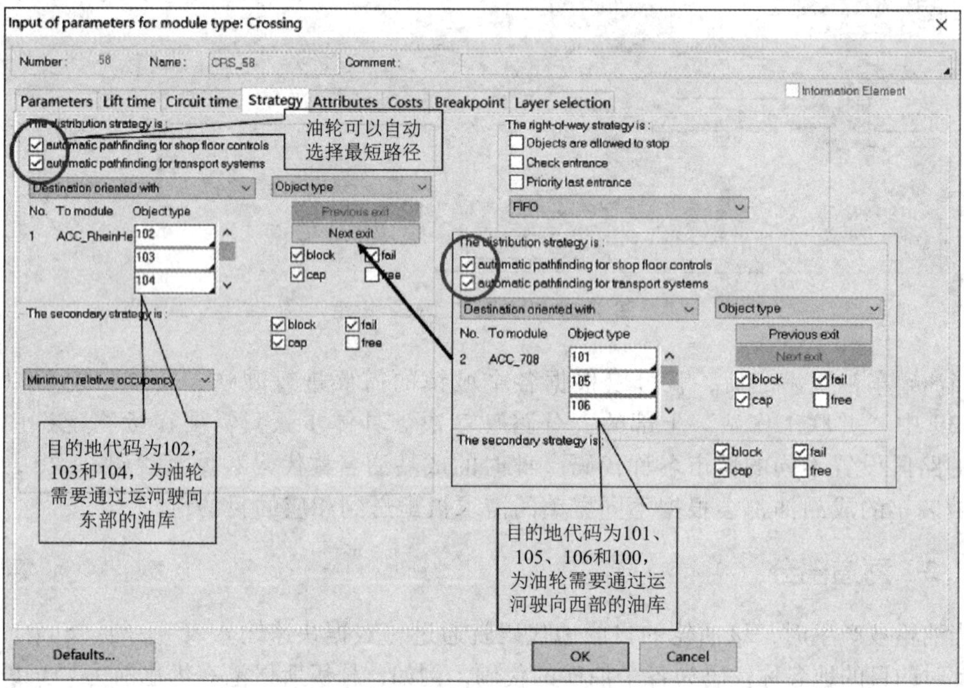


**图 4-52　“多功能节点 1”设置**

当油轮驶出炼油厂油库的时候，面临路径方向的选择，由于河道的方向为自西向东，可以基本把目的地油库分为河道以东和河道以西两个方向。查看图 4-51 中的“多功能节点 1”，当油轮的目的地为河道以东的油库，则可以通过“多功能节点 1”中的设置把已经赋值的油库发送至“多功能节点 1”以东的模块；同样，当油轮的目的地为河道以西的油库，则可以通过“多功能节点 1”中的设置把已经赋值的油库发送至“多功能节点 1”以西的模块。如图 4-52 所示。由于本模型还设置了空油轮的回路，所以以炼油厂港口为终点，设置炼油厂港口名称为“100”，也就是回路的名称代码。

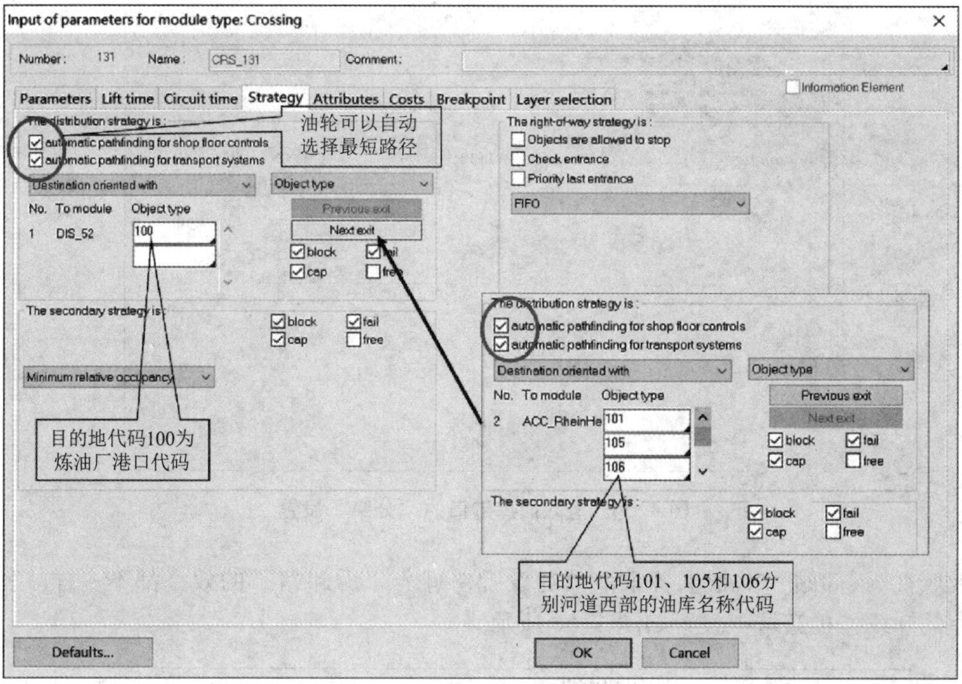


图 4-53 “多功能节点 2”设置

如果油轮需要到炼油厂以西的油库，可以根据图 5-50 中的“多功能节点 2”设置完成。可以发现，需要驶回炼油厂港口的只有代码“100”，代表卸载完毕驶回炼油厂港口的空油轮，剩下的油轮（“101”“105”“106”）将被发送至“多功能节点 2”以西的模块，驶入各个需要配送的油库。如图 4-53 所示。

除了要把每一个“多功能节点”都设置为各个油库的名称代码，当油轮驶入各个油库时，还需要设置各个油库的“分路”进行油轮的卸载。以杜伊斯堡港（“101”）为例，当油轮通过不同的“多功能节点”把油轮引入油库港口后，还需要设置油库港口（“分路”）。

根据图 4-51 和图 4-54 可知，当油轮的代码为“101”时，该油轮驶入杜伊斯堡港油库进行卸载，剩下需要经过杜伊斯堡港“分路”的油轮都为炼油厂以西卸载完毕的空油轮（“100”）。因为只是路过杜伊斯堡港，所以不需要进入杜伊斯堡港，直接通过图 4-51 中的“卸载完毕的空油轮通道”驶回炼油厂港口。

通过“分路”和“多功能节点”的设置，可以有效地控制油轮卸载和行驶的方向。关于不同河道距离的设置，请参考附录 7 中各个河道的实际距离。

#### 4.2.2.3 油库部分

由于涉及的油库较多，本节只通过一个油库的介绍展示油库的具体工作状态。每个油库的具体情况各有不同，请参考表 4-9 添加付油区的数量及工作时间。

图 4-55 为杜伊斯堡港的基本油库设置。该油库不但有基本的储油罐和付油区，还配有油轮的卸载装置和码头及剩余成品油储存区等油库设置。根据前面两节的介绍，所有的油轮从炼油厂码头根据油轮被赋值的目的地代码驶入各个油库港口，当油轮驶入港口后，将进入

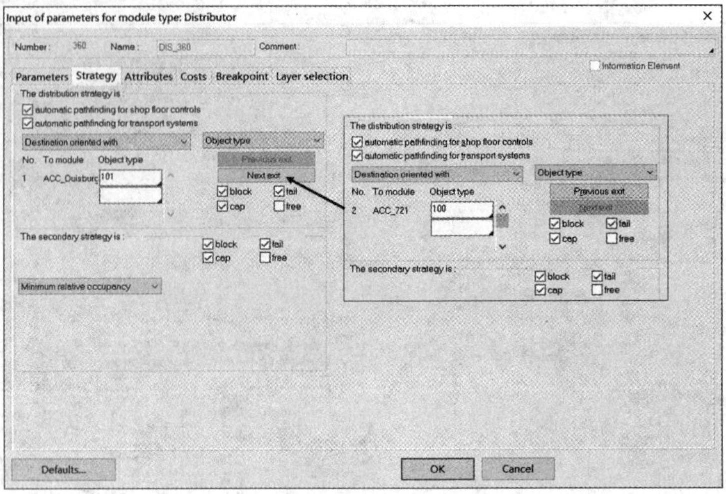


图 4-54　进入油库港口的“分路”设置

卸载区域（“拆卸站”）。根据各个港口的设置，每个“拆卸站”的效率都不一样。杜伊斯堡油库的卸载“拆卸站”设置如图 4-56 所示。

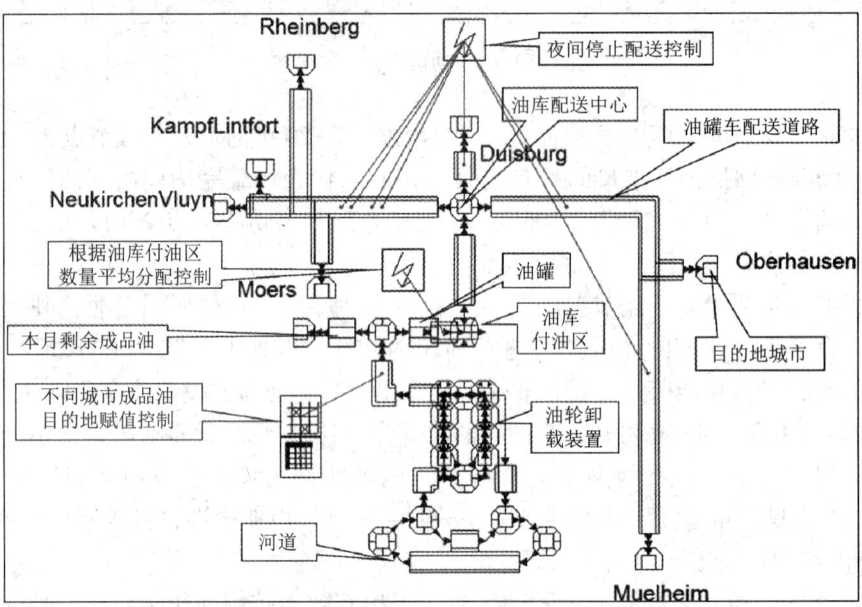


图 4-55　油库及二次物流配送设置

当油轮被卸载完毕之后，都会被赋值为新的名称代码“100”，意味着都要回到炼油厂港口等待下一次的运输。为了方便成品油的二次物流运输，所有卸载单位均为标准油罐车的容量（30 000 L）。此时，被卸载的成品油名称都一样，无法区分最终目的地名称。这就需要根据本油库负责配送的城镇需求，重新对成品油目的地名称赋值，这样在被储存之前，所有成品油就可以合理地被管理。具体方法可以参考图 4-57 中的“不同城市成品油目的地赋值控制”。

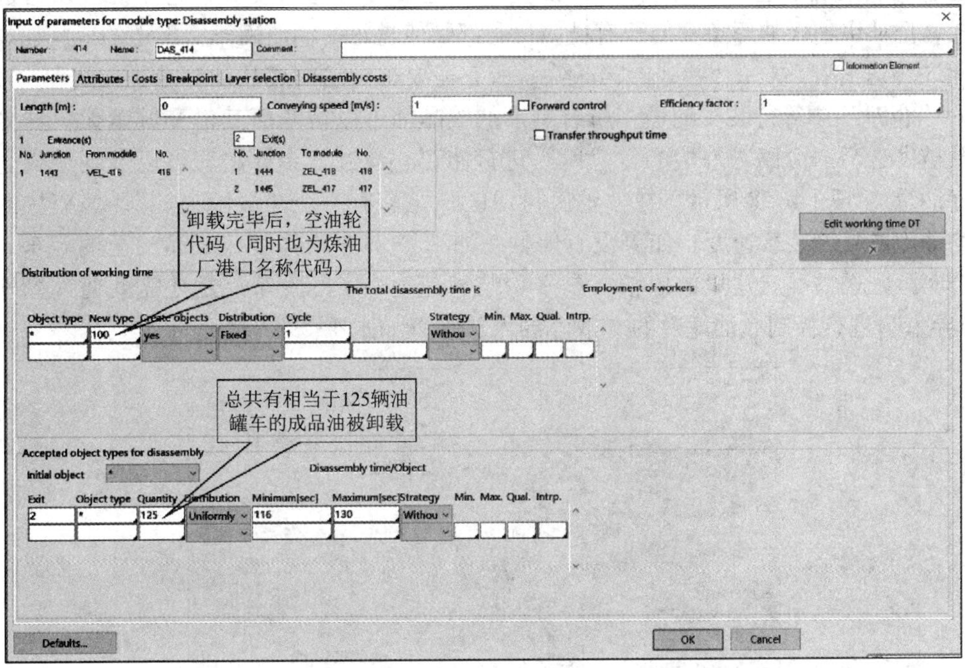


图 4-56　杜伊斯堡油库的“拆卸站”设置

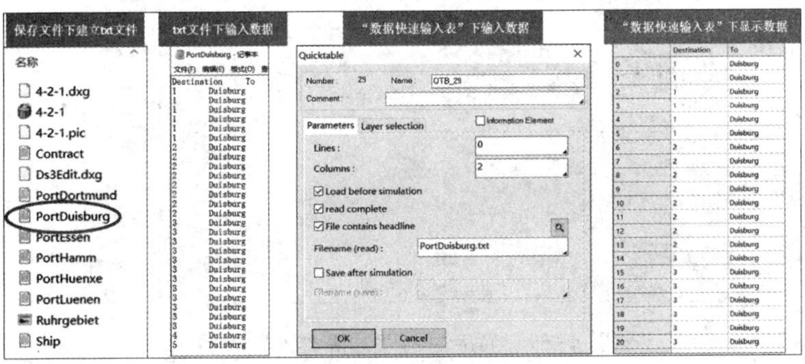


图 4-57　“不同城市成品油目的地赋值控制”数据输入

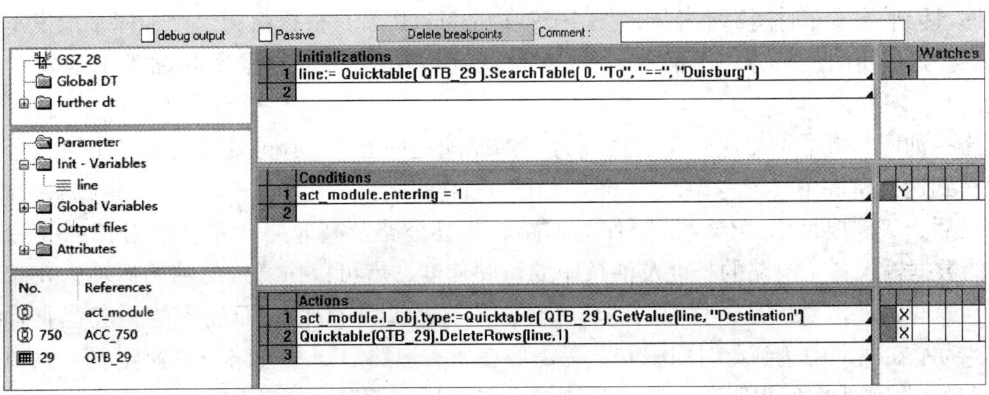


图 4-58　“不同城市成品油目的地赋值控制”赋值控制

通过“决策表”连接“传送带”，设置“传送带”为施动模块，这样就可以通过赋值的形式，把杜伊斯堡油库负责的所有城镇代码都赋值进每一辆油罐车所配送的成品油中。在经过此“传送带”后，产生一个“分路”，所有需要被配送的成品油都会被发送至“分路”右面的“仓库”中等待装车配送，所有剩余的成品油可以被赋值其他和城镇无关的名称代码，并被发送至“分路”左边的“仓库”进行储存。通过这个办法就可以发现月末仓库的剩余存油量。如图 4-58 所示。在“油库付油区”之前有一个“故障导入”，该模块的作用为平均油库成品油装载速度。如果没有停顿，油库将 24 h 不停装载成品油至油罐车，这将不符合实际配送情况。这里的停顿只是平均装载速度，实际发车配送还需要通过另外一个“故障导入”进行控制。油库内的“故障导入”设置如图 4-59 所示。

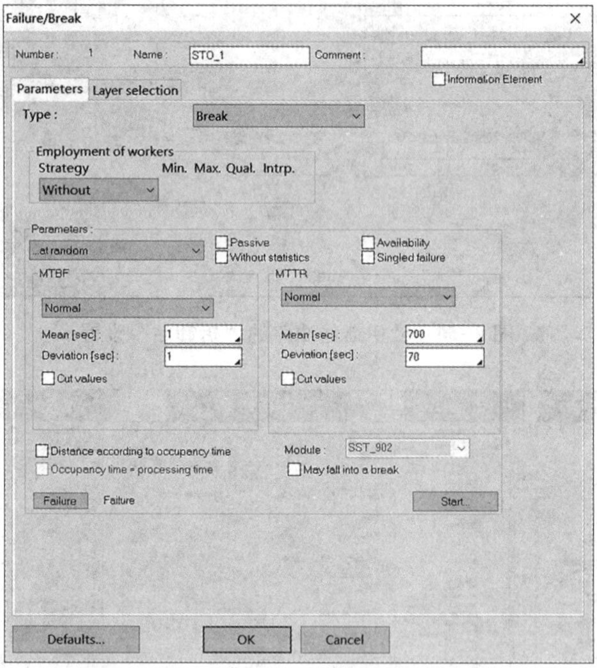


**图 4-59　油库内的“故障导入”设置**

这里的数据主要是根据本月杜伊斯堡港油库实际每月负责配送城镇成品油需求量而定，每个油库每天平均发车时间都不相同。图 4-59 中的 MTTR 就是根据每天这个油库平均发车数量算出的。这里使用正态分布，偏差定位 10%。在现实中，可以根据实际油库平均发车间隔而定。

连接油库和成品油二次物流的模块为“油库配送中心”，不同城镇配送目的地编号需要被填写到这个模块中（参考附录 C. 6）。如图 4-60 所示。

最后，只需要使用“传送带”作为道路、州县公路及高速路，并且根据表 4-8 和附录 C. 6 的数据输入各个道路的长度及油罐车的行驶速度，就可以仿真成品油的运输、仓储和配送了。这里需要注意的是，德国的油轮和炼油厂一般 24 h 工作，而油库的一般营业时间为 12 h，为了在模型中达到此时间限制，只需要在所有道路、州县公路及高速路统一添加一个“故障导入”作为时间限制，连接“故障导入”和所有道路、州县公路及高速公路。

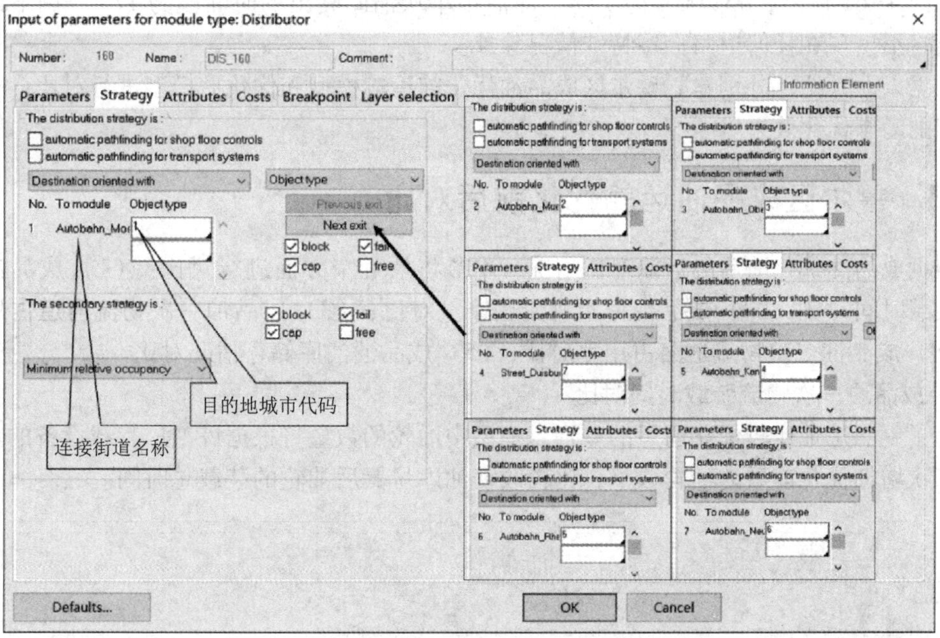


图 4-60　油库“油库配送中心”设置

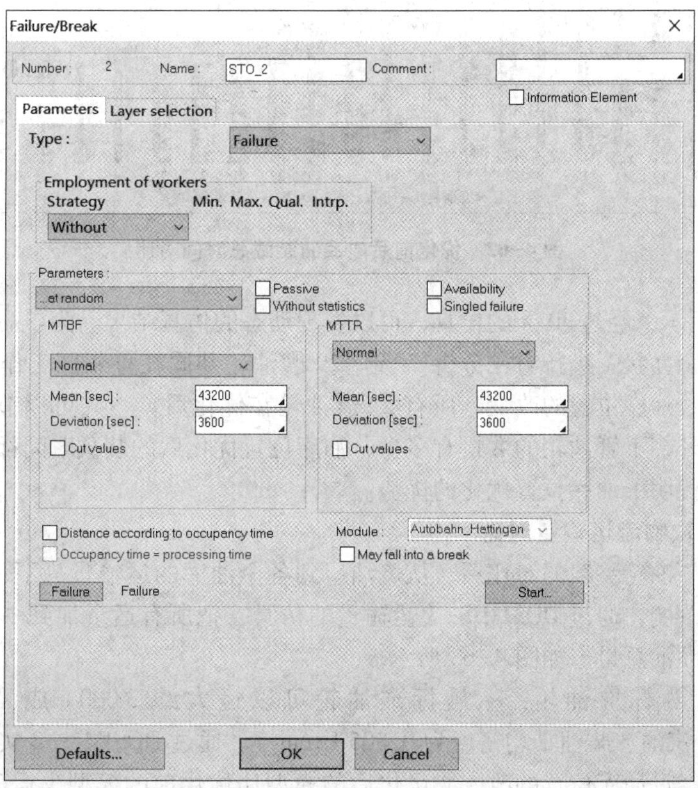


图 4-61　油库营业时间限制设置

如图 4-61 所示，43 200 s 为 12 h，即油罐车从油库驶出的时间段为 12 h，剩下的 12 h 油罐车将不出现在任何道路上，特殊情况除外。

根据以上介绍，分别建立鲁尔区成品油优化前运输模型和优化后模型进行对比，查看优化方案的动态优化效果。

## 4.2.3 鲁尔区成品油运输优化前后对比

根据成品油优化前后的运输对比情况，本节将从五个方面进行对比：(1) 成品油一次物流装载时间对比；(2) 成品油一次物流运输量对比；(3) 成品油一次物流河道占用率对比；(4) 成品油二次物流道路占用率对比；(5) 成品油油库储存情况对比。

**1. 成品油一次物流装载时间对比**

为了更清楚地比较优化前后的差别，模型中油轮的数量将根据炼油厂装载设备的数量设置，依次增加优化前后的油轮数量，比较改变油库位置后油轮的装载总时间。

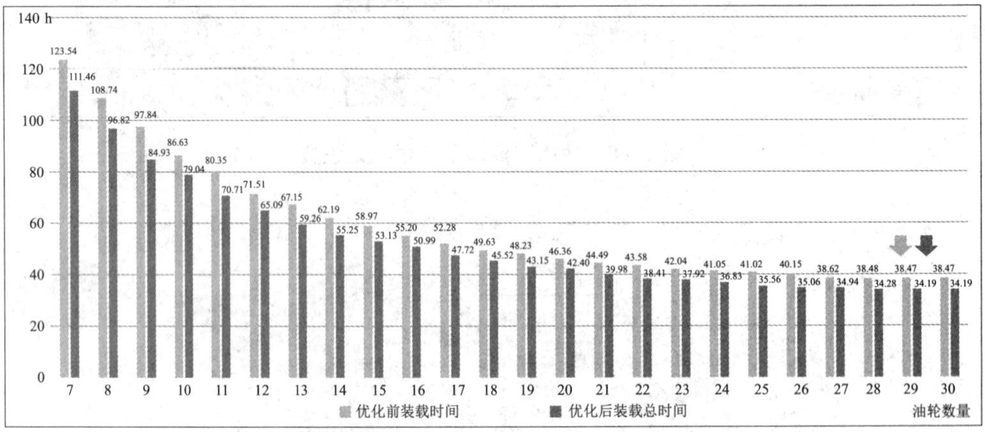


**图 4-62 优化前后成品油装载总时间对比**

如图 4-62 所示，经过 30 天的仿真，可以发现动态的仿真结果。为了简化结果，把所有仿真时间合成一个柱状图进行对比分析。当有 29 艘油轮共同在鲁尔区工作时，可以最快完成装载任务。通过油库位置的改变，所有 29 艘油轮在优化后，一共可以节省超过 4 h 的装载时间。除此之外，不管油轮的数量有多少，油库位置优化后的装载时间都少于优化前的装载总时间。这也说明了油库位置优化的优势。

**2. 成品油一次物流运输量对比**

在完成炼油厂油轮装载的对比后，从炼油厂到各个油库的运输量为下一个比较的标准。由于油库位置的改变，通过 DOSIMIS-3 运输量的仿真，把所有运量加到一起，查看实际从炼油厂运出的成品油总量。如图 4-63 所示。

模型中油轮为标准油轮，一艘标准油轮可以运大约 3 000 t 成品油（3 000 t = 3 726 708.07 L，汽油、柴油平均密度为 0.805 L/$cm^3$）。通过 DOSIMIS-3 实际油轮运输可以得到以上结论。经过油库位置的改变，优化后的模型比优化前的模型少运 7.52 艘船的成品油，这也就意味着，当油库的位置改变，相同数量的油库可以被建立在更适合的位置，很多成品油可以直接通过炼油厂油库进行配送，而不必通过各个油库进行二次配送。

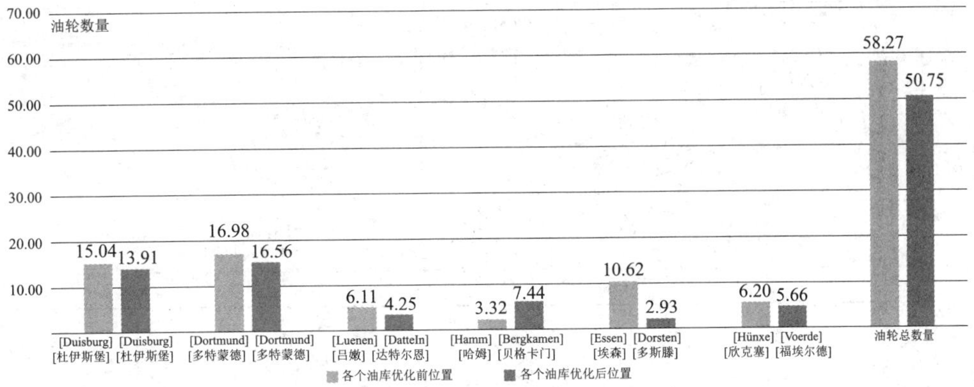


**图 4-63　油轮运量对比**

**3. 成品油一次物流河道占用率对比**

关于河道占用率的对比，为了清楚显示多艘油轮在河道中的实际数量，设置河道数量为5，因为河道一般不会像公路那样存在堵塞情况，一般只会因为天气等因素关闭运河等，所以这里的河道数量只表达不同河道内油轮的占用率（不包括其他船只）。因为炼油厂 24 h 不休息，根据图 4-62 中最优油轮数量仿真，得到以下结果。

根据油库位置的变化，通过 DOSIMIS-3 动态结果的模拟与分析，可以从图 4-64 中发现，几乎所有的河道占用率都有了大幅下降，所有油轮需要的占用时间和占用率都少于优化前的状态。主要原因是由于优化后油库位置更为合理，油轮不需要花更多的时间运输成品油至各个油库，这也就大大减少了河道的压力。通过 DOSIMIS-3 的仿真比较，不但油轮的去程可以清晰地显示在图中，包括油轮的回程也可以被清楚地记录和展示。

**4. 成品油二次物流道路占用率对比**

成品油的二次物流主要由油罐车运输完成，这里的道路只是某条从油库至城镇道路，占用率的比较只为这些道路上同一时间段内同时行驶的油罐车。同样，为了清楚比较优化前后的占用率，每条道路、州县公路及高速公路只设置为 10 段。经过 30 天的仿真，得到以下结果。

如图 4-65 所示，通过对比发现在 30 天的仿真中，由于油库合理位置的改变，所有成品油的二次物流道路占用率有所降低，基本控制在 30% 左右。图像中每天空的间隔为仿真中油库夜间暂停营业的状态。根据以上成品油二次物流道路占用率比较，可以证明新油库位置的改变，不但可以使成品油的一次物流状态有所改善，更能减少成品油二次物流道路的占用率。

**5. 成品油油库储存情况对比**

在分析完油轮数量、装载时间、河道及道路占用率后，成品油的储存也是一个非常关键的问题。过高的存储量不利于油库的运营，例如，一般柴油分为冬季柴油和夏季柴油，如果夏季柴油储存量过高，在冬季仍有剩余，则不利于油库的储存，而这些夏季柴油不能在冬季销售，这一直是油库存在的重要隐患之一。根据模型中油罐模块的仿真，得到以下数据，如图 6-66 所示。

由于欣克赛（Huenxe）油库和杜伊斯堡港（Duisburg）油库为转运油库，即大量的成品油都将通过这两个油库进行转运，而非为本地供应，所以这两个油库的储量非常大。除了成品油、柴油和汽油外，这两个油库还存有大量燃油、重油、生态柴油等其他石化产品。整个

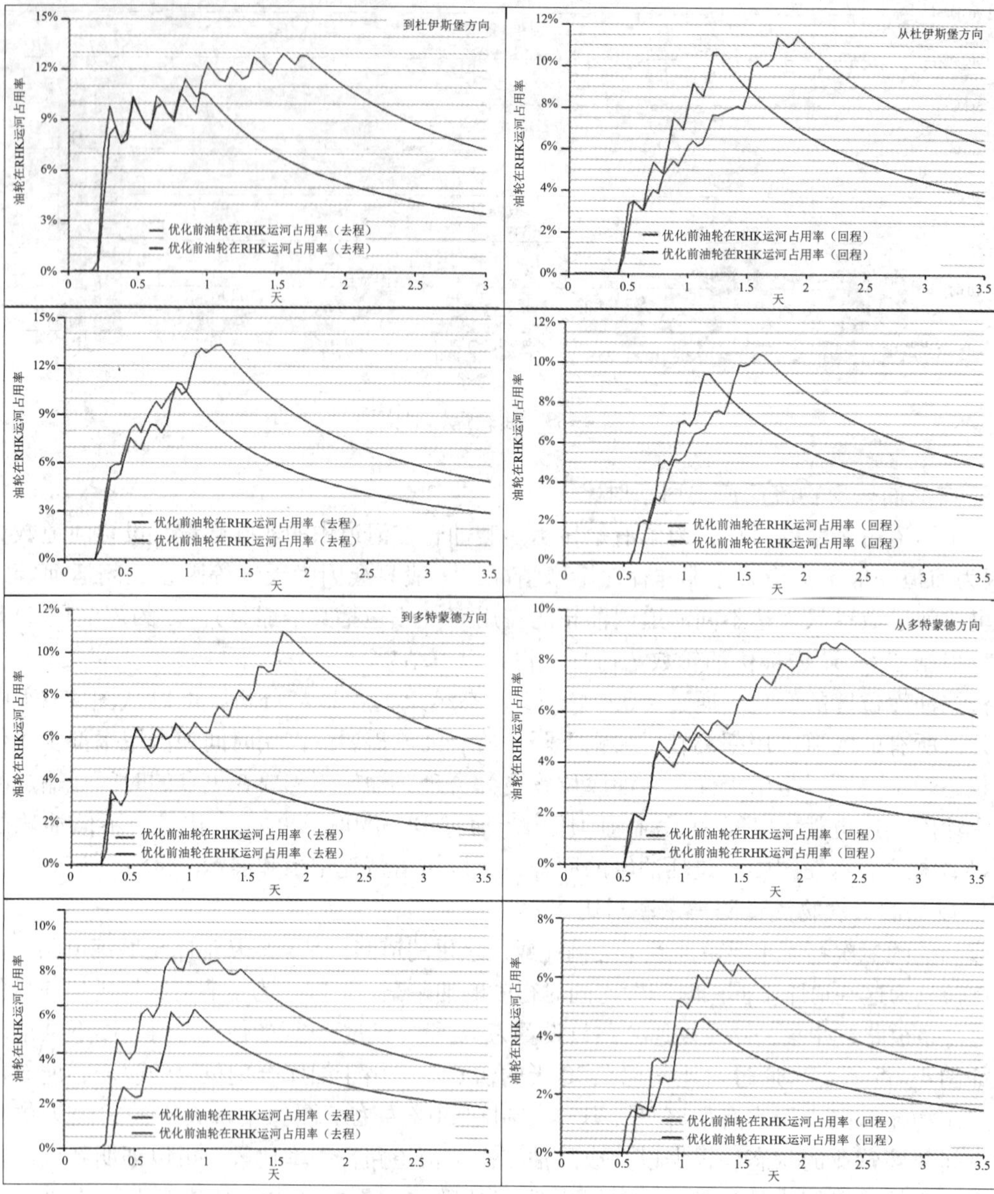


**图 4-64 成品油一次物流河道占用率比较**

（RHK：莱茵-黑尔讷运河；DEK：多特蒙德-埃姆斯河运河；DHK：达特尔恩-哈姆运河）

鲁尔区油罐的总储量大概为 20 亿 L，通过油库位置的变化，总共可以在 30 天的仿真时间内，降低储量 1% 左右（2 000 万 L）。这也意味着，通过鲁尔区各个油库位置的改变，各个油库的运营灵活性将大幅增加。

## 4.2.4 小结

本节通过 DOSIMIS-3 仿真的方法，建立鲁尔区炼油厂、油库及各个运输道路。通过动态比较的方法，用图像的形式展现出油库位置变化前后的装载、运输及存储状态的对比。

DOSIMIS-3 的结果仿真功能可以根据每一个时间点内所有运输的状态画出与其相关的不同图像。根据这些优化结果图像，优化前后每个时间点的状态可以轻易地被展现出来。对比静态优化结果分析，DOSIMIS-3 产生的动态优化结果更能在仿真模拟中体现出优化比较的优势。

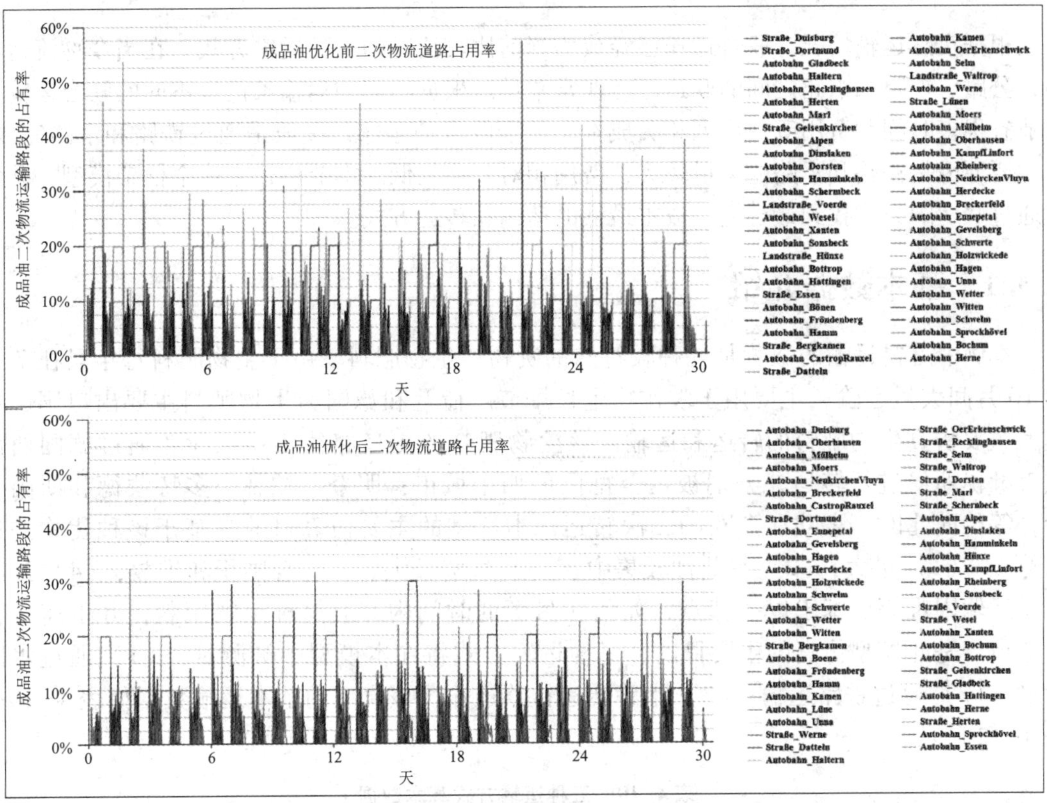


**图 4-65 成品油二次物流道路占用率比较**

（Straße：道路；Landstraße：州县公路；Autobahn：高速公路）

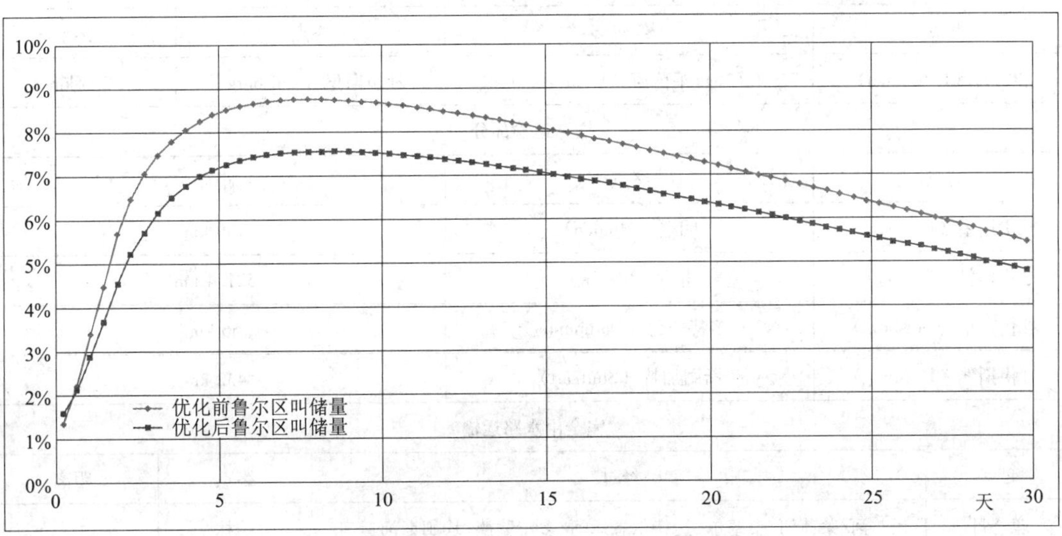


**图 4-66 优化前后鲁尔区油罐总储量对比**

# 4.3 散货联运模型介绍

根据实际运输情况，联合运输已经成为当前比较流行的一种运输方式。在当今物流运输中，公路、铁路和水路之间的联运已经非常常见。根据不同的运输条件，不同的联合运输可以节省很多时间和费用等一系列相关成本。关于散货的运输，一般是通过铁路和水路完成。其主要原因是铁路和水路的运量较大，费用相对公路较低。本节将建立一个框架模型，并尝试通过联运的方式找到最合适、成本最低的运输和转运方式。

## 4.3.1 基本数据介绍

本例中需要运输的散货是一种较特殊的货物：生物肥料。由于生物肥料每年只在 7 月到 10 月间大量运输，主要用于农作物生长季节。荷兰和德国为生物肥料主要出口国。本模型主要仿真生物肥料的转运和运输。该生物肥料的出口路线为：从荷兰通过德国西部城市杜伊斯堡进行转运，分别被运至德国的四个城市：明登、柏林、多特蒙德和斯图加特，等待向北欧、东欧和南欧的二次转运。本模型的主要仿真目的是基于该种货物的运输特点：（1）量大；（2）季节性较集中；（3）气味较大，不适合囤积和堆放；（4）卸载后，运输困难等。基于以上特点，如何在最短的时间内卸载这种生物肥料，并迅速转移出港口，是此模型仿真的主要目的。三种运输方式将在本模型中被测试：（1）通过水路运输；（2）通过铁路运输；（3）水路转运铁路运输。该模型的基本运输数据如表 4-10～表 4-12 所示。

**表 4-10　三种运输方式基本数据**

| 联合运输 | | | |
|---|---|---|---|
| 水路运输部分 | | | |
| 起点 | 经过 | 终点 | 距离 |
| 鹿特丹（Rotterdam） | 瓦尔河/莱茵河（Waal/Rhine） | 杜伊斯堡（Duisburg） | 223 km |
| 铁路运输部分 | | | |
| 起点 | 终点 | 距离 | |
| 杜伊斯堡（Duisburg） | 明登（Minden） | 199 km | |
| 杜伊斯堡（Duisburg） | 柏林（Berlin） | 521.4 km | |
| 杜伊斯堡（Duisburg） | 多特蒙德（Dortmund） | 56 km | |
| 杜伊斯堡（Duisburg） | 斯图加特（Stuttgart） | 432 km | |
| 完全由水路运输 | | | |
| 起点 | 经过 | 终点 | 距离 |
| 鹿特丹（Rotterdam） | 瓦尔河/莱茵河/韦塞尔-达特尔恩运河/多特蒙德-埃姆斯河运河/中部运河（Waal/Rhine/WDK/DEK/Mittelland canal） | 柏林（Berlin） | 862.05 km |

续表

| 起点 | 经过 | 终点 | 距离 |
|---|---|---|---|
| 鹿特丹（Rotterdam） | 瓦尔河/莱茵河/韦塞尔-达特尔恩运河/多特蒙德-埃姆斯河运河/中部运河（Waal/ Rhine /WDK/DEK/Mittelland canal） | 明登（Minden） | 480.31 km |
| 鹿特丹（Rotterdam） | 瓦尔河/莱茵河（Waal/ Rhine） | 杜伊斯堡（Duisburg） | 223.42 km |
| 鹿特丹（Rotterdam） | 瓦尔河/莱茵河/内卡河（Waal/ Rhine /Neckar） | 斯图加特（Stuttgart） | 772.5 km |
| 鹿特丹（Rotterdam） | 瓦尔河/莱茵河/莱茵-黑尔讷运河/多特蒙德-埃姆斯河运河（Waal/ Rhine /RHK/DEK） | 多特蒙德（Dortmund） | 346.9 km |

完全由铁路运输

| 起点 | 终点 | 距离 |
|---|---|---|
| 鹿特丹（Rotterdam） | 明登（Minden） | 315 km |
| 鹿特丹（Rotterdam） | 柏林（Berlin） | 637.4 km |
| 鹿特丹（Rotterdam） | 多特蒙德（Dortmund） | 279 km |
| 鹿特丹（Rotterdam） | 斯图加特（Stuttgart） | 631 km |

**表 4-11　铁路运输与内河航运其他数据**

铁路运输

| 集装箱 | 装载卸载分布数据 | 最大运输速度 | 货车车厢数 | 每列最大集装箱数 |
|---|---|---|---|---|
| 20′ | 均匀分布 60、120 s | 80 km/h | 20 | 40 |

内河航运

| 集装箱 | 装载卸载分布数据 | 最大运输速度 | 水闸数量 | 每艘最大集装箱数 |
|---|---|---|---|---|
| 20′ | 均匀分布 60、120 s | 参考表 4-10 | 43 | 120 |

**表 4-12　内河航运不同装载运输速度**

| 顺流速度（m/s） | 逆流速度（m/s） | 运河速度（m/s） | 装载百分比 | 集装箱数量（20′） |
|---|---|---|---|---|
| 3.33 | 2.55 | 2.94 | 10% | 0～12 |
| 3.14 | 2.36 | 2.75 | 20% | 13～24 |
| 2.96 | 2.18 | 2.57 | 30% | 25～36 |
| 2.79 | 2.01 | 2.40 | 40% | 37～48 |
| 2.64 | 1.86 | 2.25 | 50% | 49～60 |
| 2.52 | 1.74 | 2.13 | 60% | 61～72 |
| 2.41 | 1.63 | 2.02 | 70% | 73～84 |
| 2.32 | 1.54 | 1.93 | 80% | 85～96 |
| 2.19 | 1.41 | 1.80 | 90% | 97～108 |
| 2.03 | 1.25 | 1.64 | 100% | 109～120 |

根据以上三个表格的数据，基本可以确定铁路运输和内河航运的基本运输速度和集装箱装卸速度。根据不同集装箱的装载数量，集装箱运输船有不同的运输速度，同时根据河流的顺流和逆流，也不同程度地影响集装箱运输船的行驶速度。与内河航运相比，一般运输的列车最高行驶速度不超过 80 km/h，同时德国境内的列车节数一般不超过 20 节，每节装载 20 英尺集装箱不超过 2 个。除了表 4-10 中介绍的城市之间的距离，其他河流和运河距离请参考各个河流运输距离信息。为了更好地显示不同港口和火车站在模型中的位置，每一个港口和火车站都被定义相关的代码，如表 4-13 和表 4-14 所示。

**表 4-13　不同港口代码**

| 港口 | 代码 | 港口 | 代码 |
|---|---|---|---|
| Rotterdam | 7700 | Koblenz | 7711 |
| Nijmegen | 7702 | Mainz | 7711 |
| Emmerich | 7702 | Mannheim | 7713 |
| Emmelsum | 7703 | Osnabruecke | 7714 |
| Duisburg | 7704 | Minden | 7715 |
| Herne | 7705 | Hannover | 7716 |
| Dortmund | 7706 | Braunschweig | 7717 |
| Duesseldorf | 7707 | Magdeburg | 7718 |
| Neuss | 7708 | Berlin | 7719 |
| Koeln | 7709 | Tiel | 7720 |
| Bonn | 7710 | | |

**表 4-14　不同火车站代码**

| 火车站 | 代码 | 火车站 | 代码 |
|---|---|---|---|
| Rotterdam | 7801 | Berlin | 7805 |
| Duisburg | 7802 | Schwarzheide | 7806 |
| Dortmund | 7803 | Stuttgart | 7807 |
| Minden | 7804 | | |

由于本模型中火车站的装卸只涉及以上火车站，所以只设置以上火车站作为集装箱的装载和卸载终端。根据 Duisport 现有实际列车运输计划，通往柏林的列车终点站为 Schwarzheide，为了保持模型的完整，设立 Schwarzheide 火车站。

由于本模型需要比较铁路运输、水路运输和联合运输三种情况，根据荷兰及德国境内的河流及铁路现有状况，需要建立一个基本模型，分别代入不同数据，来实现铁路运输、水路运输和联合运输三种不同的运输。铁路运输需要从鹿特丹火车站直接发车，分别运至明登、柏林、多特蒙德和斯图加特四个城市；水路运输需要根据实际河道状况，分别运输货物从鹿特丹港至四个城市的内河港口或者运河港口；联合运输需要把货物从鹿特丹港运至杜伊斯堡港，从杜伊斯堡港的集装箱船上直接通过装卸装置，把货物直接从集装箱船转运至货车上进行装运，所有列车根据不同的货物运单，分别被发送至四个城市的火车站进行卸载。由于货物的具体特性，所有生物化肥都将通过集装箱密封运输的方式被运输。

## 4.3.2 模型的建立

根据三种运输方式的特殊要求，需要分别建立各个城市的火车站和港口。具体模型建立可以被分为三个主要部分：（1）港口的建立；（2）火车站的建立；（3）港口和火车站转运站的建立。由于模型工程量较大，本书将分别通过以上三个部分，举例介绍模型的建立和使用。

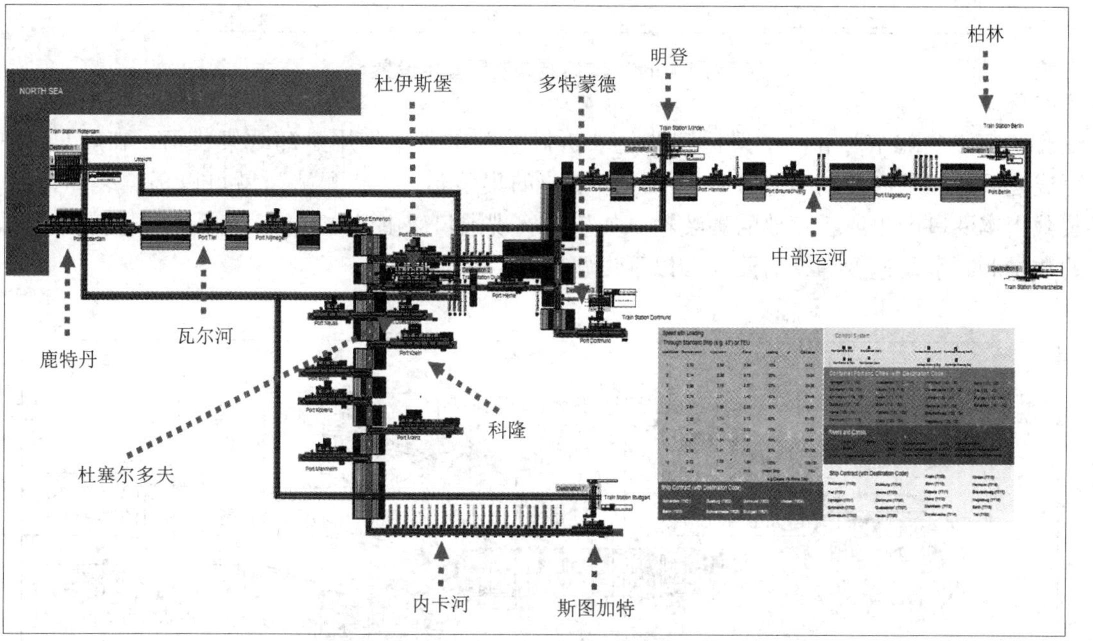


图 4-67 DOSIMIS-3 散货联运模型

### 4.3.2.1 港口的建立

由于本模型涉及集装箱的转运，而且是从水路至铁路，所以各个港口需要有自己的装载和卸载装置。简单来说，每个港口都需要可以自动装载和卸载集装箱，港口既要可以发出自己的船，也要可以使卸载完毕的船退出该港。这样一来，不同的船只就可以根据货物的运单自动装载和卸载集装箱。此外，根据欧洲一般港口的基本情况，当船只进入港口前，都需要有大概 3 h 的入港时间。不同的运河也根据不同的水深有不同的运河水闸，每艘船只通过每个水闸的时间为 1 h。每个港口装卸装置的数量也都不一样。本节将介绍各个港口建模的基本概念。

如图 4-68 所示，每个港口的基本装卸装置和其他港口设置都可以通过 DOSIMIS-3 不同模块仿真模拟。当船只进入港口时，需要在“港口入口”停留大概 3 h 才能进入港口，根据不同装卸装置的占用情况，不同的船只将被发配到不同的码头和装卸装置。每个装卸装置都

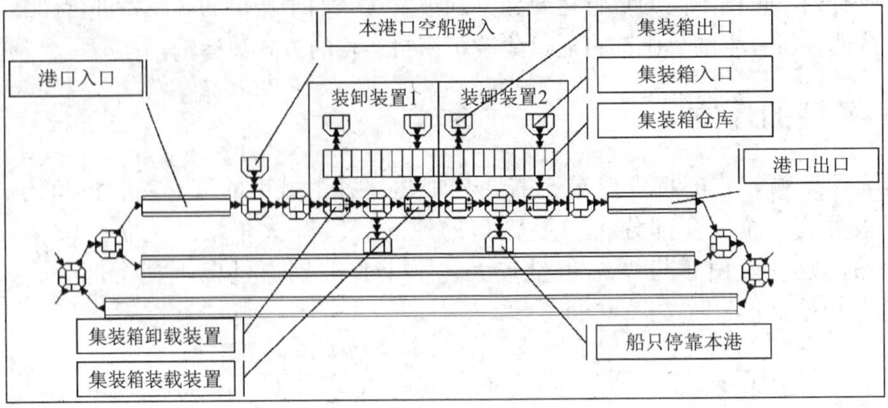


图 4-68　港口装卸装置基本设置

配有一个“装配站”和一个“拆卸站”。“拆卸站”的基本作用是卸载集装箱，在船只卸载完成之后，如果需要在本港口装载属于本港口的集装箱，“装配站”就可以根据装卸计划，装载由本港口产生或者存放的集装箱。如果想实现港口以上基本功能，并配合不同船只装载的数量和吃水及速度等，需要参考以下设置。

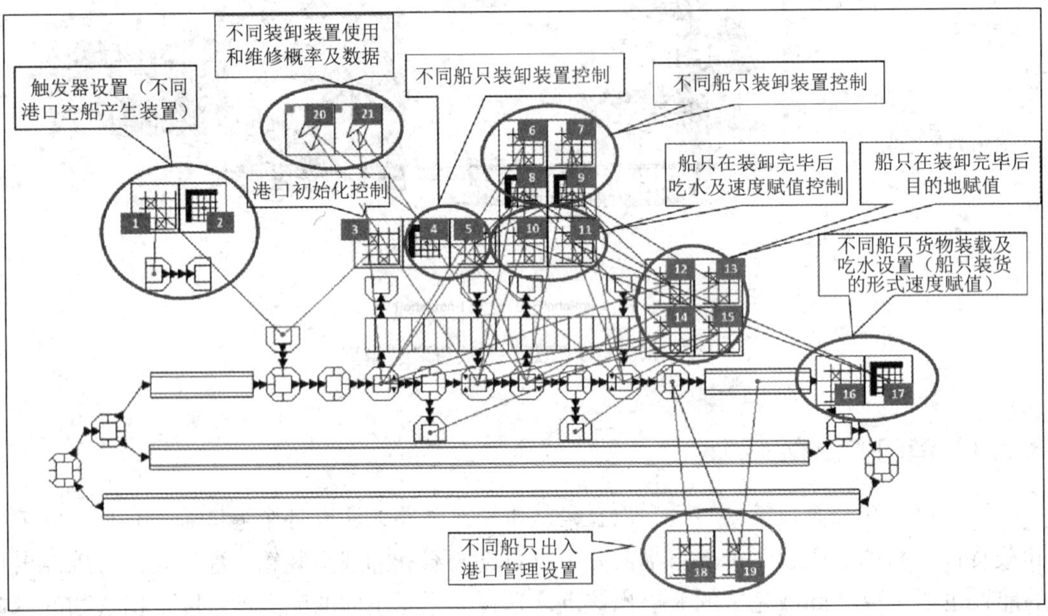


图 4-69　港口基本功能设置

如图 4-69 所示，各个港口的基本设置为本模型的难点和重点。整个模型的运行就是根据各个港口的运作而组成。模型需要建立多个港口作为备用港口，这里以荷兰港口奈梅亨港（Nijmegen）为例进行分析与介绍。如图 4-70 和图 4-71 所示，“决策表 1”和“数据快速输入表 2”作为连接每个港口中“本港口空船驶入”模块的触发器，随时根据具体的发船计划产生空船进行集装箱的装载和卸载。

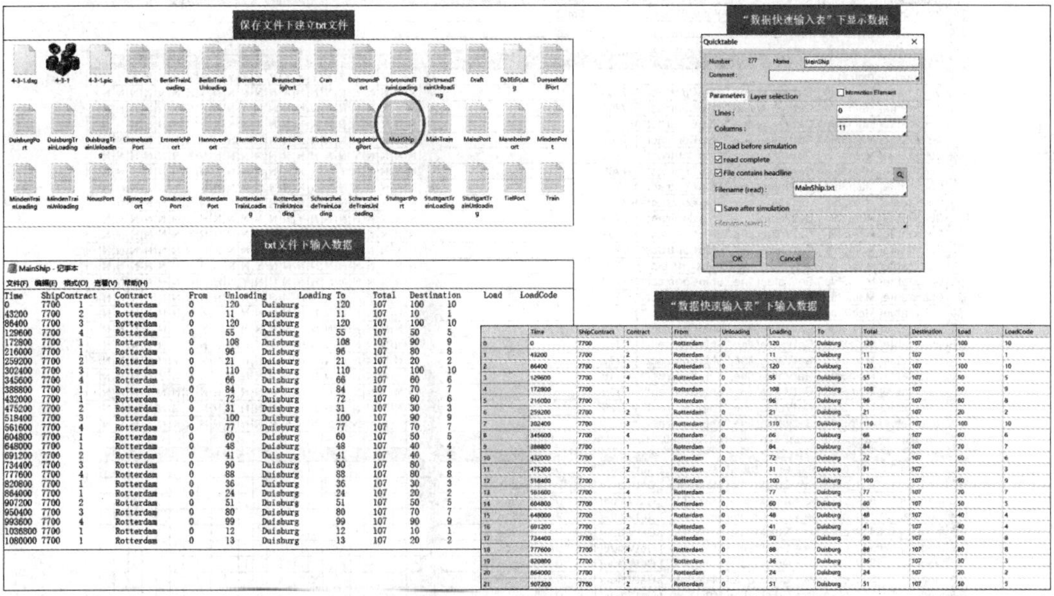


**图 4-70 “数据快速输入表 2”联合运输设置举例**

如图 4-70 所示，首先需要在 DOSIMIS-3 文件储存目录下建立 txt 文件（MainShip），用来控制不同集装箱船的产生。除此之外，还可以根据不同的需要设立相关的目录，用来控制不同的装载和卸载等（完整数据请参考本书附带 CD 中的 Excel 表）。

根据表 4-13 中不同港口的代码，通过图 4-69 中的“MainShip”设立“决策表 1”，用来控制不同港口的“本港口空船驶入”模块。其基本逻辑为：当触发器中有一个货物通过（act_module. exiting=1），此时，“决策表 1”就会在“MainShip”中寻找实际发船的港口名称（参考表 4-13）。在“条件表”中最后一行显示为“sim_time = Quicktable（MainShip). SearchTable（0,"Time","= =", sim_time)”，其具体含义代表：模型中的仿真时间需要根据“MainShip”中的时间而定，在与其对应的“判定表”中，显示为“-”，代表“不相关”。如果此时把“判定表”中的“-”改为“Y”或者“N”，就会出错，因为仿真时间和“MainShip”在较大的模型中，特别是仿真时间较长的模型中经常会出错。这里调成“-”，可以最大程度上减少错误的发生。

在完成“条件表”的介绍后，需要根据相对应的选择查看“行为表”。这里的“行为表”主要由四部分语句构成。首先，根据“MainShip”中的数据，不同的港口代码将生成不同的空船，在完成生成后，需要通过语句对空船赋值。例如，“module（1178）. f_obj. type：=Quicktable（MainShip). GetValue（line,"Destination")”。

其次，在赋值后，需要通过语句“Quicktable（MainShip). DeleteRows（line, 1)”删除已经完成的空船生成任务。此时，需要建立触发器附带的辅“决策表”，用来控制触发器的关闭和开放。在完成以上动作后，空船已经被生成并赋值，但是这个空船实际还被封锁在图 4-68 中的“本港口空船驶入”模块中，因为在图 4-69 中“本港口空船驶入”模块的出口在仿真前是由“决策表 3”以下语句控制的，如图 4-70 所示。

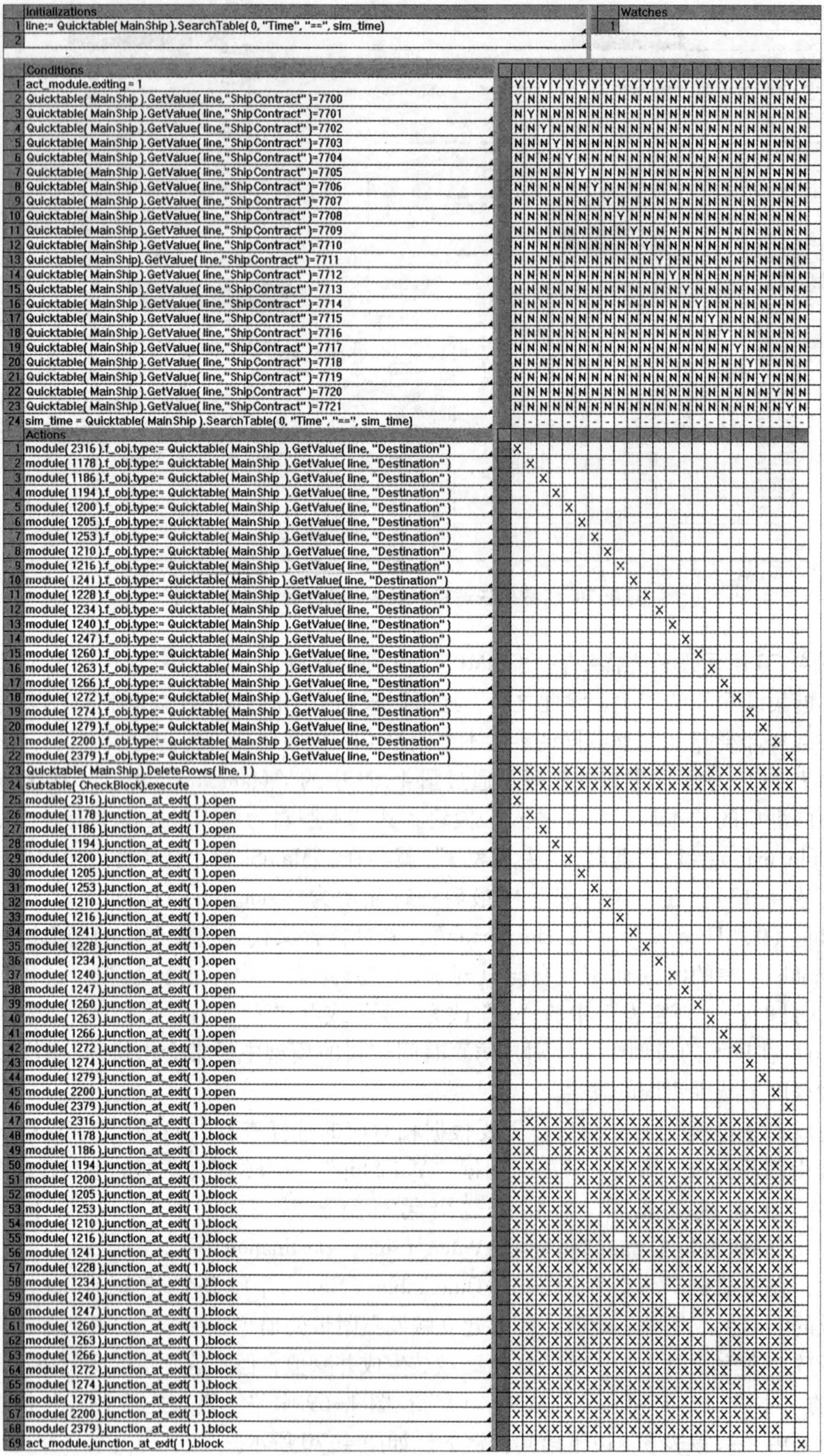


图 4-71 “决策表 1”中各个港口触发器设置

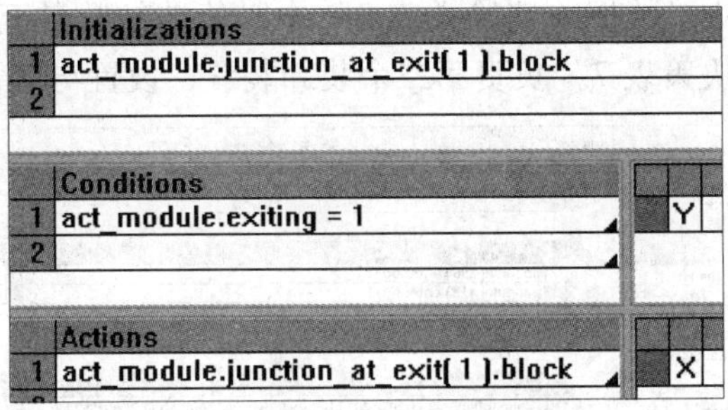


图 4-72 “决策表 3”中仿真开始的控制

为了配合触发器的使用，在仿真开始前，可以通过以上语句关闭模块的出口，这样就可以在空船被赋值后，通过图 4-71 后面的行为打开“本港口空船驶入”模块的出口。打开模块出口的代码为“module（1178）. junction_at_exit（1）. open”，当一个空船被放出此模块后，紧接着需要通过“module（1178）. junction_at_exit（1）. block”把模块出口关闭，如果不按照以上方法控制出口的关闭和开放，将会产生一定的赋值错误。最后，需要通过语句“act_module. junction_at_exit（1）. block”关闭触发器的出口连接，这样一来，触发器就可以根据表单生成空船并赋值等。

参考图 4-69，建立另一个“决策表 5”，主要用来控制不同“数据快速输入表”之间数据的转换。首先，连接“决策表 5”和两个“拆卸站”，并设置两个“拆卸站”为施动模块。其次，连接图 4-69 中“数据快速输入表 4”“数据快速输入表 8”（“NijmegenCran1”）和“数据快速输入表 9”（“NijmegenCran2”），分别设置三个“数据快速输入表”为被动模块，并写入以下语句至“决策表 5”，如图 4-73 所示。

通过以上语句可以发现，之所以两个“拆卸站”作为施动模块，是为了“数据快速输入表 4”中的数据被转移至每个装卸装置。在每个港口中，为了实现其自动装卸的功能，都需要建立自己相应的 txt 数据文件，为了减少数据的加工时间，每个港口都可以通过自己的任务单工作，这样就可以把错误减少到最小。在仿真时，可以把所有数据准备在一个 Excel 表下，使用 Excel 表中的过滤功能，把每一个港口的数据复制至各个港口的“主数据快速输入表”中，然后根据港口装卸装置的数量，分别从“主数据快速输入表”向“分数据快速输入表”赋值数据即可。

如图 4-73 所示，当有船进入第一个“拆卸站”的时候，需要“拆卸站”工作的数据就会通过语句“Quicktable（NijmegenCran1）. CopyLine（0，Quicktable（NijmegenPort），0）”被赋值如“数据快速输入表 8”，在完成赋值后，“数据快速输入表 4”中的被赋值数据将会通过“Quicktable（NijmegenPort）. DeleteRows（line，1）”被删除。以此类推，根据港口装卸装置的数量，相应的“拆卸站”“决策表”“数据快速输入表”需要被建立。

当数据从“数据快速输入表 4”（“主数据快速输入表”）中被赋值至“数据快速输入表 8”和“数据快速输入表 9”（“分数据快速输入表”）后，“决策表 6”和“决策表 7”会根据装卸装置的数量分别从“数据快速输入表 8”和“数据快速输入表 9”中提取并控制装卸集装箱的数量。

“决策表 6”负责第一个装卸装置的“拆卸站”和“装配站”。根据不同的赋值数据，“拆卸站”和“装配站”将会装载和卸载不同数量的集装箱。通过图 4-74 中的装卸变量，根据“初始变量”分别从“数据快速输入表 8”中赋值装卸数量至第一个装卸装置的“拆卸站”和“装配站”。“决策表 7”负责第二个装卸装置，设置与“决策表 6”相同。

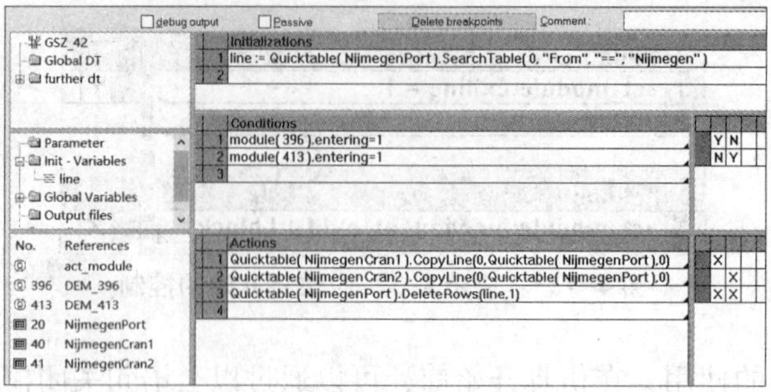


图 4-73 “决策表 5”中的设置

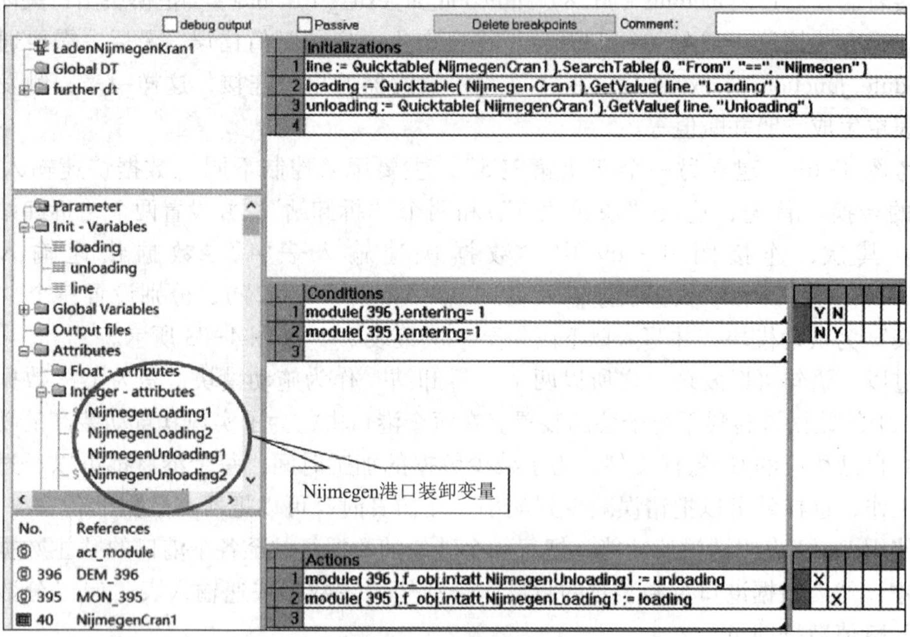


图 4-74 “决策表 6”中装卸数量设置

在完成装卸的任务后，此时，不同载货量的船都有不同的吃水深度和运输速度。为了满足不同吃水深度和运输速度的要求，当集装箱船驶出装卸装置（“装配站”）后，需要把“数据快速输入表 8”和“数据快速输入表 9”中的数据再次赋值入“数据快速输入表 17”（吃水深度“NijmegenDraft”）中。如图 4-75 所示，“决策表 10”和“决策表 11”赋值语句为：“Quicktable（NijmegenDraft）. CopyLine（0, Quicktable（NijmegenCran1），0）”，其具体含义是把已经装卸完毕的数据从“数据快速输入表 8”（“NijmegenCran1”）和“数据快速输入表 9”（“NijmegenCran2”）分别拷入“数据快速输入表 17”（“NijmegenDraft”），来决定船的吃水深度和运输速度。控制“数据快速输入表 17”的“决策表 16”设置如图 4-76 所示。

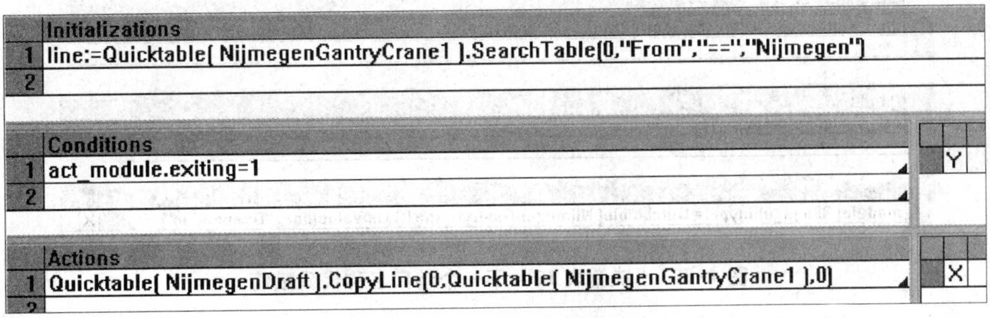


图 4-75 “决策表 10”再次赋值语句

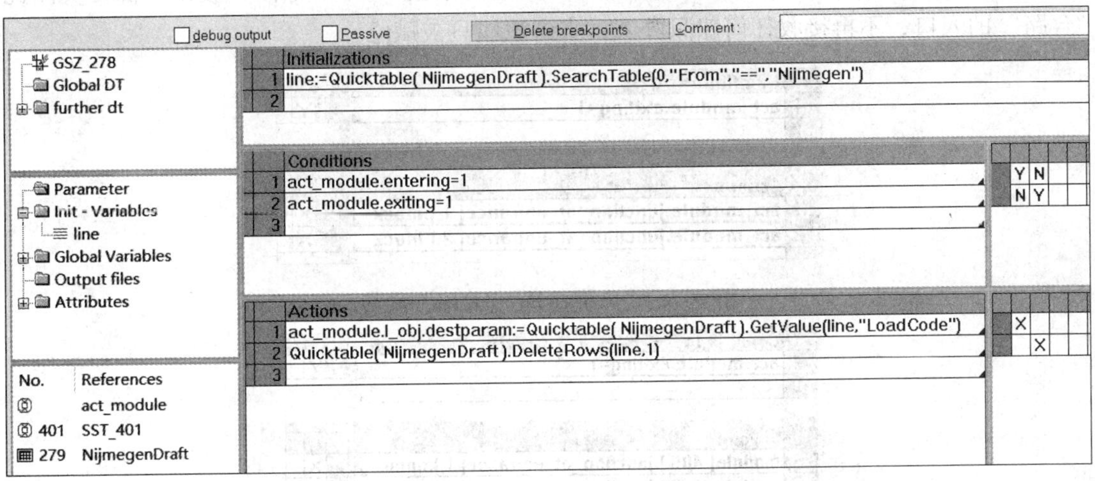


图 4-76 “决策表 16”吃水深度与运输速度设置

“决策表 16”需要与港口的出口“传送带”连接，并把出口“传送带”设为施动模块。当有船从港口驶出的时候，“决策表 16”就可以直接从“数据快速输入表 17”中提取相应的吃水深度和运输速度。根据“主数据快速输入表”中的代码“LoadCode”，不同的吃水深度和运输速度就可以被赋值。此外，根据不同的装载量，每个河道都可以设置不同的速度。

当“数据快速输入表 4”（“主数据快速输入表”）中的数据被赋值至“数据快速输入表 8”和“数据快速输入表 9”（“分数据快速输入表”）后，“数据快速输入表 4”中的数据会随着模型的运行而被删除。而“数据快速输入表 8”和“数据快速输入表 9”并没有使用任何语句删除。其目的是为了通过“决策表 12”和“决策表 13”对装卸完毕的船只进行目的地赋值，也就是说当装卸完毕后，每一艘船都要被赋值其下一个被装卸的港口代码。“决策表 12”和“决策表 13”可以直接从“数据快速输入表 8”和“数据快速输入表 9”中搜索下一个任务的港口名称代码，如图 4-77 所示。

根据“数据快速输入表 4”（“主数据快速输入表”）中被赋值的数据，“决策表 12”通过代码“Destination”寻找下一个港口的名称，并赋值给集装箱船只。图 4-77 中的“NijmegenCran1”为“数据快速输入表 8”。为了减少错误发生，当集装箱船只通过“拆卸站”时即被赋值，所以“拆卸站”需要被连接，并作为施动模块。为了保证每次赋值不会出现任何错误，可以通过“决策表 18”和“决策表 19”确保每次只有一艘船被赋值。“决策表 18”需要连接港口出口（“传送带”）前的“合路”，并设置“合路”为施动模块。如图 4-78 所示。

| | Initializations | |
|---|---|---|
| 1 | line:=Quicktable[ NijmegenGantryCrane1 ].SearchTable(0, "From", "==", "Nijmegen") | |
| 2 | | |
| | **Conditions** | |
| 1 | act_module.entering = 1 | Y |
| 2 | | |
| | **Actions** | |
| 1 | module[ 396 ].l_obj.type:= Quicktable[ NijmegenGantryCrane1 ].GetValue(line, "Destination") | X |
| 2 | | |

**图 4-77 “决策表 12”下一个港口名称代码赋值**

当一艘船驶出该“合路”后，无论是哪一个装卸装置（“拆卸站”）驶出，都要关闭此“合路”的入口，不再接收任何船只驶入，直到该船只被赋值。

| | Conditions | |
|---|---|---|
| 1 | act_module.exiting=1 | Y |
| 2 | | |
| | **Actions** | |
| 1 | act_module.junction_at_entrance[ 1 ].block | X |
| 2 | act_module.junction_at_entrance[ 2 ].block | X |
| 3 | | |

**图 4-78 “决策表 18”“合路”设置**

| | Conditions | |
|---|---|---|
| 1 | act_module.exiting=1 | Y |
| 2 | | |
| | **Actions** | |
| 1 | module[ 409 ].junction_at_entrance[ 1 ].open | X |
| 2 | module[ 409 ].junction_at_entrance[ 2 ].open | X |
| 3 | | |

**图 4-79 “决策表 19”打开出口设置**

当集装箱船的吃水深度及运输速度都被赋值，并且船只驶出港口（“传送带”）后，“决策表 19”会通过代码代开“合路”和“传送带”之间的连接。如图 4-79 所示。

如果本港口作为集装箱船的最终停靠港口，需要根据图 4-69 中“拆卸站”和“装配站”之间的“分路”决定船只的最终去向，并删除“数据快速输入表 8”和“数据快速输入表 9”中的数据，从而为下一次赋值做准备。“决策表 14”和“决策表 15”的施动模块连接为“拆卸站”“装配站”及集装箱船最终停靠的“接收站”，提取数据表为“数据快速输入表 8”和“数据快速输入表 9”。具体设置如图 4-80 所示。

| | Initializations | | |
|---|---|---|---|
| 1 | line:=Quicktable[ NijmegenGantryCrane1 ].SearchTable(0, "From", "==", "Nijmegen") | | |
| 2 | | | |
| | **Conditions** | | |
| 1 | module[ 396 ].entering=1 | Y | N |
| 2 | module[ 395 ].exiting=1 \|\| module[ 406 ].entering=1 | N | Y |
| 3 | | | |
| | **Actions** | | |
| 1 | module[ 396 ].junction_at_entrance[ 1 ].block | X | |
| 2 | module[ 396 ].junction_at_entrance[ 1 ].deblock | | X |
| 3 | Quicktable[ NijmegenGantryCrane1 ].DeleteRows(line,1) | | X |
| 4 | | | |

**图 4-80 “决策表 14”关于船只停靠设置**

当“拆卸站”进入船只时，此时这个“拆卸站”只为这艘进入的集装箱船服务，所以需要通过语句“module（396）. junction_at_entrance（1）. block”关闭“拆卸站”入口。当这艘船驶出“拆卸站”后，或者进入“接收站”后，通过语句“module（396）. junction_at_entrance（1）. deblock”打开“拆卸站”的入口，迎接下一艘船的驶入，并且通过语句“Quicktable（NijmegenCran1）. DeleteRows（line，1）”删除“数据快速输入表 8”和“数据快速输入表 9”中的数据。到此为止，一个完整的港口功能设置完毕，如果各个港口的装卸装置需要设置工作时间和保养时间等，还可以通过添加“故障导入”进行设置。

在港口和港口之间，特别是运河之间有不同的水闸需要通过，模型中每个水闸的通过时间为 1 个小时。

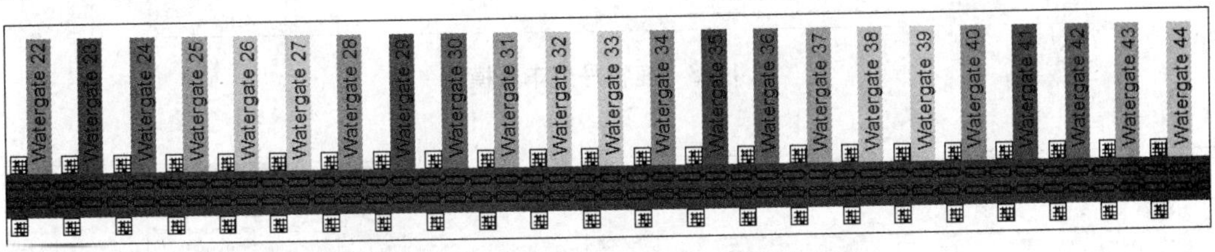


**图 4-81 内卡河（Neckar）上的水闸**

例如，从莱茵河至斯图加特的内卡河上有超过 20 条水闸，这将大大降低内河航运的速度。如图 4-81 所示。其具体设置可以通过“决策表”关闭连接。

| | Conditions | |
|---|---|---|
| 1 | act_module.entering=1 | Y |
| 2 | | |

| | Actions | |
|---|---|---|
| 1 | act_module.junction_at_exit( 1 ).block_time( 3600 ) | X |
| 2 | act_module.junction_at_entrance( 1 ).block_time( 3600 ) | X |
| 3 | | |

**图 4-82 通过水闸设置**

如图 4-82 所示，根据河道之间的连接，可以使用以上语句使水道关闭 3 600 s，来仿真集装箱船只通过水闸的时间。3 600 s 后，河道自动打开。

#### 4.3.2.2 火车站的建立

本节将通过鹿特丹火车站模型设置作为装载和卸载进行讲解。鹿特丹火车站模型如图 4-83 所示。

相比港口的建模，火车站模型的建立相对容易。在模型中，只有鹿特丹火车站和杜伊斯堡火车站需要装载集装箱至列车，其他火车站只需要卸载集装箱。根据不同运输表单的设置，火车站也需要通过一个触发器控制列车的产生和赋值。连接触发器和列车产生入口“入口源”，列车产生的数据设置如图 4-84 所示。

以上设置和港口设置基本相似，具体介绍请参考图 4-70 和图 4-71 中具体讲解。

根据图 4-85 中“决策表”和“数据快速输入表”的设置，具体可以分为两部分：“卸载控制”和“装载控制”。同港口模型类似，为了简化数据输入步骤，这里也采取从“主数据快速输入表”中赋值至“分数据快速输入表”的办法。因此，需要在“装载控制”中设置“主数据快速输入表”，根据实际装卸装置的数量赋值“主数据快速输入表”中的数据至“分数据

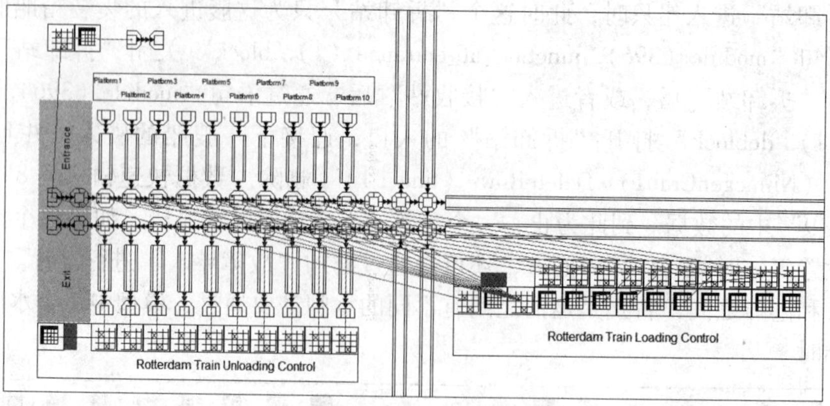


图 4-83　鹿特丹火车站模型

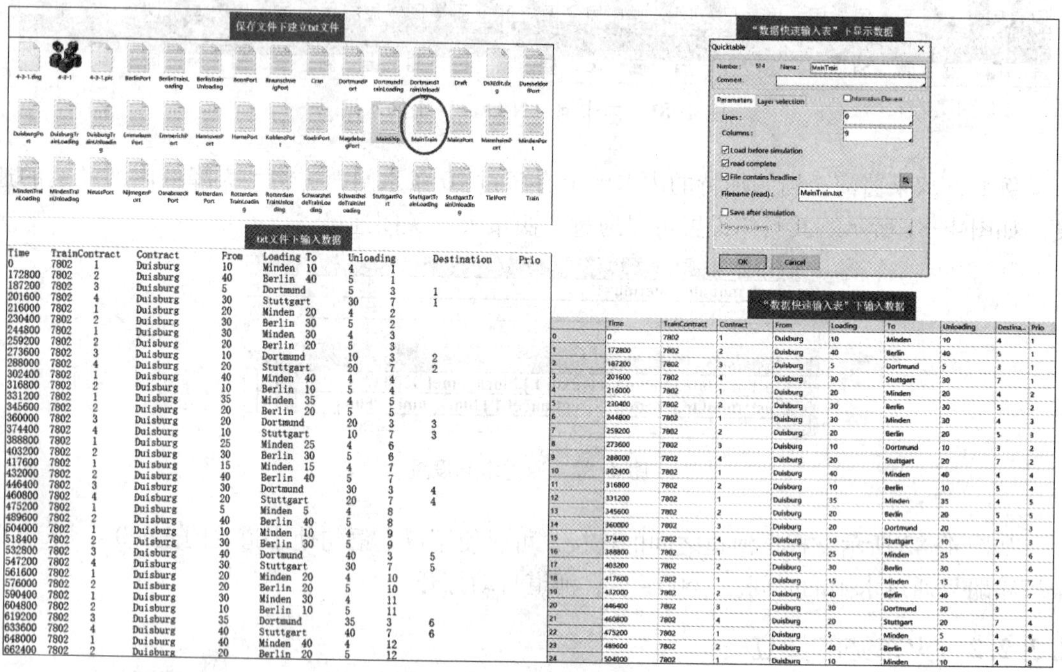

图 4-84　铁路运输数据输入

快速输入表”。在模型开始的时候，必须使模型处于静止状态，根据触发器中数据引用，不同的列车才产生。因此，需要在触动器开始前关闭列车产生的出口。如图 4-86 所示。

随着触动器的开动，“装载控制”中的“主数据快速输入表”需要被赋值，如图 4-87 所示。

当一列货车进入火车站内（“module（2569）. entering = 1”），“决策表”就会根据这列列车的“主数据快速输入表”通过语句“Quicktable（RotterdamPlatform1）. CopyLine（0, Quicktable（RotterdamTrainLoading），0）”赋值到相应的“装配站”，进行集装箱装载，并通过语句“Quicktable（RotterdamTrainLoading）. DeleteRows（line，1）”删除这一任务数据。在图 4-85 中，“装载控制”（Rotterdam Train Loading Station）下所有“数据快速输入表”都

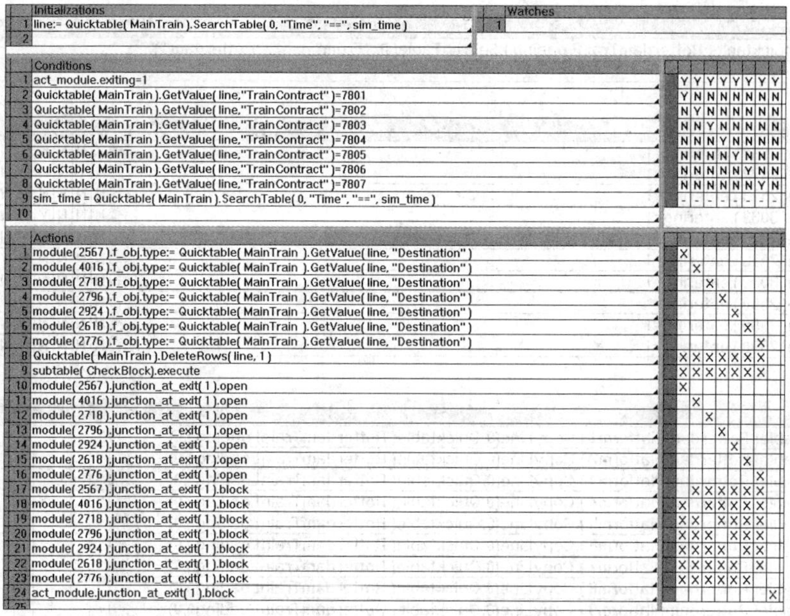


图 4-85 铁路运输控制设置

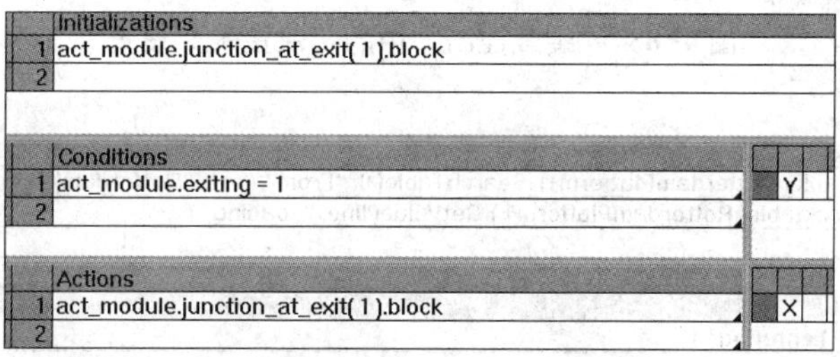


图 4-86 列车产生的出口关闭设置

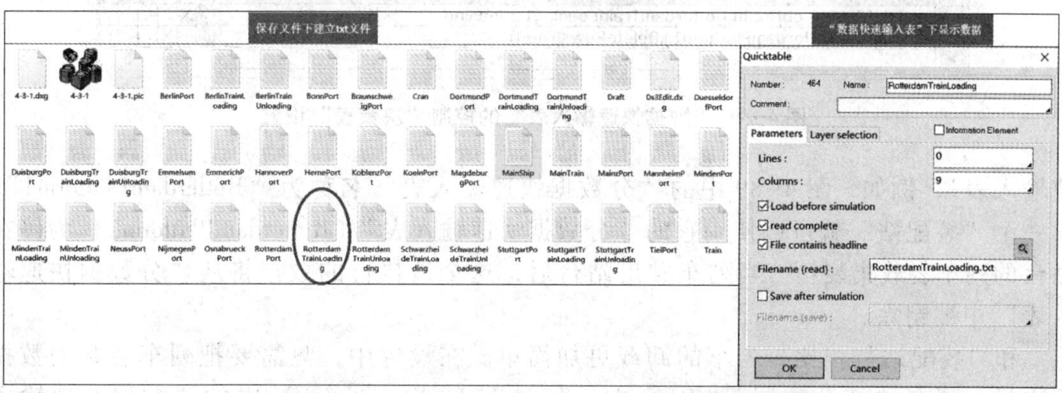


图 4-87 "装载控制"中的"主数据快速输入表"设置

为空（只需要保留第一行中的列名称，所有数据为空），其主要目的是等待"主数据快速输入表"的数据被赋值。每个"分数据快速输入表"的控制"决策表"语句如图 4-89 所示。

根据"主数据快速输入表"赋值来的数据，每个"装配站"都有自己的"数据快

| | Initializations | |
|---|---|---|
| 1 | line := Quicktable( RotterdamTrainLoading ).SearchTable( 0, "From", "==", "Rotterdam" ) | 1 |
| 2 | | |

| | Conditions | | | | | | | | | | |
|---|---|---|---|---|---|---|---|---|---|---|---|
| 1 | module( 2569 ).entering=1 | Y | N | N | N | N | N | N | N | N | N |
| 2 | module( 2572 ).entering=1 | N | Y | N | N | N | N | N | N | N | N |
| 3 | module( 2573 ).entering=1 | N | N | Y | N | N | N | N | N | N | N |
| 4 | module( 3033 ).entering=1 | N | N | N | Y | N | N | N | N | N | N |
| 5 | module( 2575 ).entering=1 | N | N | N | N | Y | N | N | N | N | N |
| 6 | module( 2576 ).entering=1 | N | N | N | N | N | Y | N | N | N | N |
| 7 | module( 3032 ).entering=1 | N | N | N | N | N | N | Y | N | N | N |
| 8 | module( 2588 ).entering=1 | N | N | N | N | N | N | N | Y | N | N |
| 9 | module( 2589 ).entering=1 | N | N | N | N | N | N | N | N | Y | N |
| 10 | module( 2590 ).entering=1 | N | N | N | N | N | N | N | N | N | Y |
| 11 | | | | | | | | | | | |

| | Actions | | | | | | | | | | |
|---|---|---|---|---|---|---|---|---|---|---|---|
| 1 | Quicktable( RotterdamPlatform1 ).CopyLine(0,Quicktable( RotterdamTrainLoading ),0) | X | | | | | | | | | |
| 2 | Quicktable( RotterdamPlatform2 ).CopyLine(0,Quicktable( RotterdamTrainLoading ),0) | | X | | | | | | | | |
| 3 | Quicktable( RotterdamPlatform3 ).CopyLine(0,Quicktable( RotterdamTrainLoading ),0) | | | X | | | | | | | |
| 4 | Quicktable( RotterdamPlatform4 ).CopyLine(0,Quicktable( RotterdamTrainLoading ),0) | | | | X | | | | | | |
| 5 | Quicktable( RotterdamPlatform5 ).CopyLine(0,Quicktable( RotterdamTrainLoading ),0) | | | | | X | | | | | |
| 6 | Quicktable( RotterdamPlatform6 ).CopyLine(0,Quicktable( RotterdamTrainLoading ),0) | | | | | | X | | | | |
| 7 | Quicktable( RotterdamPlatform7 ).CopyLine(0,Quicktable( RotterdamTrainLoading ),0) | | | | | | | X | | | |
| 8 | Quicktable( RotterdamPlatform8 ).CopyLine(0,Quicktable( RotterdamTrainLoading ),0) | | | | | | | | X | | |
| 9 | Quicktable( RotterdamPlatform9 ).CopyLine(0,Quicktable( RotterdamTrainLoading ),0) | | | | | | | | | X | |
| 10 | Quicktable( RotterdamPlatform10 ).CopyLine(0,Quicktable( RotterdamTrainLoading ),0) | | | | | | | | | | X |
| 11 | Quicktable( RotterdamTrainLoading ).DeleteRows(line,1) | X | X | X | X | X | X | X | X | X | X |

图 4-88 “装载控制”中的“决策表”设置

| | Initializations | Watches |
|---|---|---|
| 1 | line := Quicktable( RotterdamPlatform1 ).SearchTable( 0, "From", "==", "Rotterdam" ) | 1 |
| 2 | loading := Quicktable( RotterdamPlatform1 ).GetValue( line, "Loading" ) | |
| 3 | | |

| | Conditions | | | | | |
|---|---|---|---|---|---|---|
| 1 | module( 2569 ).entering= 1 | Y | N | | | |
| 2 | module( 2569 ).exiting=1 | N | Y | | | |
| 3 | | | | | | |

| | Actions | | | | | |
|---|---|---|---|---|---|---|
| 1 | module( 2569 ).l_obj.intatt.RotterdamTrainLoading1 := loading | X | | | | |
| 2 | Quicktable( RotterdamPlatform1 ).DeleteRows(line,1) | | X | | | |
| 3 | | | | | | |

图 4-89 “数据快速输入表”的控制“决策表”设置

速输入表”，例如，图 4-89 中的“分数据快速输入表”名称为“RotterdamPlatform1”，第一个“装配站”就可以使用它的“分数据快速输入表”（RotterdamPlatform1）为停在站台的列车装载集装箱。当列车驶出站台后，这个被执行的数据将从“分数据快速输入表”中被删除。

和“装配站”相比，列车的卸载更加简单。在设置中，只需要把列车装载的数据再次导入列车“卸载控制”（Rotterdam Train Unloading Station）中的“数据快速输入表”，并且连接每个站台的“决策表”和“数据快速输入表”。控制语句如图 4-90 所示。

当列车进入站台后，“决策表”就会根据“数据快速输入表”中的数据进行卸载。在列车驶出站台后，被执行的数据将从“数据快速输入表”中删除，直至所有任务结束。

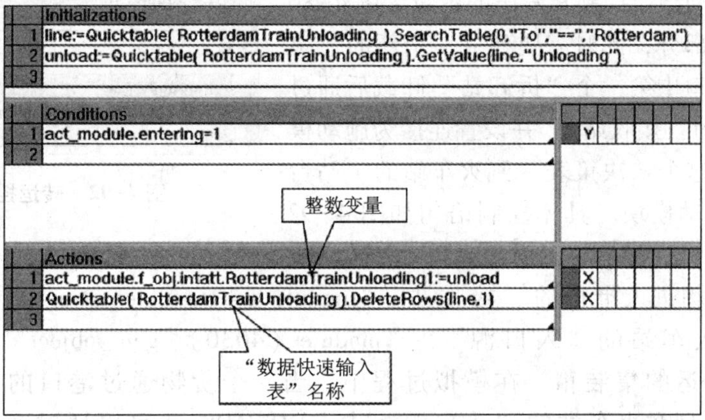


图 4-90 “卸载控制”设置

### 4.3.2.3 港口和火车站转运站的建立

根据港口和火车站的模型设置，杜伊斯堡港和杜伊斯堡火车站将作为转运点，来转运由水路从鹿特丹港至杜伊斯堡港的集装箱至铁路运输，最终到达四个方向的目的地。由于杜伊斯堡港的铁路是直接延伸至港口内，装卸机器可以直接把集装箱从船上转移至列车上。因此，杜伊斯堡港和杜伊斯堡火车站的模型可以建立在一起。当火车站和港口被设置在一起时，只需要通过“决策表”连接港口的“接收站”（设为施动）和火车站的“入口源”（设为被动），或者连接火车站的“接收站”（设为施动）和港口的“入口源”（设为被动），就可以实现转运的功能。具体转运控制设置如图 4-91 所示。

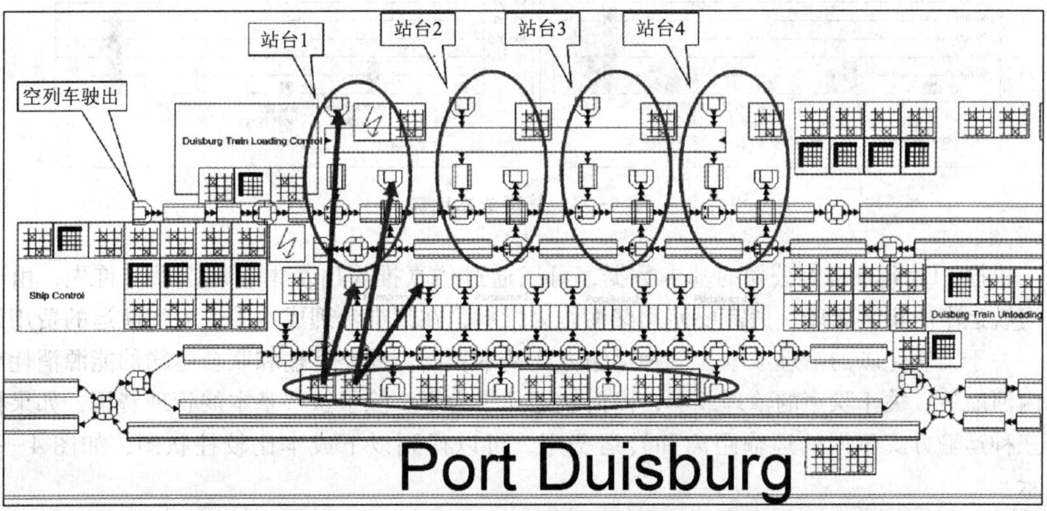


图 4-91 转运控制设置

图 4-91 中分别根据港口设置，加设了港口的火车站。和其他火车站的不同之处在于，由于这里需要转运，因此需要设置一个新的“入口源”作为“空列车驶出”。根据需要，可

以设置空列车触动器，控制其发车的数量。图 4-86 中的关键为转运部分，此时需要建立一个新的“决策表”来连接港口中第一个“拆卸站”卸载后通过“仓库”所连接的“接收站”，并设置连接为施动模块。同时，连接这个“决策表”到火车站的“站台 1”，并设置为被动模块。具体控制语句如图 4-92 所示。

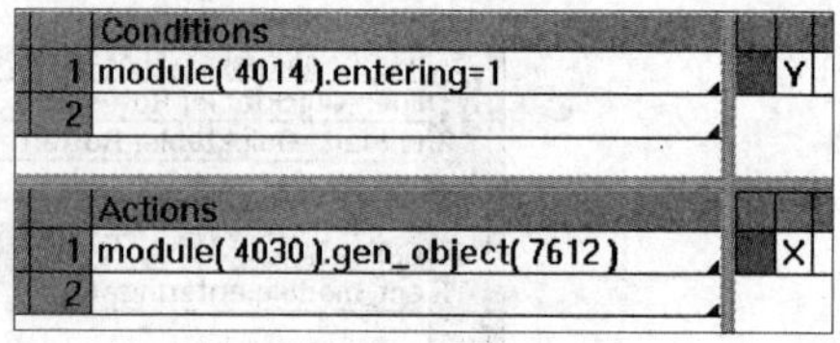


**图 4-92　转运控制语句**

当一个集装箱进入港口的“接收站”“module（4014）. entering = 1”，这个集装箱就会被装载在火车站的“入口源”上“module（4030）. gen_object（7612）”，代码“7612”为被转运的集装箱。在模拟过程中，当一个货物通过港口的“接收站”时，一个货物就会出现在火车站的“入口源”中。DOSIMIS-3 可以通过产生货物的方法，仿真模拟货物的转运。

## 4.3.3　结果分析

根据三种运输的特点比较三种运输方式的管理成本及综合成本，如图 4-93 所示。

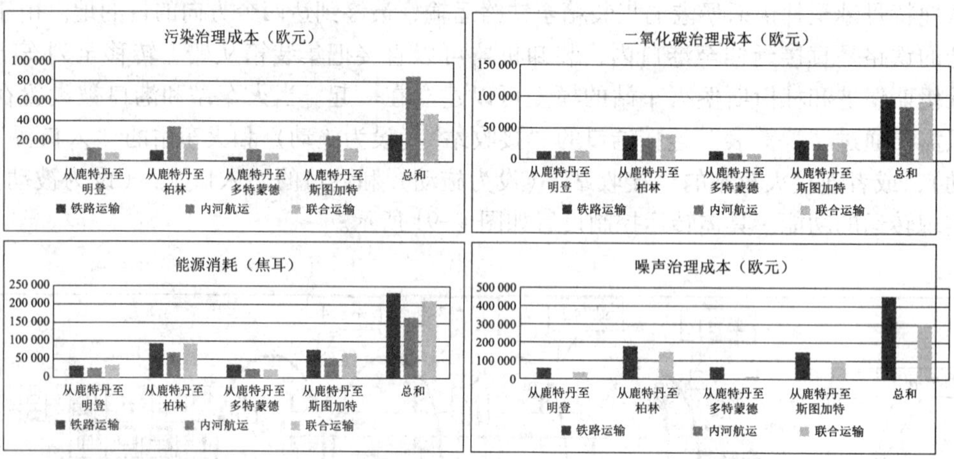


**图 4-93　管理成本比较**

根据 PLANCO 咨询公司的基本数据，可以通过仿真推算出基本管理费用。首先，由于内河航运中的集装箱船一般需要使用柴油作为燃料，在污染治理成本中，内河航运的费用最多。关于二氧化碳的治理成本，三种运输方式基本相同。铁路运输和联合运输的能源消耗高于内河航运。关于噪声的治理成本，内河航运几乎为零。除了这些基本的管理费用，如果根据三种运输方式不同的运输距离和转运费用，可以得到以下成本比较柱状图，如图 4-94 所示。

总成本包括管理成本、转运成本及不同交通工具的运输成本。通过比较可以发现，由于内河航运的运输费用较低，四个方向的运输中，内河航运一直保持较低的总成本。但从鹿特丹港到明登和柏林，由于运河河道较为弯曲，其距离远大于铁路，所以总成本基本相同。通过比较，从鹿特丹到多特蒙德和斯图加特，铁路的建设基本沿河而建，所以联合运输比铁路运输的总成本有一定程度的减少。但由于被运输货物的基本特点，在集装箱被卸载后，需要在最短的时间内把被运输的生物肥料转移出港口，并保存至仓库。分别查看三种运输方式，当货物被卸载后，比较运输时间和港口的占用率。

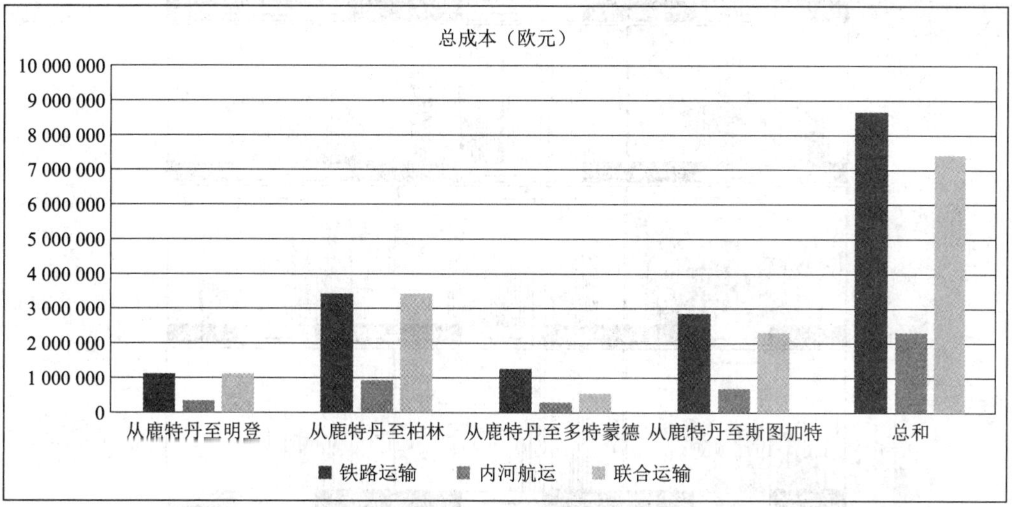


**图 4-94 总成本比较**

**表 4-15 三种运输方式整体运输时间比较**

| | 生物肥料 | 内河航运 | 铁路运输 | 联合运输 |
|---|---|---|---|---|
| 至明登 | 121 600 | 14 天 08 时 14 分 03 秒 | 6 天 01 时 40 分 09 秒 | 8 天 11 时 54 分 56 秒 |
| 至柏林 | 91 200 | 14 天 19 时 56 分 30 秒 | 4 天 18 时 08 分 03 秒 | 7 天 02 时 16 分 01 秒 |
| 至多特蒙德 | 60 800 | 5 天 14 时 50 分 00 秒 | 2 天 04 时 03 分 14 秒 | 4 天 13 时 30 分 20 秒 |
| 至斯图加特 | 30 400 | 10 天 11 时 20 分 36 秒 | 2 天 01 时 21 分 00 秒 | 3 天 18 时 47 分 36 秒 |

从表 4-15 中可以发现，三种运输方式中最快的运输方式都为铁路运输。但是，在现实中，并不能解决卸载及入库的问题。图 4-95 为 DOSIMIS-3 仿真结果数据。从鹿特丹到明登，由于同时到达的列车数量过高，堆积在站台的集装箱很难及时被运至仓库，如果加上卸载和入库时间，最适合的运输方式为内河航运，因为内河航运的完成时间最短，港口占用率也相对较低，但是运输密度较高。从鹿特丹到柏林，无论是运输时间，还是卸载和入库时间，铁路运输最适合这一段的运输。从鹿特丹到多特蒙德，最适合的运输方式同样为内河航运，其占用率相对较低，完成时间相对较短，运输密度也相对较低。从鹿特丹到斯图加特的最适合运输方式也为铁路。根据表 4-89 可以得到表 4-15，“X”为最优选项。

通过以上数据的比较和分析，联合运输不适合以上四个终点站的运输。铁路运输和内河航运可以根据据不同港口的具体情况进行选择。运输成本最低的运输方式为内河航运。

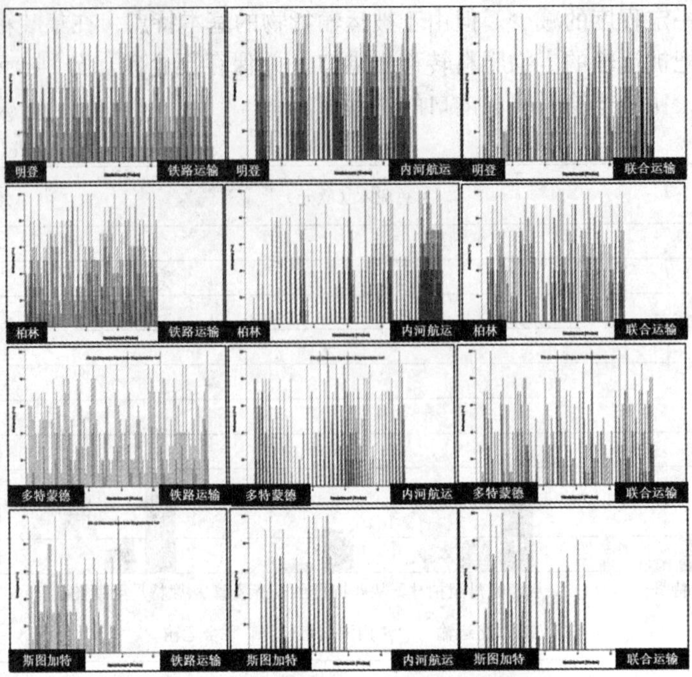


**图 4-95　三种运输方式卸载占用率比较**

**表 4-16　三种运输方式综合选择办法**

| 从鹿特丹 | | 港口占用 | 完成时间 | 卸载密度 |
|---|---|---|---|---|
| 至明登 | 铁路运输 | | | |
| | 内河航运 | | X | |
| | 联合运输 | X | | X |
| 至柏林 | 铁路运输 | | X | |
| | 内河航运 | | | X |
| | 联合运输 | X | | |
| 至多特蒙德 | 铁路运输 | X | | |
| | 内河航运 | | X | X |
| | 联合运输 | | | |
| 至斯图加特 | 铁路运输 | X | X | |
| | 内河航运 | | X | X |
| | 联合运输 | | | |

通过以上比较，其实很难最终选择最适合的运输方式。不管是运输费用，还是港口占用率及不同的卸载密度和完成时间，都是需要考虑的问题。本模型为一个铁路运输和内河航运的框架模型。通过不同数据的输入，可以得到不同港口及站台的相关装卸设备的使用率等。建立此模型的另外一个目的是介绍“决策表”和“数据快速输入表”的强大智能化功能。通过以上“决策表”和“数据快速输入表”功能的介绍，现实中所有需要运输及生产的问题，基本可以被完美仿真出来。

# 结　语

现实中的一切生产和运输都可以通过仿真的形式表现出来。仿真是一种快速解决复杂生产和运输的办法。通过仿真和模拟，在相关行为发生前找到最好的解决办法，并预防可能发生的问题和即将发生的危险。

DOSIMIS-3 中大部分模块功能已通过本书各章节内容介绍完毕。通过 DOSIMIS-3 初级教程、中级教程、高级教程及各个教程附带的练习，使用者可以了解 DOSIMIS-3 在仿真模拟中的基本理念和实际运用。通过第 1 章的学习，使用者可以基本了解并使用 DOSIMIS-3 仿真建模。对于相对不太复杂的模拟对象，DOSIMIS-3 中的模块可以基本完成仿真的需要。第 2 章和第 3 章的介绍主要涉及一些智能化的运用。通过 DOSIMIS-3 中智能化控制模块的应用，可以满足模块所不能实现的所有功能。智能化模块的应用是 DOSIMIS-3 的使用关键。如果可以很好地掌握第 2 章和第 3 章的内容，就可以较完美地仿真现实中的大部分物流现象。最后在第 4 章中，通过三个真实的项目实例，介绍了 DOSIMIS-3 在现实生活中的具体运用。

DOSIMIS-3 是一款经验丰富的仿真软件。无论是工厂内部的仿真，还是工厂外部的仿真，DOSIMIS-3 都可以通过不同的模块组合进行展示。对于模型的组合和搭配，不同的使用者有不同的仿真理念和思路。但仿真领域中最重要的基本理念就是通过最简单的模块组合，最真实地仿真出所需要仿真的实际对象。通过仿真数据的调试，一次又一次地优化仿真的结果。另外，在数据准备方面，一般可以通过一个 Excel 表把所有数据进行整合，通过“过滤”的方式，筛选有用的数据，针对 DOSIMIS-3 中不同的仿真场景进行实验和对比。

最后，希望大家喜爱 DOSIMIS-3 这款软件！

# 附录 A　模块名称中英文介绍

SOU—source 入口源
SIN—sink 出口端
ACC—accumulation conveyor 传送带
CON—conveying section 货物传送带
BUL—bulk section 散货传送带
LFB—lifo buffer 后进先出传送带
STO—storage 仓库
AC2—accumulation conveyor2 传送带 2
WST—workstation 工作站
PAL—pallet changer 货架转换器
ASS—assembly station 装配站
DAS—disassembly station 拆卸站
MWS—multiple workstation 并联工作站
MFW—multifunctional station 多功能工作站
DCH—discharger 卸货器
INF—infeed element 装货器
SVB—swiveling belt 回转传送带
TUT—turning table 转台
SHU—shuttle 分配传送带
DIS—distributor 分路
COM—combining station 合路
CRS—crossing 多功能节点
PSH—paired shuttle 双配送传送带
TRA—track 道路
LOA—loading station 装载站
UNL—unloading station 卸载站
PNS—petri-net-state 佩特里网状态
PNE—petri-net-event 佩特里网事件
WRA—work area 工作区域
WPL—working place 工作位置
CPM—capacity monitoring 容量限制
CON—connector 连接器
TRC—transport parameters 运输控制器
SFC—shop floor control 工作计划安排器
STC—storage control 仓库控制
SHC—shuttlecontrol 分配传送带控制器
GLC—global control 决策表
QTB—quicktable 数据快速输入表
TIM—timer 时间控制器
SIG—signal display 信号显示器
PGL—progressindicator 进度显示器
ATX—animation text 模拟文本
EVA—evaluation 结果属性调整
TTM—throughput-time measurement 通过量时间控制
MES—measuring element 测量控制器
MOR—monitor 控制器
BRK—break 故障导入

# 附录 B　常用快捷键

F1 模块选项解释（模块选项窗内）
F9 激活连接
再次单击 F9 取消连接
Shift+M 模型归位
鼠标右键改变模块方向
F7 保存模型
F11 运行模拟
Ctrl+N 新建模型
Ctrl+O 另存模型为
Ctrl+S 保存模型
Ctrl+X 剪切
Ctrl+C 复制
Ctrl+V 粘贴
Ctrl+E 单个模块带值赋值
Ctrl+D 多个模块带值赋值
Shift+鼠标左键双击直接打开模块（例如“决策表”）
Ctrl+A 全选
Ctrl+M 移动
Ctrl+鼠标拖动模块精准定位
Ctrl+W 镜像复制
Ctrl+R 旋转
Shift+Ctrl+R 顺时针旋转
Ctrl+F 查找
其他快捷键请参考《DOSIMIS-3 使用手册》

# 附录C 相关数据

## 附录C.1 鲁尔区优化前的数据

| 区域1 | | | | 区域2 | | | |
|---|---|---|---|---|---|---|---|
| 代码 | 城镇 | 经纬度 | 需求量/ML | 代码 | 城镇 | 经纬度 | 需求量/ML |
| 22 | Neukirchen-Vluyn | (51°45′N, 6°55′E) | 20.19 | 8 | Herdecke | (51°40′N, 7°43′E) | 18.1 |
| 1 | Moers | (51°45′N, 6°63′E) | 75.22 | 9 | Breckerfeld | (51°27′N, 7°47′E) | 8.55 |
| 7 | Duisburg | (51°43′N, 6°77′E) | 285.53 | 10 | Ennepetal | (51°30′N, 7°35′E) | 26.09 |
| 3 | Oberhausen | (51°47′N, 6°87′E) | 131.76 | 11 | Gevelsberg | (51°32′N, 7°33′E) | 23.56 |
| 2 | Muelheim | (51°43′N, 6°88′E) | 113.26 | 12 | Hagen | (51°37′N, 7°48′E) | 122.92 |
| 5 | Rheinberg | (51°55′N, 6°60′E) | 24.51 | 13 | Holzwickede | (51°50′N, 7°62′E) | 14.48 |
| 4 | Kamp-Lintfort | (51°50′N, 6°53′E) | 26.37 | 14 | Schwerte | (51°45′N, 7°57′E) | 34.16 |
| 6 | Castrop-Rauxel | (51°55′N, 7°32′E) | 48.83 | 18 | Dortmund | (51°52′N, 7°47′E) | 339.9 |
| | | | | 16 | Wetter | (51°38′N, 7°38′E) | 22.38 |
| | | | | 17 | Witten | (51°43′N, 7°33′E) | 66.19 |
| | | | | 15 | Unna | (51°53′N, 7°68′E) | 45.36 |
| | | | | 19 | Schwelm | (51°28′N, 7°30′E) | 20.54 |
| | | | | 20 | Sprockhoevel | (51°37′N, 7°25′E) | 22.46 |
| 优化前的油库位置 | | (51°43′N, 6°77′E) | | 优化前的油库位置 | | (51°52′N, 7°47′E) | |
| 区域3 | | | | 区域4 | | | |
| 代码 | 城镇 | 经纬度 | 需求量/ML | 代码 | 城镇 | 经纬度 | 需求量/ML |
| 21 | Bergkamen | (51°62′N, 7°63′E) | 31.95 | 36 | Alpen | (51°58′N, 6°52′E) | 15 |
| 24 | Kamen | (51°60′N, 7°67′E) | 29.41 | 37 | Dinslaken | (51°57′N, 6°73′E) | 48.13 |
| 23 | Datteln | (51°65′N, 7°35′E) | 24.67 | 38 | Dorsten | (51°67′N, 6°97′E) | 60.68 |
| 25 | Oer-Erkenschwick | (51°65′N, 7°25′E) | 18.74 | 39 | Hamminkeln | (51°73′N, 6°58′E) | 27.7 |

续表

| 区域 3 | | | | 区域 4 | | | |
|---|---|---|---|---|---|---|---|
| 代码 | 城镇 | 经纬度 | 需求量/ML | 代码 | 城镇 | 经纬度 | 需求量/ML |
| 26 | Selm | (51°68′N, 7°48′E) | 20.58 | 40 | Schermbeck | (51°70′N, 6°88′E) | 14.54 |
| 27 | Waltrop | (51°62′N, 7°38′E) | 21.97 | 41 | Voerde | (51°60′N, 6°68′E) | 27.11 |
| 28 | Werne | (51°67′N, 7°63′E) | 24.35 | 42 | Wesel | (51°67′N, 6°62′E) | 45.94 |
| 29 | Luenen | (51°62′N, 7°52′E) | 53.95 | 43 | Xanten | (51°67′N, 6°45′E) | 16.4 |
| | | | | 45 | Huenxe | (51°65′N, 6°77′E) | 14.4 |
| | | | | 44 | Sonsbeck | (51°62′N, 6°38′E) | 8.57 |
| 优化前的油库位置 | | (51°60′N, 7°51′E) | | 优化前的油库位置 | | (51°64′N, 6°71′E) | |
| 区域 5 | | | | 区域 6 | | | |
| 代码 | 城镇 | 经纬度 | 需求量/ML | 代码 | 城镇 | 经纬度 | 需求量/ML |
| 33 | Bottrop | (51°52′N, 6°92′E) | 80.72 | 30 | Boenen | (51°60′N, 7°77′E) | 14.48 |
| 34 | Hattingen | (51°40′N, 7°18′E) | 39.41 | 31 | Froendenberg | (51°47′N, 7°77′E) | 35.32 |
| 35 | Essen | (51°45′N, 7°02′E) | 357.81 | 32 | Hamm | (51°68′N, 7°82′E) | 117.4 |
| 优化前的油库位置 | | (51°50′N, 6°98′E) | | 优化前的油库位置 | | (51°68′N, 7°77′E) | |
| 区域 7 | | | | | | | |
| 代码 | 城镇 | 经纬度 | 需求量/ML | 代码 | 城镇 | 经纬度 | 需求量/ML |
| 46 | Bochum | (51°48′N, 7°22′E) | 251.62 | 50 | Herten | (51°60′N, 7°13′E) | 43.02 |
| 47 | Gladbeck | (51°57′N, 7°00′E) | 45.35 | 51 | Marl | (51°65′N, 7°08′E) | 56.5 |
| 48 | Haltern | (51°75′N, 7°18′E) | 29.12 | 52 | Herne | (51°55′N, 7°22′E) | 92.18 |
| 49 | Recklinghausen | (51°62′N, 7°20′E) | 75.92 | 53 | Gelsenkirchen | (51°52′N, 7°10′E) | 153.19 |
| 优化前的油库位置 | | (51°53′N, 7°07′E) | | | | | |

# 附录 C.2 鲁尔区优化后的数据

| 区域 1 | | | | 区域 2 | | | |
|---|---|---|---|---|---|---|---|
| 代码 | 城镇 | 经纬度 | 需求量/ML | 代码 | 城镇 | 经纬度 | 需求量/ML |
| 15 | Essen | (51°45′N, 7°02′E) | 357.81 | 20 | Castrop-Rauxel | (51°55′N, 7°32′E) | 48.83 |
| 19 | Herten | (51°60′N, 7°13′E) | 43.02 | 27 | Hagen | (51°37′N, 7°48′E) | 122.92 |
| 31 | Hattingen | (51°40′N, 7°18′E) | 39.41 | 28 | Breckerfeld | (51°27′N, 7°47′E) | 8.55 |
| 34 | Sprockhoevel | (51°37′N, 7°25′E) | 22.46 | 29 | Ennepetal | (51°30′N, 7°35′E) | 26.09 |

续表

| 区域 1 | | | | 区域 2 | | | |
|---|---|---|---|---|---|---|---|
| 代码 | 城镇 | 经纬度 | 需求量/ML | 代码 | 城镇 | 经纬度 | 需求量/ML |
| 49 | Gelsenkirchen | (51°52′N, 7°10′E) | 153. 19 | 30 | Gevelsberg | (51°32′N, 7°33′E) | 23. 56 |
| 50 | Bochum | (51°48′N, 7°22′E) | 251. 62 | 32 | Herdecke | (51°40′N, 7°43′E) | 18. 1 |
| 51 | Gladbeck | (51°57′N, 7°00′E) | 45. 35 | 33 | Schwelm | (51°28′N, 7°30′E) | 20. 54 |
| 52 | Bottrop | (51°52′N, 6°92′E) | 80. 72 | 35 | Wetter | (51°38′N, 7°38′E) | 22. 38 |
| 53 | Herne | (51°55′N, 7°22′E) | 92. 18 | 36 | Witten | (51°43′N, 7°33′E) | 66. 19 |
| | | | | 44 | Holzwickede | (51°50′N, 7°62′E) | 14. 48 |
| | | | | 46 | Schwerte | (51°45′N, 7°57′E) | 34. 16 |
| | | | | 48 | Dortmund | (51°52′N, 7°47′E) | 339. 9 |
| 优化后的油库位置 | | (51°53′N, 7°07′E) | | 优化后的油库位置 | | (51°53′N, 7°44′E) | |
| 区域 3 | | | | 区域 4 | | | |
| 代码 | 城镇 | 经纬度 | 需求量/ML | 代码 | 城镇 | 经纬度 | 需求量/ML |
| 1 | Wesel | (51°67′N, 6°62′E) | 45. 94 | 38 | Werne | (51°67′N, 7°63′E) | 24. 35 |
| 2 | Hamminkeln | (51°73′N, 6°58′E) | 27. 7 | 39 | Luenen | (51°62′N, 7°52′E) | 53. 95 |
| 4 | Xanten | (51°67′N, 6°45′E) | 16. 4 | 40 | Bergkamen | (51°62′N, 7°63′E) | 31. 95 |
| 5 | Huenxe | (51°65′N, 6°77′E) | 14. 4 | 41 | Kamen | (51°60′N, 7°67′E) | 29. 41 |
| 6 | Sonsbeck | (51°62′N, 6°38′E) | 8. 57 | 42 | Boenen | (51°60′N, 7°77′E) | 14. 48 |
| 7 | Alpen | (51°58′N, 6°52′E) | 15 | 43 | Unna | (51°53′N, 7°68′E) | 45. 36 |
| 8 | Voerde | (51°60′N, 6°68′E) | 27. 11 | 45 | Froendenberg | (51°47′N, 7°77′E) | 35. 32 |
| 9 | Dinslaken | (51°57′N, 6°73′E) | 48. 13 | 47 | Hamm | (51°68′N, 7°82′E) | 117. 4 |
| 10 | Rheinberg | (51°55′N, 6°60′E) | 24. 51 | | | | |
| 11 | Kamp-Lintfort | (51°50′N, 6°53′E) | 26. 37 | | | | |
| 优化后的油库位置 | | (51°63′N, 6°61′E) | | 优化后的油库位置 | | (51°64′N, 7°64′E) | |
| 区域 5 | | | | 区域 6 | | | |
| 代码 | 城镇 | 经纬度 | 需求量/ML | 代码 | 城镇 | 经纬度 | 需求量/ML |
| 18 | Recklinghausen | (51°62′N, 7°20′E) | 75. 92 | 12 | Neukirchen-Vluyn | (51°45′N, 6°55′E) | 20. 19 |
| 22 | Oer-Erkenschwick | (51°65′N, 7°25′E) | 18. 74 | 13 | Moers | (51°45′N, 6°63′E) | 75. 22 |
| 23 | Datteln | (51°65′N, 7°35′E) | 24. 67 | 14 | Duisburg | (51°43′N, 6°77′E) | 285. 53 |
| 24 | Waltrop | (51°62′N, 7°38′E) | 21. 97 | 16 | Oberhausen | (51°47′N, 6°87′E) | 131. 76 |
| 26 | Haltern | (51°75′N, 7°18′E) | 29. 12 | 17 | Muelheim | (51°43′N, 6°88′E) | 113. 26 |
| 37 | Selm | (51°68′N, 7°48′E) | 20. 58 | | | | |
| 优化后的油库位置 | | (51°66′N, 7°36′E) | | 优化后的油库位置 | | (51°45′N, 6°75′E) | |

| 区域 7 | | | |
|---|---|---|---|
| 代码 | 城镇 | 经纬度 | 需求量/ML |
| 3 | Schermbeck | (51°70′N, 6°88′E) | 14. 54 |
| 21 | Marl | (51°65′N, 7°08′E) | 56. 5 |
| 25 | Dorsten | (51°67′N, 6°97′E) | 60. 68 |
| 优化后的油库位置 | | (51°67′N, 6°97′E) | |

# 附录 C.3 鲁尔区一次物流运输距离

优化前的一次物流运输距离及需求量

| | km | | | ML | ML | | |
|---|---|---|---|---|---|---|---|
| 实际油库位置 | 公路 | 铁路 | 水路 | 需求量 | 公路 | 铁路 | 水路 |
| Gelsenkirchen | 0.00 | 0.00 | 0.00 | 746.90 | 0.00 | 0.00 | 0.00 |
| Essen | 10.30 | 18.60 | 6.50 | 477.94 | 4 922.78 | 8 889.68 | 3 106.61 |
| Duisburg | 28.90 | 28.10 | 22.60 | 676.84 | 19 560.68 | 19 019.20 | 15 296.58 |
| Dortmund | 34.10 | 36.80 | 38.45 | 764.69 | 26 075.93 | 28 140.59 | 29 402.33 |
| Hamm | 76.40 | 83.50 | 61.38 | 149.46 | 11 418.74 | 12 479.91 | 9 173.85 |
| Huenxe | 37.90 | 54.50 | 62.77 | 278.47 | 10 554.01 | 15 176.62 | 17 479.56 |
| Luenen | 41.50 | 43.50 | 38.41 | 274.45 | 11 389.68 | 11 938.58 | 10 541.62 |
| 总计 | 229.10 | 265.00 | 230.11 | 3 368.75 | 83 921.82 | 95 644.58 | 85 000.57 |

优化后的一次物流运输距离及需求量

| | km | | | ML | ML | | |
|---|---|---|---|---|---|---|---|
| 优化后的油库位置 | 公路 | 铁路 | 水路 | 需求量 | 公路 | 铁路 | 水路 |
| Gelsenkirchen | 0.00 | 0.00 | 0.00 | 1 085.76 | 0.00 | 0.00 | 0.00 |
| Dorsten | 21.40 | 23.30 | 57.77 | 131.72 | 2 818.81 | 3 069.08 | 7 609.46 |
| Duisburg | 28.90 | 28.10 | 22.60 | 625.96 | 18 090.24 | 17 589.48 | 14 146.70 |
| Dortmund | 34.10 | 36.80 | 38.45 | 745.70 | 25 428.37 | 27 441.76 | 28 672.17 |
| Bergkamen | 54.30 | 53.90 | 41.27 | 334.48 | 18 162.26 | 18 028.47 | 13 803.99 |
| Datteln | 33.40 | 32.80 | 27.95 | 191.00 | 6 379.40 | 6 264.80 | 5 338.45 |
| Voerde/Emmelsum | 46.50 | 45.60 | 55.64 | 254.13 | 11 817.05 | 11 588.33 | 14 139.79 |
| 总计 | 218.60 | 220.50 | 243.68 | 3 368.75 | 82 696.13 | 83 981.91 | 83 710.56 |

# 附录 C.4 鲁尔区二次物流运输距离

优化前的二次物流运输距离及需求量

| 区域 1 | | | | 区域 2 | | | |
|---|---|---|---|---|---|---|---|
| 从 Gelsenkirchen | km | 需求量/ML | ML · km | 从 Essen | km | 需求量/ML | ML · km |
| Bochum | 20.30 | 251.62 | 5 107.89 | Bottrop | 10.60 | 80.72 | 855.63 |
| Gladbeck | 15.30 | 45.35 | 693.86 | Hattingen | 27.90 | 39.41 | 1 099.54 |
| Haltern | 38.30 | 29.12 | 1 115.30 | Essen | 7.90 | 357.81 | 2 826.70 |

续表

| 区域 1 | | | | 区域 2 | | | |
|---|---|---|---|---|---|---|---|
| 从 Gelsenkirchen | km | 需求量/ML | ML · km | 从 Essen | km | 需求量/ML | ML · km |
| Recklinghausen | 21.50 | 75.92 | 1 632.28 | | | | |
| Herten | 13.20 | 43.02 | 567.86 | | | | |
| Marl | 20.80 | 56.50 | 1 175.20 | | | | |
| Herne | 13.90 | 92.18 | 1 281.30 | | | | |
| Gelsenkirchen | 4.50 | 153.19 | 689.36 | | | | |
| 总计 | 147.80 | 746.90 | 2 263.04 | 总计 | 46.40 | 477.94 | 4 781.87 |
| 区域 3 | | | | 区域 4 | | | |
| 从 Duisburg | km | 需求量/ML | ML · km | 从 Dortmund | km | 需求量/ML | ML · km |
| Moers | 12.20 | 75.22 | 917.68 | Herdecke | 25.80 | 18.10 | 466.98 |
| Muelheim | 14.10 | 113.26 | 1 596.97 | Breckerfeld | 47.90 | 8.55 | 409.55 |
| Oberhausen | 14.10 | 131.76 | 1 857.82 | Ennepetal | 44.40 | 26.09 | 1 158.40 |
| Kamp-Lintfort | 20.30 | 26.37 | 535.31 | Gevelsberg | 39.70 | 23.56 | 935.33 |
| Rheinberg | 19.00 | 24.51 | 465.69 | Hagen | 28.10 | 122.92 | 3 454.05 |
| Neukirchen-Vluyn | 19.50 | 20.19 | 393.71 | Holzwickede | 17.30 | 14.48 | 250.50 |
| Duisburg | 4.70 | 285.53 | 1 341.99 | Schwert | 16.70 | 34.16 | 570.47 |
| | | | | Unna | 22.10 | 45.36 | 1 002.46 |
| | | | | Wetter | 26.60 | 22.38 | 595.31 |
| | | | | Witten | 19.60 | 66.19 | 1 297.32 |
| | | | | Dortmund | 3.80 | 339.90 | 1 291.62 |
| | | | | Schwelm | 45.60 | 20.54 | 936.62 |
| | | | | Sprockhoevel | 37.30 | 22.46 | 837.76 |
| 总计 | 103.90 | 676.84 | 7 109.16 | 总计 | 374.90 | 764.69 | 13 206.37 |
| 区域 5 | | | | 区域 6 | | | |
| 从 Hamm | km | 需求量/ML | ML · km | 从 Huenxe | km | 需求量/ML | ML · km |
| Boenen | 22.80 | 14.48 | 330.14 | Alpen | 21.00 | 15.00 | 315.00 |
| Froendenberg | 38.70 | 17.58 | 680.35 | Dinslaken | 10.00 | 48.13 | 481.30 |
| Hamm | 11.80 | 117.40 | 1 385.32 | Dorsten | 21.40 | 60.68 | 1 298.55 |
| | | | | Hamminkeln | 23.40 | 27.70 | 648.18 |
| | | | | Schermbeck | 18.30 | 14.54 | 266.08 |
| | | | | Voerde | 6.80 | 27.11 | 184.35 |
| | | | | Wesel | 12.90 | 45.94 | 592.63 |
| | | | | Xanten | 25.20 | 16.40 | 413.28 |
| | | | | Sonsbeck | 28.80 | 8.57 | 246.82 |
| | | | | Huenxe | 4.90 | 14.40 | 70.56 |
| 总计 | 73.30 | 149.46 | 2 395.81 | 总计 | 172.70 | 278.47 | 4 516.74 |

续表

| 区域 7 | | | |
| --- | --- | --- | --- |
| 从 Luenen | km | 需求量/ML | ML · km |
| Bergkamen | 11. 80 | 31. 95 | 377. 01 |
| Castrop-Rauxel | 22. 10 | 48. 83 | 1 079. 14 |
| Datteln | 16. 60 | 24. 67 | 409. 52 |
| Kamen | 18. 20 | 29. 41 | 535. 26 |
| Oer-Erkenschwick | 26. 70 | 18. 74 | 500. 36 |
| Selm | 12. 50 | 20. 58 | 257. 25 |
| Waltrop | 11. 70 | 21. 97 | 257. 05 |
| Werne | 14. 30 | 24. 35 | 348. 21 |
| Luenen | 4. 20 | 53. 95 | 226. 59 |
| 总计 | 138. 10 | 274. 45 | 3 990. 39 |

总共运输距离：1 057. 10km

总计：48 263. 39ML · km

## 优化后的二次物流运输距离及需求量

| Bezirk 1 | | | | Bezirk 2 | | | |
| --- | --- | --- | --- | --- | --- | --- | --- |
| 从 Gelsenkirchen | km | 需求量/ML | ML · km | 从 Dortmund | km | 需求量/ML | ML · km |
| Bochum | 20. 30 | 251. 62 | 5 107. 89 | Breckerfeld | 47. 90 | 8. 55 | 409. 55 |
| Bottrop | 13. 70 | 80. 72 | 1 105. 86 | Ennepetal | 44. 40 | 26. 09 | 1 158. 40 |
| Gelsenkirchen | 4. 50 | 153. 19 | 689. 36 | Gevelsberg | 39. 70 | 23. 56 | 935. 33 |
| Essen | 15. 00 | 357. 81 | 5 367. 15 | Hagen | 28. 10 | 122. 92 | 3 454. 05 |
| Gladbeck | 15. 30 | 45. 35 | 693. 86 | Herdecke | 25. 80 | 18. 10 | 466. 98 |
| Hattingen | 21. 70 | 39. 41 | 855. 20 | Holzwickede | 17. 30 | 14. 48 | 250. 50 |
| Herne | 13. 90 | 92. 18 | 1 281. 30 | Schwelm | 45. 60 | 20. 54 | 936. 62 |
| Herten | 13. 20 | 43. 02 | 567. 86 | Schwerte | 16. 70 | 34. 16 | 570. 47 |
| Sprockhoevel | 39. 30 | 22. 46 | 882. 68 | Wetter | 26. 60 | 22. 38 | 595. 31 |
| | | | | Witten | 19. 60 | 66. 19 | 1 297. 32 |
| | | | | Dortmund | 3. 80 | 339. 90 | 1 291. 62 |
| | | | | Castrop-Rauxel | 11. 10 | 48. 83 | 542. 01 |
| 总计 | 156. 90 | 1 085. 76 | 16 551. 15 | 总计 | 326. 60 | 745. 70 | 11 908. 17 |

续表

| Bezirk 3 | | | | Bezirk 4 | | | |
|---|---|---|---|---|---|---|---|
| 从 Voerde | km | 需求量/ML | ML · km | 从 Bergkamen | km | 需求量/ML | ML · km |
| Wesel | 9. 40 | 45. 94 | 431. 84 | Boenen | 16. 30 | 14. 48 | 236. 02 |
| Hamminkeln | 17. 20 | 27. 70 | 476. 44 | Froendenberg | 29. 50 | 17. 58 | 518. 61 |
| Xanten | 21. 90 | 16. 40 | 359. 16 | Hamm | 14. 60 | 117. 40 | 1 714. 04 |
| Huenxe | 13. 60 | 14. 40 | 195. 84 | Kamen | 12. 20 | 29. 41 | 358. 80 |
| Sonsbeck | 25. 60 | 8. 57 | 219. 39 | Unna | 15. 10 | 45. 36 | 684. 94 |
| Alpen | 17. 80 | 15. 00 | 267. 00 | Werne | 4. 80 | 24. 35 | 116. 88 |
| Voerde | 8. 10 | 27. 11 | 219. 59 | Bergkamen | 4. 70 | 31. 95 | 150. 17 |
| Dinslaken | 13. 30 | 48. 13 | 640. 13 | Luenen | 12. 60 | 53. 95 | 679. 77 |
| Rheinberg | 22. 50 | 24. 51 | 551. 48 | | | | |
| Kamp-Lintfort | 27. 80 | 26. 37 | 733. 09 | | | | |
| 总计 | 177. 20 | 254. 13 | 4 093. 95 | 总计 | 109. 80 | 334. 48 | 4 459. 23 |

| Bezirk 5 | | | | Bezirk 6 | | | |
|---|---|---|---|---|---|---|---|
| 从 Datteln | km | 需求量/ML | ML · km | 从 Duisburg | km | 需求量/ML | ML · km |
| Haltern | 21. 10 | 29. 12 | 614. 43 | Moers | 12. 20 | 75. 22 | 917. 68 |
| Oer-Erkenschwick | 9. 40 | 18. 74 | 176. 16 | Muelheim | 14. 10 | 113. 26 | 1 596. 97 |
| Selm | 13. 20 | 20. 58 | 271. 66 | Oberhausen | 14. 10 | 131. 76 | 1 857. 82 |
| Waltrop | 6. 20 | 21. 97 | 136. 21 | Duisburg | 4. 70 | 285. 53 | 1 341. 99 |
| Datteln | 1. 90 | 24. 67 | 46. 87 | Neukirchen-Vluyn | 19. 50 | 20. 19 | 393. 71 |
| Recklinghausen | 13. 70 | 75. 92 | 1 040. 10 | | | | |
| Summe | 65. 50 | 191. 00 | 2 285. 44 | Summe | 64. 60 | 625. 96 | 6 108. 16 |

| Bezirk 7 | | | |
|---|---|---|---|
| 从 Dorsten | km | 需求量/ML | ML · km |
| Mal | 10. 30 | 56. 50 | 581. 95 |
| Schermbeck | 8. 30 | 14. 54 | 120. 68 |
| Dorsten | 0. 00 | 60. 68 | 0. 00 |
| 总计 | 18. 60 | 131. 72 | 702. 63 |

总共运输距离：742. 00km

总计：42 014. 78ML · km

# 附录 C.5 优化前一次及后一次物流中河道距离

优化前一次物流中河道实际距离

| 油库位置 | 从/港口/运河/位置 | 出口位置 | 入口位置 | 入口位置 | 出口位置 | 入口位置 | 入口位置 | 到达 | 港口 | 运河 | 位置 |
|---|---|---|---|---|---|---|---|---|---|---|---|
| Duisburg | GE/ Ruhr Oel/ RHK/22. 60 | — | — | — | — | — | — | Duisburg | Duisport | RHK | 0. 00 |
| Dortmund | GE/ Ruhr Oel/ RHK/22. 60 | 45. 60 | DEK | 15. 45 | — | — | — | Dortmund | Stadthafen | DEK | 0. 00 |
| Luenen | GE/ Ruhr Oel/ RHK/22. 60 | 45. 60 | DEK | 15. 45 | 19. 52 | DHK | 0. 06 | Luenen | Stadt Hafen | DHK | 11. 40 |
| Hamm | GE/ Ruhr Oel/ RHK/22. 60 | 45. 60 | DEK | 15. 45 | 19. 52 | DHK | 0. 06 | Hamm | Stadt Hafen | DHK | 34. 38 |
| Essen | GE/ Ruhr Oel/ RHK/22. 60 | — | — | — | — | — | — | Essen | Stadt Hafen | RHK | 16. 10 |
| Huenxe | GE/ Ruhr Oel/ RHK/22. 60 | 0. 00 | Rhein | 780. 40 | 813. 24 | WDK | 0. 00 | Huenxe | Welmer | WDK | 7. 33 |

GE：Gelsenkirchen DEK：Dortmund-Ems-Kanal RHK：Rhein-Herne-Kanal WDK：Wesel-Datteln-Kanal DHK：Datteln-Hamm-Kanal.

优化后一次物流中河道实际距离

| 油库位置 | 从/港口/运河/位置 | 出口位置 | 入口位置 | 入口位置 | 出口位置 | 入口位置 | 入口位置 | 到达 | 港口 | 运河 | 位置 |
|---|---|---|---|---|---|---|---|---|---|---|---|
| Duisburg | GE/ Ruhr Oel/ RHK/22. 60 | — | — | — | — | — | — | Duisburg | Duisport | RHK | 0. 00 |
| Dortmund | GE/ Ruhr Oel/ RHK/22. 60 | 45. 60 | DEK | 15. 45 | — | — | — | Dortmund | Stadthafen | DEK | 0. 00 |
| Bergkamen | GE/ Ruhr Oel/ RHK/22. 60 | 45. 60 | DEK | 15. 45 | 19. 52 | DHK | 0. 06 | Bergkamen | Preußen | DHK | 14. 26 |
| Datteln | GE/ Ruhr Oel/ RHK/22. 60 | 45. 60 | DEK | 15. 45 | — | — | — | Datteln | Liegehafen | DEK | 20. 4 |
| Dorsten | GE/ Ruhr Oel/ RHK/22. 60 | 45. 60 | DEK | 15. 45 | 21. 33 | WDK | 60. 23 | Dorsten | Ruhrkohle | WDK | 28. 5 |
| Voerde | GE/ Ruhr Oel/ RHK/22. 60 | 0. 00 | Rhein | 780. 40 | 813. 24 | WDK | 0. 00 | Voerde | Emmelsum | WDK | 0. 20 |

GE：Gelsenkirchen，DEK：Dortmund-Ems-Kanal，RHK：Rhein-Herne-Kanal，WDK：Wesel-Datteln-Kanal，DHK：Datteln-Hamm-Kanal.

# 附录 C.6　二次物流优化前运输距离

（单位：千米）

| | | | | | | | | |
|---|---|---|---|---|---|---|---|---|
| 区域 1<br>油库 Duisburg | Moers（1） | Muelheim（2） | Oberhausen（3） | Kampf-Lintfort（4） | Rheinberg（5） | Neukirchen-Vluyn（6） | Duisburg（7） | |
| | 12.2 | 14.1 | 14.1 | 20.3 | 19.0 | 19.5 | 4.7 | |
| 区域 2<br>油库 Dortmund | Herdecke（8） | Breckerfeld（9） | Ennepetal（10） | Gevelsberg（11） | Hagen（12） | Holzwickede（13） | Schwerte（14） | Unna（15） |
| | 25.8 | 47.9 | 44.4 | 39.7 | 28.1 | 17.3 | 16.7 | 22.1 |
| | Wetter（16） | Witten（17） | Dortmund（18） | Schwelm（19） | Sprockhoevel（20） | | | |
| | 26.6 | 19.6 | 3.8 | 45.6 | 37.3 | | | |
| 区域 3<br>油库 Luenen | Bergkamen（21） | Castrop-Rauxel（22） | Datteln（23） | Kamen（24） | Oer-Erkenschwick（25） | Selm（26） | Waltrop（27） | Werne（28） |
| | 11.8 | 22.1 | 16.6 | 18.2 | 26.7 | 12.5 | 11.7 | 14.3 |
| | Luenen（29） | | | | | | | |
| | 4.2 | | | | | | | |
| 区域 4<br>油库 Hamm | Boenen（30） | Froendenberg（31） | Hamm（32） | | | | | |
| | 22.8 | 38.7 | 11.8 | | | | | |
| 区域 5<br>油库 . Essen | Bottrop（33） | Hattingen（34） | Essen（35） | | | | | |
| | 10.6 | 27.9 | 7.9 | | | | | |
| 区域 6<br>油库 Huenxe | Alpen（36） | Dinslaken（37） | Dorsten（38） | Hamminkeln（39） | Schermbeck（40） | Voerde（41） | Wesel（42） | Xanten（43） |
| | 21 | 10 | 21.4 | 23.4 | 18.3 | 6.8 | 12.9 | 25.2 |
| | Sonsbeck（44） | Huenxe（45） | | | | | | |
| | 28.8 | 4.9 | | | | | | |
| 区域 7<br>炼油厂 Gelsenkirchen | Bochum（46） | Gladbeck（47） | Haltern（48） | Recklinghausen（49） | Herten（50） | Marl（51） | Herne（52） | Gelsenkirchen（53） |
| | 20.3 | 15.3 | 38.3 | 21.5 | 13.2 | 20.8 | 13.9 | 4.5 |

# 附录 C.7 优化前二次物流油轮数量及油罐车数量（平均每 30 天）

| 区域 Duisburg | | | |
|---|---|---|---|
| 城镇 | 升 | 油罐车 | 油轮 |
| Moers | 6 268 427 | 209 | |
| Muelheim | 9 438 211 | 315 | |
| Oberhausen | 10 980 259 | 366 | |
| Kamp-Lintfort | 2 197 703 | 73 | |
| Rheinberg | 2 042 144 | 68 | |
| Neukirchen-Vluyn | 1 682 633 | 56 | |
| Duisburg | 23 794 554 | 793 | |
| 总计 | | 1 880 | 15. 04 |

| 区域 Dortmund | | | |
|---|---|---|---|
| 城镇 | 升 | 油罐车 | 油轮 |
| Herdecke | 1 508 134 | 50 | |
| Breckerfeld | 712 662 | 24 | |
| Ennepetal | 2 174 046 | 72 | |
| Gevelsberg | 1 963 101 | 65 | |
| Hagen | 10 243 607 | 341 | |
| Holzwickede | 1 206 271 | 40 | |
| Schwerte | 2 846 535 | 95 | 16. 98 |
| Unna | 3 779 955 | 126 | |
| Wetter | 1 865 049 | 62 | |
| Witten | 5 515 736 | 184 | |
| Dortmund | 28 325 118 | 944 | |
| Schwelm | 1 711 799 | 57 | |
| Sprockhoevel | 1 871 832 | 62 | |
| 总计 | | 2 122 | |

| 区域 Luenen | | | |
|---|---|---|---|
| 城镇 | 升 | 油罐车 | 油轮 |
| Bergkamen | 2 662 453 | 89 | |
| Castrop-Rauxel | 4 069 1[illegible]0 | 136 | |
| Datteln | 2 055 9[illegible]5 | 69 | |
| Kamen | 2 450 7[illegible]2 | 82 | |
| Oer-Erkenschwick | 1 561 8[illegible]8 | 52 | |
| Selm | 1 714 [illegible]64 | 57 | |
| Waltrop | 1 831 [illegible]95 | 61 | 6. 11 |
| Werne | 2 028 [illegible]06 | 68 | |
| Luenen | 4 495 705 | 150 | |
| 总计 | | 764 | |

| 区域 Hamm | | | |
|---|---|---|---|
| 城镇 | 升 | 油罐车 | 油轮 |
| Boenen | 1 206 917 | 40 | |
| Froendenberg | 1 465 146 | 49 | |
| Hamm | 9 783 059 | 326 | |
| 总计 | | 415 | 3. 32 |

续表

| 区域 Essen | | | | 区域 Huenxe | | | | 区域 Gelsenkirchen | | | | Bemerkung |
|---|---|---|---|---|---|---|---|---|---|---|---|---|
| 城镇 | 升 | 油罐车 | 油轮 | 城镇 | 升 | 油罐车 | 油轮 | 城镇 | 升 | 油罐车 | 油轮 | |
| Bottrop | 6 727 018 | 224 | | Alpen | 1 250 082 | 42 | | Bochum | 20 967 945 | 699 | | |
| Hattingen | 3 284 033 | 109 | | Dinslaken | 4 010 881 | 134 | | Gladbeck | 3 779 546 | 126 | | |
| Essen | 29 817 847 | 994 | | Dorsten | 5 056 531 | 169 | | Haltern | 2 426 407 | 81 | | |
| 总计 | | 1 327 | | Hamminkeln | 2 308 605 | 77 | | Recklinghausen | 6 326 313 | 211 | | |
| | | | | Schermbeck | 1 211 591 | 40 | | Herten | 3 584 618 | 119 | | |
| | | | 10. 62 | Voerde | 2 259 451 | 75 | 6. 20 | Marl | 4 708 171 | 157 | — | 一次物流运输量按照标准油轮 3 000 吨（3 726 708. 07 升）（汽油柴油平均密度 0. 805 升/立方厘米）<br>油罐车平均容量为 30. 000 升 |
| | | | | Wesel | 3 828 361 | 128 | | Herne | 7 681 473 | 256 | | |
| | | | | Xanten | 1 366 491 | 46 | | Gelsenkirchen | 12 765 587 | 426 | | |
| | | | | Sonsbeck | 714 340 | 24 | | 总计 | | 2 075 | | |
| | | | | Huenxe | 1 200 217 | 40 | | | | | | |
| | | | | 总计 | | 775 | | | | | | |

## 附录 C. 8 二次物流优化后运输距离

（单位：千米）

| 区域 1<br>油库 Duisburg | Moers（1） | Muelheim（2） | Oberhausen（3） | Duisburg（4） | Neukirchen Vluyn（5） | | | |
|---|---|---|---|---|---|---|---|---|
| | 12. 2 | 14. 1 | 14. 1 | 4. 7 | 19. 5 | | | |

续表

| | | | | | | | | |
|---|---|---|---|---|---|---|---|---|
| 区域 2 油库 Dortmund | Breckerfeld (6) | Castrop-Rauxel (7) | Dortmund (8) | Ennepetal (9) | Gevelsberg (10) | Hagen (11) | Herdecke (12) | Holzwickede (13) |
| | 47.9 | 11.1 | 3.8 | 44.4 | 39.7 | 28.1 | 25.8 | 17.3 |
| | Schwelm (14) | Schwerte (15) | Wetter (16) | Witten (17) | | | | |
| | 45.6 | 16.7 | 26.6 | 19.6 | | | | |
| 区域 3 油库 Bergkamen | Bergkamen (18) | Boenen (19) | Froendenberg (20) | Hamm (21) | Kamen (22) | Luenen (23) | Unna (24) | Werne (25) |
| | 4.7 | 16.3 | 29.5 | 14.6 | 12.2 | 12.6 | 15.1 | 4.8 |
| 区域 4 油库 Datteln | Datteln (26) | Haltern (27) | Oer-Erkenschwick (28) | Recklinghausen (29) | Selm (30) | Waltrop (31) | | |
| | 1.9 | 21.1 | 9.4 | 13.7 | 13.2 | 6.2 | | |
| 区域 5 油库 Dorsten | Dorsten (32) | Mal (33) | Schembeck (34) | | | | | |
| | 0 | 10.3 | 8.3 | | | | | |
| 区域 6 油库 Voerde/Emmelsum | Alpen (35) | Dinslaken (36) | Hamminkeln (37) | Huenxe (38) | Kampf-Lintfort (39) | Rheinberg (40) | Sonsbeck (41) | Voerde (42) |
| | 17.8 | 13.3 | 17.2 | 13.6 | 27.8 | 22.5 | 25.6 | 8.1 |
| | Wesel (43) | Xanten (44) | | | | | | |
| | 9.4 | 21.9 | | | | | | |
| 区域 7 炼油厂 Gelsenkirchen | Bochum (45) | Bottrop (46) | Essen (47) | Gelsenkirchen (48) | Gladbeck (49) | Hattingen (50) | Herne (51) | Herten (52) |
| | 20.3 | 13.7 | 15 | 4.5 | 15.3 | 21.7 | 13.9 | 13.2 |
| | Sprockhoevel (53) | | | | | | | |
| | 39.3 | | | | | | | |

# 附录 C.9　优化后二次物流油轮数量及油罐车数量（平均每 30 天）

| 区域 Duisburg | | | | 区域 Dortmund | | | | 区域 Bergkamen | | | | 区域 Datteln | | | |
|---|---|---|---|---|---|---|---|---|---|---|---|---|---|---|---|
| 城镇 | 升 | 油罐车 | 油轮 | 城镇 | 升 | 油罐车 | 油轮 | 城镇 | 升 | 油罐车 | 油轮 | 城镇 | 升 | 油罐车 | 油轮 |
| Moers | 6 268 427 | 209 | | Breckerfeld | 712 662 | 24 | | Bergkamen | 2 662 453 | 89 | | Datteln | 2 055 945 | 69 | |
| Muelheim | 9 438 211 | 315 | | Castrop-Rauxel | 4 069 110 | 136 | | Boenen | 1 206 917 | 40 | | Haltern | 2 426 407 | 81 | |
| Oberhausen | 10 980 259 | 366 | | Dortmund | 28 325 118 | 944 | | Froendenberg | 1 465 146 | 49 | | Oer-Erkeschwick | 1 561 898 | 52 | |
| Duisburg | 23 794 554 | 793 | | Ennepetal | 2 174 046 | 72 | | Hamm | 9 783 059 | 326 | | Recklinghausen | 6 326 313 | 211 | |
| Neukirchen-Vluyn | 1 682 633 | 56 | | Gevelsberg | 1 963 101 | 65 | | Kamen | 2 450 792 | 82 | | Selm | 1 714 764 | 57 | |
| 总计 | | 1 739 | | Hagen | 10 243 607 | 341 | | Luenen | 4 495 705 | 150 | | Waltrop | 1 831 195 | 61 | |
| | | | 13.91 | Herdecke | 1 508 134 | 50 | 16.56 | Unna | 3 779 955 | 126 | 7.44 | 总计 | | 531 | 4.25 |
| | | | | Holzwickede | 1 206 271 | 40 | | Werne | 2 028 906 | 68 | | | | | |
| | | | | Schwelm | 1 711 799 | 57 | | 总计 | | 930 | | | | | |
| | | | | Schwerte | 2 846 535 | 95 | | | | | | | | | |
| | | | | Wetter | 1 865 049 | 62 | | | | | | | | | |
| | | | | Witten | 5 515 736 | 184 | | | | | | | | | |
| | | | | 总计 | | 2 070 | | | | | | | | | |

续表

| 区域 Dorsten | | | | 区域 Voerde | | | | 区域 Gelsenkirchen | | | | Bemerkung |
|---|---|---|---|---|---|---|---|---|---|---|---|---|
| 城镇 | 升 | 油罐车 | 油轮 | 城镇 | 升 | 油罐车 | 油轮 | 城镇 | 升 | 油罐车 | 油轮 | |
| Dorsten | 5 056 531 | 169 | | Alpen | 1 250 082 | 42 | | Bochum | 20 967 945 | 699 | — | |
| Marl | 4 708 171 | 157 | | Dinslaken | 4 010 881 | 134 | | Bottrop | 6 727 018 | 224 | | |
| Schermbeck | 1 211 591 | 40 | | Hamminkeln | 2 308 605 | 77 | | Essen | 29 817 847 | 994 | | |
| Summe | | 366 | | Huenxe | 1 200 217 | 40 | | Gelsenkirchen | 12 765 587 | 426 | | 一次物流运输量按照标准油轮 3 000 吨(3 726 708. 07 升)(汽油柴油平均密度 0. 805 升/立方厘米)<br>油罐车平均容量为 30. 000 升 |
| | | | | Kampf-Lintfort | 2 197 703 | 73 | | Gladbeck | 3 779 546 | 126 | | |
| | | | 2. 93 | Rheinberg | 2 042 144 | 68 | 5. 66 | Hattingen | 3 284 033 | 109 | | |
| | | | | Sonsbeck | 714 340 | 24 | | Herne | 7 681 473 | 256 | | |
| | | | | Voerde | 2 259 451 | 75 | | Herten | 3 584 618 | 119 | | |
| | | | | Wesel | 3 828 361 | 128 | | Sprockhoevel | 1 871 832 | 62 | | |
| | | | | Xanten | 1 366 491 | 46 | | 总计 | | 3 015 | | |
| | | | | 总计 | | 707 | | | | | | |